经济均衡的数学原理

张顺明 著

科学出版社

北京

内 容 简 介

经济均衡理论是现代经济学理论的核心。本书以公理化的方式系统地阐述了经济均衡理论以及与之配套的分析方法和数学工具，涉及多位诺贝尔经济学奖得主的工作，介绍了 20 世纪 80 年代以来该领域的最新进展。本书以经济问题和经济数学模型为纲。数学作为辅助工具，以求满足解决问题的需要。本书的内容大致可分为三部分。第 1 章至第 3 章介绍线性经济模型，辅以非负矩阵理论及凸分析作为数学工具。这部分介绍了投入产出模型、数学规划及一般线性生产模型，侧重弄清它们的数学原理。第 4 章至第 6 章系统地阐述一般经济均衡理论，给出了不动点定理的完整证明，并且介绍了计算均衡价格的基本思路。同时采用较为节约的方式讲述微分流形的基本原理，以便保证对经济命题的论证能够顺理成章。第 7 章介绍了 20 世纪 80 年代以来关于不完全市场理论的新进展，运用微分流形理论证明了现货—金融市场均衡的普适存在性。

本书可作为经济学和数学的高年级学生及研究生的选修课教材，也可作为理论研究工作的参考书。

图书在版编目(CIP)数据

经济均衡的数学原理/张顺明著. —北京：科学出版社, 2022.12
ISBN 978-7-03-073967-4

Ⅰ.①经⋯　Ⅱ.①张⋯　Ⅲ.①经济均衡-数理经济学-研究　Ⅳ.①F019.1

中国版本图书馆 CIP 数据核字(2022) 第 226723 号

责任编辑：魏如萍　王晓丽／责任校对：贾娜娜
责任印制：张　伟／封面设计：有道设计

科学出版社 出版
北京东黄城根北街 16 号
邮政编码：100717
http://www.sciencep.com

北京虎彩文化传播有限公司 印刷
科学出版社发行　各地新华书店经销

*

2022 年 12 月第 一 版　开本：720×1000　1/16
2022 年 12 月第一次印刷　印张：17 1/2
字数：352 000
定价：178.00 元
(如有印装质量问题，我社负责调换)

作 者 简 介

张顺明，男，湖北省广水市人，中国人民大学财政金融学院教授，博士生导师，中国人民大学(财政金融学院)金融工程研究所所长，国家杰出青年科学基金获得者，教育部"长江学者奖励计划"特聘教授。获华中师范大学数学系数学专业学士学位，中国科学院系统科学研究所数理经济学硕士和博士。曾任清华大学经济管理学院讲师和副教授，(加拿大)韦仕敦(Western)大学经济学系访问教授和博士后研究员，(新西兰)惠灵顿维多利亚大学经济金融学院研究员，厦门大学经济学院教授(厦门大学王亚南经济学特聘教授，博士生导师)。2008 年度国家杰出青年科学基金获得者，2009 年度教育部高等学校科学研究优秀成果奖(人文社会科学)经济学三等奖，2009 年度"新世纪百千万人才工程"国家级人选，2013 年度国务院政府特殊津贴获得者，2015 年度教育部"长江学者奖励计划"特聘教授。

现任中国系统工程学会理事、《系统工程理论与实践》编委等。主持过国家自然科学基金青年基金项目、国家社会科学基金重点项目、国家杰出青年科学基金项目、国家自然科学基金面上项目、国家自然科学基金重点项目等。近期专注不确定性的最新进展，研究暧昧性与资产定价，包括金融市场有限参与的暧昧性内生因素、暧昧性与分散化投资等行为金融学学术热点。

主要从事经济学与金融学的教学与研究，在数理经济学、金融经济学、经济理论和经济政策等方面发表学术论文 80 多篇，发表国际期刊论文的期刊包括 *Journal of Mathematical Economics* (1996), *Mathematical Finance* (2002), *Economics Letters* (2005), *Journal of Mathematical Analysis and Applications* (2006), *Journal of Development Economics* (2007), *Economic Theory* (2009), *European Journal of Operational Research* (2010), *Journal of Banking and Finance* (2011), *World Economy* (2011), *Economic Modelling* (2011, 2013, 2014, 2021), *Applied Economics* (2013, 2016, 2019), *Journal of Financial Markets* (2017, 2022), *International Review of Economics and Finance* (2021, 2022), *Pacific-Basin Finance Journal* (2022), *International Journal of Finance and Economics* (2022)等，发表中文期刊论文的期刊包括《经济研究》《经济学季刊》《管理科学学报》《系统工程理论与实践》《中国管理科学》《金融研究》《数量经济技术经济研究》等。

前　言

在科学发展的历史长河里，学科间的渗透融合不断加强，经济学也不例外。其中，数学已经深深地进入经济学，它着眼于"能够做什么"和"怎样做得更好"，以其严谨性、可靠性成为经济学发展的重要支撑。经过经济学家和数学家的通力合作，数理经济学被系统地建立起来，逐渐成为一门独立学科。

阿罗 (Arrow) 和英特里利盖托 (Intriligator) 主编的《数理经济学手册》定义的数理经济学的范围是：数理经济学包括数学概念和方法在经济学——特别是在经济理论中的各种应用，从数理经济学的历史来看，经济学这一分支的起源可以追溯到 19 世纪早期。1838 年，古诺 (Cournot) 的寡头竞争研究导致非合作均衡 (No-cooperative Equilibrium) 概念的产生，被认为是数理经济学的开端。19 世纪末期，以瓦尔拉斯 (Walras) 和帕累托 (Pareto) 为代表的经济学家创立了数理经济学派，提出了一般经济均衡学说的构想。20 世纪中叶，以冯·诺伊曼 (von Neumann)、阿罗和德布鲁 (Debreu) (后两人分别是 1972 年和 1983 年诺贝尔经济学奖得主) 为代表的数学家为数理经济的开发拓展准备了精锐的武库；随之，数理经济学现代化的进程开始了。

以冯·诺伊曼为首的先驱者做出了突破性的努力，他们重新温习 19 世纪的重要概念与模型，深入思考和认识 20 世纪经济发展演变的本质，并且运用前所未有的现代数学工具，打开了数理经济现代化发展的辉煌局面。在这个时期，来自不同数学分支的数学家投身到经济学研究领域，数学思想已经扩展到经济学的所有领域，促使数理经济学迸发出蓬勃的生命力。多年来，已经形成了"经济—数学—经济"这样的模式，即从一些经济假设出发，用抽象的数学方法建立并求解蕴含经济机理的数学模型，形成经济理论，最后，在实践中验证理论，并用于指导经济运作。这一模式已经取得了丰富的成果并将继续在经济研究领域得到贯彻。

希尔伯特 (Hilbert) 说："凡是遵从科学思维并准备发展成为一门理论的研究，能够也必须运用数学表达处理。"实践已经证明，深邃的数学分析、严谨的数理逻辑、迂回灵巧的数学方法的应用使研究者不仅能够回答经济理论中怎样的逻辑前提导致怎样的逻辑结论，并且在摆脱经济的描述性、研究讨论的任意性与含糊性的同时，分清逻辑必然性的真实与人们假设的真实，使在理论与实际的问题中，能够完善提取经济结论的预先假设，进行经济的社会实践。20 世纪 70 年代，默顿 (Merton) 和斯科尔斯 (Scholes) 运用数理思辨和公理方法发明了期权定价公式，把处理风险从猜想变成科学，引起金融领域的深刻变革 (美国人称为"华尔街革命浪潮")，带来了巨大的经济效益，他们也因此获得了 1997 年诺贝尔经济学奖。在中国，数理经济学家王毓云 (中国科学院) 从事资源问题研究，在"黄淮海农业综合治理"国家攻关项目中，建立了"农业资源配置数学模型"，1987 年获得了国际运筹学联合会 IFORS (The International Federation of Operational Researoh Societies) 奖。这项工作开创了我国数学与经济实践相结合的先例，树起了研究和发展数理经济学的旗帜。

数理经济学已经作为人类的共同知识财富被肯定下来，国内许多院校和学者逐渐关注到这一极具魅力的学术领域，纷纷投入这方面的研究。第一版《经济均衡的数学原理》在 1997 年出版以后，全国很多重点大学的数学院系和部分经济管理学院采用此书作为本科高年级学生及研究生的数理经济学选修课教材。当年我在清华大学经济管理学院金融系任教，本校青年教师和研究生很注重经济学基础，经常讨论此书关于经济均衡的漂亮而简洁的数学处理。由此证明此书是值得仔细阅读的，对打好经济学基础有帮助，对学术研究有帮助。北京大学经济学院和光华管理学院的一些朋友也对此书给出高度评价，认为此书是理论研究工作的参考书。那时我与清华大学和北京大学的一些台湾学生有联系，后来台湾省有学者联系我购买此书。

原作者潘吉勋教授特别希望我花时间重新认真修订一版，但是因为国家自然科学基金项目的压力，我把全部精力放在学术研究上，没有花时间重读经典理论。在我获得国家杰出青年科学基金项目资助 (2008 年) 和教育部"长江学者奖励计划"特聘教授 (2015 年) 等人才称号以后，我经常思考经济学基础，对一般经济均衡与帕累托最优的理解，迫使我重新阅读经典，特别是大家耳熟能详的从微分的观点看经济学。受新冠肺炎疫情的影响，连续两年我都到海南过春节，一是撰写国家自然科学基金项目的申请书，二是重新整理《经济均衡的数学原理》。

本书是为经济学和数学的高年级本科生和研究生以及理论研究工作者而写的，本书以公理化方式系统地阐述了经济均衡理论以及与之配套的分析方法和数学工具，涉及多位诺贝尔经济学奖得主的工作，介绍了 20 世纪 80 年代以来该领域的最新进展。我们假定读者掌握了微积分和线性代数的基础知识，同时尽可能地对有关内容进行了耐心又清晰的解释。在内容的处理上，本书以经济问题和经济数学模型为纲。数学作为辅助工具，以满足解决问题的需要为限，适可而止，不过多地追求数学自身的系统化。本书基本做到了知识自给，除去少数几个引用而未予证明的定理，主要的结论和定理均给出完整的证明。

作者的工作得到国家自然科学基金的资助，对此表示敬意和感激。王毓云教授是中国数理经济学的拓荒者，长期致力于系统科学和数理经济学研究，对发展中国的数理经济学做出了特殊的贡献。史树中教授是中国早期数理经济学领域的科学家，积极推动我国金融数学的研究、发展与普及，为国家培养了大批数理经济学相关人才。潘吉勋教授是中国早期数理经济学知名学者，为本书的修订提供了巨大帮助。王则柯教授致力于经济学教育现代化的工作，在数理经济的普及教育方面做出了杰出贡献。寿纪麟教授和李楚霖教授长期从事数理经济等的学术研究和教学研究，是中国数理经济学的先驱。杜度教授和林少宫教授是中国早期著名经济学家，推动了数理经济这门学科在中国的发展。在此向他们表示衷心的感谢。

去年我招收了两个统考博士生，王姚的数学基础比较好，在我强调数理经济学基础之后，她认真阅读第一版《经济均衡的数学原理》，准备 PPT，并且给我的在校研究生讲授过 (2021 年秋季学期)。当时参加讲座讨论的有十多位，我的在校博士生 12 人，包括孙敏、靳琦、郑洁菲、王妍婕、李鸿翔、马子喻、孙玉哲、刘舟、王楠佳、王论意、王姚和赵思博，另有在校硕士生 3 人：黄郅栋、孙剑椿、马铭江。我早年在厦门大学带的学生有几位在大学任教，也参加了本书的学习和讨论，包括上海国家会计学院的马长峰副教授、华东理工大学的叶志强博士、福州大学的龙厚印副教授、九江学院的李江峰副教授等。他们对本书的修订提出很多建设性的意见和建议，在此，向他们表示感谢。我也认真地修改了几遍，增加了很多必要的证明，用 Latex 软件重新作表画图。

最后，向本书的读者表示诚挚的谢意。尽管我们花了很大的心血，但是疏漏与不妥之处在所难免，敬请读者批评指正。

张顺明

2022 年 3 月于北京

书中常用符号

1. **集合**

    $x \in \mathbb{E}$：x 属于集合 $\mathbb{E}$

    $x \notin \mathbb{E}$：x 不属于集合 $\mathbb{E}$

    $\varnothing$：空集

    $\mathbb{R}$：实数集合

    $\mathbb{R}^N$：N 维实空间

    $\mathbb{R}^N_+$：具有非负分量的 N 维向量所构成的集合

    $\mathbb{R}^N_{++}$：具有正分量的 N 维向量所构成的集合

    $\mathbb{E}_1 \subseteq \mathbb{E}_2$：集合 $\mathbb{E}_2$ 包含集合 $\mathbb{E}_1$

    $\mathbb{E}_1 = \mathbb{E}_2$：集合 $\mathbb{E}_1$ 等于集合 $\mathbb{E}_2$

    $\mathbb{E}_1 \cup \mathbb{E}_2$：集合 $\mathbb{E}_1$ 和 $\mathbb{E}_2$ 的并集

    $\mathbb{E}_1 \cap \mathbb{E}_2$：集合 $\mathbb{E}_1$ 和 $\mathbb{E}_2$ 的交集

    $\mathbb{E}_1 + \mathbb{E}_2$：集合 $\mathbb{E}_1$ 与 $\mathbb{E}_2$ 的向量和，即 $\{x_1 + x_2 \mid x_1 \in \mathbb{E}_1, x_2 \in \mathbb{E}_2\}$

    $\mathbb{E}_1 \setminus \mathbb{E}_2$：集合 $\mathbb{E}_1$ 与 $\mathbb{E}_2$ 的差集，即 $\{x \mid x \in \mathbb{E}_1, x \notin \mathbb{E}_2\}$

    $\mathbb{E}_1 \times \mathbb{E}_2$：集合 $\mathbb{E}_1$ 与 $\mathbb{E}_2$ 的笛卡儿乘积 (Cartesian product)，即 $\{(x_1, x_2) \mid x_1 \in \mathbb{E}_1, x_2 \in \mathbb{E}_2\}$

    $\bar{\mathbb{E}}$：集合 $\mathbb{E}$ 的闭包，即集合 $\mathbb{E}$ 的全部聚点组成的集合

    $\mathrm{int}\mathbb{E}$：集合 $\mathbb{E}$ 的内集，即集合 $\mathbb{E}$ 的全部内点组成的集合

    $\mathrm{conv}\mathbb{E}$：集合 $\mathbb{E}$ 的凸包

    $\partial \mathbb{E}$：集合 $\mathbb{E}$ 的边界

2. **向量及矩阵**

    $x \in \mathbb{R}^N$：N 维列向量

    x_n：向量 x 的第 n 个分量

    $x^1 \cdot x^2$：向量 x^1 与 x^2 的内积，$x^1 \cdot x^2 = \sum_{n=1}^{N} x_n^1 x_n^2 = x^{1\mathrm{T}} x^2$

    $\|x\|$：向量 x 的范数，$\|x\|^2 = \sum_{n=1}^{N} x_n^2$

    $\|x\|_1$：向量 x 的范数，$\|x\|_1 = \sum_{n=1}^{N} |x_n|$

$x \geqslant 0$：向量 x 称为非负的，$x \in \mathbb{R}_+^N$，所有分量都是非负的，即 $x_n \geqslant 0$，$n = 1, 2, \cdots, N$

$x > 0$：向量 x 称为非零非负的，$x \in \mathbb{R}_+^N \setminus \{0\}$，所有分量都是非负的，至少有一个分量是正的，即 $x \geqslant 0$ 且 $x \neq 0$，等价于 $x_n \geqslant 0$，$n = 1, 2, \cdots, N$ 且 $\sum_{n=1}^N x_n > 0$

$x \gg 0$：向量 x 称为正的，$x \in \mathbb{R}_{++}^N$，所有分量都是正的，即 $x_n > 0$，$n = 1, 2, \cdots, N$

x^{T}：向量 x 的转置 (行向量)

A^{T}：矩阵 A 的转置

$p \square x$：向量 $p = \begin{pmatrix} p_1 \\ p_2 \\ \vdots \\ p_N \end{pmatrix}$ 和向量 $x = \begin{pmatrix} x_1 \\ x_2 \\ \vdots \\ x_N \end{pmatrix}$ 的盒积，$p \square x = \begin{pmatrix} p_1 x_1 \\ p_2 x_2 \\ \vdots \\ p_N x_N \end{pmatrix}$

Ax：矩阵 A 右乘以向量 x (x 为列向量)

$p^{\mathrm{T}} A$：矩阵 A 左乘以向量 p^{T}

3. 其他

$\succsim$：偏好记号

$\mathrm{Re}(\omega)$：复数 ω 的实部

$\mathrm{rank} A$：矩阵 A 的秩数

$\dim \mathbb{E}$：集合 $\mathbb{E}$ 的维数

$\bar{x} = \arg\max\{u(x) \mid x \in \mathbb{B}\}$：$u(x)$ 于 $\bar{x} \in \mathbb{B}$ 处达到最大值

$f : X \to Y$：从集合 X 到集合 Y 的映射 (或者函数)

$f : X \rightrightarrows Y$：从集合 X 到集合 Y 的集值映射

$\nabla f(x)$：函数 $f(x)$ 的梯度，$\nabla f(x) = \begin{pmatrix} \dfrac{\partial f(x)}{\partial x_1} \\ \dfrac{\partial f(x)}{\partial x_2} \\ \vdots \\ \dfrac{\partial f(x)}{\partial x_N} \end{pmatrix}$

$\mathrm{span}\,[a^1, a^2, \cdots, a^N]$：向量 $a^1, a^2, \cdots, a^N$ 张成的线性空间

目 录

第1章 投入产出分析 ... 1
1.1 投入产出表 ... 1
- 1.1.1 实物型投入产出表 ... 1
- 1.1.2 价值型投入产出表 ... 3
- 1.1.3 国际贸易模型 ... 5

1.2 非负矩阵 ... 6
- 1.2.1 非负方阵的特征值 ... 7
- 1.2.2 基本问题的可解性 ... 9
- 1.2.3 不可分解矩阵 ... 12
- 1.2.4 本原矩阵 ... 16

1.3 价格模型 ... 19
- 1.3.1 价格方程 ... 19
- 1.3.2 价格的测算 ... 20
- 1.3.3 价格变动的波及效果 ... 21

习题 ... 23

第2章 数学规划 ... 24
2.1 线性规划 ... 24
- 2.1.1 线性规划的表述 ... 24
- 2.1.2 基本原理 ... 27
- 2.1.3 单纯形法 ... 32

2.2 分离定理 ... 36
- 2.2.1 凸集的基本性质 ... 36
- 2.2.2 凸集分离定理 ... 38
- 2.2.3 抉择定理 ... 41

2.3 线性规划的对偶理论 ... 46
- 2.3.1 对偶规划的提出 ... 46
- 2.3.2 对偶原理 ... 47
- 2.3.3 再论影子价格 ... 51

2.4 优化投入产出模型 ... 52

		2.4.1 模型的描述	52
		2.4.2 替代定理	54
	2.5	非线性规划	56
		2.5.1 凹类函数	56
		2.5.2 约束极值问题	63
	习题		66
第3章	经济协调增长理论		68
	3.1	静态线性生产模型	68
		3.1.1 模型的描述	68
		3.1.2 增长率概念	70
	3.2	动态线性生产模型	73
		3.2.1 协调增长轨道	73
		3.2.2 动态的里昂惕夫模型	75
	3.3	快车道定理	76
		3.3.1 最优增长轨道	77
		3.3.2 定理的证明	80
	习题		82
第4章	个体经济行为		83
	4.1	消费者的选择	83
		4.1.1 预算集合	83
		4.1.2 偏好与效用函数	88
		4.1.3 需求映射	93
	4.2	消费行为分析	96
		4.2.1 需求函数的可微性	97
		4.2.2 需求基本方程	100
		4.2.3 替代效应和收入效应	104
	4.3	生产者的选择	106
		4.3.1 生产函数	106
		4.3.2 最优生产计划的确定	110
		4.3.3 生产集合和供给映射	114
	4.4	对偶方法	118
		4.4.1 间接效用函数和支付函数	119
		4.4.2 补偿需求函数的确定	122
		4.4.3 成本函数	123
	习题		128

第5章 一般经济均衡理论 ……………………………… 130
5.1 竞争分析及二人对策 ………………………………… 131
5.1.1 非合作二人对策模型 …………………………… 131
5.1.2 非合作对策分析 ………………………………… 133
5.1.3 多人对策的均衡局势 …………………………… 135
5.2 不动点定理 …………………………………………… 137
5.2.1 关于不动点定理的概况 ………………………… 137
5.2.2 Kakutani 不动点定理 …………………………… 138
5.2.3 社会系统 ………………………………………… 142
5.3 经济均衡的存在性 (1) ……………………………… 144
5.3.1 纯交换经济 ……………………………………… 144
5.3.2 具有生产的经济 ………………………………… 147
5.4 经济均衡的存在性 (2) ……………………………… 153
5.4.1 供需方程 ………………………………………… 153
5.4.2 垄断市场 ………………………………………… 156
5.5 福利经济学命题 ……………………………………… 162
5.5.1 第一命题 ………………………………………… 162
5.5.2 第二命题 ………………………………………… 166
5.6 均衡价格的计算 ……………………………………… 168
5.6.1 Brouwer 不动点定理的证明 …………………… 169
5.6.2 均衡价格的计算过程 …………………………… 174
习题 ………………………………………………………… 179

第6章 正则经济理论 …………………………………… 181
6.1 微分流形 ……………………………………………… 181
6.1.1 基本概念 ………………………………………… 181
6.1.2 正则值定理 ……………………………………… 185
6.2 正则经济的特性 ……………………………………… 190
6.2.1 均衡流形 ………………………………………… 190
6.2.2 均衡价格的特性 ………………………………… 193
6.2.3 帕累托最优经济 ………………………………… 195
6.3 价格调整过程 ………………………………………… 199
6.3.1 动态模型的确立 ………………………………… 199
6.3.2 全局稳定性 ……………………………………… 200
6.3.3 局部稳定性 ……………………………………… 204
习题 ………………………………………………………… 206

第 7 章 不完全市场均衡理论 ·················· 208

7.1 现货—金融市场 ························· 208
7.1.1 模型的描述 ······················ 209
7.1.2 资产价格的无套利条件 ··············· 213

7.2 名义资产市场 ························· 216
7.2.1 模型的描述 ······················ 216
7.2.2 经济人优化行为 ··················· 217
7.2.3 均衡存在定理 ···················· 221

7.3 实物资产市场 ························· 224
7.3.1 均衡的基本性质 ··················· 224
7.3.2 伪均衡的引进 ···················· 234
7.3.3 伪均衡存在定理 ··················· 236
7.3.4 均衡普适存在定理 ·················· 241

7.4 第 7 章引理的证明 ······················ 244
7.4.1 引理 7.2 的证明 ··················· 244
7.4.2 引理 7.3 的证明 ··················· 248
7.4.3 引理 7.4 的证明 ··················· 255
7.4.4 引理 7.7 的证明 ··················· 257

习题 ······························· 259

参考文献 ···························· 260

第 1 章 投入产出分析

投入产出分析 (input-output analysis) 是美国经济学家里昂惕夫 (Leontief)[①]于 1936 年提出的，是一种对经济系统进行数学分析的方法。目前，这种方法已经被世界许多国家广泛采用，而且联合国社会经济部建议会员国把投入产出表作为国民经济核算体系的一部分。投入产出方法作为一种经济分析的工具，已应用于多种经济问题的探讨和研究。这些问题包括生产结构、动态分析、成本与价格、计划与预测、地域间的经济关联、对外贸易、人口和资源、环境与经济发展的关系等。因此，投入产出分析及其应用是一个内容十分丰富的经济学研究课题，以至于有必要独树一帜，于是形成了"投入产出经济学"这样的经济学分支。本章主要阐述它的数学原理，以此作为掌握和运用这种分析方法的理论基础。

1.1 投入产出表

1758 年，法国经济学家魁奈 (Quesnay)[②]创立了《经济表》，把无数个别的生产和交易活动综合为社会总产品的生产和流通，用图解的形式表现出来。1867 年，马克思 (Marx)[③]的简单再生产方案也是运用图解的方式表达的。从价值形态和实物形态考察了产品各组成部分的流通。1874 年，法国经济学家瓦尔拉斯[④]带领数理经济学派创立了一般均衡理论，提出了以社会总供给与总需求相平衡作为一种理想的经济模式。正是在这些先驱者的工作基础之上，里昂惕夫发明了投入产出表，他本人以及后继者对此建立了一整套理论和实实在在的应用范例，使得数理经济学的理论和实践形成了两翼振飞的形势。

1.1.1 实物型投入产出表

在一个确定的时期 (如一年)，某个经济系统内每个部门的产品在各部门之间的流通情况，可以用一张图表表现出来，这就是投入产出表，也称产业关联表，它

[①] 里昂惕夫 W (1906–1999)，美国经济学家，1931 年开始研究"投入产出分析法"，1936 年发表《美国经济体系中投入产出的数量关系》第一次真正介绍投入产出理论和方法，1973 年获诺贝尔经济学奖。

[②] 魁奈 F (1694–1774)，资产阶级古典政治经济学奠基人之一，法国重农学派的创始人和重要代表，以发明了《经济表》而闻名。

[③] 马克思 K H (1818–1883)，创作政治经济学著作《资本论》，1867 ∼ 1894 年分为三卷出版，第一卷研究了资本的生产过程，第二卷研究了资本的流通过程，第三卷讲述了资本主义生产的总过程。

[④] 瓦尔拉斯 L (1834–1910)，法国经济学家，边际革命领导人，洛桑学派创始人，是西方数理经济学和一般均衡理论的创建者和主要代表。

简明扼要地概括了经济系统所有部门的各种投入的来源以及各类产出的去向。

设经济系统内有 N 个部门，分别用 $1, 2, \cdots, N$ 来表示并记 $\mathcal{N} = \{1, 2, \cdots, N\}$。为了理论的展开，我们作如下假定。

假定 1.1 每个部门仅生产单一产品，而且不同产品是由不同部门生产的。

这个假定容许我们把产品和部门对应起来，因此，也可以用 $1, 2, \cdots, N$ 来表示产品。当然，在不同的投入产出表中，部门的划分可能是不同的。例如，在某个表中，汽车制造业和机械制造业是两个部门，而在另一个表中，这两种制造业属于同一个工业部门。

设第 n 部门的总产出数量为 x_n，其中有数量 $x_{nn'}$ 的产品用作对第 n' 部门的投入，称作中间投入或者中间产品；第 n 部门的剩余产品的数量为 c_n，这部分产品 (在本系统内) 将不再加工，用作消费或者积累，称作最终产品或者最终需求，于是，可以建立如下的平衡关系：

$$x_n = \sum_{n'=1}^{N} x_{nn'} + c_n, \qquad n = 1, 2, \cdots, N \tag{1.1}$$

这就是一般均衡理论的具体化，即

$$总供给 = 总需求$$

必须明确上述公式中出现的各个量的计量单位。可用实物单位 (如米、千克等) 作计量单位，也可用货币单位 (元、万元等) 作计量单位，因此投入产出表有实物型和价值型之分。

现在，我们采用实物计量单位，把式 (1.1) 中各量填写入一张棋盘式的表格内，便得到实物型投入产出表，如表 1.1 所示。

表 1.1 实物型投入产出表

| 主要产品名称 | 计量单位 | 中间产品 ||||||| 最终产品 |||| 总产品 |
消耗物质名称		粮食	棉花	棉纱	原煤	发电	钢材	货运	...	消费	积累	...	小计	
粮食	万吨	x_{11}	x_{12}	x_{13}	x_{14}	x_{15}	x_{16}	x_{17}	...	g_1	s_1	...	c_1	x_1
棉花	万吨	x_{21}	x_{22}	x_{23}	x_{24}	x_{25}	x_{26}	x_{27}	...	g_2	s_2	...	c_2	x_2
棉纱	万吨	x_{31}	x_{32}	x_{33}	x_{34}	x_{35}	x_{36}	x_{37}	...	g_3	s_3	...	c_3	x_3
原煤	万吨	x_{41}	x_{42}	x_{43}	x_{44}	x_{45}	x_{46}	x_{47}	...	g_4	s_4	...	c_4	x_4
发电	亿度	x_{51}	x_{52}	x_{53}	x_{54}	x_{55}	x_{56}	x_{57}	...	g_5	s_5	...	c_5	x_5
钢材	万吨	x_{61}	x_{62}	x_{63}	x_{64}	x_{65}	x_{66}	x_{67}	...	g_6	s_6	...	c_6	x_6
货运	亿吨/千米	x_{71}	x_{72}	x_{73}	x_{74}	x_{75}	x_{76}	x_{77}	...	g_7	s_7	...	c_7	x_7
...	...	...	...	...	...	...	...	...	...	...	...	...	...	...

里昂惕夫引进了直接消耗系数

$$a_{nn'} = \frac{x_{nn'}}{x_{n'}}, \qquad n, n' = 1, 2, \cdots, N \tag{1.2}$$

它表示生产 1 单位第 n' 种产品所要消耗的第 n 种产品的数量。将 $x_{nn'} = a_{nn'}x_{n'}$ 代入式 (1.1) 便得

$$x_n = \sum_{n'=1}^{N} a_{nn'}x_{n'} + c_n, \qquad n = 1, 2, \cdots, N \tag{1.3}$$

记

$$A = \begin{pmatrix} a_{11} & a_{12} & \cdots & a_{1N} \\ a_{21} & a_{22} & \cdots & a_{2N} \\ \vdots & \vdots & & \vdots \\ a_{N1} & a_{N2} & \cdots & a_{NN} \end{pmatrix}, \quad x = \begin{pmatrix} x_1 \\ x_2 \\ \vdots \\ x_N \end{pmatrix}, \quad c = \begin{pmatrix} c_1 \\ c_2 \\ \vdots \\ c_N \end{pmatrix}$$

则式 (1.3) 的矩阵形式为

$$x = Ax + c \quad \text{或者} \quad (I - A)x = c \tag{1.4}$$

其中，I 是 N 阶单位矩阵，称 A 为直接消耗系数矩阵，称式 (1.4) 为投入产出方程 (input-output equation)。

不难发现，上面的表述只是些平凡的形式转换，并没带来什么实质性的推进。但是，里昂惕夫在平凡中发现了真理！因为他注意到直接消耗系数矩阵 A 反映了各种产品生产过程中的技术联系，它取决于生产技术水平，通常在较短的时期内变化不大，因而作假定如下。

假定 1.2 直接消耗系数 $a_{nn'}$ 是常量，或者说中间产品与总产出成正比。

这个假设意味着，不论总产出向量如何，直接消耗系数矩阵 A 总保持不变。当然，中间产品和最终产品将随总产出而改变。反过来，也可以这样说，不同的最终需求将要求有不同的总产出。这就导致了投入产出分析的基本问题：对于任意给定的非负最终需求向量 c，能否存在非负的总产出向量 x，满足方程

$$(I - A)x = c$$

1.1.2 价值型投入产出表

在一个经济系统内,各部门的产出量和投入量统一用货币单位计量,也就是说,产出量和投入量均用实物量与价格的乘积来表示,便可得到价值型投入产出表。

设经济系统有 N 个部门，依次为 $1, 2, \cdots, N$，并满足前面所作假定。设第 n 个部门的总产出为 y_n，第 n 部门对第 n' 部门的中间投入为 $y_{nn'}$，第 n 部门的最

终产品为 d_n。注意：这些量都是以价值形式表现的。例如，第 n 部门的以实物单位计量总产出是 x_n，设现行价格是 p_n，则第 n 部门以货币单位计量的总产出就是 $y_n = p_n x_n$，以此类推。于是，可以编制一张与表 1.1 类似的图表，同样可以建立平衡关系：

$$y = By + d \quad \text{或者} \quad (I - B)y = d \tag{1.5}$$

其中，y 是总产出向量，d 是最终产品向量，B 是直接消耗系数矩阵，它与前述矩阵 A 的关系：

$$b_{nn'} = \frac{y_{nn'}}{y_{n'}} = \frac{p_n x_{nn'}}{p_{n'} x_{n'}} = \frac{p_n}{p_{n'}} a_{nn'} \tag{1.6}$$

由于计量单位统一，我们可以把前述的图表加以扩充，注意在表 1.1 中，从第 n 行看，中间产品表示一个部门产品分配给各部门的财货情况。从第 n' 列看，中间产品表示该部门消耗各部门的财货情况，除此之外，该部门还要把活劳动消耗 $t_{n'}$ 和固定资产折旧 $f_{n'}$ 等计入总投入，通常把这部分投入称为附加值 $v_{n'}$，即

$$v_{n'} = t_{n'} + f_{n'} + \cdots$$

现在，可把前述的图表向下延展，便得到价值型投入产出表，它的结构如表 1.2 所示。

表 1.2　价值型投入产出表

项目		中间产品				最终产品		总产出
		农业	轻工业	重工业	$\cdots$	消费	积累	
物质消耗	农业	y_{11}	y_{12}	y_{13}	$\cdots$	g_1	s_1	y_1
	轻工业	y_{21}	y_{22}	y_{23}	$\cdots$	g_2	s_2	y_2
	重工业	y_{31}	y_{32}	y_{33}	$\cdots$	g_3	s_3	y_3
	$\vdots$	$\vdots$	$\vdots$	$\vdots$	$\vdots$	$\vdots$	$\vdots$	$\vdots$
活劳动消耗	折旧	f_1	f_2	f_3	$\cdots$			
	劳动报酬	t_1	t_2	t_3	$\cdots$			
	社会纯收入	h_1	h_2	h_3	$\cdots$			
	小计	v_1	v_2	v_3				
	总投入	y_1	y_2	y_3				

根据一般均衡理论，应该有

总产出 (价值) = 总投入 (价值)

所以，

$$y_n = \sum_{n'=1}^{N} y_{n'n} + v_n, \quad n = 1, 2, \cdots, N \tag{1.7}$$

1.1 投入产出表

比较式 (1.5) 与式 (1.7) 可以发现，前者是按行所得的平衡方程，称作生产方程，后者是按列所得的方程。

式 (1.7) 中出现的变量是以现行价格进行计量的，但这种价格未必是合理的。设想有一种合理的新价格向量 $p' = (p'_1, p'_2, \cdots, p'_N)$，以此进行计量，所得生产方程

$$y'_{n'} = \sum_{n=1}^{N} y_{nn'} + v'_{n'}, \qquad n' = 1, 2, \cdots, N \tag{1.8}$$

或者写成

$$p'_{n'} x_{n'} = \sum_{n=1}^{N} p'_n x_{nn'} + v'_{n'}, \qquad n' = 1, 2, \cdots, N$$

进而

$$\frac{p'_{n'}}{p_{n'}} p_{n'} x_{n'} = \sum_{n=1}^{N} \frac{p'_n}{p_n} p_n x_{nn'} + v'_{n'}, \qquad n' = 1, 2, \cdots, N \tag{1.9}$$

令

$$q_{n'} = \frac{p'_{n'}}{p_{n'}}, \qquad r_{n'} = \frac{v'_{n'}}{p_{n'} x_{n'}}$$

则得方程

$$q_{n'} = \sum_{n=1}^{N} q_n b_{nn'} + r_{n'}, \qquad n' = 1, 2, \cdots, N$$

写成矩阵形式

$$q = qB + r \qquad \text{或者} \qquad q(I - B) = r \tag{1.10}$$

称此方程为价格方程 (price equation)。对于指定的向量 r，解出的向量 q 是新旧价格之比，称为价格指数 (price indicator)，如果把现行价格作为基准 1，那么方程 (1.10) 的解 q 就是新的价格向量。生产方程 (1.5) 和价格方程 (1.10) 存在对偶关系：方程 (1.5) 有唯一非负解的充要条件是方程 (1.10) 有唯一非负解，关于这类问题的深入讨论将在 1.2 节进行。

1.1.3 国际贸易模型

考虑相互贸易的 N 个国家，假设每个国家的收入全部来自国内和国际贸易，而且全部收入用于国内和国际的支付，记 n 国的总收入为 x_n ($n = 1, 2, \cdots, N$)，

在 n' 国的收入中用于对 n 国的支付所占的比例为 $a_{nn'}$, 假设这个比例保持不变。于是, n' 国对 n 国的支付为 $a_{nn'}x_{n'}$, 从而, 各国的收入满足:

$$x_n = \sum_{n'=1}^{N} a_{nn'}x_{n'}, \qquad n=1,2,\cdots,N$$

写成矩阵形式

$$x = Ax \tag{1.11}$$

由于每国的收入全部用于对各国的支付, 所以

$$\sum_{n=1}^{N} a_{nn'} = 1, \qquad n'=1,2,\cdots,N \tag{1.12}$$

矩阵 A 刻画了一种国际贸易结构。我们的基本问题是方程 (1.11) 是否存在非负解? 如果存在这样的解向量 $x=(x_1,x_2,\cdots,x_N)$, 以此作初始预算, 互相贸易的结果是各国的收入都不会增加, 也不会亏损。

模型 (1.11) 也可以用来刻画某种投入产出系统: 生产活动的产出全部用作生产的中间投入, 没有剩余产品, 这种没有外在的需求或者供给的投入产出系统称为闭式的 (closed)。与此对照, 如果存在外在的需求或者供应 (经济学中称为外生变量), 则称这样的投入产出系统为开式的 (open)。当 $c>0$ 时, 模型 (1.4) 就是一个开式的投入产出系统。

1.2 非负矩阵

投入产出分析中的直接消耗系数矩阵是一类特殊的矩阵, 有必要对它进行专门的研究。

定义 1.1 设 A 是 $M \times N$ 矩阵, 如果它的元素

$$a_{mn} \geqslant 0, \qquad m=1,2,\cdots,M, \quad n=1,2,\cdots,N$$

则称 A 为非负矩阵, 并且记作 $A \geqslant 0$。如果 $A \geqslant 0$ 且 $A \neq 0$, 则称 A 为非零非负矩阵, 并且记作 $A > 0$。如果

$$a_{mn} > 0, \qquad m=1,2,\cdots,M, \quad n=1,2,\cdots,N$$

则称 A 为正矩阵, 并且记作 $A \gg 0$。

设 A_1 和 A_2 都是 $M \times N$ 矩阵, 如果

1.2 非负矩阵

$$A_1 - A_2 \geqslant 0$$

则记 $A_1 \geqslant A_2$。如果

$$A_1 - A_2 > 0$$

则记 $A_1 > A_2$。如果

$$A_1 - A_2 \gg 0$$

则记 $A_1 \gg A_2$。

本书用 $\mathbb{R}^N$ 表示 N 维实欧氏空间, $\mathbb{R}_+^N$ 表示 $\mathbb{R}^N$ 中全体非负向量所构成的集合。

1.2.1 非负方阵的特征值

设 A 是非负的 N 阶方阵, $\mathbb{S} \subseteq \mathbb{R}_+^N$ 是标准单纯形, 即

$$\mathbb{S} = \left\{ x \in \mathbb{R}_+^N \,\Big|\, \sum_{n=1}^N x_n = 1 \right\}$$

为了论证矩阵 A 有非负特征值, 考察满足条件

$$Ax \geqslant \lambda x$$

的非负实数 λ 及向量 $x \in \mathbb{S}$。显然, 这样的实数 λ 是存在的 (如 $\lambda = 0$)。令集合

$$\mathbb{E} = \{\lambda \geqslant 0 \mid \text{存在 } x \in \mathbb{S} \text{ 使得 } Ax \geqslant \lambda x\}$$

引理 1.1 集合 $\mathbb{E}$ 是非空紧集[①]。

证明 因为 $0 \in \mathbb{E}$, 故 $\mathbb{E}$ 是非空集合。由于集合 $\mathbb{S}$ 是有界的, 从而集合 $\{Ax \mid x \in \mathbb{S}\}$ 有界, 即存在常数 C, 使得

$$0 \leqslant (Ax)_n \leqslant C, \quad x \in \mathbb{S}, \quad n = 1, 2, \cdots, N$$

对于任意 $\lambda \in \mathbb{E}$, 存在 $x \in \mathbb{S}$, 使得 $Ax \geqslant \lambda x$, 因此

$$\sum_{n=1}^N (\lambda x)_n \leqslant \sum_{n=1}^N (Ax)_n \leqslant NC$$

可见, 集合 $\mathbb{E}$ 是有界的。

---

① 欧氏空间中集合 $\mathbb{E}$ 称为紧集, 如果集合 $\mathbb{E}$ 的任何序列都有收敛子序列。集合 $\mathbb{E}$ 是紧的当且仅当 $\mathbb{E}$ 是有界闭集。

只须再证 $\mathbb{E}$ 是闭集。设 $\lambda_k \in \mathbb{E}$, $\lambda_k \to \lambda_0$, 则存在 $x_k \in \mathbb{S}$, 使得 $Ax_k \geqslant \lambda_k x_k$。由于 $\mathbb{S}$ 是紧集, 不妨设 $x_k \to x_0 \in \mathbb{S}$, 故有 $Ax_0 \geqslant \lambda_0 x_0$, 这表明 $\lambda_0 \in \mathbb{E}$, 所以集合 $\mathbb{E}$ 是闭的。□

既然集合 $\mathbb{E}$ 是紧的, 故必存在

$$\bar{\lambda} = \max\{\lambda \in \mathbb{E}\} \tag{1.13}$$

下面证明 $\bar{\lambda}$ 是 A 的最大特征值。

定理 1.1 [佩龙-弗罗贝尼乌斯 (Perron-Frobenius, P-F)]　设 A 是正的方阵, 则

(1) 存在向量 $\bar{x} \gg 0$, 使得 $A\bar{x} = \bar{\lambda}\bar{x}$;

(2) 设 $\lambda \neq \bar{\lambda}$ 是方阵 A 的特征值, 则 $|\lambda| < \bar{\lambda}$。

证明　(1) 因为 $\bar{\lambda} \in \mathbb{E}$, 故存在 $\bar{x} \in \mathbb{S}$, 使得 $A\bar{x} \geqslant \bar{\lambda}\bar{x}$。记 $\bar{y} = A\bar{x}$, 注意 $A \gg 0$, 故必有 $\bar{y} \gg 0$。往证 $A\bar{x} = \bar{\lambda}\bar{x}$。否则, 即有 $\bar{y} = A\bar{x} > \bar{\lambda}\bar{x}$, 或者 $\bar{y} - \bar{\lambda}\bar{x} > 0$。从而, 又得 $A(\bar{y} - \bar{\lambda}\bar{x}) \gg 0$, 或者 $A\bar{y} \gg \bar{\lambda}A\bar{x} = \bar{\lambda}\bar{y}$, 这表明按分量成立严格不等式, 故可选择 $\varepsilon > 0$, 使得 $A\bar{y} \geqslant (\bar{\lambda} + \varepsilon)\bar{y}$。将 $\bar{y}$ 归一化得 $\bar{z} = \dfrac{\bar{y}}{\sum\limits_{n=1}^{N} \bar{y}_n}$, 则 $\bar{z} \in \mathbb{S}$

且 $A\bar{z} \geqslant (\bar{\lambda} + \varepsilon)\bar{z}$。这与 $\bar{\lambda}$ 的最大性式 (1.13) 相矛盾。可见, 必有 $A\bar{x} = \bar{\lambda}\bar{x}$。由于 $A\bar{x} \gg 0$, 因此, $\bar{\lambda} > 0$ 且 $\bar{x} \gg 0$。

(2) 设 $\lambda \neq \bar{\lambda}$ 是方阵 A 的特征值, 相应的特征向量为 $z \in \mathbb{C}^N$(此处 $\mathbb{C}^N$ 是 N 维复欧氏空间), 即有 $Az = \lambda z$。记向量 $|z| = (|z_1|, |z_2|, \cdots, |z_N|)$, 其中 $|z_n|$ 表示复数 z_n 的模, 注意

$$\lambda z_n = \sum_{n'=1}^{N} a_{nn'} z_{n'}, \qquad n = 1, 2, \cdots, N$$

由于多个复数之和的模不超过各复数之模的和, 从而

$$|\lambda||z_n| = \left|\sum_{n'=1}^{N} a_{nn'} z_{n'}\right| \leqslant \sum_{n'=1}^{N} a_{nn'}|z_{n'}|, \qquad n = 1, 2, \cdots, N$$

于是, $|\lambda||z_n| \leqslant A|z|$。注意向量 $|z| > 0$, 故依 $\bar{\lambda}$ 的定义式 (1.13), 可知 $|\lambda| \leqslant \bar{\lambda}$。

设 $\lambda = \alpha + \mathrm{i}\beta$。由于 $\lambda \neq \bar{\lambda}$, 则必有 $\alpha < \bar{\lambda}$。往证 $|\lambda| < \bar{\lambda}$。否则, 即有 $|\lambda| = \bar{\lambda}$, $\alpha^2 + \beta^2 = \bar{\lambda}^2$, 对于任何 $\delta > 0$,

$$|\lambda - \delta|^2 = \alpha^2 + \beta^2 + \delta^2 - 2\alpha\delta > \bar{\lambda}^2 + \delta^2 - 2\bar{\lambda}\delta = |\bar{\lambda} - \delta|^2 \tag{1.14}$$

另外, 因为矩阵 $A \gg 0$, 故可选取充分小的 $\delta > 0$, 使得 $A - \delta I \gg 0$(此处 I 为 N 阶单位矩阵), 显然, $\bar{\lambda} - \delta$ 是矩阵 $A - \delta I$ 的最大特征值。根据刚才证明的结论, 应该有 $|\lambda - \delta| \leqslant \bar{\lambda} - \delta$, 这与式 (1.14) 矛盾。□

1.2 非负矩阵

定理 1.2 (佩龙-弗罗贝尼乌斯) 设 A 是非负方阵，则
(1) 存在实数 $\bar{\lambda} \geqslant 0$ 及向量 $\bar{x} > 0$，使得 $A\bar{x} = \bar{\lambda}\bar{x}$；
(2) 设 $\lambda \neq \bar{\lambda}$ 是方阵 A 的特征值，则 $|\lambda| \leqslant \bar{\lambda}$。

证明 考虑正方阵 $A + \frac{1}{k}U$，此处方阵 U 的每个元素都是 1，k 是正整数。将定理 1.1 用于矩阵 $A + \frac{1}{k}U$，存在 $\bar{\lambda}_k > 0$，$\bar{x}_k \gg 0$，使得 $\left(A + \frac{1}{k}U\right)\bar{x}_k = \bar{\lambda}_k\bar{x}_k$。将 $\bar{x}_k$ 归一化得 $\bar{z}_k = \dfrac{\bar{x}_k}{\sum_{n=1}^{N}\bar{x}_{kn}}$，则 $\bar{z}_k \in \mathbb{S}$ 且 $\left(A + \frac{1}{k}U\right)\bar{z}_k = \bar{\lambda}_k\bar{z}_k$。$\{\bar{z}_k\}$ 存在收敛子列，记为 $\{\bar{z}_{k'}\}$ 且 $\lim\limits_{k'\to+\infty}\bar{z}_{k'} = \bar{z}$，这样 $\lim\limits_{k'\to+\infty}\left(A + \frac{1}{k'}U\right)\bar{z}_{k'} = A\bar{z}$，因此 $A\bar{z} = \bar{\lambda}\bar{z}$，其中 $\bar{\lambda} \geqslant 0$ 及 $\bar{z} > 0$。 □

定理 1.2 是定理 1.1 的推广。值得强调的是，矩阵 $A \geqslant 0$ 允许有零元素。在这种情况下，定理的结论相对减弱：最大特征值 $\bar{\lambda} \geqslant 0$，相应的特征向量 $\bar{x} > 0$ (可能有零分量)，并且 $|\lambda| \leqslant \bar{\lambda}$ (异于 $\bar{\lambda}$ 的特征值 λ 的模可能等于 $\bar{\lambda}$)。

定理 1.3 (1) 设方阵 $A \gg 0$，则存在向量 $\bar{p} \gg 0$，使得 $\bar{p}^{\mathrm{T}}A = \bar{\lambda}\bar{p}^{\mathrm{T}}$。(2) 设方阵 $A > 0$，则存在向量 $\bar{p} > 0$，使得 $\bar{p}^{\mathrm{T}}A = \bar{\lambda}\bar{p}^{\mathrm{T}}$。

证明 因为矩阵 A 及其转置矩阵 A^{T} 的特征值集合是相同的，所以 $\bar{\lambda}$ 也是矩阵 A^{T} 的最大特征值。

由定理 1.1，可知存在向量 $\bar{p} \gg 0$，使得 $A^{\mathrm{T}}\bar{p} = \bar{\lambda}\bar{p}$，即 $\bar{p}^{\mathrm{T}}A = \bar{\lambda}\bar{p}^{\mathrm{T}}$。

由定理 1.2，可知存在向量 $\bar{p} > 0$，使得 $A^{\mathrm{T}}\bar{p} = \bar{\lambda}\bar{p}$，即 $\bar{p}^{\mathrm{T}}A = \bar{\lambda}\bar{p}^{\mathrm{T}}$。 □

有时，也称最大特征值 $\bar{\lambda}$ 是矩阵的佩龙-弗罗贝尼乌斯根 (简写为 P-F 根)，而定理所述的向量 $\bar{x}(\bar{p})$ 称为佩龙-弗罗贝尼乌斯右 (左) 向量。

1.2.2 基本问题的可解性

下面给出前面提出的投入产出基本问题的可解性定理。

定理 1.4 设 A 是非负方阵，则下列结论是等价的：
(1) 存在向量 $\tilde{x} \geqslant 0$，使得 $(I - A)\tilde{x} \gg 0$；
(2) 矩阵 A 的最大特征值 $\bar{\lambda} < 1$；
(3) 矩阵 $I - A$ 是非奇异的，且 $(I - A)^{-1} = \sum\limits_{k=0}^{\infty}A^k$；
(4) 对任意给定的 $c \geqslant 0$，存在唯一的 $x \geqslant 0$，使得

$$(I - A)x = c$$

证明 (1)⇒(2)。因为 $b \equiv (I-A)\tilde{x} \gg 0$，从而

$$\tilde{x} = b + A\tilde{x} \gg 0$$

设矩阵 A 的最大特征值及其相应的左特征向量分别为 $\bar{\lambda}$ 和 $\bar{p}$，即

$$\bar{p}^{\mathrm{T}} A = \bar{\lambda} \bar{p}^{\mathrm{T}}$$

则有

$$(1-\bar{\lambda})\bar{p}^{\mathrm{T}}\tilde{x} = \bar{p}^{\mathrm{T}}(I-A)\tilde{x} = \bar{p}^{\mathrm{T}} b$$

注意 $\bar{p}^{\mathrm{T}}\tilde{x} > 0$，$\bar{p}^{\mathrm{T}} b > 0$，故有 $1-\bar{\lambda} > 0$，从而 $\bar{\lambda} < 1$。

(2)⇒(3)。设矩阵 A 的若尔当 (Jordan) 标准形为 J，则有非奇异矩阵 M，使得 $A = QJQ^{-1}$，从而

$$A^k = QJ^kQ^{-1}$$

先来证明 $\lim\limits_{k\to\infty} A^k = 0$，只须证明 $\lim\limits_{k\to\infty} J^k = 0$。

考察对应特征值 λ_n 的若尔当块

$$J_n = \lambda_n I + E, \qquad E = \begin{pmatrix} 0 & 1 & 0 & \cdots & 0 & 0 \\ 0 & 0 & 1 & \cdots & 0 & 0 \\ \vdots & \vdots & \vdots & & \vdots & \vdots \\ 0 & 0 & 0 & \cdots & 1 & 0 \\ 0 & 0 & 0 & \cdots & 0 & 1 \\ 0 & 0 & 0 & \cdots & 0 & 0 \end{pmatrix}$$

则有

$$J_n^k = \begin{pmatrix} \lambda_n^k & k\lambda_n^{k-1} & \binom{k}{2}\lambda_n^{k-2} & \cdots & \binom{k}{n-2}\lambda_n^{k-n+2} & \binom{k}{n-1}\lambda_n^{k-n+1} \\ 0 & \lambda_n^k & k\lambda_n^{k-1} & \cdots & \binom{k}{n-3}\lambda_n^{k-n+3} & \binom{k}{n-2}\lambda_n^{k-n+2} \\ \vdots & \vdots & \vdots & & \vdots & \vdots \\ 0 & 0 & 0 & \cdots & k\lambda_n^{k-1} & \binom{k}{2}\lambda_n^{k-2} \\ 0 & 0 & 0 & \cdots & \lambda_n^k & k\lambda_n^{k-1} \\ 0 & 0 & 0 & \cdots & 0 & \lambda_n^k \end{pmatrix}$$

由于 $|\lambda_n| < 1$，所以 $\lim\limits_{k\to\infty} J_n^k = 0$，由此可推出 $\lim\limits_{k\to\infty} J^k = 0$。

1.2 非负矩阵

由定理 1.2, 矩阵 A 的全部特征值都在单位圆内, 所以 $I - A$ 是非奇异的, 即存在逆矩阵 $(I-A)^{-1}$。记

$$T_K = \sum_{k=0}^{K} A^k$$

则有

$$T_K(I-A) = (I-A)T_K = I - A^{K+1}$$

于是

$$T_K = (I-A)^{-1}(I - A^{K+1}) \to (I-A)^{-1}$$

(3)⇒(4)。因为 $(I-A)^{-1} = \sum_{k=0}^{\infty} A^k \geqslant 0$, 从而, 对任何 $c \geqslant 0$, 方程 $(I-A)x = c$ 有唯一解

$$x = \sum_{k=0}^{\infty} A^k c \geqslant 0$$

(4)⇒(1)。显然。 □

回顾投入产出分析的基本问题。设直接消耗系数矩阵为 A, 它是一个非负矩阵, 如果对任意指定的最终需求向量 $c \geqslant 0$, 存在唯一的总产出向量 $x \geqslant 0$, 满足方程

$$(I-A)x = c$$

则称这个投入产出模型 (或者系数矩阵 A) 是有效的或者生产的。定理 1.4 给出了模型有效性的一些等价条件。特别是定理中的条件 (1) 指出, 只要对某个最终需求向量 $b \gg 0$, 如果存在总产出向量 $\tilde{x}$, 满足方程 $(I-A)\tilde{x} = b$, 则模型就是有效的。由此可见, 只要在编制的投入产出表中最终需求象限的各种产品数量皆为正数, 那么由这个表所派生的系数矩阵 A 就是有效的, 或者说, 这个模型适用于任意指定的最终需求, 依据系数矩阵必可计算出总产出的数量。

结论 (3) 有明确的经济解释: 在模型是有效的情况下, 对于指定的最终需求向量 $c \geqslant 0$, 当然就要求生产出向量 c, 而为此还要求生产出作为产出向量 c 的中间投入 Ac, 进而还要生产出作为产出向量 Ac 的中间投入 $A(Ac)$, 以此类推, 从而, 总产出向量

$$x = c + Ac + A^2 c + \cdots$$

关于 P-F 根的界限, 有如下定理。

定理 1.5 设 A 是非负方阵, $\bar{\lambda}$ 是矩阵 A 的 P-F 根, 记

$$S_{n'} = \sum_{n=1}^{N} a_{nn'}$$

则有
$$\min_{1\leqslant n'\leqslant N} S_{n'} \leqslant \bar\lambda \leqslant \max_{1\leqslant n'\leqslant N} S_{n'}$$

证明 设 $\bar x\in\mathbb{S}$ 是矩阵 A 的右特征向量，于是 $\sum_{n=1}^N \bar x_n = 1$，且 $A\bar x = \bar\lambda\bar x$，有
$$\bar\lambda = \sum_{n=1}^N \bar\lambda\bar x_n = \sum_{n=1}^N\sum_{n'=1}^N a_{nn'}\bar x_{n'} = \sum_{n'=1}^N \bar x_{n'}\sum_{n=1}^N a_{nn'} = \sum_{n'=1}^N \bar x_{n'} S_{n'}$$

由此可推出所要证明的不等式。 □

既然 A 与 A^{T} 有相同的特征值，有
$$\min_{1\leqslant n'\leqslant N} T_n \leqslant \bar\lambda \leqslant \max_{1\leqslant n'\leqslant N} T_n$$

此处
$$T_n = \sum_{n'=1}^N a_{nn'}$$

回顾定理 1.4，当 P-F 根 $\bar\lambda < 1$ 时，矩阵 A 是有效的。现在，定理 1.5 可以给出更便于验证有效性的办法。

定理 1.6 设方阵 $A_1 \geqslant A_2 \geqslant 0$，且 $\bar\lambda_1$ 和 $\bar\lambda_2$ 分别是方阵 A_1 和 A_2 的 P-F 根，则 $\bar\lambda_1 \geqslant \bar\lambda_2$。

证明 根据 P-F 根的定义立即可证。 □

1.2.3 不可分解矩阵

在投入产出模型中，部门 (或者产品) 的标号本来是可以随意排定的。例如，第 n 部门和第 n' 部门是可以互换标号的。因此，相应的直接消耗系数矩阵也要改变。下面考察两者之间的关系。以 4 阶系数矩阵为例，当第 1 部门与第 4 部门互换标号时，原矩阵 A 与新矩阵 A' 如下：

$$A = \begin{pmatrix} a_{11} & a_{12} & a_{13} & a_{14} \\ a_{21} & a_{22} & a_{23} & a_{24} \\ a_{31} & a_{32} & a_{33} & a_{34} \\ a_{41} & a_{42} & a_{43} & a_{44} \end{pmatrix}, \quad A' = \begin{pmatrix} a_{44} & a_{42} & a_{43} & a_{41} \\ a_{24} & a_{22} & a_{23} & a_{21} \\ a_{34} & a_{32} & a_{33} & a_{31} \\ a_{14} & a_{12} & a_{13} & a_{11} \end{pmatrix}$$

矩阵 A' 可以通过矩阵 A 互换行列得到：先将矩阵 A 的第 1 行与第 4 行互换，再将第 1 列与第 4 列互换，便得到矩阵 A'。过程如下：

$$A \sim \begin{pmatrix} a_{41} & a_{42} & a_{43} & a_{44} \\ a_{21} & a_{22} & a_{23} & a_{24} \\ a_{31} & a_{32} & a_{33} & a_{34} \\ a_{11} & a_{12} & a_{13} & a_{14} \end{pmatrix} \sim \begin{pmatrix} a_{44} & a_{42} & a_{43} & a_{41} \\ a_{24} & a_{22} & a_{23} & a_{21} \\ a_{34} & a_{32} & a_{33} & a_{31} \\ a_{14} & a_{12} & a_{13} & a_{11} \end{pmatrix}$$

下面引进如下重要概念。

定义 1.2 设 A 是 N 阶非负方阵，$\mathcal{N} = \{1, 2, \cdots, N\}$。如果存在非空子集 $\mathcal{N}_1 \subseteq \mathcal{N}$ 与 $\mathcal{N}_2 \subseteq \mathcal{N}$，且 $\mathcal{N}_1 \cap \mathcal{N}_2 = \varnothing$，$\mathcal{N}_1 \cup \mathcal{N}_2 = \mathcal{N}$，使得

$$a_{n_1 n_2} = 0, \quad n_1 \in \mathcal{N}_1, \quad n_2 \in \mathcal{N}_2$$

则称矩阵 A 是可分解的 (decomposable)，否则，则称矩阵 A 是不可分解的 (indecomposable)。

方阵 A 是可分解的充要条件是经过若干次行与列的同时互换 (方式如前所述)，方阵 A 可变换成如下形状：

$$A \rightarrow \begin{pmatrix} A_{11} & A_{12} \\ 0 & A_{22} \end{pmatrix} \begin{matrix} \mathcal{N}_1 \\ \mathcal{N}_2 \end{matrix}$$

其中，A_{11} 及 A_{22} 皆为方阵。

如果直接消耗系数矩阵 A 是可分解的，则可将全体部门分成两组：$\mathcal{N}_1$ 组和 $\mathcal{N}_2$ 组，属于 $\mathcal{N}_1$ 组的每个部门都不需要 $\mathcal{N}_2$ 组的任何部门的投入。与此相反，当矩阵 A 是不可分解的时，每个部门都将直接或者间接需要任何部门的产品作为投入 (这个结论将在稍后予以证明)。

显然，正的方阵是不可分解的。

任何不可分解方阵都不能有零行或者零列。事实上，若第 n 行元素皆为零，只须令定义 1.2 中的集合 $\mathcal{N}_2 = \{n\}$，从而，使 A 成为可分解方阵。

下面的定理给出了不可分解非负矩阵的一些特有的性质。

定理 1.7 (佩龙-弗罗贝尼乌斯) 设方阵 $A \geqslant 0$ 是不可分解的，则

(1) 存在最大特征值 $\bar{\lambda} > 0$ 及相应的右特征向量 $\bar{x} \gg 0$，使 $A\bar{x} = \bar{\lambda}\bar{x}$，且在不计常数倍的情况下，右特征向量 $\bar{x}$ 是唯一的；

(2) 存在唯一的左特征向量 $\bar{p} \gg 0$，使 $\bar{p}^{\mathrm{T}} A = \bar{\lambda} \bar{p}^{\mathrm{T}}$。

(3) 设 $S_{n'} = \sum\limits_{n=1}^{N} a_{nn'}$ $(n' = 1, 2, \cdots, N)$。如果 $\min\limits_{1 \leqslant n' \leqslant N} S_{n'} < \max\limits_{1 \leqslant n' \leqslant N} S_{n'}$，则

$$\min_{1 \leqslant n' \leqslant N} S_{n'} < \bar{\lambda} < \max_{1 \leqslant n' \leqslant N} S_{n'}$$

证明 (1) 由定理 1.2 可知，存在最大特征值 $\bar{\lambda} \geqslant 0$ 及右特征值向量 $\bar{x} > 0$，使得 $A\bar{x} = \bar{\lambda}\bar{x}$。现在的问题是要证明 $\bar{x} \gg 0$ 及 $\bar{\lambda} > 0$。假若 $\bar{x}$ 有零分量，不妨设

$$\bar{x} = \begin{pmatrix} \bar{x}^1 \\ \bar{x}^2 \end{pmatrix}, \qquad \bar{x}^1 \gg 0, \quad \bar{x}^2 = 0$$

相应地将矩阵 A 分块后再作用于 $\bar{x}$，便得

$$\begin{pmatrix} A_{11} & A_{12} \\ A_{21} & A_{22} \end{pmatrix} \begin{pmatrix} \bar{x}^1 \\ \bar{x}^2 \end{pmatrix} = \bar{\lambda} \begin{pmatrix} \bar{x}^1 \\ \bar{x}^2 \end{pmatrix}$$

于是，$A_{21}\bar{x}^1 + A_{22}\bar{x}^2 = \bar{\lambda}\bar{x}^2$。注意 $\bar{x}^2 = 0$，故有 $A_{21}\bar{x}^1 = 0$。但是，由 $A_{21} \geqslant 0$，且 $\bar{x}^1 \gg 0$ 可推出 $A_{21} = 0$，这表明方阵 A 是可分解的，此与假设矛盾。可见特征向量 $\bar{x} \gg 0$。

再证 $\bar{\lambda} > 0$。否则，$\bar{\lambda} = 0$，于是

$$\sum_{n'=1}^{N} a_{nn'} \bar{x}_{n'} = 0, \qquad n = 1, 2, \cdots, N$$

由 $\bar{x} \gg 0$ 可推出 $a_{nn'} = 0$ $(n, n' = 1, 2, \cdots, N)$，此与方阵 $A > 0$ 相矛盾。

下证唯一性。假设 $\bar{y}$ 也是对应特征值 $\bar{\lambda}$ 的特征向量，即 $A\bar{y} = \bar{\lambda}\bar{y}$，但 $\bar{y}$ 与 $\bar{x}$ 是线性无关的，如前可证 $\bar{y} \gg 0$。选取

$$\alpha = \min_{1 \leqslant n \leqslant N} \frac{\bar{y}_n}{\bar{x}_n}$$

令 $\omega = \bar{y} - \alpha\bar{x}$，则向量 ω 至少有一个零分量，且 $\omega \geqslant 0$。显然，$A\omega = \bar{\lambda}\omega$，即 ω 对应于特征值 $\bar{\lambda}$ 的右特征向量，依前所证结论，应该有 $\omega \gg 0$，这便导致矛盾，至此证明了定理的结论 (1)。

(2) 由结论 (1) 即可推出。

(3) 当 $\min\limits_{1 \leqslant n' \leqslant N} S_{n'} < \max\limits_{1 \leqslant n' \leqslant N} S_{n'}$ 时，$S_1, S_2, \cdots, S_N$ 不可能完全相等，沿用定理 1.5 的证明，有 $\bar{\lambda} = \sum\limits_{n'=1}^{N} \bar{x}_{n'} S_{n'}$，注意 $\bar{x}_{n'} > 0$ $(n' = 1, 2, \cdots, N)$，便得

$$\min_{1 \leqslant n' \leqslant N} S_{n'} < \bar{\lambda} < \max_{1 \leqslant n' \leqslant N} S_{n'}$$

于是，定理全部证完。 □

定理 1.8 设方阵 $A_1 > A_2 \geqslant 0$，且 A_1 和 A_2 都是不可分解矩阵，它们的最大特征值分别为 $\bar\lambda_1$ 和 $\bar\lambda_2$，则 $\bar\lambda_1 > \bar\lambda_2$。

证明 令 $A = \dfrac{1}{2}(A_1 + A_2)$，由假设可推出 A 也是不可分解非负方阵，依定理 1.7，存在特征值 $\bar\lambda > 0$ 及特征向量 $\bar z \gg 0$，使得 $A\bar z = \bar\lambda \bar z$，因为 $A_1 > A_2$，所以 $A_1 > A$。从而，$A_1 \bar z > A \bar z$。设方阵 A_1 的特征值 $\bar\lambda_1$ 对应的左特征向量为 $\bar p_1$，则 $\bar p_1 \gg 0$。于是

$$\bar p_1^{\mathrm T} A_1 \bar z > \bar p_1^{\mathrm T} A \bar z = \bar\lambda \bar p_1^{\mathrm T} \bar z$$

$$\bar p_1^{\mathrm T} A_1 \bar z = \bar\lambda_1 \bar p_1^{\mathrm T} \bar z$$

注意 $\bar p_1^{\mathrm T} \bar z > 0$，便可推出 $\bar\lambda_1 > \bar\lambda$。

另外，因为 $A_1 > A_2$，所以 $A > A_2$。从而，$A\bar z > A_2 \bar z$。设方阵 A_2 的特征值 $\bar\lambda_2$ 对应的左特征向量为 $\bar p_2$，则 $\bar p_2 \gg 0$。于是

$$\bar\lambda \bar p_2^{\mathrm T} \bar z = \bar p_2^{\mathrm T} A \bar z > \bar p_2^{\mathrm T} A_2 \bar z$$

$$\bar p_2^{\mathrm T} A_2 \bar z = \bar\lambda_2 \bar p_2^{\mathrm T} \bar z$$

注意 $\bar p_2^{\mathrm T} \bar z > 0$，便可推出 $\bar\lambda > \bar\lambda_2$。

同时有 $\bar\lambda_1 > \bar\lambda$ 与 $\bar\lambda > \bar\lambda_2$，所以 $\bar\lambda_1 > \bar\lambda_2$。 □

定理 1.8 是定理 1.6 的加强形式：对于不可分解非负矩阵，只要使矩阵 A 的一个元素数值增加得到新矩阵 A'，便导致最大特征值严格增加。

为了研究部门之间的关联，有必要考察方阵 A^k 的结构，以下记方阵 A^k 的第 n 行 n' 列元素为 $a_{nn'}^k$ ($k = 1, 2, \cdots$)。

定理 1.9 设 A 是不可分解 N 阶非负方阵，则对任何 $n, n' \in \mathcal{N}$，在 $a_{nn'}^1$，$a_{nn'}^2, \cdots, a_{nn'}^N$ 中至少有一个是正数。

证明 (1) 先证明方阵 $(I+A)^{N-1}$ 是正的方阵，即 $(I+A)^{N-1} \gg 0$。只须证明，对任何向量 $x > 0$，总有 $(I+A)^{N-1} x \gg 0$，为此，只须证明向量 $y = (I+A)x$ 的零分量个数少于向量 x 的零分量个数。因此，向量 x 的零分量个数至多有 $N-1$ 个，用 $I+A$ 作用 x 一次至少减少一个零分量，作用 $N-1$ 次，所得向量 $(I+A)^{N-1} x$ 就全部是正分量了。现在用反证法来证明前面论断。假如向量 $y = (I+A)x = x + Ax$ 的零分量不少于向量 x 的零分量个数，注意 $Ax \geqslant 0$，那么向量 x 的正分量对应向量 y 的正分量。于是，二者的正分量彼此对应，不妨设

$$x = \begin{pmatrix} x^1 \\ 0 \end{pmatrix}, \quad y = \begin{pmatrix} y^1 \\ 0 \end{pmatrix}, \quad x^1 \gg 0, \quad y^1 \gg 0$$

相应地，

$$\begin{pmatrix} y^1 \\ 0 \end{pmatrix} = \begin{pmatrix} A_{11} & A_{12} \\ A_{21} & A_{22} \end{pmatrix} \begin{pmatrix} x^1 \\ 0 \end{pmatrix} + \begin{pmatrix} x^1 \\ 0 \end{pmatrix}$$

因此，$A_{21}x^1 = 0$。由于 $A_{21} \geqslant 0$ 及 $x^1 \gg 0$，推出 $A_{21} = 0$，此与方阵 A 的不可分解相矛盾。可见，y 的零分量个数少于 x 的零分量个数。

(2) 由于有展开式

$$(I+A)^{N-1} = I + \binom{N-1}{1}A + \binom{N-1}{2}A^2 + \cdots + \binom{N-1}{N-1}A^{N-1} \quad (1.15)$$

根据 (1) 中证明，有 $(I+A)^{N-1} \gg 0$，于是，式 (1.15) 右端是正的方阵。观察该方阵的非对角线元素易见，当 $n \neq n'$ 时，在 $a_{nn'}^1, a_{nn'}^2, \cdots, a_{nn'}^{N-1}$ 中必至少有一个是正数。

由于方阵 A 是不可分解的，所以每行都至少有一个正元素。从而，方阵 $A(I+A)^{N-1} \gg 0$，即

$$A + \binom{N-1}{1}A^2 + \binom{N-1}{2}A^3 + \cdots + \binom{N-1}{N-1}A^N \gg 0$$

易见，在 $a_{nn}^1, a_{nn}^2, \cdots, a_{nn}^N$ 中必至少有一个是正数。 □

这个定理能够帮助我们了解部门之间的关系，假设直接消耗系数矩阵 A 是不可分解的，考察部门 1 和部门 2 之间的关联：如果 $a_{21} > 0$，则表明部门 1 的生产需要部门 2 的直接投入；如果 $a_{21} = 0$，则表明前者不需要后者直接投入。但定理 1.9 指出 $a_{nn'}^1, a_{nn'}^2, \cdots, a_{nn'}^N$ 中至少有一个是正数，如 $a_{21}^2 > 0$，即 $\sum_{n=1}^{N} a_{2n}a_{n1} > 0$，从而，其中的某加数是正数，如 $a_{2N}a_{N1} > 0$，故 $a_{N1} > 0, a_{2N} > 0$。这表明，部门 1 需要部门 N 直接投入，部门 N 需要部门 2 直接投入。总之，部门 1 需要部门 2 间接投入。通过这些说明不难看出，从任何部门 n' 需求出发，经过多次中间需求的转换，总会影响到部门 1 的投入。

1.2.4 本原矩阵

考虑一种特殊的产业关联，如果全体部门能分成互不相交的 K 组：$\mathcal{N}_1, \mathcal{N}_2, \cdots, \mathcal{N}_K$，使得其中任何一组 $\mathcal{N}_k$ 的部门仅需要 $\mathcal{N}_{k-1}$ 组内的部门的产品作为投入 ($\mathcal{N}_1$ 组对应 $\mathcal{N}_K$)，这便引出下面的定义。

定义 1.3 不可分解矩阵 A 称为循环的 (cyclic)，如果存在互不相交的非空集合 $\mathcal{N}_1, \mathcal{N}_2, \cdots, \mathcal{N}_K$，使得 $\mathcal{N} = \bigcup_{k=1}^{K} \mathcal{N}_k$，而且对任何 $k = 1, 2, \cdots, K$，有

$$a_{nn'} = 0, \quad n \notin \mathcal{N}_{k-1}, \quad n' \in \mathcal{N}_k$$

1.2 非负矩阵

$$\sum_{n \in \mathcal{N}_{k-1}} a_{nn'} > 0, \qquad n' \in \mathcal{N}_k$$

其中，$\mathcal{N}_0$ 为 $\mathcal{N}_K$。

将这个循环矩阵的定义用矩阵形式来表述：通过适当的行和列的同时互换，矩阵 A 可表示成如下形状

$$A \sim \begin{pmatrix} 0 & A_{12} & 0 & \cdots & 0 & 0 \\ 0 & 0 & A_{23} & \cdots & 0 & 0 \\ \vdots & \vdots & \vdots & & \vdots & \vdots \\ 0 & 0 & 0 & \cdots & A_{K-2,K-1} & 0 \\ 0 & 0 & 0 & \cdots & 0 & A_{K-1,K} \\ A_{K1} & 0 & 0 & \cdots & 0 & 0 \end{pmatrix}$$

其中，对角线上皆为零方阵。显然可见，$\mathcal{N}_k$ 组的部门需要 $\mathcal{N}_{k-1}$ 组的部门产品，但不需要不在 $\mathcal{N}_{k-1}$ 组内的部门的产品作为投入。

定义 1.4 如果不可分解矩阵 A 不是循环的，则称 A 是本原矩阵 (primitive matrix)。

循环矩阵毕竟是很特殊的矩阵，常见的不可分解矩阵多数都是本原的，如果不可分解非负方阵只要对角线元素有一个是正数，那么该矩阵必是本原矩阵。

下面的定理揭示了本原矩阵的特征。由于它的证明相当烦琐，故而略去证明 (Takayama，1985)。

定理 1.10 非负的不可分解方阵 A 是本原的充要条件是 $|\lambda_n| < \bar{\lambda}$，此处 $\bar{\lambda}$ 是矩阵 A 的最大特征值，而 λ_n 为矩阵 A 的其余特征值。

回顾定理 1.2，对于一般的非负方阵，有 $|\lambda_n| \leqslant \bar{\lambda}$，但定理 1.10 指出，对于本原方阵来说，则有 $|\lambda_n| < \bar{\lambda}$，而对于循环方阵，必有某些特征值的模与 $\bar{\lambda}$ 是相等的。

考虑第 3 章的需要，下面对本原矩阵再作进一步的探讨。

设非负方阵 A 是不可分解的，$\bar{\lambda}$ 是矩阵 A 的最大特征值，相应的右、左特征向量为 $\bar{x}$ 和 $\bar{z}$。由定理 1.7 可知，$\bar{x} \gg 0$ 且 $\bar{z} \gg 0$。不妨设 $\bar{x}$ 和 $\bar{z}$ 满足归一化条件 $\bar{z}^T \bar{x} = 1$，令矩阵

$$P = \bar{x}\bar{z}^T = \begin{pmatrix} \bar{x}_1 \\ \bar{x}_2 \\ \vdots \\ \bar{x}_N \end{pmatrix} (\bar{z}_1 \bar{z}_2 \cdots \bar{z}_N) = \begin{pmatrix} \bar{x}_1\bar{z}_1 & \bar{x}_1\bar{z}_2 & \cdots & \bar{x}_1\bar{z}_N \\ \bar{x}_2\bar{z}_1 & \bar{x}_2\bar{z}_2 & \cdots & \bar{x}_2\bar{z}_N \\ \vdots & \vdots & & \vdots \\ \bar{x}_N\bar{z}_1 & \bar{x}_N\bar{z}_2 & \cdots & \bar{x}_N\bar{z}_N \end{pmatrix} \qquad (1.16)$$

这个矩阵具有如下性质。

定理 1.11 设 A 是不可分解的非负方阵，矩阵 P 如式 (1.16) 定义，则

(1) $P^2 = P$；

(2) $PA = AP = \bar{\lambda} P$。

证明 (1) $P^2 = \bar{x}\bar{z}^T \bar{x}\bar{z}^T = \bar{x}\bar{z}^T = P$；

(2) $PA = \bar{x}\bar{z}^T A = \bar{x}\bar{\lambda}\bar{z}^T = \bar{\lambda}\bar{x}\bar{z}^T = \bar{\lambda}P$，

$AP = A\bar{x}\bar{z}^T = \bar{\lambda}\bar{x}\bar{z}^T = \bar{\lambda}P$。 □

定理 1.12 设 A 是本原的非负方阵，$\bar{\lambda}$ 及 P 如前所述，则有 $\bar{\lambda}^{-K} A^K \to P$。

证明 令矩阵 $B = A - \bar{\lambda}P$，则

$$PB = PA - \bar{\lambda}P^2 = \bar{\lambda}P - \bar{\lambda}P = 0 \tag{1.17}$$

假设 $\lambda \neq 0$ 是矩阵 B 的特征值，相应的特征向量 $y \neq 0$，即 $By = \lambda y$，由式 (1.17) 可推出

$$\lambda Py = P(\lambda y) = PBy = 0$$

因此，$Py = 0$。于是，

$$Ay = By + \bar{\lambda}Py = By = \lambda y$$

可见 λ 也是矩阵 A 的特征值。

再证 $\bar{\lambda}$ 不是矩阵 B 的特征值。否则，存在 $y \neq 0$，使得 $By = \bar{\lambda}y$，依上所述，y 也是矩阵 A 的特征向量，它对应特征值 $\bar{\lambda}$，根据定理 1.7，存在常数 $c \neq 0$，使得 $y = c\bar{x}$。于是，

$$PBy = \bar{\lambda}Py = \bar{\lambda}\bar{x}\bar{z}^T(c\bar{x}) = \bar{\lambda}c\bar{x} \neq 0$$

这与式 (1.17) 相矛盾。因此，矩阵 A 的最大特征 $\bar{\lambda}$ 不是矩阵 B 的特征值。

根据定理 1.10，本原矩阵 A 的最大特征值 $\bar{\lambda}$ 大于其余特征值的模。因此，矩阵 B 的每个特征值 λ 的模必小于 $\bar{\lambda}$，即 $|\lambda| < \bar{\lambda}$。从而，矩阵 $\bar{\lambda}^{-1}B$ 的每个特征值的模 $\left|\dfrac{\lambda}{\bar{\lambda}}\right| < 1$，如定理 1.4 可证 $(\bar{\lambda}^{-1}B)^K \to 0$。利用定理 1.11，计算得到

$$B^K = (A - \bar{\lambda}P)^K = \sum_{k=0}^{K} C_K^k A^{K-k}(-\bar{\lambda}P)^k = A^K - \bar{\lambda}^K P$$

所以，

$$\bar{\lambda}^{-K} A^K - P = \bar{\lambda}^{-K} B^K \to 0$$

□

推论 1.1 设非负方阵 A 是本原的，则存在 K^0，当 $K \geqslant K^0$ 时，$A^K \gg 0$。

证明 非负方阵 A 是本原的，则 A 不可分解。由定理 1.7 得 A 存在最大特征值 $\bar{\lambda} > 0$ 及相应的右、左特征向量 $\bar{x} \gg 0$，$\bar{z} \gg 0$。

根据定理 1.12，有 $P = \bar{x}\bar{z}^{\mathrm{T}}$，使 $\bar{\lambda}^{-K} A^K \to P$。当 $K \geqslant K^0$ 时，$\bar{\lambda}^{-K} A^K \gg 0$，又 $\bar{\lambda} > 0$，则 $A^K \gg 0$。 □

利用定理 1.12，还可以近似计算矩阵 A 的最大特征值及相应的特征向量。假设向量 x 与 $\bar{z}$ 不直交，即 $\bar{z}^{\mathrm{T}} x \neq 0$，根据定理 1.12，有

$$A^k x \approx \bar{\lambda}^k \bar{x} \bar{z}^{\mathrm{T}} x \tag{1.18}$$

因此，对于任意确定的 n，有

$$\bar{\lambda} \approx \frac{(A^{k+1} x)_n}{(A^k x)_n} \tag{1.19}$$

这便给出了矩阵 A 的最大特征值的近似计算公式。

为简便计，不妨设对应于 $\bar{\lambda}$ 的特征向量 $\bar{x}$ 是归一化的，即 $\sum_{n=1}^{N} \bar{x}_n = 1$。于是，由式 (1.18)，有

$$\bar{\lambda}^k \bar{z}^{\mathrm{T}} x \approx \sum_{n=1}^{N} (A^k x)_n$$

所以，可得

$$\bar{x} \approx \frac{A^k x}{\sum_{n=1}^{N} (A^k x)_n} \tag{1.20}$$

这便给出了矩阵 A 的特征向量 $\bar{x}$ 的近似计算公式。

1.3 价格模型

1.3.1 价格方程

在实物型投入产出模型中，生产方程

$$(I - A) x = c \tag{1.21}$$

刻画了产出量与最终需求的关系。由定理 1.4 可知，对于任给的向量 $c \geqslant 0$，方程 (1.21) 有非负解 x 的充要条件是 A 的最大特征值 $\bar{\lambda} < 1$。注意转置矩阵 A^{T} 的最大特征值也是 $\bar{\lambda}$，所以，对于任给的向量 $v \geqslant 0$，价格方程

$$(I - A^{\mathrm{T}}) p = v \tag{1.22}$$

有非负解 $p \geqslant 0$ 的充要条件是式 (1.21) 有非负解 x。可以赋予方程 (1.22) 如下的经济解释：设 p 是产品的价格向量，第 n' 部门为生产 1 单位第 n' 种产品要从各部门购入原料，所支付的费用就是 $\sum_{n=1}^{N} a_{nn'} p_n$。于是 $p_{n'} - \sum_{n=1}^{N} a_{nn'} p_n$ 表示一种收入，称为附加值，其中包括工资、利润和折旧等。

上述对偶的方程 (1.21) 和方程 (1.22) 的解，具有内在的联系，这就是下面的定理。

定理 1.13 设方程 (1.21) 和方程 (1.22) 的解分别是 x 和 p，则 $p \cdot c = v \cdot x$。

证明 因为向量 x 与 p 分别满足

$$(I - A) x = c \quad \text{和} \quad (I - A^{\mathrm{T}}) p = v$$

所以，

$$v \cdot x = v^{\mathrm{T}} x = p^{\mathrm{T}} (I - A) x = p^{\mathrm{T}} c = p \cdot c$$

$\square$

定理中的 $v \cdot x = v^{\mathrm{T}} x = \sum_{n=1}^{N} v_n x_n$，其中 v_n 表示第 n 部门产品的附加值，$v \cdot x$ 表示经济系统的附加价值总量。c_n 表示第 n 部门的净产出，$p \cdot c$ 表示经济系统净产出的价值总量。定理 1.13 指出，这两个价值总量是相等的。

在实际应用中，编制实物型投入产出表将会遇到很多困难，这是因为产品类别需要细分，增加了数据调查的工作量。如果编制了价值型投入产出表，那么利用方程 (1.22) 所确定的并不是价格而是价格指数，这已在 1.1 节作过阐述。

1.3.2 价格的测算

如何确定价格是一个极其重要而又复杂的经济问题，几乎成为经济学研究的永恒的课题，这里要介绍的是如何利用投入产出表给出测算价格的方法。

在价格方程 (1.22) 中，指定附加值 v，就可以唯一地确定价格向量，问题是如何确定附加值 v 是大有学问的，以下针对实物型投入产出模型进行讨论。

设第 n' 部门的 1 单位产品的利润含量为 $\pi_{n'}$，1 单位第 n' 种产品的工资含量为 $s_{n'}$，则平均附加值为

$$v_{n'} = \pi_{n'} + s_{n'}$$

如果 1 单位第 n' 种产品消耗的劳动量为 $l_{n'}$，工资是 w，则工资含量 $s_{n'} = l_{n'} w$。于是，价格方程为

$$p = p \cdot A + wl + \pi \tag{1.23}$$

这表明产品价格由物质消耗的转移价值、劳动报酬和盈利三部分构成。

由于盈利原则不同，利润向量 π 的确定方式也不同，因此产生了不同的价格体系。

(1) 生产价格。这是以平均资金盈利率计算的价格。设盈利总额为 N，生产资金为 F，则单位资金盈利率为 $\alpha = \dfrac{N}{F}$。设第 n' 部门的产出量为 $x_{n'}$，它所占用的资金为 $F_{n'}$，则单位产品占用资金为 $f_{n'} = \dfrac{F_{n'}}{x_{n'}}$，这时确定利润含量为 $\pi_{n'} = \alpha f_{n'}$。价格方程为

$$p = p \cdot A + wl + \alpha f \tag{1.24}$$

(2) 价值价格。这是按平均工资盈利率计算的价格。设工资总额为 M，N 是利润总额，则平均工资盈利率为 $\beta = \dfrac{N}{M}$，这时确定利润含量 $\pi_{n'} = \beta(wl_{n'})$。于是，价格方程为

$$p = p \cdot A + wl + \beta(wl) \tag{1.25}$$

(3) 成本价格。这是按平均成本盈利率确定的价格。设成本总额为 Q，利润总额为 N，则单位成本盈利率为 $\gamma = \dfrac{N}{Q}$，这时确定利润含量为 $\pi_{n'} = \gamma(p \cdot A + wl)_{n'}$，即得价格方程

$$p = (1+\gamma)(p \cdot A + wl) \tag{1.26}$$

当 $1 + \gamma < \dfrac{1}{\bar{\lambda}}$，即 $\dfrac{1}{1+\gamma} > \bar{\lambda}$ 时 (此处 $\bar{\lambda}$ 是矩阵 A 的最大特征值)，价格方程有唯一的非负解。

1.3.3 价格变动的波及效果

价格是调节经济运行的重要手段，针对供需情况，及时地调整产品的价格，能够对经济系统的运行产生直接的影响。

已知 N 种产品的附加价值 $v_1, v_2, \cdots, v_N$，由价格方程 (1.22) 可以唯一地确定价格向量 $p = \begin{pmatrix} p_1 \\ p_2 \\ \vdots \\ p_N \end{pmatrix}$。若第 n 种产品的价格从 p_n 调到 $p_n + \Delta p_n$，相应地前 $N-1$ 种产品的成本就要发生改变。假设仍维持原附加价值 (工资和利润等) 不变，那么前 $N-1$ 种产品的价格势必要改变，即第 $1, 2, \cdots, N-1$ 种产品的价格要调到 $p_1 + \Delta p_1, p_1 + \Delta p_2, \cdots, p_{N-1} + \Delta p_{N-1}$，满足

$$p_{n'} + \Delta p_{n'} = \sum_{n=1}^{N} a_{nn'}(p_n + \Delta p_n) + v_{n'}, \qquad n' = 1, 2, \cdots, N-1$$

与价格方程 (1.22) 比较，便得 $\Delta p_{n'} = \sum\limits_{n=1}^{N} a_{nn'}\Delta p_n$，$n' = 1, 2, \cdots, N-1$，写成矩阵形式

$$\left(I - A_{N-1}^{\mathrm{T}}\right) \begin{pmatrix} \Delta p_1 \\ \Delta p_2 \\ \vdots \\ \Delta p_{N-1} \end{pmatrix} = \begin{pmatrix} a_{N1} \\ a_{N2} \\ \vdots \\ a_{N,N-1} \end{pmatrix} \Delta p_N$$

其中，A_{N-1}^{T} 是矩阵 A^{T} 的左上角 $N-1$ 阶方阵。由此推出

$$\begin{pmatrix} \Delta p_1 \\ \Delta p_2 \\ \vdots \\ \Delta p_{N-1} \end{pmatrix} = \left(I - A_{N-1}^{\mathrm{T}}\right)^{-1} \begin{pmatrix} a_{N1} \\ a_{N2} \\ \vdots \\ a_{N,N-1} \end{pmatrix} \Delta p_N \qquad (1.27)$$

在编制投入产出表时，不仅给出了矩阵 A，还计算出逆矩阵 $D = (I-A)^{-1}$，为了能直接利用矩阵 D 的数据计算公式 (1.27)，有必要推导两者之间的关系，将矩阵 $I - A$ 表示成分块矩阵，左上角是 $N-1$ 阶方阵，对于矩阵 $D = (I-A)^{-1}$ 也作相应处理，则有

$$I = (I-A)^{-1}(I-A) = \begin{bmatrix} D_{N-1} & D_{12} \\ D_{21} & d_{NN} \end{bmatrix} \begin{bmatrix} I - A_{N-1} & -A_{12} \\ -A_{21} & 1 - a_{NN} \end{bmatrix}$$

$$= \begin{bmatrix} D_{N-1}(I - A_{N-1}) - D_{12}A_{12} & -D_{N-1}A_{21} + D_{12}(1 - a_{NN}) \\ D_{21}(I - A_{N-1}) - d_{NN}A_{21} & -D_{12}A_{21} + d_{NN}(1 - a_{NN}) \end{bmatrix}$$

于是，

$$D_{21}(I - A_{N-1}) = d_{NN}A_{21} \quad \text{或者} \quad A_{21}(I - A_{N-1})^{-1} = \frac{1}{d_{NN}}D_{21} \qquad (1.28)$$

注意 $A_{21} = (a_{N1}, a_{N2}, \cdots, a_{N,N-1})$，$D_{21} = (d_{N1}, d_{N2}, \cdots, d_{N,N-1})$，由式 (1.28) 导出

$$\left[I - A_{N-1}^{\mathrm{T}}\right]^{-1} \begin{pmatrix} a_{N1} \\ a_{N2} \\ \vdots \\ a_{N,N-1} \end{pmatrix} = \frac{1}{d_{NN}} \begin{pmatrix} d_{N1} \\ d_{N2} \\ \vdots \\ d_{N,N-1} \end{pmatrix}$$

再由式 (1.27) 便得如下公式

$$\begin{pmatrix} \Delta p_1 \\ \Delta p_2 \\ \vdots \\ \Delta p_{N-1} \end{pmatrix} = \begin{pmatrix} d_{N1} \\ d_{N2} \\ \vdots \\ d_{N,N-1} \end{pmatrix} \frac{\Delta p_N}{d_{NN}} \qquad (1.29)$$

习　题

1. 设 A 是正的方阵，令
$$\bar{\lambda} = \min\{\lambda \mid 存在\ x \in \mathbb{S}\ 使得\ Ax \leqslant \lambda x\}$$
证明 $\bar{\lambda}$ 是矩阵 A 的最大特征值。

2. 设 N 阶方阵 A 的非对角元素都是非负的，即 $a_{nn'} \geqslant 0\ (n \neq n')$，则称 A 是一个 Metzler 矩阵。证明对于 Metzler 矩阵 A，必存在实数 λ_0 和向量 $x^0 \geqslant 0$，使得
   (2.1) $Ax_0 = \lambda_0 x_0$；
   (2.2) 设 $\lambda \neq \lambda_0$ 是 A 的特征值，则 $\mathrm{Re}(\lambda) \leqslant \lambda_0$。

3. 设矩阵 A 是非负方阵，满足索洛 (Solow) 条件：
   (3.1) $S_{n'} = \sum_{n=1}^{N} a_{nn'} \leqslant 1\ (n' = 1, 2, \cdots, N)$;
   (3.2) 存在某个 n_0' 使得 $S_{n_0'} < 1$，则矩阵 A 是有效的。

4. 设矩阵 A 是不可分解的非负方阵，满足索洛条件，如果将矩阵的某个元素增加少许得矩阵 B 仍然满足索洛条件，试证：
   (4.1) $(I - A)^{-1} \gg 0$;
   (4.2) $(I - B)^{-1} \gg (I - A)^{-1}$，并解释其经济意义。

5. 证明国际贸易模型
$$x = Ax$$
有解 $x > 0$，此处矩阵 $A \geqslant 0$，且 $\sum_{n=1}^{N} a_{nn'} = 1$，$n' = 1, 2, \cdots, N$。

6. 设 A 是不可分解的非负方阵，它的最大特征值是 $\bar{\lambda}$。如果 λ 是矩阵 A 的特征值，其相应的特征向量 $x > 0$，试证 $\lambda = \bar{\lambda}$。

7. 设投入产出系统有 N 个部门，第 n' 部门生产 1 单位第 n' 种商品需要劳力数 (以人时为单位计量) 为 $l_{n'}$。设直接消耗系数矩阵 A 是有效的，劳力总量为 $L > 0$，最终需求是 $c \geqslant 0$，证明问题
$$x - Ax = \alpha c$$
$$x \cdot l = L$$
其中 $l = \begin{pmatrix} l_1 \\ l_2 \\ \vdots \\ l_N \end{pmatrix}$，有非负解 $(\alpha, x) \in \mathbb{R}_{++} \times \mathbb{R}_+^N$，并解释此问题的经济意义。

第 2 章 数 学 规 划

经济均衡理论的基本任务是研究资源的优化配置，这就必须涉及数学规划理论。通常说的数学规划是指在函数不等式约束下的目标函数的极值问题。

数学规划可分为线性规划和非线性规划两大类。前者的原理和解法已日臻完善，而后者的研究至今仍十分活跃，它们在经济领域中都有非常重要的应用。

2.1 线 性 规 划

2.1.1 线性规划的表述

首先来考察典型实例。

例 2.1 资源优化问题。设有 M 种资源品 $F_1, F_2, \cdots, F_M$，它们的数量为 $b_1, b_2, \cdots, b_M$。用这些资源可生产 N 种产品 $G_1, G_2, \cdots, G_N$，1 单位 G_n 产品的价格是 q_n，试问应该如何规划产品的数量，才能使价值总额达到最大？假设已知生产 1 单位 G_n 产品需要消耗资源品 F_m 的数量为 a_{mn}。

解 可以把每种产品的消耗系数排成如下矩阵

$$
\begin{array}{ccccc}
 & G_1 & G_2 & \cdots & G_N \\
F_1 & a_{11} & a_{12} & \cdots & a_{1N} \\
F_2 & a_{21} & a_{22} & \cdots & a_{2N} \\
\vdots & \vdots & \vdots & & \vdots \\
F_M & a_{M1} & a_{M2} & \cdots & a_{MN}
\end{array}
$$

假设产品 G_n 的产量为 x_n，为使资源品 F_m 的消耗不超过限定数量，必须有

$$\sum_{n=1}^{N} a_{mn} x_n \leqslant b_m, \quad m = 1, 2, \cdots, M$$

左端表示各种产品消耗资源品 F_m 的数量总和，其中 $x = \begin{pmatrix} x_1 \\ x_2 \\ \vdots \\ x_N \end{pmatrix}$ 的各分量是相

2.1 线性规划

应各产品的数量，它是一个非负向量，记矩阵 $A = \begin{pmatrix} a_{11} & a_{12} & \cdots & a_{1N} \\ a_{21} & a_{22} & \cdots & a_{2N} \\ \vdots & \vdots & & \vdots \\ a_{M1} & a_{M2} & \cdots & a_{MN} \end{pmatrix}$,

$b = \begin{pmatrix} b_1 \\ b_2 \\ \vdots \\ b_M \end{pmatrix}$, 则上面不等式可简写成

$$Ax \leqslant b$$

则价值总额就是

$$\sum_{n=1}^{N} q_n x_n = q^{\mathrm{T}} x = q \cdot x$$

因此，以上问题便可表述成：在满足条件 $Ax \leqslant b$ 的非负向量之中，找一向量 x，使得函数 $q \cdot x$ 达到最大值。

例 2.2 食谱优化问题。有 N 种食品 $G_1, G_2, \cdots, G_N$，食用后可以从中摄取 M 种营养成分 $F_1, F_2, \cdots, F_M$，单位食物 G_n 含营养成分 F_m 的数量为 a_{mn}。假设人们每天需要营养成分 F_m 的数量不能低于 b_m，试问应该如何制定食谱，才能使费用最小？假设食品 G_n 的单位价格是 p_n。

解 设选购 N 种食品 $G_1, G_2, \cdots, G_N$ 的数量分别是 $x_1, x_2, \cdots, x_N$，即有非负向量 $x = \begin{pmatrix} x_1 \\ x_2 \\ \vdots \\ x_N \end{pmatrix}$。要求这些食品所含营养成分 F_m 的数量不能低于 b_m。即

$$\sum_{n=1}^{N} a_{mn} x_n \geqslant b_m, \qquad m = 1, 2, \cdots, M$$

或者简记成

$$Ax \geqslant b$$

这些食品所需费用为

$$\sum_{n=1}^{N} p_n x_n = p^{\mathrm{T}} x = p \cdot x$$

上述问题可表述成: 在满足条件 $Ax \geqslant b$ 的非负向量中, 找出向量 x, 使得函数 $p \cdot x$ 达到最小。

这两个例子有如下共同特点:

(1) 它们都是约束极值问题, 目标函数是线性函数。
(2) 问题中的约束条件都是线性不等式。
(3) 变量都是非负向量。

通常把具有上述特点的极值问题称为线性规划, 具体表示成

$$\max \quad c \cdot x \tag{2.1}$$
$$\text{s.t.} \quad Ax \leqslant b, \quad x \geqslant 0$$

或者

$$\min \quad c \cdot x \tag{2.2}$$
$$\text{s.t.} \quad Ax \geqslant b, \quad x \geqslant 0$$

其中, $c \in \mathbb{R}^N$ 及 $b \in \mathbb{R}^M$ 是常向量, A 是 $M \times N$ 矩阵。

上述极值问题的解称为该线性规划的最优解 (optimal solution), 目标函数在最优解处的值称为该线性规划的最优值 (optimal value)。

在线性规划 (2.1) 中引进变量 $x_{N+1}, x_{N+2}, \cdots, x_{N+M}$(称为松弛变量)。考虑如下线性规划

$$\max \quad \sum_{n=1}^{N} c_n x_n + \sum_{m=1}^{M} 0 x_{N+m} \tag{2.3}$$
$$\text{s.t.} \quad a_{11}x_1 + a_{12}x_2 + \cdots + a_{1N}x_N + x_{N+1} = b_1$$
$$\cdots$$
$$a_{M1}x_1 + a_{M2}x_2 + \cdots + a_{MN}x_N + x_{N+M} = b_M$$
$$x_1 \geqslant 0, x_2 \geqslant 0, \cdots, x_N \geqslant 0, x_{N+1} \geqslant 0, \cdots, x_{N+M} \geqslant 0$$

如果 $(x_1^*, x_2^*, \cdots, x_N^*, x_{N+1}^*, \cdots, x_{N+M}^*)$ 是式 (2.3) 的最优解, 则 $(x_1^*, x_2^*, \cdots, x_N^*)$ 是式 (2.1) 的最优解, 比较式 (2.1) 和式 (2.3) 会发现, 后者的约束条件是由线性方程组给出的, 称为典型线性规划。类似地, 还可以将式 (2.2) 转化成典型线性规划。

以下考察典型线性规划

$$\max \quad c \cdot x \tag{2.4}$$
$$\text{s.t.} \quad Ax = b, \quad x \geqslant 0$$

其中，A 是 $M \times N$ 的矩阵 ($M \leqslant N$)，且矩阵 A 的秩数为 M，它的 N 个列向量：

$$a^1 = \begin{pmatrix} a_{11} \\ a_{21} \\ \vdots \\ a_{M1} \end{pmatrix}, \quad a^2 = \begin{pmatrix} a_{12} \\ a_{22} \\ \vdots \\ a_{M2} \end{pmatrix}, \quad \cdots, \quad a^N = \begin{pmatrix} a_{1N} \\ a_{2N} \\ \vdots \\ a_{MN} \end{pmatrix}$$

于是约束条件可表示成

$$\sum_{n=1}^{N} a^n x_n = Ax = b \tag{2.5}$$

在这 N 个列向量中选取 M 个线性无关的向量，称为基底向量，在方程 (2.5) 中以基底向量为系数向量的变量称为基底变量，只有 M 个 (当然，不同的基底所对应基底变量是不同的)。如果向量 b 能表示成某组基底向量的正线性组合 (即系数为正数)，也就是说，此时方程 (2.5) 有那样的一个解：基底变量皆取正数，而非基底变量皆取零，称这种解为非退化的，否则，称为退化的。

2.1.2 基本原理

考察典型线性规划 (2.4) 的约束条件，称集合

$$\mathbb{S} = \{x \in \mathbb{R}_+^N \mid Ax = b\}$$

为可行集合 (feasible set) 或者可行域 (feasible field)，其中的向量称为可行向量 (feasible vector)，为了考察可行集合的几何性质，引进以下定义。

定义 2.1 集合 $\mathbb{M} \subseteq \mathbb{R}^N$ 称为凸的 (convex)，如果任给 $x_1 \in \mathbb{M}$ 与 $x_2 \in \mathbb{M}$，总有

$$\alpha x_1 + (1-\alpha)x_2 \in \mathbb{M}, \quad 0 \leqslant \alpha \leqslant 1$$

这表明对于凸集中的任意两点，连接这两点的直线段仍位于此集合之内。

定义 2.2 设 $\mathbb{M} \subseteq \mathbb{R}^N$ 是凸集，称 $x \in \mathbb{M}$ 为 $\mathbb{M}$ 的顶点，如果对任意 $x_1 \in \mathbb{M}$ 与 $x_2 \in \mathbb{M}$ 及 $0 < \alpha < 1$，$x = \alpha x_1 + (1-\alpha)x_2$，则必有 $x = x_1 = x_2$。

这表明，集合 $\mathbb{M}$ 的顶点不能位于 $\mathbb{M}$ 中的任何直线段的内部。

定理 2.1 可行域 $\mathbb{S} = \{x \in \mathbb{R}_+^N \mid Ax = b\}$ 是闭凸集。

证明是简单的，故从略 (图 2.1)。

定理 2.2 点 $x^0 \in \mathbb{S}$ 是 $\mathbb{S}$ 的顶点当且仅当 x^0 的非零分量所对应的矩阵 A 的列向量是线性无关的。

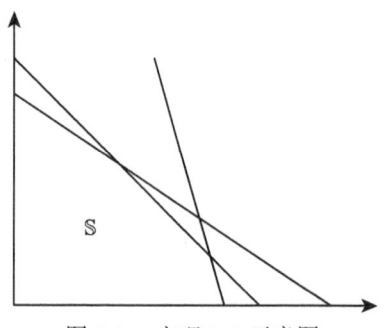

图 2.1 定理 2.1 示意图

证明 设 $x^0 \in \mathbb{S}$ 是凸集 $\mathbb{S}$ 的顶点，不失一般性，设 $x^0 = \begin{pmatrix} x_1^0 \\ x_2^0 \\ \vdots \\ x_K^0 \\ 0 \\ 0 \\ \vdots \\ 0 \end{pmatrix}$，其中 $x_1^0, x_2^0, \cdots, x_K^0$ 皆为正数。往证矩阵 A 的前 K 个列向量 $a^1, a^2, \cdots, a^K$ 是线性无关的，否则，存在不全为零的数 $\lambda_1, \lambda_2, \cdots, \lambda_K$，使得

$$\sum_{k=1}^{K} \lambda_k a^k = 0$$

记向量 $\lambda = \begin{pmatrix} \lambda_1 \\ \lambda_2 \\ \vdots \\ \lambda_K \\ 0 \\ 0 \\ \vdots \\ 0 \end{pmatrix} \in \mathbb{R}^N$，并令

$$x^1 = x^0 + \alpha \lambda, \quad x^2 = x^0 - \alpha \lambda, \quad 0 < \alpha < 1$$

则有

2.1 线性规划

$$Ax^1 = \sum_{k=1}^{K}(x_k^0 + \alpha\lambda_k)a^k = \sum_{k=1}^{K}x_k^0 a^k + \alpha\sum_{k=1}^{K}\lambda_k a^k = Ax^0 = b$$

且

$$Ax^2 = \sum_{k=1}^{K}(x_k^0 - \alpha\lambda_k)a^k = \sum_{k=1}^{K}x_k^0 a^k - \alpha\sum_{k=1}^{K}\lambda_k a^k = Ax^0 = b$$

由于 $x_1^0, x_2^0, \cdots, x_K^0$ 皆为正数, 故可选充分小的正数 α, 保证 $x^1 \geqslant 0$, $x^2 \geqslant 0$, 从而, $x^1 \in \mathbb{S}$, $x^2 \in \mathbb{S}$, 并且

$$x^0 = \frac{1}{2}\left(x^0 + \alpha\lambda\right) + \frac{1}{2}\left(x^0 - \alpha\lambda\right) = \frac{1}{2}x^1 + \frac{1}{2}x^2$$

但是 $x^0 \neq x^1$, $x^0 \neq x^2$。这与 x^0 是 $\mathbb{S}$ 的顶点相矛盾。可见, $a^1, a^2, \cdots, a^K$ 必线性无关。

再证充分性。设 $x^0 \in \mathbb{S}$ 的分量仅有前 K 个不为零, 且矩阵 A 的列向量 $a^1, a^2, \cdots, a^K$ 是线性无关的。显然, $K \leqslant M$, 如果 $K < M$, 则可在其余的列向量中选取 $M - K$ 个列向量与 $a^1, a^2, \cdots, a^K$ 并成 $M \times M$ 的矩阵 B(如果 $K = M$, 就取 $a^1, a^2, \cdots, a^K$ 并成矩阵 B), 使得矩阵 B 的秩数为 M, 从而存在逆矩阵 B^{-1}。这时, 矩阵 A 可表示成 $A = [B \mid I]$, 相应地, $x = \begin{pmatrix} x_B \\ x_I \end{pmatrix}$。于是

$$Ax = Bx_B + Ix_I = b \tag{2.6}$$

注意 x^0 仅有前 K 个分量不为零, 从而 $x^0 = \begin{pmatrix} x_B^0 \\ x_I^0 \end{pmatrix} = \begin{pmatrix} x_B^1 \\ 0 \end{pmatrix}$。再由式 (2.6) 可知, $x_B^0 = B^{-1}b$。现证明 x^0 是集合 $\mathbb{S}$ 的顶点。设 $x^0 = \lambda x^1 + (1-\lambda)x^2$, $0 < \lambda < 1$, 且 $x^1 \in \mathbb{S}$, $x^2 \in \mathbb{S}$, 则有

$$\begin{pmatrix} B^{-1}b \\ 0 \end{pmatrix} = \lambda\begin{pmatrix} x_B^1 \\ x_I^1 \end{pmatrix} + (1-\lambda)\begin{pmatrix} x_B^2 \\ x_I^2 \end{pmatrix} \tag{2.7}$$

由于 $x_I^1 \geqslant 0$, $x_I^2 \geqslant 0$, 依式 (2.7) 可推出

$$x_I^1 = x_I^2 = 0$$

于是由式 (2.6) 可得

$$Bx_B^1 = b, \qquad Bx_B^2 = b$$

即有
$$x_B^1 = B^{-1}b, \qquad x_B^2 = B^{-1}b$$
总之，$x^0 = x^1 = x^2$。这表明 x^0 是集合 $\mathbb{S}$ 的顶点。 □

这个定理表明，可行向量 $x^0 \in \mathbb{S}$ 是集合 $\mathbb{S}$ 的顶点的充要条件是 x^0 的非零分量为基底变量，并且 x^0 为基底可行向量。

推论 2.1 可行集合 $\mathbb{S}$ 的顶点为有限个。

证明 既然 $\mathbb{S}$ 的顶点总可表示成 $x = \begin{pmatrix} B^{-1}b \\ 0 \end{pmatrix}$，其中 B 是矩阵 A 的 $M \times M$ 子阵，且矩阵 B 的秩数为 M。显然，这种方阵只有有限个，从而顶点也是有限个。 □

定理 2.3 如果可行集合 $\mathbb{S}$ 非空，则集合 $\mathbb{S}$ 必有顶点。

证明 设 $x^0 \in \mathbb{S}$，不妨设 x^0 的非零分量仅是前 K 个。如果矩阵 A 的前 K 个列向量 $a^1, a^2, \cdots, a^K$ 是线性无关的，则由定理 2.2 可知，x^0 是集合 $\mathbb{S}$ 的顶点，若向量 $a^1, a^2, \cdots, a^K$ 是线性相关的，则存在不全为零的数组 $\lambda_1, \lambda_2, \cdots, \lambda_K$(不一定是正数)，使得
$$\sum_{k=1}^{K} \lambda_k a^k = 0$$
记
$$\lambda = \begin{pmatrix} \lambda_1 \\ \lambda_2 \\ \vdots \\ \lambda_K \\ 0 \\ 0 \\ \vdots \\ 0 \end{pmatrix} \in \mathbb{R}^N$$

取充分小的 $\varepsilon > 0$，使得 $x^0 \pm \varepsilon \lambda \geqslant 0$，易见
$$\sum_{k=1}^{K}(x_k^0 \pm \varepsilon \lambda_k)a^k = \sum_{k=1}^{K} x_k^0 a^k \pm \varepsilon \sum_{k=1}^{K} \lambda_k a^k = Ax^0 + 0 = b$$

所以，$x^0 \pm \varepsilon \lambda \in \mathbb{S}$。适当地选取 $\varepsilon > 0$，还可使不等式
$$x_k^0 + \varepsilon \lambda_k \geqslant 0, \qquad x_k^0 - \varepsilon \lambda_k \geqslant 0, \qquad k = 1, 2, \cdots, K$$

2.1 线性规划

之中的某个不等式取等号。不妨设前者出现等号，即 $x^0 + \varepsilon\lambda$ 的非零分量比 x^0 的非零分量要少。如果 $x^0 + \varepsilon\lambda$ 是集合 $\mathbb{S}$ 的顶点，则定理证完，否则可继续以上步骤，必可找到集合 $\mathbb{S}$ 的一个顶点。因为当 $x \in \mathbb{S}$ 只有一个非零分量时，此分量所对应的一个列向量是线性无关的。 □

下面讨论目标函数 $f(x) = c \cdot x$ 在可行集合 $\mathbb{S}$ 上取最大值问题。显然，当 $c \neq 0$ 时，函数 $f(x) = c \cdot x$ 可以取任意数值 d，而且满足 $f(x) = d$ 的点集 (等值面) 是空间 $\mathbb{R}^N$ 中的一个超平面 (图 2.2 虚线所示)。

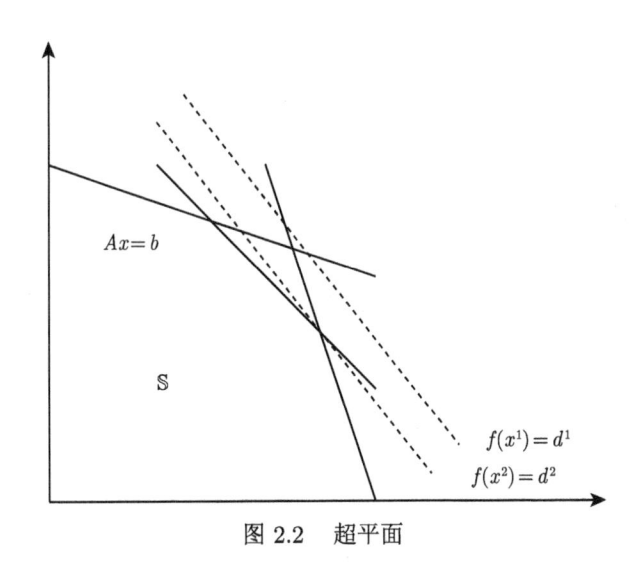

图 2.2 超平面

当 d 从充分大的数值逐渐变小时，相应的等值面就向可行集合 $\mathbb{S}$ 移动，因此，等值面最先接触到的 $\mathbb{S}$ 的顶点，就是函数 $f(x)$ 达到最大值的点。

定理 2.4 如果线性规划 (2.4) 有最优解，则必存在可行集合 $\mathbb{S}$ 的顶点 x^*，使得

$$f(x^*) = \max_{x \in \mathbb{S}} f(x)$$

证明 由假设可知，存在 $x^0 \in \mathbb{S}$，使得

$$f(x^0) = \max_{x \in \mathbb{S}} f(x)$$

如果 x^0 是 $\mathbb{S}$ 的顶点，则定理得证。如果 x^0 不是 $\mathbb{S}$ 的顶点，仿照定理 2.3 的证明，可构作 $x^0 + \varepsilon\lambda \in \mathbb{S}$, $x^0 - \varepsilon\lambda \in \mathbb{S}$，注意函数 $f(x)$ 是线性的，即有

$$f(x^0 \pm \varepsilon\lambda) = f(x^0) \pm f(\varepsilon\lambda)$$

因为 $f(x^0)$ 是最大值，所以

$$f(x^0) + f(\varepsilon\lambda) \leqslant f(x^0)$$

$$f(x^0) - f(\varepsilon\lambda) \leqslant f(x^0)$$

从而，$f(\varepsilon\lambda) = 0$。于是，

$$f(x^0 + \varepsilon\lambda) = f(x^0 - \varepsilon\lambda) = f(x^0)$$

这表明依定理 2.3 构作的顶点 x^*，能够使

$$f(x^*) = f(x^0) = \max_{x\in\mathbb{S}} f(x)$$

$\square$

综上所述，可以归纳如下结论。

(1) 满足 $Ax = b$ 的非负向量 x 称为可行向量。如果可行向量 x 的非零分量 (即正分量) 所对应的矩阵 A 的列向量是线性无关的，则称 x 为基底可行向量，这恰好是可行集合 $\mathbb{S}$ 的顶点，如果基底可行向量 x 的正分量的个数是 M(矩阵 A 的秩数)，则称它为非退化的。

(2) 如果线性规划有可行向量，则必有有限个基底可行向量。

(3) 如果线性规划有最优值，则必可在基底可行向量处达到。

2.1.3 单纯形法

前面已经明确了求解线性规划的基本思路。下面将要介绍具体的操作方法,称为单纯形法 (simplex method)，它是丹齐格 (Dantzig)[①]在 1947 年发明的，并由 Charnes 等加以完善，这里着重阐述方法步骤的理论依据，细节可阅读相关文献 (Diewert, 1982)。

考察线性规划

$$\begin{aligned}
\max \quad & c \cdot x \\
\text{s.t.} \quad & a_{11}x_1 + a_{12}x_2 + \cdots + a_{1N}x_N + x_{N+1} = b_1 \\
& \cdots \\
& a_{M1}x_1 + a_{M2}x_2 + \cdots + a_{MN}x_N + x_{N+M} = b_M
\end{aligned} \tag{2.8}$$

假设 $b_m > 0$ $(m = 1, 2, \cdots, M)$。下面概略地介绍单纯形法的基本步骤。

[①] 丹齐格 G B (1914–2005)，美国数学家，美国全国科学院院士，线性规划的奠基人。

2.1 线性规划

(1) 确定初始基底可行向量,注意在线性规划 (2.8) 中,系数矩阵

$$A = \begin{pmatrix} a_{11} & a_{12} & \cdots & a_{1N} & 1 & \cdots & 0 \\ a_{21} & a_{22} & & & & & \\ \vdots & & & \vdots & \vdots & & \vdots \\ a_{M1} & a_{M2} & \cdots & a_{MN} & 0 & \cdots & 1 \end{pmatrix}$$

设矩阵 A 的秩数为 M。今取 $x_1 = 0, x_2 = 0, \cdots, x_N = 0, x_{N+1} = b_1, x_{N+2} = b_2, \cdots, x_{N+M} = b_M$。易见,这便构成基底可行向量。

(2) 检验基底可行向量的最优性。假设已经得到非退化的基底可行向量 α,为与定理 2.2 的证明的推导符号一致,不妨设

$$\alpha = \begin{pmatrix} \alpha_1 \\ \alpha_2 \\ \vdots \\ \alpha_K \\ 0 \\ 0 \\ \vdots \\ 0 \end{pmatrix}, \quad \alpha_k > 0$$

这意味着

$$b = A\alpha = [B \mid I] \begin{pmatrix} \alpha_B \\ 0 \end{pmatrix} = B\alpha_B$$

其中,B 是 $M \times M$ 的可逆矩阵,$\alpha_B = B^{-1}b \gg 0$。

任取可行向量 $x \in \mathbb{S} = \{x \in \mathbb{R}_+^{N+M} \mid Ax = b\}$,记 $x = \begin{pmatrix} x_B \\ x_I \end{pmatrix}$,$x_I = \begin{pmatrix} x_{N+1} \\ x_{N+2} \\ \vdots \\ x_{N+M} \end{pmatrix}$,则

$$b = Ax = [B \mid I] \begin{pmatrix} x_B \\ x_I \end{pmatrix} = Bx_B + Ix_I = Bx_B + x_I$$

从而

$$x_B = B^{-1}b - B^{-1}x_I = \alpha_B - B^{-1}x_I$$

相应地, 目标函数值

$$f(x) = (c_B\ c_I) \cdot \begin{pmatrix} x_B \\ x_I \end{pmatrix} = c_B \cdot x_B + c_I \cdot x_I$$
$$= c_B \cdot \alpha_B - (c_B B^{-1} - c_I) \cdot x_I$$
$$= f(\alpha) - (c_B B^{-1} - c_I) \cdot x_I$$

现在比较目标函数在 α 和 x 处的函数值, 特别取 $x_I = \begin{pmatrix} 0 \\ \vdots \\ 0 \\ x_n \\ 0 \\ \vdots \\ 0 \end{pmatrix}$, 其中 $x_n = \delta > 0$,

则

$$f(x) = f(\alpha) - [(c_B B^{-1})_n - c_n]\delta \tag{2.9}$$

由式 (2.9) 易见, 将会出现两种情形。

(2.1) 若 $(c_B B^{-1})_n - c_n \geqslant 0$, $n = M+1, M+2, \cdots, M+N$, 则 $f(x) \leqslant f(\alpha)$, 即 $f(\alpha)$ 是最优值, 最优解是 α。方法结束。

(2.2) 若某个分量 $(c_B B^{-1})_n - c_n < 0$, 则 $f(\alpha)$ 不可能是最优值, 尚需进一步改进。

(3) 改进基底可行向量。如果出现上述情况 (2.2), $(c_B B^{-1})_n - c_n < 0$, 则前述的基底可行向量 α 不是最优解, 这就要用新的基底可行向量替代原有的, 对于

$x_I = \begin{pmatrix} 0 \\ \vdots \\ 0 \\ x_n \\ 0 \\ \vdots \\ 0 \end{pmatrix}$, 此处 $x_n = \delta > 0$, 则有

$$x = \begin{pmatrix} x_B \\ x_I \end{pmatrix} = \begin{pmatrix} B^{-1}b - (B^{-1})_n \delta \\ 0 \\ \vdots \\ 0 \\ x_n \\ 0 \\ \vdots \\ 0 \end{pmatrix} \quad (2.10)$$

$$f(x) = f(\alpha) - (c_B B^{-1} - c_I)_n \delta$$

但是相应的 x 未必是非负向量, 为此必须要求 $B^{-1}b - (B^{-1})_n \delta \geqslant 0$, 分两种情形考察:

(3.1) 当列向量 $(B^{-1})_n \leqslant 0$ 时, 注意 $B^{-1}b \gg 0$, 因此对任何 $\delta > 0$, 总有 $x \geqslant 0$ 且 $Ax = b$, 再联系式 (2.9), 可见函数值 $f(x)$ 没有上界 [因为现在是考虑情形 (2.2)]. 求解规划过程结束.

(3.2) 当列向量 $(B^{-1})_n$ 的某分量 $(B^{-1})_{nm} > 0$ 时, 为保证 $x \geqslant 0$, 必须要求 $(B^{-1}b)_m \geqslant (B^{-1})_{nm}\delta$, 即要求

$$\delta \leqslant \frac{(B^{-1}b)_m}{(B^{-1})_{nm}}$$

如果 $(B^{-1})_n$ 有多个分量大于零, 则需要取

$$\delta = \min\left\{ \frac{(B^{-1}b)_m}{(B^{-1})_{nm}} \,\Big|\, (B^{-1})_{nm} > 0 \right\} = \frac{(B^{-1}b)_{m_0}}{(B^{-1})_{nm_0}}$$

将此 δ 代入式 (2.10), 所得可行向量 x 的分量 $x_n = \delta > 0$ (注意用到了非退化假设 $\alpha_B = B^{-1}b \gg 0$), 而且向量 $B^{-1}b - (B^{-1})_n \delta$, 至少有一个零分量, 事实上, 它的第 m_0 个分量

$$(B^{-1}b)_{m_0} - (B^{-1})_{nm_0} \frac{(B^{-1}b)_{m_0}}{(B^{-1})_{nm_0}} = 0$$

于是, 原有的基底可行向量 α 替换成用式 (2.10) 表示的新的可行向量 x, 原有的第 m_0 个正分量替换成 0, 第 $n+M$ 个零分量替换成 $\delta > 0$. 相应地, 函数值 $f(\alpha) < f(x)$. 不难证明, x 是基底可行向量. 至此, 改进基底可行向量的步骤完成.

以上揭示了单纯形法的基本思路, 在此基础上, 还可列出单纯形算法表, 不仅如此, 人们已编制了现成的计算程序, 在使用电子计算机时可供调用.

2.2 分离定理

前面涉及的凸集 (定义 2.1) 具有许多特殊的性质，并且在经济分析中有着许多重要的应用，因此有必要作进一步探讨。

2.2.1 凸集的基本性质

在空间 $\mathbb{R}^N$ 中，连接两点 $x^1 \in \mathbb{R}^N$ 与 $x^2 \in \mathbb{R}^N$ 的闭线段是集合

$$\{x \in \mathbb{R}^N \mid x = \alpha x^1 + (1-\alpha) x^2, 0 \leqslant \alpha \leqslant 1\}$$

通常记此线段为 $[x^1, x^2]$，相应地，连接两点 $x^1 \in \mathbb{R}^N$ 与 $x^2 \in \mathbb{R}^N$ 的开线段是集合

$$\{x \in \mathbb{R}^N \mid x = \alpha x^1 + (1-\alpha) x^2, 0 < \alpha < 1\}$$

通常记此线段为 (x^1, x^2)。

定义 2.3 设集合 $\mathbb{S} \subseteq \mathbb{R}^N$，如果对任何 $x^1 \in \mathbb{R}^N$ 与 $x^2 \in \mathbb{R}^N$，总有 $[x^1, x^2] \in \mathbb{S}$，则称 $\mathbb{S}$ 是凸集 (convex set)，如果 (x^1, x^2) 内每点都是集合 $\mathbb{S}$ 的内点，则称 $\mathbb{S}$ 是严格凸集 (strictly convex set)(图 2.3)。

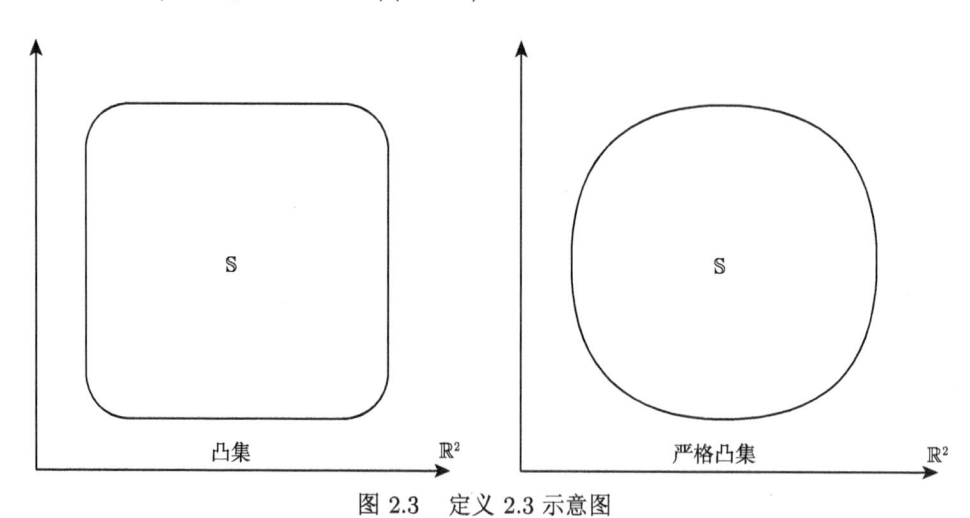

图 2.3 定义 2.3 示意图

命题 2.1 任意多个凸集之交仍为凸集。

结论是显而易见的，证明留给读者。

定义 2.4 设集合 $\mathbb{A} \subseteq \mathbb{R}^N$，包含 $\mathbb{A}$ 的最小凸集被为 $\mathbb{A}$ 的凸包 (convex hull)，记作 conv$\mathbb{A}$。

由命题 2.1 可知，$\mathbb{A}$ 的凸包就是所有包含 $\mathbb{A}$ 的凸集之交。

2.2 分离定理

定义 2.5 如果存在非负实数 $\alpha_1, \alpha_2, \cdots, \alpha_M$, $\sum\limits_{m=1}^{M} \alpha_m = 1$, 使得 $x = \sum\limits_{m=1}^{M} \alpha_m x^m$, 此处, $x \in \mathbb{R}^N$ 与 $x^m \in \mathbb{R}^N$, 则称 x 为 $x^1, x^2, \cdots, x^M$ 的凸组合。

设集合 $\mathbb{A} \subseteq \mathbb{R}^N$, 任取 $x^1 \in \mathbb{A}$ 与 $x^2 \in \mathbb{A}$, 则 x^1 和 x^2 生成的凸组合属于 $\mathrm{conv}\mathbb{A}$。用归纳法可以证明, $\mathbb{A}$ 中任意有限个点生成的凸组合也属于 $\mathrm{conv}\mathbb{A}$, 即

$$\mathbb{T} \equiv \left\{ \sum_{m=1}^{M} \alpha_m x^m \mid x^m \in \mathbb{A}, \alpha_m \geqslant 0, m = 1, 2, \cdots, M \text{ 且 } \sum_{m=1}^{M} \alpha_m = 1, M \geqslant 2 \right\}$$

$\subseteq \mathrm{conv}\mathbb{A}$

反过来, 不难证明 $\mathbb{T}$ 是凸集, 且包含集合 $\mathbb{A}$, 于是 $\mathbb{T} = \mathrm{conv}\mathbb{A}$, 于是得到如下命题。

命题 2.2 集合 $\mathbb{A}$ 的凸包由 $\mathbb{A}$ 的全部凸组合构成。

关于凸包的表现问题, 进一步还有以下定理。

定理 2.5 设集合 $\mathbb{A} \subseteq \mathbb{R}^N$, 则 $\mathrm{conv}\mathbb{A}$ 中的每点可用 $\mathbb{A}$ 中至多 $N+1$ 个点的凸组合来表示。

证明 假设 $x \in \mathrm{conv}\mathbb{A}, x = \sum\limits_{m=1}^{M} \alpha_m x^m, x^m \in \mathbb{A}$ 与 $\alpha_m \geqslant 0$ $(m = 1, 2, \cdots, M)$ 且 $\sum\limits_{m=1}^{M} \alpha_m = 1$。如果 $M > N+1$, 只须证明 x 也可以用 $M-1$ 个点的凸组合表示。事实上, 因为 $M-1 > N$, 故存在不全为零的实数 $c_1, c_2, \cdots, c_{M-1}$, 使

$$\sum_{m=1}^{M-1} c_m (x^m - x^M) = 0$$

令 $c_M = -\sum\limits_{m=1}^{M-1} c_m$, 则

$$\sum_{m=1}^{M} c_m x^m = 0, \qquad \sum_{m=1}^{M} c_m = 0$$

选取正数 ε, 使得 $\alpha_m + \varepsilon c_m \geqslant 0$ $(m = 1, 2, \cdots, M)$, 且 $\alpha_{m_0} + \varepsilon c_{m_0} = 0$, 则有

$$x = x + \varepsilon \sum_{m=1}^{M} c_m x^m = \sum_{m=1}^{M} (\alpha_m + \varepsilon c_m) x^m$$

注意, 上式右端是 $x^1, x^2, \cdots, x^M$ 的凸组合, 其中至少有一个系数是零。 □

定理 2.6 如果集合 $\mathbb{A} \subseteq \mathbb{R}^N$ 是紧的，则集合 $\text{conv}\mathbb{A}$ 也是紧的。

结论是显而易见的，很符合直觉，证明留给读者。

设集合 $\mathbb{T}_1 \subseteq \mathbb{R}^N$ 与 $\mathbb{T}_2 \subseteq \mathbb{R}^N$，实数 $\alpha_1 \in \mathbb{R}$ 与 $\alpha_2 \in \mathbb{R}$，引进集合记号

$$\alpha_1 \mathbb{T}_1 + \alpha_2 \mathbb{T}_2 = \{\alpha_1 x_1 + \alpha_2 x_2 \mid x_1 \in \mathbb{T}_1, x_2 \in \mathbb{T}_2\}$$

定理 2.7 如果 $\mathbb{T}_1$ 与 $\mathbb{T}_2$ 皆为凸集，则 $\alpha_1 \mathbb{T}_1 + \alpha_2 \mathbb{T}_2$ 也是凸集。

结论是显而易见的。这个定理表明凸集的代数和也是凸集。

2.2.2 凸集分离定理

直观上，空间中的两个不相交的凸集可以被某个超平面隔离开来 (图 2.4)。

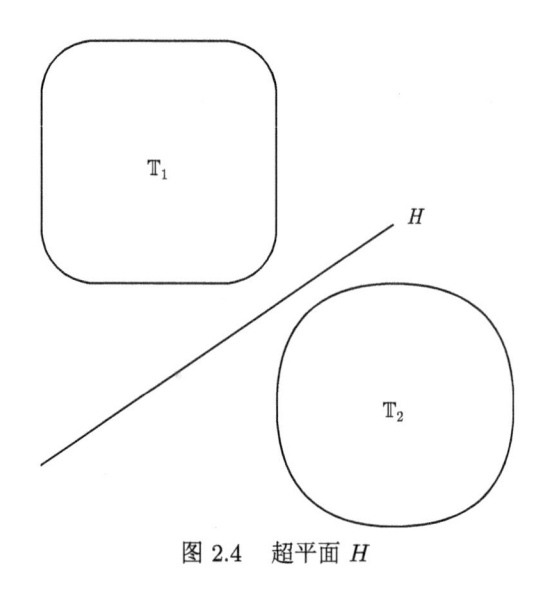

图 2.4 超平面 H

定义 2.6 设 $r \in \mathbb{R}$，$p \in \mathbb{R}^N$，$p \neq 0$，称集合

$$H(p, r) = \{x \in \mathbb{R}^N \mid p \cdot x = r\}$$

为空间 $\mathbb{R}^N$ 中的一个超平面 (hyperplane)，并称 p 是超平面 H 的法向量 (normal vector)。

设集合 $\mathbb{T}_1 \subseteq \mathbb{R}^N$ 与 $\mathbb{T}_2 \subseteq \mathbb{R}^N$，超平面 H 将集合 $\mathbb{T}_1$ 与 $\mathbb{T}_2$ 分离 (separate)，是指对任何 $t_1 \in \mathbb{T}_1$ 与 $t_2 \in \mathbb{T}_2$，总有

$$p \cdot t_1 \geqslant r \quad \text{且} \quad p \cdot t_2 \leqslant r$$

2.2 分离定理

如果上面的不等式分别有严格不等式 (> 与 <) 成立，则称超平面 H 严格分离 (strictly separate)$\mathbb{T}_1$ 与 $\mathbb{T}_2$。显然，并不是随便两个不交的集合都能被某个超平面分离。

定理 2.8 设 $\mathbb{T} \subseteq \mathbb{R}^N$ 是非空闭凸集，且原点 $0 \notin \mathbb{T}$，则必存在超平面 $H(p,r)$，严格地分离原点与集合 $\mathbb{T}$，即存在 $0 \neq p \in \mathbb{R}^N$ 及 $r > 0$，使 $p \cdot x > r$, $x \in \mathbb{T}$。

证明 如图 2.5 所示，取集合 $\mathbb{U} = \{x \in \mathbb{R}^N \mid \|x\| \leqslant \alpha\}$，使得 $\mathbb{T} \cap \mathbb{U}$ 是有界闭集，所以连续函数 $f(x) = \|x\|$ 在 $\mathbb{T} \cap \mathbb{U}$ 上的某点 x^0 达到最小值，即

$$0 < \|x^0\| \leqslant \|x\|, \quad x \in \mathbb{T} \cap \mathbb{U}$$

由此可推出，对一切 $x \in \mathbb{T}$，有 $\|x\| \geqslant \|x^0\|$。

任给 $x \in \mathbb{T}$ 及 $0 \leqslant \lambda \leqslant 1$，有 $\lambda x + (1-\lambda)x^0 \in \mathbb{T}$。从而，

$$\|\lambda x + (1-\lambda)x^0\|^2 \geqslant \|x^0\|^2$$

由此可得

$$\lambda^2 (x - x^0) \cdot (x - x^0) + 2\lambda x^0 \cdot (x - x^0) \geqslant 0$$

此式对充分小的正数 λ 总成立，故必有

$$x^0 \cdot (x - x^0) \geqslant 0 \quad \text{或者} \quad x^0 \cdot x \geqslant x^0 \cdot x^0$$

取 $r = \frac{1}{2}\|x^0\|^2$ 且 $p = x^0$，则超平面 $H(p,r)$ 严格分离原点和集合 $\mathbb{T}$。 □

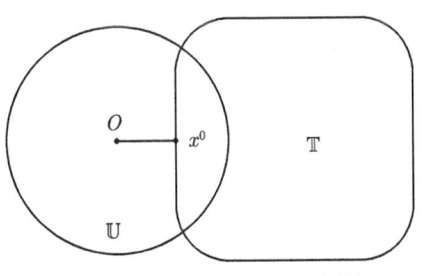

图 2.5 定理 2.8 证明示意图

定理 2.9 设 $\mathbb{T}_1$ 和 $\mathbb{T}_2$ 是 $\mathbb{R}^N$ 中互不相交的非空闭凸集，且 $\mathbb{T}_2$ 是紧的，则存在超平面严格分离 $\mathbb{T}_1$ 和 $\mathbb{T}_2$，即存在 $p \in \mathbb{R}^N$ 及 $r \in \mathbb{R}$，使得

$$p \cdot t_1 > r > p \cdot t_2, \quad t_1 \in \mathbb{T}_1, \quad t_2 \in \mathbb{T}_2$$

证明 不难证明集合

$$\mathbb{T}_1 - \mathbb{T}_2 = \{t_1 - t_2 \mid t_1 \in \mathbb{T}_1, t_2 \in \mathbb{T}_2\}$$

是闭凸集，且 $0 \notin \mathbb{T}_1 - \mathbb{T}_2$。由定理 2.8，存在超平面 $H = \{x \in \mathbb{R}^N \mid p \cdot x = \alpha\}$，$\alpha > 0$，严格分离原点和集合 $\mathbb{T}_1 - \mathbb{T}_2$，即有

$$p \cdot x > \alpha, \qquad x \in \mathbb{T}_1 - \mathbb{T}_2$$

从而

$$p \cdot t_1 > \alpha + p \cdot t_2, \qquad t_1 \in \mathbb{T}_1, \quad t_2 \in \mathbb{T}_2$$

由此便可证明定理。 □

若取消闭性假设，则可得到如下稍弱的结论。

定理 2.10 设 $\mathbb{T} \subseteq \mathbb{R}^N$ 是非空凸集，z 是集合 $\mathbb{T}$ 的边界点，则存在 $0 \neq p \in \mathbb{R}^N$，使得对一切 $x \in \mathbb{T}$，$p \cdot (x - z) \leqslant 0$。

证明 因为 z 是集合 $\mathbb{T}$ 的边界点，故存在点列 $z^k \notin \bar{\mathbb{T}}$，$z^k \to z \ (k \to \infty)$。于是，由定理 2.8，可找到 $p^k \in \mathbb{R}^N$，$\|p^k\| = 1$，使超平面 $H(p^k, r^k)$ 严格分离点 z^k 和闭集 $\bar{\mathbb{T}}$，即

$$p^k \cdot z^k > p^k \cdot x, \qquad x \in \bar{\mathbb{T}}$$

由于 $\{p^k\}$ 是有界序列，不妨设自身是收敛的，$p^k \to p \ (k \to \infty)$，对前面不等式取极限，便得

$$p \cdot z \geqslant p \cdot x, \qquad x \in \mathbb{T}$$

□

通常称定理 2.10 的平面 $p \cdot x = p \cdot z$ 为凸集 $\mathbb{T}$ 的承托超平面 (supporting hyperplane)，如图 2.6 所示，由于 z 是集合 $\mathbb{T}$ 的边界点，故 $p \cdot z = \sup\{p \cdot x \mid x \in \mathbb{T}\}$。

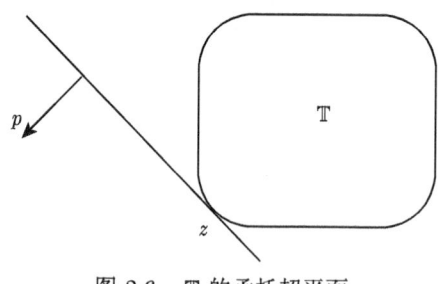

图 2.6 $\mathbb{T}$ 的承托超平面

定理 2.11 设集合 $\mathbb{T}_1$ 和 $\mathbb{T}_2$ 是 $\mathbb{R}^N$ 中的凸集，而且 $\mathbb{T}_1 \cap \mathbb{T}_2 = \varnothing$，则存在 $0 \neq p \in \mathbb{R}^N$，使得

$$\inf\{p \cdot t_1 \mid t_1 \in \mathbb{T}_1\} \geqslant \sup\{p \cdot t_2 \mid t_2 \in \mathbb{T}_2\}$$

2.2 分离定理

证明 令
$$\mathbb{T} = \mathbb{T}_1 - \mathbb{T}_2 = \{t_1 - t_2 \mid t_1 \in \mathbb{T}_1, t_2 \in \mathbb{T}_2\}$$

$\mathbb{T}$ 为非空凸集。根据定理 2.10,存在 $0 \neq p \in \mathbb{R}^N$,对一切 $z \in \mathbb{T}$,有 $p \cdot z \geqslant p \cdot 0$,即对一切 $t_1 \in \mathbb{T}_1$ 与 $t_2 \in \mathbb{T}_2$,都有 $p \cdot t_1 \geqslant p \cdot t_2$。于是

$$\inf\{p \cdot t_1 \mid t_1 \in \mathbb{T}_1\} \geqslant \sup\{p \cdot t_2 \mid t_2 \in \mathbb{T}_2\}$$

□

2.2.3 抉择定理

作为严格分离定理的一个应用,下面考察线性不等式系统的可解性,这构成了线性规划的理论基础。

设 A 是 $M \times N$ 矩阵,A_n 是 A 的第 n 列,$b \in \mathbb{R}^M$ 是已知的,现考虑线性系统
$$Ax = b, \quad x \geqslant 0$$

可视映射 $A: \mathbb{R}_+^N \to \mathbb{R}^M$,它的值域
$$K(A) = \left\{ y \in \mathbb{R}^M \mid y = Ax = \sum_{n=1}^N A_n x_n, x \geqslant 0 \right\}$$

引理 2.1 值域 $K(A)$ 是闭凸集。

证明 只须验证 $K(A)$ 是闭集。为简单计,设 $A_1, A_2, \cdots, A_N$ 是线性无关的,任取收敛序列 $y \in K(A)$,$y^k \to y^0$($k \to \infty$),往证 $y^0 \in K(A)$。

通过选子序列的办法,不妨假设存在子集合 $\sigma \subseteq \{1, 2, \cdots, N\}$ 使 y^k 表示成 $\{A_n \mid n \in \sigma\}$ 的正线性组合,即 $y^k = \sum_{n \in \sigma} x_n^k A_n$,$x_n^k > 0$。从而,$y^0$ 可表示成 $y^0 = \sum_{n \in \sigma} x_n^0 A_n$。因为 $\{A_n \mid n \in \sigma\}$ 是线性无关的,由 $y^k \to y^0$ 推出 $x_n^k \to x_n^0$ ($k \to \infty$),$n \in \sigma$。于是,$x_n^0 \geqslant 0$,$n \in \sigma$ 即 $y^0 \in K(A)$。 □

定理 2.12 [福科什-闵可夫斯基 (Farkas-Minkowski) 引理] 设 A 是 $M \times N$ 矩阵,$b \in \mathbb{R}^N$,则下列结论有且仅有一个成立:

(1) 存在 $\theta \in \mathbb{R}^N$,使得 $b^T \theta = b \cdot \theta < 0$ 且 $A\theta \geqslant 0$;

(2) 存在 $\lambda \in \mathbb{R}_+^M$,使得 $A^T \lambda = b$。

证明 若 (2) 成立,存在 $\lambda \in \mathbb{R}_+^M$,使得 $A^T \lambda = b$。如果 $\theta \in \mathbb{R}^N$,使得 $A\theta \geqslant 0$,则
$$b^T \theta = (A^T \lambda)^T \theta = \lambda^T (A\theta) \geqslant 0$$

于是,(1) 不能成立。

假设 (2) 不成立, 不存在 $\lambda \in \mathbb{R}_+^M$, 使得 $A^{\mathrm{T}}\lambda = b$。令

$$K\left(A^{\mathrm{T}}\right) = \{A^{\mathrm{T}}\lambda \in \mathbb{R}^N \mid \lambda \geqslant 0 \in \mathbb{R}^M\}$$

则 $b \notin K\left(A^{\mathrm{T}}\right)$, 依引理 2.1, $K\left(A^{\mathrm{T}}\right)$ 是闭凸集, 由分离定理可知, 存在 $\theta \in \mathbb{R}^N$ 及 $\alpha \in \mathbb{R}$, 使得

$$b^{\mathrm{T}}\theta < \alpha < \left(A^{\mathrm{T}}\lambda\right)^{\mathrm{T}}\theta, \quad \lambda \in \mathbb{R}_+^M$$

由于 $0 \in K\left(A^{\mathrm{T}}\right)$, 可见 $\alpha < 0$, 且 $b^{\mathrm{T}}\theta < 0$。

由上述不等式还可推出, 对任意 $a > 0$, 有

$$a\lambda^{\mathrm{T}}A\theta = \left(A^{\mathrm{T}}[a\lambda]\right)^{\mathrm{T}}\theta > \alpha, \quad \lambda \in \mathbb{R}_+^M$$

即

$$\lambda^{\mathrm{T}}A\theta > \frac{\alpha}{a}, \quad \lambda \in \mathbb{R}_+^M$$

取 $a > 0$ 充分大即得

$$\lambda^{\mathrm{T}}A\theta \geqslant \lim_{a \to \infty} \frac{\alpha}{a} = 0, \quad \lambda \in \mathbb{R}_+^M$$

所以必有 $A\theta \geqslant 0$。如此的 $\theta \in \mathbb{R}^N$ 即可作为 (1) 的所要求者。从而结论 (1) 成立。 $\square$

推论 2.2 设 A 是 $M \times N$ 矩阵, $b \in \mathbb{R}^N$, 则下列结论有且仅有一个成立:
(1) 存在 $\theta \in \mathbb{R}_+^N$, 使得 $b^{\mathrm{T}}\theta = b \cdot \theta < 0$ 且 $A\theta \geqslant 0$;
(2) 存在 $\lambda \in \mathbb{R}_+^M$, 使得 $A^{\mathrm{T}}\lambda \leqslant b$。

证明 若 (2) 成立, 存在 $\lambda \in \mathbb{R}_+^M$, 使得 $A^{\mathrm{T}}\lambda \leqslant b$。如果 $\theta \in \mathbb{R}_+^N$, 使得 $b^{\mathrm{T}}\theta = b \cdot \theta < 0$ 且 $A\theta \geqslant 0$, 则

$$0 \leqslant \lambda^{\mathrm{T}}(A\theta) = (A\theta)^{\mathrm{T}}\lambda = \theta^{\mathrm{T}}(A^{\mathrm{T}}\lambda) \leqslant \theta^{\mathrm{T}}b = b^{\mathrm{T}}\theta < 0$$

于是, (1) 不能成立。

定义 $z(\lambda) = b - A^{\mathrm{T}}\lambda$, 则 $A^{\mathrm{T}}\lambda + z(\lambda) = b$。假设 (2) 不成立, 不存在 $\lambda \in \mathbb{R}_+^M$, 使得 $A^{\mathrm{T}}\lambda \leqslant b$, 即 $z(\lambda) \geqslant 0$, 这样方程

$$[A^{\mathrm{T}} \mid I] \begin{pmatrix} \lambda \\ z \end{pmatrix} = b$$

在 $\mathbb{R}_+^{N+M}$ 中没有解。于是, 由定理 2.12 可知, 存在 $\theta \in \mathbb{R}^N$, 使得 $b^{\mathrm{T}}\theta = b \cdot \theta < 0$ 且

$$\begin{pmatrix} A\theta \\ \theta \end{pmatrix} = [A^{\mathrm{T}} \mid I]^{\mathrm{T}}\theta \geqslant 0$$

2.2 分离定理

即存在 $\theta \in \mathbb{R}_+^N$，使得 $b^T\theta = b \cdot \theta < 0$ 且 $A\theta \geqslant 0$。从而结论 (1) 成立，证毕。□

推论 2.3 设 A 是 $M \times N$ 矩阵，则下列结论有且仅有一个成立：
(1) 存在 $\theta \in \mathbb{R}_+^N \setminus \{0\}$，使得 $A\theta \gg 0$；
(2) 存在 $\lambda \in \mathbb{R}_+^M \setminus \{0\}$，使得 $A^T\lambda \leqslant 0$。

证明 对于任意小的正数 $\delta > 0$，推论 2.2 可以改写为

推论 2.4 设 $[A \mid -1]$ 是 $M \times (N+1)$ 矩阵，$\begin{pmatrix} b \\ -\delta \end{pmatrix} \in \mathbb{R}^{N+1}$，则下列结论有且仅有一个成立：

(1) 存在 $\theta \in \mathbb{R}_+^N$ 与充分小的正数 $\varepsilon > 0$，使得 $\begin{pmatrix} b \\ -\delta \end{pmatrix}^T \begin{pmatrix} \theta \\ \varepsilon \end{pmatrix} < 0$ 且 $[A \mid -1] \begin{pmatrix} \theta \\ \varepsilon \end{pmatrix} \geqslant 0$；

(2) 存在 $\lambda \in \mathbb{R}_+^M$，使得 $[A \mid -1]^T \lambda \leqslant \begin{pmatrix} b \\ -\delta \end{pmatrix}$。

等价地

推论 2.5 设 A 是 $M \times N$ 矩阵，$b \in \mathbb{R}^N$，则下列结论有且仅有一个成立：
(1) 存在 $\theta \in \mathbb{R}_+^N$，使得 $b^T\theta < \varepsilon\delta$ 且 $A\theta \geqslant \varepsilon\mathbf{1}$；
(2) 存在 $\lambda \in \mathbb{R}_+^M$，使得 $A^T\lambda \leqslant b$ 且 $\mathbf{1}^T\lambda \geqslant \delta$。

由于 $\varepsilon > 0$ 和 $\delta > 0$ 是任意小的正数，推论 2.5 可以进一步地改写为

推论 2.6 设 A 是 $M \times N$ 矩阵，$b \in \mathbb{R}^N$，则下列结论有且仅有一个成立：
(1) 存在 $\theta \in \mathbb{R}_+^N$，使得 $b^T\theta \leqslant 0$ 且 $A\theta \gg 0$；
(2) 存在 $\lambda \in \mathbb{R}_+^M \setminus \{0\}$，使得 $A^T\lambda \leqslant b$。

取 $b = 0$，有

推论 2.7 设 A 是 $M \times N$ 矩阵，则下列结论有且仅有一个成立：
(1) 存在 $\theta \in \mathbb{R}_+^N$，使得 $A\theta \gg 0$；
(2) 存在 $\lambda \in \mathbb{R}_+^M \setminus \{0\}$，使得 $A^T\lambda \leqslant 0$。

推论 2.7(1) 中 $\theta \neq 0$，因此推论 2.7 等价于推论 2.3。□

定理 2.13 设 A 是 $M \times N$ 矩阵，则下列结论有且仅有一个成立：
(1) 存在 $\theta \in \mathbb{R}^N$，使得 $A\theta \gg 0$；
(2) 存在 $\lambda \in \mathbb{R}_+^M \setminus \{0\}$，使得 $A^T\lambda = 0$。

证明 对于任意小的正数 $\delta > 0$，定理 2.13 可以改写为

定理 2.14 设 $[A \mid -1]$ 是 $M \times (N+1)$ 矩阵，$\begin{pmatrix} b \\ -\delta \end{pmatrix} \in \mathbb{R}^{N+1}$，则下列结

论有且仅有一个成立：

(1) 存在 $\theta \in \mathbb{R}^N$ 与充分小的正数 $\varepsilon > 0$，使得 $\begin{pmatrix} b \\ -\delta \end{pmatrix}^{\mathrm{T}} \begin{pmatrix} \theta \\ \varepsilon \end{pmatrix} < 0$ 且 $[A \mid -\mathbf{1}] \begin{pmatrix} \theta \\ \varepsilon \end{pmatrix} \geqslant 0$；

(2) 存在 $\lambda \in \mathbb{R}_+^M$，使得 $[A \mid -\mathbf{1}]^{\mathrm{T}} \lambda = \begin{pmatrix} b \\ -\delta \end{pmatrix}$。

等价地

定理 2.15 设 A 是 $M \times N$ 矩阵，$b \in \mathbb{R}^N$，则下列结论有且仅有一个成立：
(1) 存在 $\theta \in \mathbb{R}^N$，使得 $b^{\mathrm{T}}\theta < \varepsilon\delta$ 且 $A\theta \geqslant \varepsilon \mathbf{1}$；
(2) 存在 $\lambda \in \mathbb{R}_+^M$，使得 $A^{\mathrm{T}}\lambda = b$ 且 $\mathbf{1}^{\mathrm{T}}\lambda = \delta$。

由于 $\varepsilon > 0$ 和 $\delta > 0$ 是任意小的正数，定理 2.15 可以进一步地改写为

定理 2.16 设 A 是 $M \times N$ 矩阵，$b \in \mathbb{R}^N$，则下列结论有且仅有一个成立：
(1) 存在 $\theta \in \mathbb{R}^N$，使得 $b^{\mathrm{T}}\theta \leqslant 0$ 且 $A\theta \gg 0$；
(2) 存在 $\lambda \in \mathbb{R}_+^M \setminus \{0\}$，使得 $A^{\mathrm{T}}\lambda = b$。

取 $b = 0$，就得到定理 2.13。□

推论 2.8 设 $\mathbb{L} \subseteq \mathbb{R}^M$ 是线性子空间，它的正交补为 $\mathbb{L}^\perp$，则下面结论有且仅有一个成立：
(1) $\mathbb{L}$ 中有正向量 $z \gg 0$；
(2) $\mathbb{L}^\perp$ 中有非零非负向量 $x > 0$。

证明 设 A 是 $M \times N$ 矩阵且 $\mathrm{rank}\, A = N < M$，则 $\mathbb{L} = K(A)$ 是 $\mathbb{R}^M$ 中线性子空间，它的正交补是

$$\mathbb{L}^\perp = \{\lambda \in \mathbb{R}_+^M \mid A^{\mathrm{T}}\lambda = 0\}$$

那么定理 2.13 就是推论 2.8。□

定理 2.17 (Stiemke 引理) 设 A 是 $M \times N$ 矩阵，$b \in \mathbb{R}^N$，则下列结论有且仅有一个成立：
(1) 存在 $\theta \in \mathbb{R}^N$，使得 $b^{\mathrm{T}}\theta = b \cdot \theta \leqslant 0$ 且 $A\theta > 0$；
(2) 存在 $\lambda \in \mathbb{R}_{++}^M$，使得 $A^{\mathrm{T}}\lambda = b$。

证明 若 (2) 成立，存在 $\lambda \in \mathbb{R}_{++}^M$，使得 $A^{\mathrm{T}}\lambda = b$。如果 $\theta \in \mathbb{R}^N$，使得 $A\theta > 0$，则

$$b^{\mathrm{T}}\theta = (A^{\mathrm{T}}\lambda)^{\mathrm{T}}\theta = \lambda^{\mathrm{T}}(A\theta) > 0$$

于是，(1) 不能成立。

2.2 分离定理

假设 (1) 不成立,不存在 $\theta \in \mathbb{R}^N$,使得 $b^T\theta = b\cdot\theta \leqslant 0$ 且 $A\theta > 0$,即对于任意 $\theta \in \mathbb{R}^N$,只要 $A\theta > 0$,就有 $b^T\theta = b\cdot\theta > 0$。定义 $\mathbb{E} = \mathbb{R}^{1+M}$ 和

$$\mathbb{M} = \left\{ \begin{pmatrix} -b^T \\ A \end{pmatrix} \theta \mid \theta \in \mathbb{R}^N \right\} = \left\{ \begin{pmatrix} -b^T\theta \\ A\theta \end{pmatrix} \mid \theta \in \mathbb{R}^N \right\}$$

那么 $\mathbb{E}_+$ 是 $\mathbb{E}$ 的正锥且 $\mathbb{M}$ 是 $\mathbb{E}$ 的线性子空间。

(1) 不成立等价于 $\mathbb{M} \cap \mathbb{E}_+ = \varnothing$,此时分离定理意味着存在 (连续) 线性泛函 $f: \mathbb{E} \to \mathbb{R}$ 使得对于任意 $m \in \mathbb{M}$ 与 $e \in \mathbb{E}_+ \setminus \{0\}$ 有 $f(m) < f(e)$。那么泛函 f 可以表示为,存在 $\begin{pmatrix} \alpha \\ \beta \end{pmatrix} \in \mathbb{E}$ 使得

$$f\begin{pmatrix} r \\ x \end{pmatrix} = \begin{pmatrix} \alpha \\ \beta \end{pmatrix}^T \begin{pmatrix} r \\ x \end{pmatrix} = \alpha r + \beta^T x, \quad \begin{pmatrix} r \\ x \end{pmatrix} \in \mathbb{E}$$

既然 $\mathbb{M}$ 是线性空间,那么对于任意 $m \in \mathbb{M}, f(m) = 0$。因此对于任意 $e \in \mathbb{E}_+ \setminus \{0\}$,$f(e) > 0$。故 f 是正的 (连续) 线性泛函,即 $\alpha > 0$ 与 $\beta \in \mathbb{R}^M_{++}$。

由 $\mathbb{M}$ 的定义,对于任意的 $\theta \in \mathbb{R}^N$,

$$f\left(\begin{pmatrix} -b^T\theta \\ A\theta \end{pmatrix}\right) = 0$$

即

$$(-\alpha b + A^T\beta)^T \theta = (-\alpha b^T + \beta^T A)\theta = -\alpha b^T\theta + \beta^T A\theta = 0$$

因此 $-\alpha b + A^T\beta = 0$,即 $A^T\left(\dfrac{\beta}{\alpha}\right) = b$。 □

在定理 2.17 中取 $b = 0$ 则有

推论 2.9 设 A 是 $M \times N$ 矩阵,则下列结论有且仅有一个成立:
(1) 存在 $\theta \in \mathbb{R}^N$,使得 $A\theta > 0$;
(2) 存在 $\lambda \in \mathbb{R}^M_{++}$,使得 $A^T\lambda = 0$。

定理 2.18 设 $\begin{pmatrix} -b^T \\ A \end{pmatrix}$ 是 $(1+M) \times N$ 矩阵,则下列结论有且仅有一个成立:

(1) 存在 $\theta \in \mathbb{R}^N$,使得 $\begin{pmatrix} -b^T \\ A \end{pmatrix} \theta > 0$;

(2) 存在 $\begin{pmatrix} \alpha \\ \beta \end{pmatrix} \in \mathbb{R}_{++}^{1+M}$, 使得 $\begin{pmatrix} -b^{\mathrm{T}} \\ A \end{pmatrix}^{\mathrm{T}} \begin{pmatrix} \alpha \\ \beta \end{pmatrix} = 0$。

等价地

定理 2.19 设 A 是 $M \times N$ 矩阵，$b \in \mathbb{R}^N$，则下列结论有且仅有一个成立：
(1) 存在 $\theta \in \mathbb{R}^N$，使得 $b^{\mathrm{T}}\theta = b \cdot \theta \leqslant 0$ 且 $A\theta > 0$；
(2) $\alpha > 0$ 与 $\beta \in \mathbb{R}_{++}^M$，使得 $A^{\mathrm{T}}\left(\dfrac{\beta}{\alpha}\right) = b$。

这就是定理 2.17。

2.3 线性规划的对偶理论

2.3.1 对偶规划的提出

设 A 是 $M \times N$ 矩阵，$b \in \mathbb{R}^M$ 和 $c \in \mathbb{R}^N$。考虑线性规划

$$\begin{aligned} \max \quad & c \cdot x \\ \text{s.t.} \quad & Ax \leqslant b, \quad x \geqslant 0 \end{aligned} \tag{2.11}$$

相应地可构作另一个线性规划：

$$\begin{aligned} \min \quad & b \cdot y \\ \text{s.t.} \quad & A^{\mathrm{T}}y \geqslant c, \quad y \geqslant 0 \end{aligned} \tag{2.12}$$

如果称线性规划 (2.11) 是原规划 (primitive programming)，则称线性规划 (2.12) 是原规划的对偶规划 (duality programming)。

现在来考察上述两个规划的实际背景，以资源优化问题为例，b_m 表示占有资源 F_m 的数量，c_n 表示单位产品 G_n 的价格，在计划生产 $x = \begin{pmatrix} x_1 \\ x_2 \\ \vdots \\ x_N \end{pmatrix}$ 时，要求消耗资源 F_m 的数量不超过 b_m，即

$$\sum_{n=1}^{N} a_{mn} x_n \leqslant b_m$$

既然 c_n 是价值的表现，以货币单位计量，a_{mn} 表示 G_n 的单位产品所要消耗资源 F_m 的数量，那么线性规划 (2.12) 中的关系式

$$\sum_{m=1}^{M} a_{mn} y_m \geqslant c_n$$

之中的 $y = \begin{pmatrix} y_1 \\ y_2 \\ \vdots \\ y_M \end{pmatrix}$ 就应该预示资源的价格向量。于是，这个关系式表示生产 G_n 的单位产品所消耗各种资源的成本合计应该不低于 G_n 的单位产品的价格。在这样的前提之下实现所消耗资源的估价最低，就是表示目标函数极小化要求的线性规划 (2.12)。

以上的分析可以引发下面的解释：当把线性规划 (2.11) 理解为资源优化问题时，线性规划 (2.12) 就可以理解为资源的估价问题。设想放弃利用资源进行生产的决策，改作出售资源的主张，就需要对各种资源确定合适的价格，称为影子价格 (shadow price)。它是基于两种要求来确定的，一是出售资源不能在经济上受损失 (相对利用资源)；二是不能随意作价，要尽量压低占有资源的估价，以便实现能够卖掉资源的目的。

2.3.2 对偶原理

下面考察原规划与对偶规划的关系。

定理 2.20 如果原规划的可行域非空，而对偶规划的可行域为空集，则原规划无最优解。

证明 设 $x^0 \in \mathbb{S} = \{x \in \mathbb{R}^N \mid Ax \leqslant b, x \geqslant 0\}$，而集合 $\mathbb{T} = \{y \in \mathbb{R}^M \mid A^{\mathrm{T}} y \geqslant c, y \geqslant 0\} = \varnothing$，即不等式

$$A^{\mathrm{T}} y \geqslant c, \qquad y \geqslant 0$$

即

$$(-A)^{\mathrm{T}} y \leqslant -c, \qquad y \geqslant 0$$

无解，根据定理 2.12 的推论 2.2，存在 $\theta \geqslant 0$，使得

$$-c \cdot \theta < 0, \qquad (-A)\theta \geqslant 0$$

即

$$c \cdot \theta > 0, \qquad A\theta \leqslant 0$$

任给 $\lambda > 0$，则有 $x^0 + \lambda \theta \geqslant 0$，且

$$A(x^0 + \lambda \theta) = Ax^0 + \lambda A\theta \leqslant b$$

可见，$x^0 + \lambda\theta \in \mathbb{S}$。当 $\lambda \to +\infty$ 时，

$$c^{\mathrm{T}}(x^0 + \lambda\theta) = c^{\mathrm{T}}x^0 + \lambda c^{\mathrm{T}}\theta \to +\infty$$

所以，目标函数 $c \cdot x$ 在可行域 $\mathbb{S}$ 上无上界。从而原规划没有最优解。 □

这个定理表明，如果原规划有最优解，不仅它的可行域非空，它的对偶规划的可行域也非空。还可有下面的逆定理。

定理 2.21 如果原规划与它的对偶规划的可行域皆非空，则两个规划都有最优解，且最优值相等。

证明 由推论 2.2，定义 $(M+N) \times (N+M+1)$ 矩阵 $\Lambda = \begin{pmatrix} A^{\mathrm{T}} & 0 & -c \\ 0 & -A & b \end{pmatrix}$

与 $M+N+1$ 维向量 $\beta = \begin{pmatrix} b \\ -c \\ 0 \end{pmatrix}$，则下列结论有且仅有一个成立：

(1) 存在 $\theta \in \mathbb{R}_+^{N+M+1}$，使得 $\beta^{\mathrm{T}}\theta = \beta \cdot \theta < 0$ 且 $\Lambda\theta \geqslant 0$；
(2) 存在 $\lambda \in \mathbb{R}_+^{N+M}$，使得 $\Lambda^{\mathrm{T}}\lambda \leqslant \beta$。

第一步：假设 (1) 成立，即存在 $\theta = \begin{pmatrix} \xi \\ \eta \\ \zeta \end{pmatrix} \in \mathbb{R}_+^{N+M+1}$，使得

$$b^{\mathrm{T}}\xi - c^{\mathrm{T}}\eta = [b^{\mathrm{T}} \ -c^{\mathrm{T}} \ 0] \begin{pmatrix} \xi \\ \eta \\ \zeta \end{pmatrix} = \beta^{\mathrm{T}}\theta < 0$$

且

$$\begin{pmatrix} A^{\mathrm{T}}\xi - c\zeta \\ -A\eta + b\zeta \end{pmatrix} = \begin{pmatrix} A^{\mathrm{T}} & 0 & -c \\ 0 & -A & b \end{pmatrix} \begin{pmatrix} \xi \\ \eta \\ \zeta \end{pmatrix} = \Lambda\theta \geqslant 0$$

因此

$$b^{\mathrm{T}}\xi < c^{\mathrm{T}}\eta, \qquad A^{\mathrm{T}}\xi \geqslant \zeta c, \qquad A\eta \leqslant \zeta b \tag{2.13}$$

另外，由于两个规划的可行集合非空，即存在 $x \geqslant 0$ 与 $y \geqslant 0$，使得

$$Ax \leqslant b, \qquad A^{\mathrm{T}}y \geqslant c$$

对非负的 $\zeta \geqslant 0$ 按照以下两种情形分析：

2.3 线性规划的对偶理论

(1) 如果 $\zeta = 0$,则式 (2.13) 变成
$$b^{\mathrm{T}}\xi < c^{\mathrm{T}}\eta, \qquad A^{\mathrm{T}}\xi \geqslant 0, \qquad A\eta \leqslant 0 \qquad (2.14)$$
则得
$$c^{\mathrm{T}}\eta \leqslant (A^{\mathrm{T}}y)^{\mathrm{T}}\eta = y^{\mathrm{T}}A\eta \leqslant 0 \leqslant x^{\mathrm{T}}A^{\mathrm{T}}\xi = (Ax)^{\mathrm{T}}\xi \leqslant b^{\mathrm{T}}\xi$$
与式 (2.14) 中的第一个不等式矛盾。

(2) 如果 $\zeta > 0$,则由式 (2.13) 可得
$$\zeta c^{\mathrm{T}}\eta \leqslant (A^{\mathrm{T}}\xi)^{\mathrm{T}}\eta = \xi^{\mathrm{T}}A\eta \leqslant \xi^{\mathrm{T}}(\zeta b) = \zeta b^{\mathrm{T}}\xi$$
从而 $c^{\mathrm{T}}\eta \leqslant b^{\mathrm{T}}\xi$,与式 (2.13) 中的第一个不等式矛盾。

第二步:假设 (1) 成立是错误的,也就是说假设 (1) 是不成立的,因此假设 (2) 一定成立,即存在 $\lambda = \begin{pmatrix} \bar{x} \\ \bar{y} \end{pmatrix} \in \mathbb{R}_{+}^{N+M}$,使得

$$\begin{pmatrix} A\bar{x} \\ -A^{\mathrm{T}}\bar{y} \\ -c^{\mathrm{T}}\bar{x} + b^{\mathrm{T}}\bar{y} \end{pmatrix} = \begin{pmatrix} A & 0 \\ 0 & -A^{\mathrm{T}} \\ -c^{\mathrm{T}} & b^{\mathrm{T}} \end{pmatrix} \begin{pmatrix} \bar{x} \\ \bar{y} \end{pmatrix} \leqslant \begin{pmatrix} b \\ -c \\ 0 \end{pmatrix}$$

即存在 $\bar{x} \geqslant 0$ 与 $\bar{y} \geqslant 0$,使得
$$A\bar{x} \leqslant b, \qquad A^{\mathrm{T}}\bar{y} \geqslant c, \qquad c^{\mathrm{T}}\bar{x} \geqslant b^{\mathrm{T}}\bar{y} \qquad (2.15)$$
成立,则有
$$b^{\mathrm{T}}\bar{y} \leqslant c^{\mathrm{T}}\bar{x} \geqslant (A^{\mathrm{T}}\bar{y})^{\mathrm{T}}\bar{x} = \bar{y}^{\mathrm{T}}A\bar{x} \leqslant \bar{y}^{\mathrm{T}}b = b^{\mathrm{T}}\bar{y}$$
从而,$c^{\mathrm{T}}\bar{x} = b^{\mathrm{T}}\bar{y}$。

再有,对任何 $x \in \mathbb{S} = \{x \in \mathbb{R}^{N} \mid Ax \leqslant b, x \geqslant 0\}$,由式 (2.15) 推出
$$c^{\mathrm{T}}x \leqslant \bar{y}^{\mathrm{T}}Ax \leqslant \bar{y}^{\mathrm{T}}b = c^{\mathrm{T}}\bar{x}$$
可见 $\bar{x}$ 是原规划的最优解。同样,对任何 $y \in \mathbb{T} = \{y \in \mathbb{R}^{M} \mid A^{\mathrm{T}}y \geqslant c, y \geqslant 0\}$,由式 (2.15) 推出
$$b^{\mathrm{T}}y \geqslant (A\bar{x})^{\mathrm{T}}y = \bar{x}^{\mathrm{T}}A^{\mathrm{T}}y \geqslant \bar{x}^{\mathrm{T}}c = c^{\mathrm{T}}\bar{x}$$
可见 $\bar{y}$ 是对偶规划最优解。而等式 $c^{\mathrm{T}}\bar{x} = b^{\mathrm{T}}\bar{y}$ 表明,两个规划的最优值相等。 □

定理 2.22 (对偶定理) 如果原规划有最优解,则对偶规划必有最优解,且最优值相等。

证明 若对偶规划没有最优解, 依定理 2.21, 对偶规划的可行集合必为空集, 再由定理 2.20, 将推出原规划没有最优解. 此与假设条件矛盾. □

关于最优解的性质, 有如下的松紧定理 (slackness theorem).

定理 2.23 原规划的可行向量 $\bar{x}$ 和对偶规划的可行向量 $\bar{y}$ 是最优解的充要条件:

(1) 当 $\sum\limits_{n=1}^{N} a_{mn}\bar{x}_n < b_m$ 时, 有 $\bar{y}_m = 0$;

(2) 当 $\sum\limits_{m=1}^{M} a_{mn}\bar{y}_m > c_n$ 时, 有 $\bar{x}_n = 0$.

证明 首先, 证明可行向量 $\bar{x}$ 和 $\bar{y}$ 分别是原规划及其对偶规划的最优解的充要条件是

$$c^{\mathrm{T}}\bar{x} = \bar{y}^{\mathrm{T}} A\bar{x} = \bar{y}^{\mathrm{T}} b = b^{\mathrm{T}}\bar{y} \tag{2.16}$$

必要性由定理 2.22 推出, 只须再证充分性. 事实上, 对原规划的任意可行向量 x, 由于 $Ax \leqslant b$, 且 $A^{\mathrm{T}}\bar{y} \geqslant c$, 则有

$$c^{\mathrm{T}}x \leqslant \bar{y}^{\mathrm{T}}Ax \leqslant \bar{y}^{\mathrm{T}}b = b^{\mathrm{T}}\bar{y} = c^{\mathrm{T}}\bar{x}$$

可见, $\bar{x}$ 是原规划的最优解. 同样, 对于对偶规划的任意可行向量 y, 由于 $A\bar{x} \leqslant b$, 且 $A^{\mathrm{T}}y \geqslant c$, 则有

$$b^{\mathrm{T}}y \geqslant \bar{x}^{\mathrm{T}}A^{\mathrm{T}}y \geqslant \bar{x}^{\mathrm{T}}c = c^{\mathrm{T}}\bar{x} = b^{\mathrm{T}}\bar{y}$$

可见, $\bar{y}$ 是对偶规划的最优解.

由式 (2.16) 可得

$$(c^{\mathrm{T}} - \bar{y}^{\mathrm{T}}A)\bar{x} = 0 \quad \text{且} \quad \bar{y}^{\mathrm{T}}(A\bar{x} - b) = 0 \tag{2.17}$$

再注意 $\bar{x} \geqslant 0$, $\bar{y} \geqslant 0$, $c^{\mathrm{T}} - \bar{y}^{\mathrm{T}}A \leqslant 0$ 及 $A\bar{x} - b \leqslant 0$. 由式 (2.17) 便可推出定理结论. □

从定理的证明可见, 定理中的断语 (1) 和 (2) 可以替换成

(1) 当 $\bar{y}_m > 0$ 时, 有 $\sum\limits_{n=1}^{N} a_{mn}\bar{x}_n = b_m$;

(2) 当 $\bar{x}_n > 0$ 时, 有 $\sum\limits_{m=1}^{M} a_{mn}\bar{y}_m = c_n$.

把对偶定理及松紧定理应用于资源优化问题 (例 2.1), 将线性规划 (2.11) 理解为资源优化问题, 所得最优生产方案 $\bar{x}$ 使得产值达到最大值 $c \cdot \bar{x}$. 规划 (2.12) 理解为资源转让, 所得的影子价格 $\bar{y}$ 可使得资源费用达到最小值, 由对偶定理得知 $c \cdot \bar{x} = b \cdot \bar{y}$.

其次，当 $\sum_{n=1}^{N} a_{mn}\bar{x}_n < b_m$，表明按最优生产方案 $\bar{x}$ 进行操作时，第 m 种资源消耗不尽，尚有剩余，即它不是稀缺的，因此影子价格应该设定为 $\bar{y}_m = 0$。可见，增加这种资源的储备，不会增加目标函数值。再有，当 $\sum_{m=1}^{M} a_{mn}\bar{y}_m > c_n$ 时，生产产品 G_n 要消耗的资源的价值高于产品 G_n 的价格，明智之举是不生产它，可谓"造船不如买船"，这就是结论 $\bar{x}_n = 0$。

2.3.3 再论影子价格

假设规划 (2.11) 有最优解 $\bar{x}$，其最优值就是 $d = c \cdot \bar{x}$，最优值与参数 b 存在着一种对应关系，确定了一个函数，称为值函数 $F(b)$，关于它的定义域姑且不作深究，下面研究它的一般性质。

给参数 b 以改变量 Δb，考虑规划

$$\max \quad c \cdot x \tag{2.18}$$
$$\text{s.t.} \quad Ax \leqslant b + \Delta b$$

它的最优值为 $F(b + \Delta b)$，相应的对偶规划：

$$\min \quad (b + \Delta b) \cdot y \tag{2.19}$$
$$\text{s.t.} \quad A^{\mathrm{T}} y \geqslant c$$

后者的可行域与规划 (2.12) 的可行域 $\mathbb{T}$ 相同。设可行域 $\mathbb{T}$ 的顶点为 $y^1, y^2, \cdots, y^k, \cdots, y^K$，不妨设只有前 k 个顶点是规划的最优解，即

$$d = \min_{y \in \mathbb{T}} b^{\mathrm{T}} y = b^{\mathrm{T}} y^{m_1}, \qquad 1 \leqslant m_1 \leqslant k$$
$$d = \min_{y \in \mathbb{T}} b^{\mathrm{T}} y < b^{\mathrm{T}} y^{m_2}, \qquad k+1 \leqslant m_2 \leqslant K$$

易见，当 Δb 充分小时，总有

$$(b + \Delta b)^{\mathrm{T}} y^{m_1} < (b + \Delta b)^{\mathrm{T}} y^{m_2}, \qquad 1 \leqslant m_1 \leqslant k, \quad k+1 \leqslant m_2 \leqslant K \tag{2.20}$$

由此可知，规划 (2.19) 的最优解可在可行域 $\mathbb{T}$ 的前 k 个顶点中找到。

特别地，当规划 (2.12) 的可行域 $\mathbb{T}$ 中只有一个顶点 $\bar{y}$ 是最优解时，由式 (2.20) 可知，$\bar{y}$ 也是规划 (2.19) 的最优解，对应的最优值为 $(b + \Delta b)^{\mathrm{T}} \bar{y}$。根据对偶定理，则有 $F(b + \Delta b) = (b + \Delta b)^{\mathrm{T}} \bar{y}$。从而，有

$$F(b + \Delta b) - F(b) = \Delta b^{\mathrm{T}} \bar{y} \tag{2.21}$$

当取 $\Delta b = (0,\cdots,0,\Delta\theta,0,\cdots,0)^{\mathrm{T}}$ 时，有

$$F(b+\Delta b) - F(b) = \bar{y}_m \Delta\theta$$

于是，得到如下结论。

定理 2.24 设 $F(b)$ 是线性规划 (2.11) 的值函数，如果它的对偶规划有唯一的最优解 $\bar{y}$，则值函数 $F(b)$ 可微，且

$$\frac{\partial F(b)}{\partial b_m} = \bar{y}_m, \qquad m = 1,2,\cdots,M$$

当把规划 (2.11) 理解为资源优化模型时，$F(b)$ 表示生产的总额收入，规划 (2.12) 的最优解 $\bar{y}$ 就是影子价格。由定理 2.24 可知，当仅有第 m 种资源增加 1 单位 (其余未变)，则给总额收入 $F(b)$ 带来的改变量就是 $\bar{y}_m$。只要 $\bar{y}_m > 0$，进一步追加 (购进) 第 m 种资源，总额收入就会增加。当然，这种资源追加到某个数量时，将会使资源过剩，相应地，有 $\bar{y}_m = 0$，总额收入便不会再增加了。

2.4 优化投入产出模型

第 1 章所讨论的投入产出模型中，人为地附加了一些限制，其中的一个限制就是假设每种产品仅能由一个部门生产。显然，这给理论的应用带来不便。另外，所论模型是建立在供给与需要严格相等的前提之下的，这种要求不仅对于实际的生产问题是过分苛求，而且由此引出供给与需要彼此唯一确定的结论，使得在生产方案的选择上没有回旋余地。至于优化生产方案也就无从说起，针对这些问题，有必要扩展里昂惕夫模型，取消一些非本质的限制，建立一种优化的投入产出模型。

2.4.1 模型的描述

把里昂惕夫模型作如下推广，允许不同的生产部门可以生产相同的产品，假设生产系统中有 N 种产品 $G_1, G_2, \cdots, G_N$，它们由 M 个部门生产出来 $(M > N)$，每个部门仅生产一种产品。设部门的标号集合为 $\mathcal{M} = \{1,2,\cdots,M\}$，于是，可将集合 $\mathcal{M}$ 分割成互不相交的 N 个子集合 $\mathcal{M}_1, \mathcal{M}_2, \cdots, \mathcal{M}_N$，即

$$\mathcal{M} = \bigcup_{n=1}^{N} \mathcal{M}_n, \qquad \mathcal{M}_n \cap \mathcal{M}_{n'} = \varnothing, \quad n \neq n'$$

使得部门 $m \in \mathcal{M}_n$ 仅生产产品 G_n $(n = 1,2,\cdots,N)$。

设部门 $m \in \mathcal{M}_n$ 生产单位 G_n 产品所消耗的 m 产品的数量是 a_{mn}，则得直接消耗系数矩阵：

2.4 优化投入产出模型

$$A = \begin{pmatrix} a_{11} & \cdots & a_{1,M_1} & a_{1,M_1+1} & \cdots & a_{1,M_1+M_2} & \cdots \\ a_{21} & \cdots & a_{2,M_1} & a_{2,M_1+1} & \cdots & a_{2,M_1+M_2} & \cdots \\ \vdots & & \vdots & \vdots & & \vdots & \\ a_{N1} & \cdots & a_{N,M_1} & a_{N,M_1+1} & \cdots & a_{N,M_1+M_2} & \cdots \end{pmatrix}$$

$$\begin{pmatrix} a_{1,M_1+\cdots+M_{N-1}+1} & \cdots & a_{1,M_1+\cdots+M_{N-1}+M_N} \\ a_{2,M_1+\cdots+M_{N-1}+1} & \cdots & a_{2,M_1+\cdots+M_{N-1}+M_N} \\ \vdots & & \vdots \\ a_{N,M_1+\cdots+M_{N-1}+1} & \cdots & a_{N,M_1+\cdots+M_{N-1}+M_N} \end{pmatrix}$$

相应地，可以构作矩阵

$$E = \begin{pmatrix} 1 & \cdots & 1 & 0 & \cdots & 0 & 0 & \cdots & 0 \\ 0 & \cdots & 0 & 1 & \cdots & 1 & 0 & \cdots & 0 \\ \vdots & & \vdots & \vdots & & \vdots & \vdots & & \vdots \\ 0 & \cdots & 0 & 0 & \cdots & 0 & 1 & \cdots & 1 \end{pmatrix}$$

设第 m 个部门的产出为 x_m，于是系统的产出向量为 $x = \begin{pmatrix} x_1 \\ x_2 \\ \vdots \\ x_M \end{pmatrix}$。此时，产品的产出向量为 Ex，中间投入向量为 Ax，所以可写出生产方程

$$Ex - Ax = c \tag{2.22}$$

其中，c 是最终需求向量，称方程 (2.22) 为广义的里昂惕夫模型，简记作 (A,E)。如果对任意给定的 $c \geqslant 0$，方程 (2.22) 都有非负解 $x \geqslant 0$，则称模型 (A,E) 是有效的。

虽然广义的里昂惕夫模型比里昂惕夫模型 (第 1 章已论述) 更具普遍性，但解算方程 (2.22) 却要困难得多。因此，可以放弃"净产出等于最终需求"这个过分的苛求，代之以"净产出满足最终需求"，即把方程 (2.22) 换成不等式：

$$Ex - Ax \geqslant c \tag{2.23}$$

显然，如果不等式 (2.23) 有解，则必有无穷多个解，这意味着须进一步优选生产方案。

问题是如何确定目标函数，从经济上考虑，自然要联想到劳动投入。设第 m 部门的劳动消耗系数 (单位产品消耗的劳动数量) 为 l_m，于是消耗劳动总量为

$l \cdot x = l^T x = \sum_{m=1}^{M} l_m x_m$,构作线性规划

$$\min \quad l \cdot x \tag{2.24}$$
$$\text{s.t.} \quad (E-A)x \geqslant c, \quad x \geqslant 0$$

线性规划 (2.24) 的含义: 在满足最终需求的生产方案中选取劳动消耗最少者, 称规划 (2.24) 为优化的里昂惕夫模型 (A, E)。如果对任意给定的 $c \geqslant 0$, 存在 $x \geqslant 0$, 使得 $(E-A)x \geqslant c$, 则称此模型是有效的。此时, 规划 (2.24) 的可行集合是非空的。

考虑规划 (2.24) 的对偶规划:

$$\max \quad c \cdot y \tag{2.25}$$
$$\text{s.t.} \quad (E-A)^T y \leqslant l, \quad y \geqslant 0$$

可以把 y 理解成价格向量 (影子价格), 当规定每单位劳动的基准工资为 1 时, 规划 (2.25) 的解释: 在净产出的价值不超过消耗劳动的价值的条件下, 寻求确定一种价格向量, 使得净产出的价值达到最大。

2.4.2 替代定理

在模型 (A, E) 中, 选取 N 个部门, 使得编号 $j_n \in \mathcal{M}_n, n = 1, 2, \cdots, N$, 这时产品和部门一一对应, 记集合 $\sigma = \{j_1, j_2, \cdots, j_N\}$。在矩阵 A 中选出第 $j_1, j_2, \cdots, j_N$ 列向量, 构成 $N \times N$ 方阵 A_σ, 设 I 是 $N \times N$ 单位矩阵, 则 (A_σ, I) 作成一个普通的里昂惕夫模型, 称为广义里昂惕夫模型 (A, E) 的子模型。

定理 2.25 [萨缪尔森 (Samuelson)①] 假设优化的里昂惕夫模型 (2.24) 是有效的, 则必存在子模型 (A_σ, I), 使得对任何 $c \gg 0$, 都能够找到规划 (2.24) 的最优解 $\bar{x}$, 满足

$$\bar{x}_j > 0 \quad (j \in \sigma), \quad \bar{x}_j = 0 \quad (j \notin \sigma)$$

这个定理是指, 广义的里昂惕夫模型 (A, E) 可以用某个普通的里昂惕夫模型 (A_σ, I) 来替代, 其效果是一样的, 即二者所确定的优化的生产方案都能满足最终需求的要求, 而且劳动总量是相同的。其经济解释: 在由广义的里昂惕夫模型 (A, E) 所描述的生产系统中, 可以在生产相同产品的部门中选择有代表性的部门 (相对来说, 这个部门的生产技术水平较高), 这样的部门共有 N 个, 只须规划它们的生产方案, 而令其余部门停止生产, 这种做法可以实现相同的目标, 这就从数理经济学角度论证了经济活动中的 "企业兼并" 是合理的。首先给出以下引理。

---

① 萨缪尔森 P A (1915–2009), 美国经济学家, 1948 年发表《经济学》, 1970 年获诺贝尔经济学奖。

2.4 优化投入产出模型

引理 2.2 给定 $c^0 \gg 0$,则规划 (2.24) 存在最优解 x^0 及子集合 $\sigma=\{j_1,j_2,\cdots,j_N\}$,其中 $j_n \in \mathcal{M}_n$,满足

$$\bar{x}_j^0 > 0 \quad (j \in \sigma); \qquad \bar{x}_j^0 = 0 \quad (j \notin \sigma)$$

证明 因为规划 (2.24) 的可行集合中有顶点 x^0 成为最优解 (定理 2.4),从而,$(E-A)x^0 \geqslant c^0 \gg 0$,更有 $Ex^0 \gg 0$,所以,对于 $n=1,2,\cdots,N$,分别存在 $j_n \in \mathcal{M}_n$,使得 $\bar{x}_{j_n}^0 > 0$,令 $\sigma = \{j_1,j_2,\cdots,j_N\}$,根据定理 2.2,顶点 x^0 的非零分量不能超过 N,故当 $j \notin \sigma$ 时,$\bar{x}_j^0 = 0$。 $\square$

引理 2.2 并没有回答定理 2.25,其差别就在于前者所述的集合 σ 是基于最终需求 c 得到的,而后者则是说,如此确定的 σ 不依赖于 c 的改变。换言之,定理 2.25 中子模型 (A_σ, I) 的确定仅与 (A,E) 有关,不因最终需求的不同而改变。

定理 2.25 的证明 依照引理 2.2,对于 $c^1 \gg 0$,规划 (2.24) 和规划 (2.25) 分别有最优解 x^1 及 y^1(因为二规划的可行集合都是非空的,由定理 2.21 可知最优解存在),且

$$x_j^1 > 0 \quad (j \in \sigma); \qquad x_j^1 = 0 \quad (j \notin \sigma)$$
$$(I - A_\sigma)x_\sigma^1 \geqslant c^1 \tag{2.26}$$

其中,$x_\sigma^1 \in \mathbb{R}_{++}^N$ 是向量 $x^1 \in \mathbb{R}_+^M$ 中仅保留足码 $j \in \sigma$ 的分量所生成的向量。由松紧定理 2.23,有

$$(l^\mathrm{T} - y^{1\mathrm{T}}B) \cdot x^1 = 0, \qquad y^{1\mathrm{T}} \cdot (Bx^1 - c^1) = 0 \tag{2.27}$$

此处 $B = E - A$。

需要证明,对任意最终需求 $c^2 \gg 0$,规划

$$\begin{aligned}\min \quad & l \cdot x \\ \text{s.t.} \quad & (E-A)x \geqslant c^2, \quad x \geqslant 0\end{aligned} \tag{2.28}$$

有最优解 x^2,满足条件:

$$x_j^2 > 0 \quad (j \in \sigma); \qquad x_j^2 = 0 \quad (j \notin \sigma)$$

此处集合 σ 是引理 2.2 所确定的。规划 (2.28) 的对偶规划为

$$\begin{aligned}\max \quad & c^2 \cdot y \\ \text{s.t.} \quad & (E-A)^\mathrm{T} y \leqslant l, \quad y \geqslant 0\end{aligned} \tag{2.29}$$

注意规划 (2.29) 和规划 (2.25) 的可行集合是相同的，因此，y^1 也是规划 (2.29) 的可行向量。

根据定理 1.4，由前述的式 (2.26) 可推知，对于 $c^2 \gg 0$，存在 $x_\sigma^2 \gg 0$，使得

$$(I - A_\sigma)x_\sigma^2 = c^2$$

令 $x^2 \in \mathbb{R}_+^M$，它的分量 $x_j^2 = (x_\sigma^2)_j (j \in \sigma); x_j^2 = 0 (j \notin \sigma)$，于是，

$$(E - A)x = c^2 \tag{2.30}$$

总之，x^2 和 y^1 分别是规划 (2.28) 和规划 (2.29) 的可行向量。由式 (2.27) 可知，当 $(l - B^T y^1)_j > 0$ 时，$x_j^1 = 0$，从而 $j \notin \sigma$，于是 $x_j^2 = 0$。所以

$$(l - B^T y^1) \cdot x^2 = 0, \qquad y^1 \cdot (Bx^2 - c^2) = 0$$

再依定理 2.23，便证明了 x^2 和 y^1 分别是规划 (2.28) 和规划 (2.29) 的最优解。

□

2.5 非线性规划

效用函数是数理经济学中的一个基本概念 (第 4 章)，较为常见的效用函数是以下将要介绍的凹类函数，下面研究它们的基本性质及其极值问题。

2.5.1 凹类函数

定义 2.7 设 $\mathbb{S} \subseteq \mathbb{R}^N$ 是凸集，称函数 $f : \mathbb{S} \to \mathbb{R}$ 是凹的 (concave)，如果对任何 $x_1 \in \mathbb{S}$，$x_2 \in \mathbb{S}$ 及 $0 \leqslant \alpha \leqslant 1$，总有

$$f(\alpha x_1 + (1 - \alpha)x_2) \geqslant \alpha f(x_1) + (1 - \alpha)f(x_2) \tag{2.31}$$

特别地，当 $x_1 \neq x_2$，$0 < \alpha < 1$ 时，式 (2.31) 中严格的不等式成立，则称 f 是严格凹函数 (strictly concave)。

图 2.7(a) 所示函数是凹的但不是严格凹的，图 2.7(b) 所示函数是严格凹的。下面刻画凹函数的几何形象。

命题 2.3 函数 $f : \mathbb{S} \to \mathbb{R}$ 是凹的当且仅当 f 的下方图形 $\mathbb{W} = \{(x, r) \in \mathbb{S} \times \mathbb{R} \mid f(x) \geqslant r\}$ 是 $\mathbb{R}^{N+1}$ 中的凸集。

证明 设函数 $f : \mathbb{S} \to \mathbb{R}$ 是凹的，任取 $(x^1, r^1) \in \mathbb{W}$ 与 $(x^2, r^2) \in \mathbb{W}$，联结 (x^1, r^1) 和 (x^2, r^2) 的直线段上的点 (x, r) 可表示成

$$x = \alpha x^1 + (1 - \alpha)x^2, \quad r = \alpha r^1 + (1 - \alpha)r^2$$

其中，$0 \leqslant \alpha \leqslant 1$。因为 $f(x^1) \geqslant r^1$，$f(x^2) \geqslant r^2$，且 f 是凹函数，所以

$$f(x) \geqslant \alpha f(x^1) + (1-\alpha)f(x^2) \geqslant \alpha r^1 + (1-\alpha)r^2 = r$$

这表明 $(x, r) \in \mathbb{W}$，即 $\mathbb{W} \subseteq \mathbb{R}^{N+1}$ 是凸集。

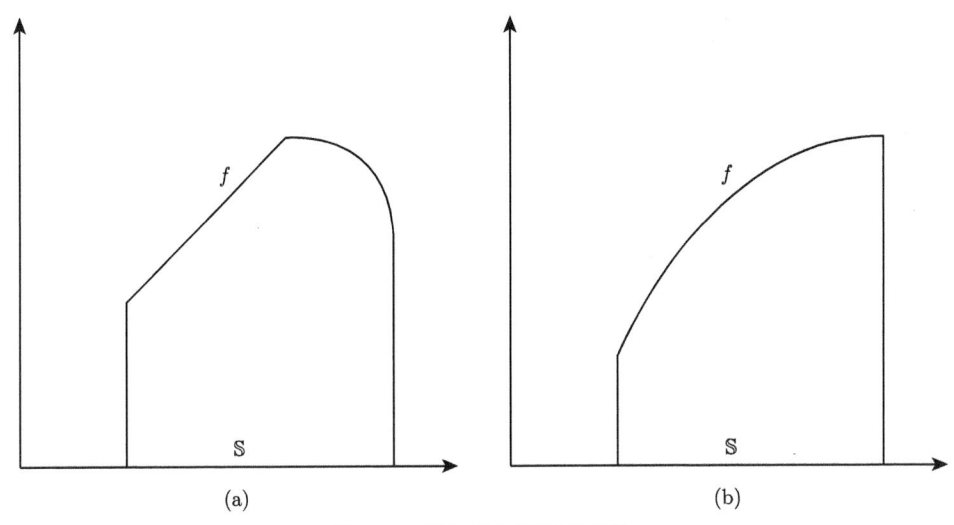

图 2.7 凹函数与严格凹函数

反之，假设函数 $f: \mathbb{S} \to \mathbb{R}$ 不是凹的，则有 $x_1 \in \mathbb{S}$ 与 $x_2 \in \mathbb{S}$，及 $0 \leqslant \alpha_0 \leqslant 1$，使得

$$f(\alpha_0 x^1 + (1-\alpha_0)x^2) < \alpha_0 f(x^1) + (1-\alpha_0)f(x^2) = r^0$$

由此推出 $(\alpha_0 x^1 + (1-\alpha_0)x^2, r^0) \notin \mathbb{W}$。因 $(x^1, f(x^1))$ 和 $(x^2, f(x^2))$ 皆属于 $\mathbb{W}$，而且它们的连线包含了点 $(\alpha_0 x^1 + (1-\alpha_0)x^2, r^0)$，这表明这个连线不完全属于 $\mathbb{W}$。因此，$\mathbb{W}$ 不是凸集。换言之，当 $\mathbb{W}$ 是凸集时，函数 f 必是凹的。 □

命题 2.4 设函数 $f: \mathbb{S} \to \mathbb{R}$ 是凹的，则对任何实数 c，集合 $\mathbb{S}_c = \{x \in \mathbb{S} \mid f(x) \geqslant c\}$ 是 $\mathbb{R}^N$ 中的凸集。

证明 任取 $x_1 \in \mathbb{S}_c$ 与 $x_2 \in \mathbb{S}_c$，则 $f(x^1) \geqslant c$ 与 $f(x^2) \geqslant c$。联结 $(x^1, f(x^1))$ 和 $(x^2, f(x^2))$ 的直线段上的点 (x, r) 可表示成

$$x = \alpha x^1 + (1-\alpha)x^2, \quad r = \alpha f(x^1) + (1-\alpha)f(x^2)$$

其中，$0 \leqslant \alpha \leqslant 1$。因为 f 是凹函数，所以

$$f(x) \geqslant \alpha f(x^1) + (1-\alpha)f(x^2) \geqslant c$$

这表明 $x \in \mathbb{S}_c$, 即 $\mathbb{S}_c$ 是 $\mathbb{R}^N$ 中的凸集。 □

定理 2.26 设函数 $f: \mathbb{S} \to \mathbb{R}$ 是连续可微的，则 f 是凹函数的充要条件是对于任何 $x \in \mathbb{S}$ 与 $x^0 \in \mathbb{S}$, 有

$$f(x) - f(x^0) \leqslant \nabla f(x^0) \cdot (x - x^0) \tag{2.32}$$

证明 先证必要性。记 $h = x - x^0$, 则当 $0 \leqslant t \leqslant 1$ 时, $tx + (1-t)x^0 = x^0 + th$, 因为 f 是凹函数，所以

$$f(x^0 + th) \geqslant tf(x^0 + h) + (1-t)f(x^0)$$

$$f(x^0 + th) - f(x^0) \geqslant t(f(x^0 + h) - f(x^0))$$

两边减去 $t\nabla f(x^0) \cdot h$, 便得

$$\frac{1}{t}(f(x^0 + th) - f(x^0) - t\nabla f(x^0) \cdot h) \geqslant f(x^0 + h) - f(x^0) - \nabla f(x^0) \cdot h$$

当 $t \to 0$ 时，左端趋于零。于是，结论得证。

再证充分性。对于 $x^1 \neq x^2$, $0 \leqslant t \leqslant 1$。令 $x^0 = tx^1 + (1-t)x^2$, $h = x^1 - x^0 = \frac{1-t}{t}(x^0 - x^2)$, 从而, $x^2 = x^0 - \frac{t}{1-t}h$。由假设条件，有

$$f(x^1) \leqslant f(x^0) + \nabla f(x^0) \cdot h$$

$$f(x^2) \leqslant f(x^0) + \nabla f(x^0) \cdot \left(\frac{-t}{1-t}h\right)$$

于是,

$$tf(x^1) + (1-t)f(x^2) \leqslant tf(x^0) + (1-t)f(x^0) = f(x^0)$$

这便证明了 f 是凹函数。 □

这个定理说明，凹函数的图形始终位于图形的各点的切线 (面) 之下方 (图 2.8)。

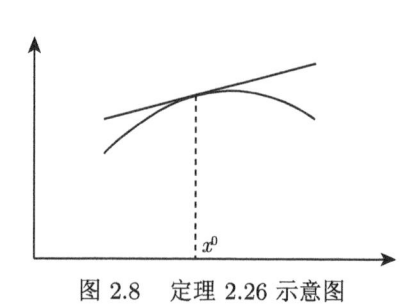

图 2.8 定理 2.26 示意图

假设函数 $f:\mathbb{S}\to\mathbb{R}$ 是二次连续可微的，它有泰勒 (Taylor) 展开式

$$f(x^0+h)-f(x^0)-\nabla f(x^0)\cdot h=\frac{1}{2}h^{\mathrm{T}}D^2f(\xi)h$$

此处 $D^2f(x)$ 是函数 f 的二阶偏导数构成的黑塞 (Hessian) 矩阵。

推论 2.10 设函数 $f:\mathbb{S}\to\mathbb{R}$ 是二次连续可微的，如果对任何 $x\in\mathbb{S}$，矩阵 $D^2f(x)$ 都是负定的，即对任意 $0\ne h\in\mathbb{R}^N$，总有 $h^{\mathrm{T}}D^2f(x)h<0$，则 f 是严格凹函数。反之，如果 f 是凹函数，则对于任何 $x\in\mathbb{S}$，矩阵 $D^2f(x)$ 是半负定的。

证明很简单，留给读者作为练习。

在数理经济学中，经常要考虑如下类型的函数。

定义 2.8 设 $\mathbb{S}\subseteq\mathbb{R}^N$ 是凸集，称函数 $f:\mathbb{S}\to\mathbb{R}$ 是拟凹的 (quasi-concave)，如果对任意实数 c，集合 $\mathbb{S}_c=\{x\in\mathbb{S}\mid f(x)\geqslant c\}$ 总是凸集。

由命题 2.4 可知，凹函数必是拟凹的，但拟凹函数未必是凹的。图 2.9(a) 是凹函数，图 2.9(b) 是拟凹函数，但却不是凹函数。

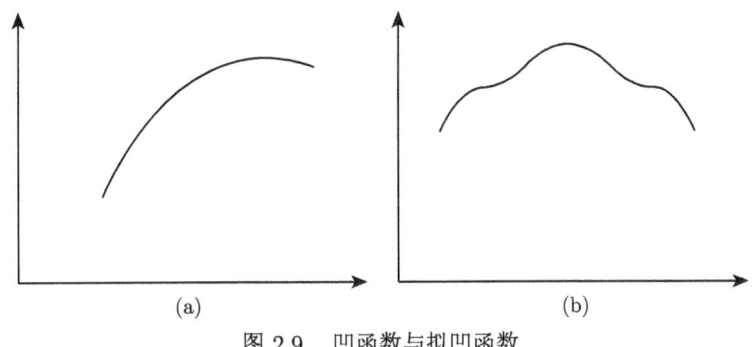

图 2.9 凹函数与拟凹函数

命题 2.5 函数 $f:\mathbb{S}\to\mathbb{R}$ 是拟凹的充要条件是对任何 $x_1\in\mathbb{S}$，$x_2\in\mathbb{S}$ 及 $0\leqslant\alpha\leqslant 1$，总有

$$f(\alpha x_1+(1-\alpha)x_2)\geqslant\min\{f(x_1),f(x_2)\} \tag{2.33}$$

证明 假设 $f:\mathbb{S}\to\mathbb{R}$ 是拟凹函数，则 $\mathbb{S}_c=\{x\in\mathbb{S}\mid f(x)\geqslant c\}$ 是凸集，令 $c=\min\{f(x_1),f(x_2)\}$，则 $x_1\in\mathbb{S}_c$ 与 $x_2\in\mathbb{S}_c$，于是对任何 $0\leqslant\alpha\leqslant 1$，有 $\alpha x_1+(1-\alpha)x_2\in\mathbb{S}_c$，换言之

$$f(\alpha x_1+(1-\alpha)x_2)\geqslant c=\min\{f(x_1),f(x_2)\}$$

反之，如果式 (2.33) 成立，对任给的实数 c，往证集合 $\mathbb{S}_c$ 是凸的，设 $x_1\in\mathbb{S}_c$ 与 $x_2\in\mathbb{S}_c$，即 $f(x_1)\geqslant c$ 与 $f(x_2)\geqslant c$，对任何 $0\leqslant\alpha\leqslant 1$，则有

$$f(\alpha x_1+(1-\alpha)x_2)\geqslant\min\{f(x_1),f(x_2)\}\geqslant c$$

这表明 $\alpha x_1 + (1-\alpha)x_2 \in \mathbb{S}_c$，可见 $\mathbb{S}_c$ 是凸集。 □

定理 2.27 设函数 $f : \mathbb{S} \to \mathbb{R}$ 是连续可微的，则 f 是拟凹函数的充要条件是对于任何 $x_1 \in \mathbb{S}$, $x_2 \in \mathbb{S}$, $f(x^2) \geqslant f(x^1)$，总有

$$\nabla f(x^1) \cdot (x^2 - x^1) \geqslant 0$$

证明 必要性的证明类似于定理 2.26，至于充分性，可用反证法，如图 2.10 所示，若 f 不是拟凹函数，即存在 $0 \leqslant \alpha_0 \leqslant 1$，$\bar{x} = \alpha_0 x^2 + (1-\alpha_0)x^1$，使得 $f(\bar{x}) < f(x^1)$。由函数 f 的连续性可知，存在 $0 < \delta < 1$，使得当 $0 \leqslant \lambda \leqslant \delta$ 时，有

$$f(\bar{x} + \lambda(x^1 - \bar{x})) < f(x^1)$$

由微分中值定理，存在 $\hat{x} = \mu\bar{x} + (1-\mu)x_\delta$，此处 $0 \leqslant \mu \leqslant 1$, $x_\delta = \bar{x} + \delta(x^1 - \bar{x})$，使得

$$0 < f(x^1) - f(\bar{x} + \lambda(x^1 - \bar{x})) = \nabla f(\hat{x}) \cdot (1-\lambda)(x^1 - \bar{x})$$

从而

$$0 < \nabla f(\hat{x}) \cdot (x^1 - \bar{x}) = -\alpha_0 \nabla f(\hat{x}) \cdot (x^2 - x^1) \tag{2.34}$$

另外，$f(\hat{x}) < f(x^1) \leqslant f(x^2)$，由假设条件，

$$0 \leqslant \nabla f(\hat{x}) \cdot (x^2 - \hat{x}) = (1-\beta)\nabla f(\hat{x}) \cdot (x^2 - x^1) \tag{2.35}$$

此处 $0 \leqslant \beta < 1$，式 (2.35) 与式 (2.34) 相矛盾。 □

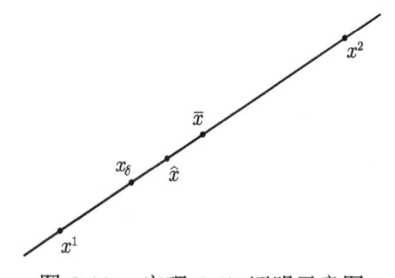

图 2.10 定理 2.27 证明示意图

定义 2.9 设 $\mathbb{S} \subseteq \mathbb{R}^N$ 是凸集，称函数 $f : \mathbb{S} \to \mathbb{R}$ 是严格拟凹的 (strictly quasi-concave)，如果对任何 $x^1 \in \mathbb{S}$, $x^2 \in \mathbb{S}$, $x^1 \neq x^2$, 及 $0 < \alpha < 1$，总有

$$f(\alpha x^1 + (1-\alpha)x^2) > \min\{f(x^1), f(x^2)\}$$

2.5 非线性规划

显然，严格凹函数是严格拟凹的，反之未必。严格拟凹的函数 $f(x)$ 的等值面

$$\mathbb{E}_r = \{x \in \mathbb{S} \mid f(x) = r\}$$

有着明显的几何特征 (图 2.11)，在 $\mathbb{E}_r$ 上任取两点 $x^1 \in \mathbb{E}_r$，$x^2 \in \mathbb{E}_r$，则开线段 (x^1, x^2) 位于等值面 $\mathbb{E}_r$ 的右上方，可以用等值面的这一特征来刻画严格拟凹函数。

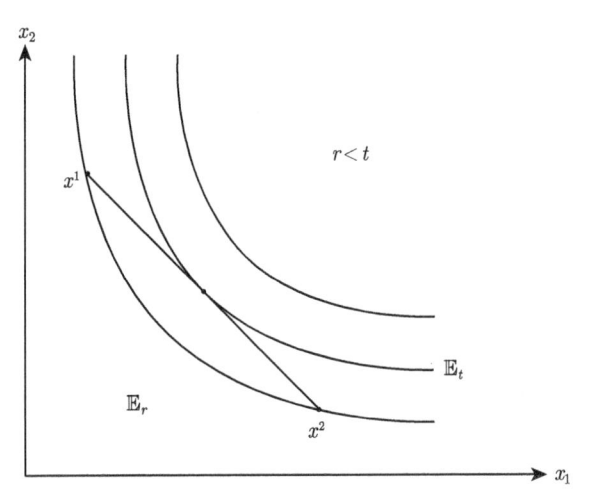

图 2.11 严格拟凹函数的等值面

定理 2.28 设 $\mathbb{S} \subseteq \mathbb{R}^N$ 是凸集，连续函数 $f: \mathbb{S} \to \mathbb{R}$ 是严格拟凹的，当且仅当对 f 的任意等值面 $\mathbb{E}_r$，$x^1 \in \mathbb{E}_r$，$x^2 \in \mathbb{E}_r$，$f(x^1) < f(x^2)$，则有 $f(z) > f(x^1)$，此处 $z \in (x^1, x^2)$。

证明 只须证明当所述条件满足时，函数 f 必为严格拟凹的。若结论不真，即对某 $x_1 \in \mathbb{S}$，$x_2 \in \mathbb{S}$，$f(x_1) < f(x_2)$。在线段 (x_1, x_2) 上有点 z，使得

$$f(z) \leqslant f(x_1) < f(x_2)$$

由函数 f 的连续性可知，存在 $w \in [z, x_2)$，使得 $f(w) = f(x_1)$，即 w 和 x_1 同在一个等值面上，显然 $w \neq x_1$。注意，z 在线段 (x_1, w) 上 (图 2.12)，依假设条件，有

$$f(x_1) = f(w) < f(z)$$

这是一个矛盾。 □

关于严格拟凹函数的极值，有如下结果。

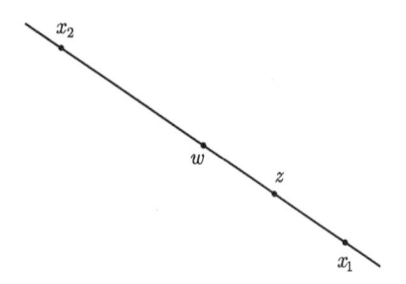

图 2.12 定理 2.28 证明示意图

定理 2.29 设函数 $f:\mathbb{S}\to\mathbb{R}$ 是严格拟凹的连续函数，如果函数 f 在 $x^0\in\mathbb{S}$ 处达到局部极大值，则函数 f 在 $x^0\in\mathbb{S}$ 处达到唯一的全局最大值。

证明 否则存在 $x^1\neq x^0$，$x^1\in\mathbb{S}$，使得 $f(x^0)\leqslant f(x^1)$，由于函数 f 是严格拟凹的，对任何 $0<\alpha<1$，有

$$f(x^0)<f(\alpha x^1+(1-\alpha)x^0)$$

这与函数 f 在 x^0 处达到局部极大值相矛盾。 □

定理 2.30 设函数 $f:\mathbb{S}\to\mathbb{R}$ 是连续可微的，如果对任何 $x_1\in\mathbb{S}$，$x_2\in\mathbb{S}$，$x^1\neq x^2$，$f(x^1)\leqslant f(x^2)$，总有

$$\nabla f(x^1)\cdot(x^2-x^1)>0$$

则 f 必是严格拟凹的函数。

证明 若 f 不是严格拟凹的函数，即存在 $0<\alpha_0<1$，$\bar{x}=\alpha_0 x^2+(1-\alpha_0)x^1$，使得 $f(\bar{x})\leqslant f(x^1)$。由函数 f 的连续性可知，存在 $0<\delta<1$，使得当 $0\leqslant\lambda\leqslant\delta$ 时，有

$$f(\bar{x}+\lambda(x^1-\bar{x}))\leqslant f(x^1)$$

由微分中值定理，存在 $\hat{x}=\mu\bar{x}+(1-\mu)x_\delta$，此处 $0<\mu<1$，$x_\delta=\bar{x}+\delta(x^1-\bar{x})$，使得

$$0\leqslant f(x^1)-f(\bar{x}+\lambda(x^1-\bar{x}))=\nabla f(\hat{x})\cdot(1-\lambda)(x^1-\bar{x})$$

从而

$$0\leqslant \nabla f(\hat{x})\cdot(x^1-\bar{x})=-\alpha_0\nabla f(\hat{x})\cdot(x^2-x^1)$$

另外，$f(\hat{x})<f(x^1)\leqslant f(x^2)$，由假设条件，

$$0\leqslant \nabla f(\hat{x})\cdot(x^2-\hat{x})=(1-\beta)\nabla f(\hat{x})\cdot(x^2-x^1)$$

此处 $\beta=\alpha_0(1-\delta+\mu\delta)$，$0<\beta<1$，两式相矛盾。 □

定理 2.31 设函数 $f: \mathbb{S} \to \mathbb{R}$ 是二次连续可微的，如果函数 f 满足条件：
$$h^{\mathrm{T}} D^2 f(x) h < 0, \qquad 0 \neq h \in \mathbb{R}^N, \quad \nabla f(x) \cdot h = 0$$
则 f 是严格拟凹的。

证明 验证定理 2.30 的条件成立。用反证法，若存在 $x_1 \in \mathbb{S}, x_2 \in \mathbb{S}, x^1 \neq x^2$, $f(x^1) \leqslant f(x^2)$，使得 $\nabla f(x^1) \cdot (x^2 - x^1) \leqslant 0$，将导致矛盾。考虑函数
$$g(\alpha) = f(x^1 + \alpha(x^2 - x^1)) = f(x^1 + \alpha h)$$
其中，$h = x^2 - x^1$, $\alpha \in [0,1]$。计算导数
$$g'(\alpha) = \nabla f(x^1 + \alpha h) \cdot h$$
$$g''(\alpha) = h^{\mathrm{T}} D^2 f(x^1 + \alpha h) h$$

从而，$g'(0) = \nabla f(x^1) \cdot h \leqslant 0$。若 $g'(0) = 0$，由定理的假设可知，$g''(0) = h^{\mathrm{T}} D^2 f(x^1) h < 0$，于是，函数 $g(\alpha)$ 在 $\alpha = 0$ 处达到极大。若 $g'(0) < 0$，则 $g(\alpha)$ 在 $\alpha = 0$ 处不可能是极小。总之，存在 $\alpha_1 \neq 0$，使得 $f(x^1 + \alpha_1 h) = g(\alpha_1) < g(0) = f(x^1) \leqslant f(x^2)$。因此，函数 $g(\alpha)$ 在 $(0,1)$ 内部某点 α_0 处达到最小值，有 $0 = g'(\alpha_0) = \nabla f(x^1 + \alpha_0 h) \cdot h$。但是，由定理的假设，$g''(\alpha_0) = h^{\mathrm{T}} D^2 f(x^1 + \alpha_0 h) h < 0$，由此推出函数 $g(\alpha)$ 在 α_0 处达到极大。这是一个矛盾。 □

在应用问题中，还会遇到如下类型的函数。

定义 2.10 设 $\mathbb{S} \subseteq \mathbb{R}^N$ 是凸集，称函数 $f: \mathbb{S} \to \mathbb{R}$ 是凹的 (严格凹的、拟凹的、严格拟凹的)，如果函数 $-f$ 是凹的 (严格凹的、拟凹的、严格拟凹的)。

关于这类函数的性质可由前述推理作相应的变动而得到，不再赘述。

2.5.2 约束极值问题

与线性规划相对照，非线性规划对目标函数和约束条件都不作线性的限制。

考虑非线性规划
$$\begin{aligned} \max \quad & f(x) \\ \text{s.t.} \quad & g_m(x) \geqslant 0, \quad m = 1, 2, \cdots, M \end{aligned} \tag{2.36}$$

其中，$x \in \mathbb{R}^N$, $f: \mathbb{R}^N \to \mathbb{R}$ 与 $g_m: \mathbb{R}^N \to \mathbb{R}$ 都是连续可微的函数。引进可行集合
$$\mathbb{T} = \{x \in \mathbb{R}^N \mid g_m(x) \geqslant 0, m = 1, 2, \cdots, M\}$$

设 $x \in \mathbb{T}$，如果对 $0 \neq d \in \mathbb{R}^N$，存在 $\delta > 0$，使得当 $0 < \lambda < \delta$ 时，$x + \lambda d \in \mathbb{T}$，则称 d 是点 x 的可行方向 (feasible direction)，于是，点 x 是规划 (2.36) 的局部最

优解 (local optimal solution),当且仅当存在 $\delta > 0$,使得对任何可行方向 d,当 $0 < \lambda < \delta$ 时,有 $f(x + \lambda d) \leqslant f(x)$。

回忆微积分学,著名的拉格朗日 (Lagrange) 乘数法给出条件极值的必要条件,所不同的是,这里的规划 (2.36) 的约束条件是不等式。可以猜想得到,对于规划 (2.36) 将有类似于拉格朗日定理的必要条件。

假设 $\bar{x} \in \mathbb{T}$ 是规划 (2.36) 的局部最优解,集合 $\mathbb{M}_0 = \{m \mid g_m(\bar{x}) = 0\}$。下面证明两个引理。

引理 2.3 如果 $d \in \mathbb{R}^N$,使得 $\nabla g_m(\bar{x}) \cdot d > 0$,$m \in \mathbb{M}_0$,则 d 为点 $\bar{x}$ 的可行方向。

证明 因为对 $m \in \mathbb{M}_0$,$g_m(\bar{x}) = 0$,故当 $\lambda > 0$ 充分小时,由梯度的定义,有
$$g_m(\bar{x} + \lambda d) = \lambda \nabla g_m(\bar{x}) \cdot d + R_m > 0$$
若 $m \notin \mathbb{M}_0$,则 $g_m(\bar{x}) > 0$,由连续性可知,当 $\lambda > 0$ 充分小时,有 $g_m(\bar{x} + \lambda d) > 0$,由于约束条件的个数是有限的,所以,存在 $\delta > 0$,使得当 $0 < \lambda < \delta$ 时,
$$g_m(\bar{x} + \lambda d) > 0, \quad m = 1, 2, \cdots, M$$
□

引理 2.4 如果 $d \in \mathbb{R}^N$ 是交点 $\bar{x}$ 的可行方向,则 $\nabla f(\bar{x}) \cdot d \leqslant 0$。

证明 否则,$\nabla f(\bar{x}) \cdot d > 0$。则当 $\lambda > 0$ 充分小时,有
$$f(\bar{x} + \lambda d) - f(\bar{x}) = \lambda \nabla f(\bar{x}) \cdot d + R' > 0$$
从而,$f(\bar{x} + \lambda d) > f(\bar{x})$,这与 $\bar{x}$ 是式 (2.36) 的局部最优解相矛盾。□

定理 2.32 [弗里茨·约翰 (Fritz John) 条件] 设 $\bar{x}$ 是规划 (2.36) 的局部最优解,则存在向量 $\mu = (\mu_0, \mu_1, \cdots, \mu_M)$,$\mu \geqslant 0$,$\mu \neq 0$,使得

$$\begin{cases} \mu_0 \nabla f(\bar{x}) + \sum_{m=1}^{M} \mu_m \nabla g_m(\bar{x}) = 0 \\ \mu_m g_m(\bar{x}) = 0, \quad m = 1, 2, \cdots, M \end{cases} \quad (2.37)$$

证明 如果集合 $\mathbb{M}_0 = \{m \mid g_m(\bar{x}) = 0\} = \varnothing$,即对 $m = 1, 2, \cdots, M$,都有 $g_m(\bar{x}) > 0$,因此,存在 $\delta > 0$,当 $\|x - \bar{x}\| < \delta$ 时,有 $f(x) \leqslant f(\bar{x})$。根据 (无条件) 极值的必要条件,可知 $\nabla f(\bar{x}) = 0$。此时,只须取 $\mu_0 = 1, \mu_1 = \mu_2 = \cdots = \mu_M = 0$,便有式 (2.37) 成立。

如果 $\mathbb{M}_0 \neq \varnothing$,即存在 $m = 1, 2, \cdots, M$,使 $g_m(\bar{x}) = 0$ 成立。考虑不等式系统

$$\nabla f(\bar{x}) \cdot d > 0, \qquad \nabla g_m(\bar{x}) \cdot d > 0, \quad m \in \mathbb{M}_0 \quad (2.38)$$

2.5 非线性规划

由引理 2.3($\nabla g_m(\bar{x})\cdot d > 0$) 和引理 2.4($\nabla f(\bar{x})\cdot d \leqslant 0$) 推出式 (2.38) 无解。应用定理 2.32 便存在不全为零的非负数 μ_0, μ_m ($m\in\mathbb{M}_0$), 使得

$$\mu_0\nabla f(\bar{x}) + \sum_{m\in\mathbb{M}_0}\mu_m\nabla g_m(\bar{x}) = 0$$

对 $m\notin\mathbb{M}_0$, 令 $\mu_m=0$, 则得

$$\mu_0\nabla f(\bar{x}) + \sum_{m=1}^{M}\mu_m\nabla g_m(\bar{x}) = 0$$

注意, $m\in\mathbb{M}_0$, 有 $g_m(\bar{x})=0$, 故总有 $\mu_m g_m(\bar{x})=0$, $1\leqslant m\leqslant M$。这便证明了结论 (2.37)。 □

为了保证定理 2.32 中的 $\mu_0 > 0$, 下面的定理更简明适用。

定理 2.33 [库恩-塔克 (Kuhn-Tucker) 条件] 设 $\bar{x}$ 是规划 (2.36) 的局部最优解，且 $\{\nabla g_m(\bar{x}), m\in\mathbb{M}_0\}$ 是线性无关的，则存在向量 $\mu=(\mu_1,\mu_2,\cdots,\mu_M)\geqslant 0$, 使得

$$\begin{cases}\nabla f(\bar{x}) + \sum\limits_{m=1}^{M}\mu_m\nabla g_m(\bar{x}) = 0 \\ \mu_m g_m(\bar{x}) = 0, \quad m=1,2,\cdots,M \\ \mu_m \geqslant 0, \quad m=1,2,\cdots,M\end{cases} \tag{2.39}$$

证明 根据定理 2.32，令 $\mu_0=1$, 当 $\mathbb{M}_0=\{m\mid g_m(\bar{x})=0\}=\varnothing$ 时，结论成立。即存在 $m=1,2,\cdots,M$, 使 $g_m(\bar{x})=0$ 成立。考虑不等式系统

$$\nabla f(\bar{x})\cdot d > 0, \quad \nabla g_m(\bar{x})\cdot d > 0, \quad m\in\mathbb{M}_0$$

由引理 2.3($\nabla g_m(\bar{x})\cdot d > 0$) 和引理 2.4($\nabla f(\bar{x})\cdot d \leqslant 0$) 推出上式无解。应用定理 2.32 便存在不全为零的非负数 μ_0, μ_m ($m\in\mathbb{M}_0$), 使得

$$\mu_0\nabla f(\bar{x}) + \sum_{m\in\mathbb{M}_0}\mu_m\nabla g_m(\bar{x}) = 0$$

由于 $\{\nabla g_m(\bar{x}), m\in\mathbb{M}_0\}$ 是线性无关的，则 $\mu_0\neq 0$。因此，有 $\nabla f(\bar{x})+\sum\limits_{m\in\mathbb{M}_0}\dfrac{\mu_m}{\mu_0}\nabla g_m(\bar{x}) = 0$。

对 $m\notin\mathbb{M}_0$, 令 $\mu_m=0$, 则得

$$\nabla f(\bar{x}) + \sum_{m=1}^{M}\mu_m\nabla g_m(\bar{x}) = 0$$

注意，$m \in \mathbb{M}_0$，有 $g_m(\bar{x}) = 0$，故总有 $\mu_m g_m(\bar{x}) = 0$，$m = 1, 2, \cdots, M$。这便证明了结论 (2.37)。□

定理 2.33 给出了局部最优解的必要条件，并称式 (2.39) 为库恩-塔克条件。实际上，在许多情况下，它还是全局最优的充分条件。

定理 2.34 假设 f 和 g_m ($m = 1, 2, \cdots, M$) 都是连续可微的凹函数，如果点 $\bar{x} \in \mathbb{T}$ 满足库恩-塔克条件 (2.39)，则 $\bar{x}$ 是规划 (2.36) 的全局最优解。

证明 对于任何 $x \in \mathbb{T}$，即 $g_m(x) \geqslant 0$，$m = 1, 2, \cdots, M$，设 $m \in \mathbb{M}_0 = \{m \mid g_m(\bar{x}) = 0\}$，则 $g_m(x) \geqslant g_m(\bar{x})$。由定理 2.26

$$0 \leqslant g_m(x) - g_m(\bar{x}) \leqslant \nabla g_m(\bar{x}) \cdot (x - \bar{x})$$

另外，由库恩-塔克条件，有

$$\nabla f(\bar{x}) \cdot (x - \bar{x}) + \sum_{m=1}^{M} \mu_m \nabla g_m(\bar{x}) \cdot (x - \bar{x}) = 0$$

$$\nabla f(\bar{x}) \cdot (x - \bar{x}) + \sum_{m \in \mathbb{M}_0} \mu_m \nabla g_m(\bar{x}) \cdot (x - \bar{x}) = 0$$

从而，$\nabla f(\bar{x}) \cdot (x - \bar{x}) \leqslant 0$。再一次应用定理 2.26，

$$f(x) \leqslant f(\bar{x}) + \nabla f(\bar{x}) \cdot (x - \bar{x}) \leqslant f(\bar{x})$$

这就证明了 $\bar{x}$ 是规划 (2.36) 的全局最优解。□

习 题

1. 用参量 (A, b, c) 来表示典型线性规划

$$\max c \cdot x$$

$$\text{s.t. } Ax = b, \quad x \geqslant 0$$

用 w 表示该线性规划的最优值，试证
   (1.1) 如果 $c^k \to c$，则 (A, b, c^k) 的最大值 $w^k \to w$，此处 w 是 (A, b, c) 的最优值。
   (1.2) 如果 $b^k \to b$，则 (A, b^k, c) 的最优值 $w^k \to w$。
2. 证明定理 2.6。提示：利用定理 2.5 并考虑函数 $f : A \times \cdots \times A \times \Delta \to R^N$ 的象集，此处 $\Delta \subseteq R^N$ 是标准单纯形，$f(x^1, x^2, \cdots, x^{N+1}, \alpha) = \sum_{n=1}^{N+1} \alpha_n x^n$。
3. 证明定理 2.7。
4. 设函数 $f : \mathbb{S} \to \mathbb{R}$ 是连续可微的，则 f 是严格凹函数的充要条件是对任何 $x^1 \in \mathbb{S}$，$x^2 \in \mathbb{S}$，$x^1 \neq x^2$，有

$$f(x^1) - f(x^2) < \nabla f(x^2) \cdot (x^1 - x^2)$$

5. 设函数 $f: \mathbb{S} \to \mathbb{R}$ 是二次连续可微的，如果 f 是严格拟凹函数，则
$$h^{\mathrm{T}} D^2 f(x) h \leqslant 0, \qquad h \in \mathbb{R}^N, \quad \nabla f(x) \cdot h = 0$$

6. 考察柯布-道格拉斯 (Cobb-Douglas, C-D) 函数
$$f(x) = x_1^{\alpha_1} x_2^{\alpha_2} x_3^{\alpha_3}, \qquad x \in \mathbb{R}_{++}^3$$

其中，$\alpha_1, \alpha_2, \alpha_3$ 皆为正数，令 $\alpha = \alpha_1 + \alpha_2 + \alpha_3$，试证
(6.1) 当 $\alpha \leqslant 1$ 时，f 是凹函数。
(6.2) 当 $\alpha < 1$ 时，f 是严格凹函数。

7. 求解问题
$$\max \ x_1 + x_2 + x_3$$
$$\text{s.t.} \ x_1^2 + x_2^2 + x_3^2 \leqslant 1$$
$$x_1 - x_2 - x_3 \leqslant 1$$
$$-x_1 \leqslant 0$$

8. 利用库恩-塔克条件求解线性规划：
$$\max \ 2x_1 + 3x_2$$
$$\text{s.t.} \ x_1 + x_2 \leqslant 8$$
$$-x_1 + 2x_2 \leqslant 4$$
$$x_1 \geqslant 0, x_2 \geqslant 0$$

9. 设 Q 是 $N \times N$ 半负定对称矩阵，试证二次规划
$$\max \ c^{\mathrm{T}} x + \frac{1}{2} x^{\mathrm{T}} Q x$$
$$\text{s.t.} \ Ax \leqslant b$$
$$x \geqslant 0$$

的库恩-塔克条件可归结为求解方程
$$w - Mz = q, \qquad w^{\mathrm{T}} z = 0, \qquad w \geqslant 0, \qquad z \geqslant 0$$

其中
$$M = \begin{pmatrix} 0 & -A \\ A^{\mathrm{T}} & Q \end{pmatrix}, \qquad q = \begin{pmatrix} b \\ c \end{pmatrix}, \qquad w = \begin{pmatrix} y \\ \lambda \end{pmatrix}, \qquad z = \begin{pmatrix} \mu \\ x \end{pmatrix}$$

且 (μ, λ) 为拉格朗日乘子。

第 3 章 经济协调增长理论

现代数理经济学的先驱者冯·诺伊曼[①]于 1937 年发表了"经济协调增长理论"的论文，首次运用活动分析方法来刻画生产过程，提出了竞争经济的数学模型，并且首次给出了证明集值映射不动点定理的构想 (这个定理的详述将在第 4 章给出)。这些开创性工作为一般均衡理论和经济增长理论的研究奠定了基础。

3.1 静态线性生产模型

3.1.1 模型的描述

假设有 N 种商品，这里所说的商品包括实物和劳务等。一个经济系统 (个人、厂家、企业群体、国家乃至世界) 在某个时间内的生产活动 (也称为生产过程)，可以视为一个变换，即把确定的 N 维商品向量 x 变成 N 维商品向量 y，称 x 为投入，y 为产出，当投入向量 x 取遍某个集合 (如 $\mathbb{R}_+^N$)，如此的向量对 (x, y) 便构成 $\mathbb{R}^N \times \mathbb{R}^N$ 中的一个集合 $\mathbb{T}$，称为该经济系统的生产集合 (production set)，它刻画了该经济系统可能采纳的生产活动的全体。

抽象地来谈生产活动的刻画是简单的，但要具体给出解析表达式却是极其困难的。因此，下面将注意力集中于一类具有线性特征的生产集合。

假设生产集合 $\mathbb{T} \subseteq \mathbb{R}^N \times \mathbb{R}^N$ 满足如下条件：

(A1) 任给 $u \in \mathbb{T}$, $u' \in \mathbb{T}$, 有 $u + u' \in \mathbb{T}$;

(A2) 任给 $u \in \mathbb{T}$, $\alpha \in \mathbb{R}_+$, 有 $\alpha u \in \mathbb{T}$;

(A3) 存在有限个 $u^m \in \mathbb{T}$, $m = 1, 2, \cdots, M$, 使得

$$\mathbb{T} = \left\{ \sum_{m=1}^{M} \alpha_m u^m \mid \alpha_m \in \mathbb{R}_+, m = 1, 2, \cdots, M \right\}$$

(集合 $\mathbb{T}$ 等于由这些 u^m 所生成的凸多面锥)。

假设 (A1) 表明，如果生产活动 $(x, y) \in \mathbb{T}$, $(x', y') \in \mathbb{T}$, 则以 $x + x'$ 为投入，其产出为 $y + y'$。而假设 (A2) 说明，若投入增长 α 倍，则产出也增长 α 倍，即规模效益不变 (constant return to scale)。

[①] 冯·诺伊曼 J (1903–1957)，美籍匈牙利数学家，任普林斯顿大学教授。在数学、量子物理学和经济学三个领域都有开创性的贡献，是第一代电子计算机的创始人。

3.1 静态线性生产模型

需要着重说明的是假设 (A3): 存在 $u^m = (x^m, y^m)$, $m = 1, 2, \cdots, M$, 对任给的 $u = (x, y) \in \mathbb{T}$, 可找到非负实数 α_m, $m = 1, 2, \cdots, M$, 使得

$$(x, y) = \sum_{m=1}^{M} \alpha_m (x^m, y^m) \tag{3.1}$$

而且对任何 $\alpha \in \mathbb{R}_+^M$, 如式 (3.1) 所示的向量对 $(x, y) \in \mathbb{T}$。这里的向量对 (x^m, y^m) 称为生产集合 $\mathbb{T}$ 的第 m 个基本生产活动, 称 α_m 为第 m 个基本生产活动的强度 (或者水平), 并且称 $\alpha = \begin{pmatrix} \alpha_1 \\ \alpha_2 \\ \vdots \\ \alpha_M \end{pmatrix}$ 为生产集合 $\mathbb{T}$ 的一个强度向量 (或者水平向量)。

定义 3.1 满足上述假设 (A1)~(A3) 的生产集合 $\mathbb{T}$ 称为冯·诺伊曼生产模型或者线性生产模型。

对于冯·诺伊曼生产模型 (以下简称 N 模型), 找出它的基本生产活动 (a^m, b^m), $m = 1, 2, \cdots, M$, 以 a^m 为列向量构成矩阵 A, 称 A 为投入矩阵; 以 b^m 为列向量构成矩阵 B, 称 B 为产出矩阵, 在强度向量 $z = \begin{pmatrix} z_1 \\ z_2 \\ \vdots \\ z_M \end{pmatrix}$ 之下, 投入向量为

$$x = \sum_{m=1}^{M} z_m \begin{pmatrix} a_{1m} \\ a_{2m} \\ \vdots \\ a_{Nm} \end{pmatrix} = Az$$

产出向量为

$$y = \sum_{m=1}^{M} z_m \begin{pmatrix} b_{1m} \\ b_{2m} \\ \vdots \\ b_{Nm} \end{pmatrix} = Bz$$

因此, 生产集合

$$\mathbb{T} = \{(x, y) \in \mathbb{R}^N \times \mathbb{R}^N \mid x = Az, y = Bz, z \geqslant 0\} \tag{3.2}$$

以下将此类 N 模型记作 (A, B)。

特别地，若 $M = N$，且 $B = I$(N 阶单位矩阵)，则第 m 个基本生产活动的 $b^m = e^m$(第 m 个单位坐标向量)。可见，第 m 个基本生产活动仅生产第 m 种产品，而且，第 m 种产品也仅由第 m 个基本生产活动生产，这正是里昂惕夫生产模型，其中产出向量就是强度向量。因此，里昂惕夫模型是一类特殊的冯·诺伊曼模型。

将要研究的冯·诺伊曼模型是一个封闭的，这意味着，没有产品流进或者流出该系统，也就是说，该系统投入的产品必须是其自身能够生产的产品，并且该系统的产出全部供给该系统作为以后生产的投入。本节总假设矩阵 A 和 B 满足条件：

(1) $A \geqslant 0$，$B \geqslant 0$；
(2) 任给 m，至少有某个 n，使得 $a_{nm} > 0$；
(3) 任给 n，至少有某个 m，使得 $b_{nm} > 0$。

假设条件 (2) 表示，每个基本活动至少需要投入一种产品，假设条件 (3) 表示，每件产品至少被某个基本活动生产出来。

3.1.2 增长率概念

现在来研究生产活动的增长率。指定一个强度向量 $z = \begin{pmatrix} z_1 \\ z_2 \\ \vdots \\ z_M \end{pmatrix}$，就确定了一个生产活动 $(x, y) = (Az, Bz)$，其中第 n 种产品的投入量和产出量分别为

$$x_n = A^n z, \quad y_n = B^n z$$

此处 A^n 及 B^n 分别为矩阵 A 与 B 的第 n 行向量。产出对投入的增长比例为

$$\alpha_n(z) = \frac{y_n}{x_n} = \frac{B^n z}{A^n z}$$

令 $\alpha(z) = \min_{1 \leqslant n \leqslant N} \alpha_n(z)$，则有

$$\alpha(z) Az \leqslant Bz \tag{3.3}$$

这表明，在生产活动 (Az, Bz) 中，每种产品至少增长 $\alpha(z)$ 倍。再令

$$\bar{\alpha} = \max_{z \geqslant 0} \alpha(z) \tag{3.4}$$

3.1 静态线性生产模型

如果存在 $\bar{z} \geqslant 0$, 使得 $\alpha(\bar{z}) = \bar{\alpha}$。这就意味着, 在强度向量 $\bar{z}$ 之下, 生产活动中各种产品至少增长 $\bar{\alpha}$ 倍, 因此产量能按此比例协调最优地增长。注意, 对任何正数 $\lambda > 0$, $\alpha(z) = \alpha(\lambda z)$, 所以式 (3.4) 中 z 的变化范围可限制在集合 $\mathbb{S} = \left\{ z \in \mathbb{R}_+^M \mid \sum_{m=1}^{M} z_m = 1 \right\}$ 上。

如果留意便会发现, 以上陈述尚有些不确定之处。例如, 可能会出现分母 $A^n z = 0$ 的情形。但在上述讨论的启发下, 自然可以引进如下定义。

定义 3.2 对于模型 (A, B), 极值问题

$$\begin{aligned} \max \quad & \alpha \\ \text{s.t.} \quad & \alpha A z \leqslant B z, \qquad z \in \mathbb{S} \end{aligned} \tag{3.5}$$

的最优值 $\bar{\alpha}$ 称为模型 (A, B) 的技术增长率, 相应的最优解 $\bar{z} \in \mathbb{S}$, 称为模型 (A, B) 的最优强度向量。

下面来证明问题 (3.5) 的存在性。

定理 3.1 问题 (3.5) 存在最优解, 且最优值 $0 < \bar{\alpha} < +\infty$。

证明 取 $z = \begin{pmatrix} \frac{1}{M} \\ \frac{1}{M} \\ \vdots \\ \frac{1}{M} \end{pmatrix} \in \mathbb{R}_+^M$, 则 $z \in \mathbb{S}$, 由假设知, 矩阵 B 的每行的元素是非负的且不全为零, 所以 $Bz \gg 0$。从而存在充分小的实数 $\alpha > 0$, 使得 $\alpha A z \leqslant B z$ 成立。可见, 如果问题 (3.5) 存在最优值 $\bar{\alpha}$, 则 $\bar{\alpha} > 0$。

今取 $v = \begin{pmatrix} \frac{1}{N} \\ \frac{1}{N} \\ \vdots \\ \frac{1}{N} \end{pmatrix} \in \mathbb{R}_+^N$, 由假设知, 矩阵 A 的每列的元素是非负的且不全为零, 所以 $A^{\mathrm{T}} v \gg 0$。从而, 对于充分大的 $\alpha > 0$, 总有 $\alpha A^{\mathrm{T}} v \gg B^{\mathrm{T}} v$, 即 $(\alpha A - B)^{\mathrm{T}} v \gg 0$ 或者 $v^{\mathrm{T}}(\alpha A - B) \gg 0$。于是, 对任何 $z \in \mathbb{S}$, 总有

$$v^{\mathrm{T}}(\alpha A - B) z > 0$$

这就导致不等式 $\alpha Az - Bz \leqslant 0$ 在集合 $\mathbb{S}$ 上没有解，可见满足问题 (3.5) 约束条件的 α 是上方有界的，故有上确界 $\bar{\alpha}$，而且 $\bar{\alpha} > 0$。

依上确界定义，存在数列 $\alpha_k \to \bar{\alpha}$，及向量列 $\{z^k\} \subseteq \mathbb{S}$，使得

$$\alpha_k A z^k \leqslant B z^k, \qquad k = 1, 2, \cdots$$

由于集合 $\mathbb{S}$ 是紧的，故不妨设 $z^k \to \bar{z} \in \mathbb{S}$。于是，

$$\bar{\alpha} A \bar{z} \leqslant B \bar{z} \tag{3.6}$$

□

定理 3.2 对于模型 (A, B) 存在 $\bar{p} > 0$，使得

$$\bar{p}^{\mathrm{T}} B \leqslant \bar{\alpha} \bar{p}^{\mathrm{T}} A \tag{3.7}$$

此处 $\bar{\alpha}$ 是问题 (3.5) 的最优值。

证明 考虑矩阵 $C = B - \bar{\alpha} A$，则不等式 $Cz \gg 0$ 没有非负解，否则，存在 $z' \geqslant 0$，使得 $Bz' - \bar{\alpha} Az' \gg 0$，从而，有 $Bz' \geqslant (\bar{\alpha} + \varepsilon) Az'$(其中 $\varepsilon > 0$ 充分小)，这与 α 的极大性相矛盾。既然 $Cz \gg 0$ 没有非负解，由推论 2.3 可知，存在 $\bar{p} > 0$，使得 $\bar{p}^{\mathrm{T}} B - \bar{\alpha} \bar{p}^{\mathrm{T}} A = \bar{p}^{\mathrm{T}} C \leqslant 0$。 □

在价格 p 之下，考虑产出和投入的价值比

$$\beta(p, z) = \frac{p^{\mathrm{T}} B z}{p^{\mathrm{T}} A z}$$

也称 $\beta(p, z)$ 为经济增长率。

当 $p^{\mathrm{T}} Az = 0$ 时，表示投入的价值为零，没有经济意义，将不予考虑。

定理 3.3 对于模型 (A, B)，存在 $\bar{\alpha} > 0$，$\bar{z} > 0$，$\bar{p} > 0$，使得

(1) $\beta(\bar{p}, \bar{z}) = \bar{\alpha}$；

(2) 当 $\bar{p}^{\mathrm{T}} Az \neq 0$ 时，总有 $\beta(\bar{p}, z) \leqslant \bar{\alpha}$。

证明 由定理 3.1 和定理 3.2，有 $\bar{\alpha} > 0$，$\bar{z} > 0$，$\bar{p} > 0$，使得

$$\bar{p}^{\mathrm{T}} B \bar{z} \leqslant \bar{\alpha} \bar{p}^{\mathrm{T}} A \bar{z} \leqslant \bar{p}^{\mathrm{T}} B \bar{z} \tag{3.8}$$

故有 $\bar{p}^{\mathrm{T}} B \bar{z} = \bar{\alpha} \bar{p}^{\mathrm{T}} A \bar{z}$。这便证明了结论 (1)。

至于结论 (2)，由定理 3.2，有 $\bar{p}^{\mathrm{T}} B \leqslant \bar{\alpha} \bar{p}^{\mathrm{T}} A$，从而，对任何 $z > 0$，总有 $\bar{p}^{\mathrm{T}} B z \leqslant \bar{\alpha} \bar{p}^{\mathrm{T}} A z$。于是 $\beta(\bar{p}, z) \leqslant \bar{\alpha}$。 □

这个定理表明，在价格 $\bar{p}$ 之下，依强度向量 $\bar{z}$ 操作生产，可使经济增长率达到最大。

定理 3.4 对于模型 (A, B)，存在 $\bar{\alpha} > 0$，$\bar{p} > 0$，$\bar{z} > 0$，使得

(1) 当 $\bar{p}^{\mathrm{T}} b^m < \bar{\alpha}\bar{p} a^m$ 时，必有 $\bar{z}_m = 0$；

(2) 当 $B^n \bar{z} > \bar{\alpha} A^n \bar{z}$ 时，必有 $\bar{p}_n = 0$。

此处 $A^n(B^n)$ 和 $a^m(b^m)$ 分别是矩阵 $A(B)$ 的行向量和列向量。

证明 由式 (3.8) 可得

$$\sum_{m=1}^{M} \bar{p}^{\mathrm{T}}(b^m - \bar{\alpha}a^m)\bar{z}_m = 0 = \sum_{n=1}^{N} \bar{p}_n^{\mathrm{T}}(B^n - \bar{\alpha}A^n)\bar{z} \tag{3.9}$$

依式 (3.7) 已经知道，$\bar{p}^{\mathrm{T}}(b^m - \bar{\alpha}a^m) \leqslant 0$，且 $\bar{z}_m \geqslant 0$ ($m = 1, 2, \cdots, M$)，再根据式 (3.9) 可断言，当 $\bar{p}^{\mathrm{T}}(b^m - \bar{\alpha}a^m) < 0$ 时，必须 $\bar{z}_m = 0$，这便证明了结论 (1)。类似地，$(B^n - \bar{\alpha}A^n)\bar{z} \leqslant 0$，且 $\bar{p}_n \geqslant 0$ ($n = 1, 2, \cdots, N$)，再根据式 (3.9) 可断言，当 $(B^n - \bar{\alpha}A^n)\bar{z} < 0$ 时，必须 $\bar{p}_n = 0$，这便证明了结论 (2)。 □

定理 3.1 中的式 (3.6) 指的是，按强度 $\bar{z} > 0$ 操作生产，每种产品的产出量至少是投入量的 $\bar{\alpha}$ 倍。假设生产是以借贷方式进行的，贷款利率为 $\bar{\alpha} - 1$。在价格 $\bar{p}$ 之下，生产完结后，应偿还款额为 $\bar{\alpha}\bar{p}^{\mathrm{T}} A\bar{z}$，由定理 3.3 中 $\bar{p}^{\mathrm{T}} B\bar{z} = \bar{\alpha}\bar{p}^{\mathrm{T}} A\bar{z}$ 得，生产所获利润为

$$\bar{p}^{\mathrm{T}} B\bar{z} - \bar{\alpha}\bar{p}^{\mathrm{T}} A\bar{z} = 0$$

这就是完全竞争情形下的均衡生产的零利润原则。这里的成本已包括正常利润，故厂家仍愿意生产。定理 3.4 是指，如果第 m 个基本生产活动的利润为负的，那么这个生产活动就不采纳；如果第 n 种产品的产出数量超过投入数量的 $\bar{\alpha}$ 倍，那么该产品的价格应该跌到零。通常称 $(\bar{\alpha}, \bar{p}, \bar{z})$ 为模型 (A, B) 的冯·诺伊曼均衡态。

当基本生产活动恰有 N 个 (N 是产品个数)，且矩阵 $B = I$，即 B 是 N 阶单位矩阵。此时，冯·诺伊曼模型 (A, I) 成为里昂惕夫模型。

定理 3.5 设 $\bar{\alpha} > 0$ 和 $\bar{x}$ 是模型 (A, I) 的技术增长率及最优强度向量，则有

$$\bar{x} = \bar{\alpha} A \bar{x} \tag{3.10}$$

证明留给读者作为练习。实际上，定理 3.5 所述的 $\dfrac{1}{\bar{\alpha}}$ 和 $\bar{x}$ 就是非负矩阵 A 的最大特征值及其相应的特征向量。

3.2 动态线性生产模型

3.2.1 协调增长轨道

继续前面的讨论，以下将考虑时间因素。仍假设生产模型的投入矩阵为 A 及产出矩阵为 B，两个矩阵都不随时间改变，即技术水平不变。设每期的时间间隔

为 1(如 1 年或者 1 月),第 t 期的强度向量为 $z(t) \in \mathbb{R}_+^M$,价格向量为 $p(t) \in \mathbb{R}_+^N$,则 $\{z(t) \mid t = 1, 2, \cdots, T\}$ 及 $\{p(t) \mid t = 1, 2, \cdots, T\}$ 分别称为强度轨道及价格轨道。

应该如何选定强度轨道和价格轨道才能使生产运作处于一种理想的状态呢？

首先,假设所论的模型是闭式的,即与外界系统没有交流。于是,第 $t+1$ 期的投入只能是来自第 t 期产出,后期投入需求不能超过前期的供给,因此要求

$$Az(t+1) \leqslant Bz(t) \tag{3.11}$$

其次,设利息因子为 $\beta(t)$(相应的利息率为 $\beta(t)-1$),依零利润原则,第 t 期的成本 (需要偿还的投入资金与利息资金之和) 不少于第 t 期末的收益 (按第 $t+1$ 期价格计算),即要求

$$p(t+1)^{\mathrm{T}} B \leqslant \beta(t) p(t)^{\mathrm{T}} A \tag{3.12}$$

再次,如果某产品的产出量过剩,则该产品的价格应该跌到零,联系到式 (3.11) 应该要求

$$p(t+1)^{\mathrm{T}}(Bz(t) - Az(t+1)) = 0 \tag{3.13}$$

最后,如果某个基本生产活动的利润是负的,那么这个生产活动就应该取消,联系到式 (3.12) 应该要求

$$(\beta(t)p(t)^{\mathrm{T}} A - p(t+1)^{\mathrm{T}} B)z(t) = 0 \tag{3.14}$$

称式 (3.11)—式 (3.14) 为均衡关系式。满足均衡关系的 $z(t)$, $p(t)$ 及 $\beta(t)$ 是否存在？回答是肯定的。事实上,可以设定一种协调增长的轨道,即

$$z(t+1) = \alpha z(t), \qquad p(t) \equiv p(\text{常向量})$$

$$\beta(t) = \beta(\text{常数})$$

记 $z = z(0)$,则为使轨道 $z(t) = \alpha^t z$, $p(t) = p$ 及 $\beta(t) = \beta$ 满足条件式 (3.11)—式 (3.14),只须

$$(B - \alpha A)z \geqslant 0$$

$$p^{\mathrm{T}}(B - \beta A) \leqslant 0$$

$$p^{\mathrm{T}}(B - \alpha A)z = 0$$

$$p^{\mathrm{T}}(B - \beta A)z = 0$$

3.2 动态线性生产模型

由前面的定理可知,存在 $\bar{z}>0$, $\bar{p}>0$, 及 $\alpha=\beta=\bar{\alpha}>0$ 满足上述方程组。于是,得以下定理。

定理 3.6 对于模型 (A,B),存在 $\bar{\alpha}>0$, $\bar{p}>0$ 及 $\bar{z}>0$,使得协调增长轨道

$$z(t)=\alpha^t\bar{z} \qquad 及 \qquad p(t)\equiv\bar{p}$$

满足式 (3.11)—式 (3.14)。

3.2.2 动态的里昂惕夫模型

作为特例,下面考察动态的里昂惕夫模型。

在投入产出模型

$$(I-A)x=c$$

之中,最终产品 c 可分成两部分:一部分是作为投资品,用来扩大再生产。另一部分是最终净产品,供人们消费或者库存。例如,能源生产既要供给人们消费又要供给其他生产部门使用。为了扩大再生产,必须要提前增加投入,这便引出了动态投入产出模型。

设第 t 期的产出向量为 $x(t)$,在第 $t+1$ 期,第 n 种产品的增量为 $x_n(t+1)-x_n(t)$。假设为增加 1 单位的第 n 种产品需要消耗的第 m 种产品的数量为 b_{mn},于是,在 t 期,对第 m 种产品的总需求为

$$\sum_{n=1}^{N}a_{mn}x_n(t)+\sum_{n=1}^{N}b_{mn}[x_n(t+1)-x_n(t)]+c_m(t)$$

其中,第一项是本期生产的中间消耗,第二项为下期扩大再生产准备的投资品,第三项 $c_m(t)$ 是本期的最终需求。这就要求产出能满足上述需求,即

$$x_m(t)\geqslant\sum_{n=1}^{N}a_{mn}x_n(t)+\sum_{n=1}^{N}b_{mn}[x_n(t+1)-x_n(t)]+c_m(t),\qquad m=1,2,\cdots,N$$

写成矩阵形式为

$$x(t)\geqslant Ax(t)+B(x(t+1)-x(t))+c(t) \qquad (3.15)$$

其中,$A=(a_{mn})$ 是直接消耗系数矩阵,而 $B=(b_{mn})$ 称作投资系数矩阵。称式 (3.15) 为动态的里昂惕夫模型。

为简化讨论,考虑 $c(t)\equiv 0$ 的情形,则式 (3.15) 可改写成

$$Bx(t+1)\leqslant(I-A+B)x(t) \qquad (3.16)$$

参照式 (3.11) 可知,这是动态的冯·诺伊曼模型。将此模型记作 $(B,I-A+B)$。

现作如下假设:

(1) 存在向量 $\tilde{x} \geqslant 0$，使得 $(I-A)\tilde{x} \gg 0$。回顾定理 1.4 可知，这个假设意味着直接消耗系数矩阵 A 是有效的。

(2) 对于任何指标 n，存在指标 m，使得 $b_{mn} > 0$。这个假设表明每种产品都至少需求一种投资品。

下面考察由方程 (3.16) 描述的模型 $(B, I-A+B)$ 是否存在如下意义的协调增长轨道

$$z(t) = \lambda^t z, \qquad \lambda > 1 \tag{3.17}$$

将式 (3.17) 代入式 (3.16)，归结为

$$(\lambda-1)Bz \leqslant (I-A)z$$

定理 3.7 对于模型 $(B, I-A)$，存在 $\bar{\lambda} > 1$，$\bar{p} > 0$ 及 $\bar{z}$，使得

$$(I-A)\bar{z} \geqslant (\bar{\lambda}-1)B\bar{z}$$
$$\bar{p}^{\mathrm{T}}(I-A) \leqslant (\bar{\lambda}-1)\bar{p}^{\mathrm{T}}B \tag{3.18}$$

证明 易见模型 $(B, I-A)$ 满足定理 3.1 和定理 3.2 的条件，从而，可推证此定理。 □

现在得到模型 $(B, I-A+B)$ 的协调增长轨道

$$z(t) = \bar{\lambda}^t \bar{z}, \qquad p(t) \equiv \bar{p}$$

满足如下关系：

$$Bz(t+1) \leqslant (I-A+B)z(t)$$
$$p(t+1)^{\mathrm{T}}(I-A+B) \leqslant \bar{\lambda}p(t)^{\mathrm{T}}B$$
$$p(t+1)^{\mathrm{T}}((I-A)z(t) + B(z(t+1)-z(t))) = 0$$
$$(\lambda p(t)^{\mathrm{T}}B - p(t+1)^{\mathrm{T}}(I-A+B))z(t) = 0$$

由此可以导致这样的结论：动态里昂惕夫系统 (3.15) 存在协调增长轨道 $z(t) = \bar{\lambda}^t \bar{z}$ 及价格轨道 $p(t) \equiv \bar{p}$，并且系统遵循零利润原则，此处 $(\bar{\lambda}, \bar{p}, \bar{z})$ 由不等式系统 (3.18) 确定。

3.3 快车道定理

在前面的讨论中得知冯·诺伊曼生产模型存在着协调增长轨道，它们具有一定意义下的均衡性质。但是没有涉及最优性 (姑且先不论优化标准)，也就是说，在

3.3 快车道定理

众多的经济增长轨道中是否存在最优解？这是理论及实际应用中的一个最为重要的问题。

3.3.1 最优增长轨道

在科学发展的进程中，许多重大发明是来源于众所周知的浅显的生活常识的启迪。经济增长过程如汽车行驶，从相距很远的 A 地到 B 地可能有许多路径。为了最快到达目的地，可以就近把汽车驶到高速公路上，沿路行驶到距目的地最近的路口，再离开高速公路驶往目的地 (图 3.1)。

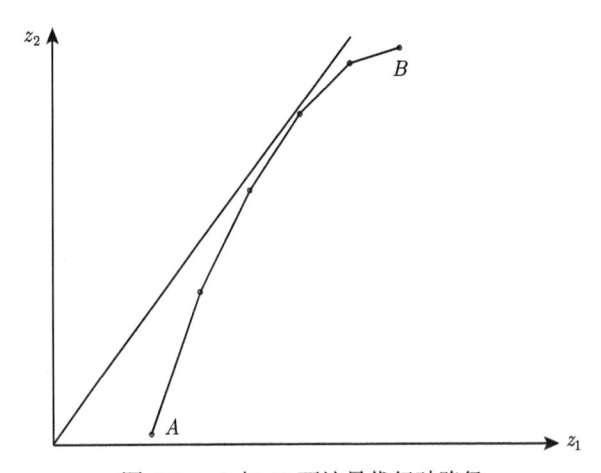

图 3.1　A 与 B 两地最优行驶路径

20 世纪 50 年代，著名经济学家萨缪尔森[①]和索洛[②]等在研究有效的资本积累计划时，就猜想到，在各种不同的经济增长轨道当中，存在一条类似高速公路的最优轨道。人们把这一结论形象地称为快车道定理 (turnpike theorem)，也译作大道定理。原文 Turnpike 是指标有转向箭头的高速公路。

现在有必要明确上述猜想的真正含义，并且给出逻辑的论证。因为形象的比拟毕竟不是现实经济的运作，还要考虑到数学证明的可能性，所以下面定理的表述并没有完全照搬"高速公路上行车"这一想象。在冯·诺伊曼生产模型中，人们关心的是如何确定强度向量的分量之间的比例，即产业结构。两条轨道靠近也是指这种比例是否接近，自然就引出了如下的距离：

$$\rho(z', z'') = \left\| \frac{z'}{\|z'\|} - \frac{z''}{\|z''\|} \right\|$$

[①] 大道定理曾由萨缪尔森推测过。资本积累"大道"的概念也由他首次提出，指资本存量均衡增长的最优路径。

[②] 索洛 R M (1924—)，美国经济学家，1987 年获诺贝尔经济学奖。

其中，z' 与 z'' 分别是非零强度向量，$\|\cdot\|$ 是欧氏模。图 3.2 中的虚线长度等于 $\rho(z',z'')$。

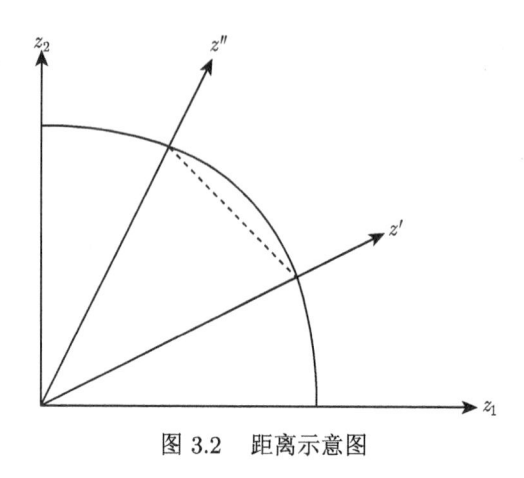

图 3.2 距离示意图

最优标准的确定与所论的具体问题有关，一种典型情形是以计划期末的产值最大为目标的动态里昂惕夫模型，问题的陈述如

$$\max \quad c \cdot x(T) \tag{3.19}$$
$$\text{s.t.} \quad Ax(t) \leqslant x(t-1)$$
$$x(t) \geqslant 0, \quad t = 1, 2, \cdots, T$$

其中，A 是 $N \times N$ 直接消耗系数矩阵，$x(t)$ 是 t 期的产出向量，$c > 0$ 可以是价格向量 (也可以是其他给定的经济指标)。式 (3.19) 是一个线性规划，它表明第 t 期的中间投入不能超过第 $t-1$ 期的产出，它的目标函数是末期的产值，问题是各期选择怎样的产出才能使末期的产值达到最大。

以下总假定初始产出 $x(0) \gg 0$，且生产的时期很长，即 T 足够大。

假设矩阵 A 是本原的，则 $[A, I]$ 是冯·诺伊曼模型，它有均衡态 $(\bar{\lambda}, \bar{p}, \bar{x})$，其中 $\bar{\lambda} > 0$，$\bar{p} > 0$，$\bar{x} > 0$。它有协调增长轨道

$$\bar{x}(t) = \bar{\lambda}^t \bar{x} \tag{3.20}$$

当然，这个轨道未必满足问题 (3.19) 的约束条件，如规划 (3.19) 的初始产出是给定的 $x(0) \gg 0$，它可能与协调增长轨道的初始 $\bar{x}(0) = \bar{x}$ 相差很多。

把规划 (3.19) 的最优解 $x(t)$ 称为最优轨道，快车道定理所论及的就是这个最优轨道与协调增长轨道 (3.20) 之间的关系，二者之间的距离为

$$\rho(x(t), \bar{x}(t)) = \rho(x(t), \bar{x})$$

3.3 快车道定理

能够证明, 在相当长的时间上, 二者是很接近的。

有必要对规划 (3.19) 的最优轨道作充分研究。先来详细地写出规划的约束条件:

$$Ax(1) \leqslant x(0)$$

$$Ax(2) \leqslant x(1)$$

$$\vdots$$

$$Ax(T) \leqslant x(T-1)$$

$$x(t) \geqslant 0$$

也可表示成矩阵形式:

$$\begin{pmatrix} A & 0 & \cdots & 0 & 0 \\ -I & A & \cdots & 0 & 0 \\ \vdots & \vdots & & \vdots & \vdots \\ 0 & 0 & \cdots & A & 0 \\ 0 & 0 & \cdots & -I & A \end{pmatrix} \begin{pmatrix} x(1) \\ x(2) \\ \vdots \\ x(T-1) \\ x(T) \end{pmatrix} \leqslant \begin{pmatrix} x(0) \\ 0 \\ \vdots \\ 0 \\ 0 \end{pmatrix}$$

或者简写成如下形式:

$$\mathcal{A}X \leqslant \tilde{b}$$

其中, $\tilde{b} = \begin{pmatrix} x(0) \\ 0 \\ \vdots \\ 0 \\ 0 \end{pmatrix}$, $X = \begin{pmatrix} x(1) \\ x(2) \\ \vdots \\ x(T-1) \\ x(T) \end{pmatrix}$。令 $\tilde{c} = \begin{pmatrix} 0 \\ 0 \\ \vdots \\ 0 \\ c \end{pmatrix}$, 则规划 (3.19) 可表示成

$$\max \tilde{c}^{\mathrm{T}} X$$

$$\text{s.t. } \mathcal{A}X \leqslant \tilde{b}, \quad X \geqslant 0$$

它的对偶规划为

$$\min \quad \tilde{b}^{\mathrm{T}} Y \tag{3.21}$$

$$\text{s.t.} \quad \mathcal{A}^{\mathrm{T}} Y \geqslant \tilde{c}, \quad Y \geqslant 0$$

仔细地表示规划 (3.21) 如下：

$$\min x(0) \cdot y(1)$$

$$\text{s.t.} \ A^{\mathrm{T}} y(1) \geqslant y(2)$$

$$A^{\mathrm{T}} y(2) \geqslant y(3)$$

$$\vdots$$

$$A^{\mathrm{T}} y(T) \geqslant y(T+1)$$

$$y(t) \geqslant 0$$

设 $X = \begin{pmatrix} x(1) \\ x(2) \\ \vdots \\ x(T-1) \\ x(T) \end{pmatrix}$ 和 $Y = \begin{pmatrix} y(1) \\ y(2) \\ \vdots \\ y(T-1) \\ y(T) \end{pmatrix}$ 分别是规划 (3.19) 和规划 (3.21) 的最优解，由松紧定理 2.23，有

$$(\tilde{c} - \mathcal{A}^{\mathrm{T}} Y)^{\mathrm{T}} X = 0 \tag{3.22}$$

$$Y^{\mathrm{T}} (\mathcal{A} X - \tilde{b}) = 0 \tag{3.23}$$

现在陈述快车道定理如下。

定理 3.8 设矩阵 A 是非负的本原方阵，$(\bar{\lambda}, \bar{p}, \bar{x})$ 是模型 $[A, I]$ 的冯·诺伊曼均衡态，$x(t)$ 是规划 (3.19) 的最优轨道，则对任意给定的 $\varepsilon > 0$，存在自然数 $T_1(\varepsilon)$ 及 $T_2(\varepsilon)$，使得当 $T_1 < t < T - T_2$ 时，有

$$\rho(x(t), \bar{x}) < \varepsilon$$

定理是指，除去初始若干时期及结尾前的若干时期，协调增长轨道 $\bar{x}(t) = \bar{\lambda}^t \bar{x}$ 与最优轨道 $x(t)$ 是很接近的，易见轨道 $\bar{x}(t)$ 位于过原点和 $\bar{x}$ 点的射线上，通常称这个射线为冯·诺伊曼射线 (图 3.1)。

3.3.2 定理的证明

定理 3.8 的证明比较烦琐，下面分步进行。

3.3 快车道定理

下面确定使得 $x(t) \gg 0$ 及 $y(t) \gg 0$ 的时段 t。

引理 3.1 最优轨道 $x(t)$ 的终端 $x(T) > 0$。

证明 既然最优轨道 $x(t)$ 满足规划 (3.19) 的约束条件，必有 $x(t) \geqslant 0$，问题是要证明 $x(T) \neq 0$。

注意，初始向量 $x(0) \gg 0$，故可选取 $\beta > 0$，使得 $\beta \bar{\lambda} \bar{x} \leqslant x(0)$，可以验证轨道 $w(t) = \beta \bar{\lambda}^t \bar{x}$ 满足规划 (3.19) 的约束条件，即 $w(t)$ 是一个可行轨道。由于 $x(t)$ 是最优轨道，$c^T x(T)$ 是最优值，所以，

$$c^T x(T) \geqslant c^T w(t) = c^T \beta \bar{\lambda}^t \bar{x} > 0$$

于是必有 $x(T) \neq 0$。 □

考察约束条件，一般地有

$$x(t) \geqslant A x(t+1) \geqslant A^2 x(t+2) \geqslant \cdots \geqslant A^s x(t+s)$$

令 $t + s = T$，即 $s = T - t$，则有

$$x(t) \geqslant A^{T-t} x(T) \tag{3.24}$$

根据推论 1.1 及引理 3.1 可知，存在 T_1，使得当 $T - t \geqslant T_1$ 时，有

$$x(t) \geqslant A^{T-t} x(T) \gg 0 \tag{3.25}$$

再利用关系式 (3.22) 可推出，当 $t \leqslant T - T_1$ 时，有

$$A^T y(1) = y(2), \left[A^T\right]^2 y(1) = A^T y(2) = y(3), \cdots, \left[A^T\right]^t y(1) = y(t+1) \tag{3.26}$$

由于互为对偶的规划的最优值相等，即

$$x(0)^T y(1) = \tilde{b}^T Y = \tilde{c}^T X = c^T x(T) > 0 \tag{3.27}$$

所以 $y(1) \neq 0$。再由关系式 (3.26)，存在 T_2，使得当 $t \geqslant T_2$ 且 $t \leqslant T - T_1$ 时，有

$$y(t+1) = \left[A^T\right]^t y(1) \gg 0 \tag{3.28}$$

再依照关系式 (3.23) 和式 (3.28)，可得

$$A x(t+1) = x(t)$$

由此推出，当 $T_2 \leqslant t \leqslant T - T_1$ 时，

$$x(t) = A^{T-T_1-t} x(T - T_1) \tag{3.29}$$

引理 3.2 对于任何向量 $v > 0$，则有

$$\frac{A^s v}{\|A^s v\|} \to \frac{\bar{x}}{\|\bar{x}\|} \qquad (s \to \infty)$$

证明 由定理 1.12，有

$$\bar{\lambda}^{-s} A^s v \to \bar{x} \bar{z}^T v = d\bar{x}$$

其中，$d = \bar{z}^T v$ 是正数。由此，便可得

$$\frac{A^s v}{\|A^s v\|} \to \frac{\bar{x}}{\|\bar{x}\|}$$

□

这个引理也可表述成：存在 N，使得当 $s > N$ 时，

$$\rho(A^s v, \bar{x}) < \varepsilon$$

再返回关系式 (3.29)，利用引理 3.2，可知存在 T_3，当 $T - T_1 - t > T_3$ 时，

$$\rho(x(t), \bar{x}) < \varepsilon$$

归纳以上推理，便得到定理 3.8。

经济增长的最优轨道是规划 (3.19) 的解，但要求解这样的大规模线性规划是相当困难的。大道定理指出，不必要去解这样的规划，因为最优轨道与冯·诺伊曼射线很"接近"(除去初始期与终端期)。所以，只须在初始期尽快地把经济结构调整到协调增长轨道上，经济就会依良性运作，而确定协调增长轨道却要容易得多。至于调整经济结构，计划经济要比市场经济更有效。

习　　题

1. 证明定理 3.5。
2. 在 N 模型 (A, B) 中，如果对于强度向量 $\bar{z} > 0$，不存在强度向量 $z \geqslant 0$，使得

$$Az \leqslant A\bar{z}, \qquad B\bar{z} \leqslant Bz, \qquad (Az, Bz) \neq (A\bar{z}, B\bar{z})$$

则必存在 $\bar{p} \gg 0$，$\bar{q} \gg 0$，使得

$$\bar{q}^T Bz - \bar{p}^T Az \leqslant \bar{q}^T B\bar{z} - \bar{p}^T A\bar{z}$$

并给出此命题的经济解释。

3. 在定理 3.7 中，如果已知 $\bar{z} \gg 0$，则必有

$$\bar{p}^T (I - A) = (\bar{\lambda} - 1) \bar{p}^T B$$

第 4 章 个体经济行为

经济活动是一种群体活动，活动的参加者是一些经济个体，即能够独立地进行经济决策的单位，通常称为经济人[①]。他们可以代表个人、家庭、厂商或者国家等，视具体问题而定。经济人又可分为生产者和消费者两类。生产者参与生产活动，出售商品；而消费者购买商品，以满足自身的需要。当然，一个消费者可以同时是一个生产者，本章将分别研究经济人的消费行为和生产行为。

4.1 消费者的选择

4.1.1 预算集合

经济人所消费的或者生产的物品或者服务称为商品。商品是由其物质特性、使用的时间和地点来确定的，如当同一物品所处的地点转移后，将视为不同的商品。每种商品都有计量单位。假设有 N 种商品，那么，一个 N 维向量 $x = \begin{pmatrix} x_1 \\ x_2 \\ \vdots \\ x_N \end{pmatrix}$
就表示 N 种商品的一种组合，称为一个商品束 (commodity bundle) 或者商品向量 (commodity vector)。对于消费者而言，一个商品束 $x \in \mathbb{R}^N$ 可以表示一个消费方案，当 x_n 是正值时，表示消费者占有或者使用了 x_n 单位的第 n 种商品；当 x_n 是负值时，表示他付出了 $-x_n$ 单位的第 n 种商品[②]。全部的消费方案构成了 $\mathbb{R}^N$ 中的一个子集称为消费集合 (consumption set)。为阐述理论方便，本章总假设消费者只用其自身占有的财富通过交易买进消费品。于是，消费的商品束是非负的向量，因此，若无特别声明，消费集合总假定是 $\mathbb{R}^N_+$ 中的闭集。

N 种商品联系着一个价格束 $p = \begin{pmatrix} p_1 \\ p_2 \\ \vdots \\ p_N \end{pmatrix}$，其中 p_n 是第 n 种商品的价格，即

[①] 这里所说的经济人 (Agent)，包括消费者 (Consumer)、投资者 (Investor)、交易者 (Trader)、生产者 (Producer) 等经济个体 (Individual)。

[②] 通常把消费者提供的劳务作为负值计算。

获得 1 单位第 n 种商品所支付的货币金额数[1]。对于商品束 $x = \begin{pmatrix} x_1 \\ x_2 \\ \vdots \\ x_N \end{pmatrix} \in \mathbb{R}_+^N$，每种商品所需支付的金额的总和

$$p \cdot x = p^{\mathrm{T}} x = \sum_{n=1}^{N} p_n x_n$$

称为商品束 x 的价值。

消费者之所以有能力参与商品交易，是因为他占有某些财富，即在他未进行交易之前，他就拥有某个商品束 $\omega = \begin{pmatrix} \omega_1 \\ \omega_2 \\ \vdots \\ \omega_N \end{pmatrix}$，称这个商品束为消费者的初始占有 (endowment)[2]。本书假设 $0 \neq \omega \in \mathbb{R}_+^N$。在外生给定价格 $p = \begin{pmatrix} p_1 \\ p_2 \\ \vdots \\ p_N \end{pmatrix}$ 的情况下，初始占有的价值为 $p \cdot \omega = p^{\mathrm{T}} \omega = \sum_{n=1}^{N} p_n \omega_n$。

消费者必须在其财力所能允许的前提下进行交易，也就是说，通过交易之后，消费者重新获得的商品束 $x \in \mathbb{R}_+^N$ 的价值不应该超过他的初始占有商品束 ω 的价值，为此引进消费者的预算集合 (budget set) 或者预算约束集合 (budget constraint set)。

$$B(p, \omega) = \{x \in X \mid p \cdot x \leqslant p \cdot \omega\} \tag{4.1}$$

其中，X 表示消费集合。在价格为 p 的情况下，消费方案只能在消费者的预算集合中选择。

预算集合是一个基本概念，它在以后展开的理论中扮演着重要的角色，在此有必要加以引伸，进行深入研究。

定义 4.1 设集合 $X \subseteq \mathbb{R}^N$ 及 $Y \subseteq \mathbb{R}^M$，如果对于每个 $x \in X$，总有一个确定的子集 $\varphi(x) \subseteq Y$ 与之对应，则称 φ 为从 X 到 Y 的集值映射 (correspon-

---

[1] 价格也可用某种可作为交换媒介的基准商品来计量。
[2] 有些中文文献翻译为禀赋。

4.1 消费者的选择

dence 或者 set-valued mapping) 或者称作点-集映射 (point-set mapping), 记作 $\varphi: X \rightrightarrows Y$。

显然, 集值映射概括了函数和通常的映射。集值映射在对策论以及许多数学分支中广泛应用。

定义 4.2 设集值映射 $\varphi: X \rightrightarrows Y$, 称集合

$$G(\varphi) = \{(x,y) \in X \times Y \mid y \in \varphi(x), x \in X\}$$

是集值映射 φ 的图形 (graph), 如果图形 $G(\varphi)$ 在 $\mathbb{R}^N \times \mathbb{R}^M$ 中是闭集, 则称集值映射 φ 是闭映射 (closed mapping)。

定义 4.3 称集值映射 $\varphi: X \rightrightarrows Y$ 在 $\bar{x} \in X$ 是上半连续的 (upper semi-continuous [u.s.c.] 或者 upper hemi-continuous [u.h.c.])①, 如果对任何 $x^k \in X$, $x^k \to \bar{x} \in X$, 及 $y^k \in \varphi(x^k)$, $y^k \to \bar{y} \in Y$, 总有 $\bar{y} \in \varphi(\bar{x})$ 成立。若 φ 在 X 中的每点都是上半连续的, 则称 φ 在 X 是上半连续的。

命题 4.1 设 $X \subseteq \mathbb{R}^N$ 是闭集, 集值映射 $\varphi: X \rightrightarrows Y$ 是上半连续的充要条件是 φ 为闭映射。

证明 假设映射 φ 在集合 X 上是上半连续的, 如果 $(x^k, y^k) \in G(\varphi)$, 且 $(x^k, y^k) \to (\bar{x}, \bar{y})$。于是

$$x^k \to \bar{x} \in X, \qquad y^k \in \varphi(x^k), \qquad y^k \to \bar{y}$$

由上半连续性推出 $\bar{y} \in \varphi(\bar{x})$, 这就证明了 $(\bar{x}, \bar{y}) \in G(\varphi)$, 从而, $G(\varphi)$ 是闭集, 换言之, φ 是闭映射。

反之, 假设 φ 是闭映射。如果 $x^k \in X$, $x^k \to \bar{x}$, 及 $y^k \in \varphi(x^k)$, $y^k \to \bar{y}$, 从而 $(x^k, y^k) \to (\bar{x}, \bar{y})$。因为 X 是闭集, 故 $\bar{x} \in X$。又因 $G(\varphi)$ 是闭集, 所以 $(\bar{x}, \bar{y}) \in G(\varphi)$。于是, $\bar{y} \in \varphi(\bar{x})$。亦即映射 φ 是上半连续的。 □

定义 4.4 称集值映射 $\varphi: X \rightrightarrows Y$ 在 $\bar{x} \in X$ 处是下半连续的 (lower semi-continuous [l.s.c.] 或者 lower hemi-continuous [l.h.c.]), 如果对任何 $x^k \in X, x^k \to \bar{x}$, 及 $\bar{y} \in \varphi(\bar{x})$, 总有 $y^k \in \varphi(x^k)$, 使得 $y^k \to \bar{y}$ 成立。若映射 φ 在集合 X 中的每点都是下半连续的, 则称映射 φ 在集合 X 上是下半连续的。

如果集值映射既是上半连续的又是下半连续的, 则称为连续映射。

命题 4.2 设集值映射 $\varphi_i: X \rightrightarrows Y$ $(i = 1, 2)$ 是上 (下) 半连续的, 则

(1) 映射 $\phi = \varphi_1 + \varphi_2 : X \rightrightarrows Y + Y$, $\phi(x) = \varphi_1(x) + \varphi_2(x)$ 是上 (下) 半连续的;

---

① 此处关于集值映射的上半连续性与微积分中函数的上半连续性不是一回事, 只是借用这个名词而已。

(2) 映射 $\psi = \varphi_1 \times \varphi_2 : X \rightrightarrows Y \times Y$, $\psi(x) = (\varphi_1(x), \varphi_2(x))$ 是上（下）半连续的。

请读者由定义直接验证此命题。

定理 4.1 设 $X \subseteq \mathbb{R}^N$ 及 $Y \subseteq \mathbb{R}^M$ 是非空集合，函数 $f : X \times Y \to \mathbb{R}$ 是连续的。设集值映射 $\varphi : X \rightrightarrows Y$ 是连续的，且值为非空紧集，则集值映射 $\mu : X \rightrightarrows Y$,

$$\mu(x) = \left\{ y \in \varphi(x) \mid f(x,y) = \max_{z \in \varphi(x)} f(x,z) \right\}$$

是上半连续映射。

证明 设 $x^k \in X$, $x^k \to \bar{x}$, 且 $y^k \in \mu(x^k)$, $y^k \to \bar{y}$, 往证 $\bar{y} \in \mu(\bar{x})$。注意 $y^k \in \varphi(x^k)$, 由于映射 φ 是上半连续的，所以，$\bar{y} \in \varphi(\bar{x})$。另外，任取 $z \in \varphi(\bar{x})$, 由映射 φ 的下半连续性可知，存在 $z^k \in \varphi(x^k)$, 使得 $z^k \to z$, 因为 $y^k \in \mu(x^k)$, 必然有 $f(x^k, y^k) \geqslant f(x^k, z^k)$, 取极限便有 $f(\bar{x}, \bar{y}) \geqslant f(\bar{x}, z)$, 这表明 $\bar{y} \in \mu(\bar{x})$。由此可见，映射 μ 是上半连续的。$\square$

这个定理是一个重要结果，它揭示了一个深刻的事实：含参数的优化问题的最优解集合连续地依赖于参数的变动。本书主要是用来验证不动点定理成立的条件。

现在再回到预算集合 (4.1)。

$$B(p, \omega) = \{ x \in X \mid p \cdot x \leqslant p \cdot \omega \}$$

当初始占有 $\omega \in \mathbb{R}_+^N$ 固定，价格 $p \in \mathbb{R}_+^N$ 变动时，$B(\cdot, \omega) : \mathbb{R}_+^N \rightrightarrows X$ 便是一个集值映射，称为预算映射 (budget mapping)。

定理 4.2 假设消费集合 X 是闭凸集，则预算映射 B 具有如下性质。

(1) 映射 $B : \mathbb{R}_+^N \rightrightarrows X$ 是上半连续的，且取值为闭凸集；

(2) 如果 $p^0 \cdot \omega > \min\{p^0 \cdot x \mid x \in X\}$, 则映射 B 在点 p^0 处是下半连续的。

证明 (1) 假设 $p^k \in \mathbb{R}_+^N$, $p^k \to p^0$。任取 $x^k \in B(p^k, \omega)$, 且 $x^k \to x^0$, 从而，$p^k \cdot x^k \leqslant p^k \cdot \omega$ $(k = 1, 2, \cdots)$, 两端取极限便有 $p^0 \cdot x^0 \leqslant p^0 \cdot \omega$, 这表明 $x^0 \in B(p^0, \omega)$, 可见映射 B 是上半连续的。

容易验证 $B(p, \omega)$ 是闭凸集。

(2) 设 $p^k \to p^0$ 及 $x^0 \in B(p^0, \omega)$。为证映射 B 在点 p^0 处是下半连续的，只需找出点列 $x^k \in B(p^k, \omega)$, 使得 $x^k \to x^0$。

(2.1) 如果 $p^0 \cdot x^0 < p^0 \cdot \omega$, 则对充分大的 k, 总有 $p^k \cdot x^0 < p^k \cdot \omega$, 因此，只需取序列 $x^k = x^0$, 便有 $x^k \in B(p^k, \omega)$, 且 $x^k \to x^0$。

(2.2) 如果 $p^0 \cdot x^0 = p^0 \cdot \omega$, 由假设可知，存在 $\tilde{x} \in X$, 使得 $p^0 \cdot \tilde{x} < p^0 \cdot \omega$, 因此可找到 $\delta > 0$ 及自然数 K, 使得当 $k \geqslant K$ 时，有 $p^k \cdot \tilde{x} - p^k \cdot \omega < -\delta$。注

意以 $\tilde{x}$ 和 x^0 为端点的直线位于凸集 X 中, 即 $x^\theta = \theta\tilde{x} + (1-\theta)x^0 \in X$, 此处 $0 \leqslant \theta \leqslant 1$. 由于

$$p^k \cdot x^\theta - p^k \cdot \omega = \theta p^k \cdot \tilde{x} + (1-\theta)p^k \cdot x^0 - p^k \cdot \omega$$
$$= \theta(p^k \cdot \tilde{x} - p^k \cdot \omega) + (1-\theta)(p^k \cdot x^0 - p^k \cdot \omega)$$
$$\leqslant -\theta\delta + (1-\theta)(p^k \cdot x^0 - p^k \cdot \omega)$$

适当地选取 $\theta = \theta_k$, 使得 $\theta_k \to 0$ 比 $p^k \cdot x^0 - p^k \cdot \omega \to 0$ 的速度慢, 则有

$$x^{\theta_k} \to x^0 \quad 且 \quad p^k \cdot x^{\theta_k} - p^k \cdot \omega \leqslant 0$$

从而, $x^{\theta_k} \in B(p^k, \omega)$. □

可以把预算集合推广成更一般的形式, 假设消费者的初始占有的价值是实函数 $\beta = \beta(p)$(代替 $p \cdot \omega$), 则他的预算集合是

$$B'(p, \beta) = B'(p, \beta(p)) = \{x \in X \mid p \cdot x \leqslant \beta(p)\} \tag{4.2}$$

定理 4.3 假设消费集 X 是闭凸集, 函数 $\beta = \beta(p)$ 于 $\mathbb{R}_+^N$ 上连续, 对任何 $p \in \mathbb{R}_+^N$ 满足条件

$$\min\{p \cdot x \mid x \in X\} < \beta(p) \tag{4.3}$$

则由式 (4.2) 定义的预算映射 $B': \mathbb{R}_+^N \rightrightarrows X$ 是连续的, 且取值闭凸集.

定理中的条件 (4.3) 称为最少财富条件 (minimum wealth condition). 意思是说, 初始占有的价值要高于最便宜的消费品的价值, 这是一个很自然的条件.

证明 (1) 假设 $p^k \in \mathbb{R}_+^N$, $p^k \to p^0$. 任取 $x^k \in B'(p^k, \beta(p^k))$, 且 $x^k \to x^0$, 从而, $p^k \cdot x^k \leqslant \beta(p^k)$ $(k = 1, 2, \cdots)$, 两端取极限便有 $p^0 \cdot x^0 \leqslant \beta(p^0)$, 这表明 $x^0 \in B'(p^0, \beta(p^0))$, 可见映射 B' 是上半连续的.

容易验证 $B'(p, \beta(p))$ 是闭凸集.

(2) 设 $p^k \to p^0$ 及 $x^0 \in B'(p^0, \beta(p^0))$. 为证映射 B' 在点 p^0 处是下半连续的, 只需找出点列 $x^k \in B'(p^k, \beta(p^k))$, 使得 $x^k \to x^0$.

(2.1) 如果 $p^0 \cdot x^0 < \beta(p^0)$, 则对充分大的 k, 总有 $p^k \cdot x^0 < \beta(p^k)$, 因此, 只需取序列 $x^k = x^0$, 便有 $x^k \in B'(p^k, \beta(p^k))$, 且 $x^k \to x^0$.

(2.2) 如果 $p^0 \cdot x^0 = \beta(p^0)$, 由假设可知, 存在 $\tilde{x} \in X$, 使得 $p^0 \cdot \tilde{x} < \beta(p^0)$, 因此可找到 $\delta > 0$ 及自然数 K, 使得当 $k \geqslant K$ 时, 有 $p^k \cdot \tilde{x} - \beta(p^k) < -\delta$. 注意以 $\tilde{x}$ 和 x^0 为端点的直线位于凸集 X 中, 即 $x^\theta = \theta\tilde{x} + (1-\theta)x^0 \in X$, 此处 $0 \leqslant \theta \leqslant 1$. 由于

$$p^k \cdot x^\theta - \beta(p^k) = \theta p^k \cdot \tilde{x} + (1-\theta)p^k \cdot x^0 - \beta(p^k)$$

$$= \theta(p^k \cdot \tilde{x} - \beta(p^k)) + (1-\theta)(p^k \cdot x^0 - \beta(p^k))$$
$$\leqslant -\theta\delta + (1-\theta)(p^k \cdot x^0 - \beta(p^k))$$

适当地选取 $\theta = \theta_k$,使得 $\theta_k \to 0$ 比 $p^k \cdot x^0 - \beta(p^k) \to 0$ 的速度慢,则有

$$x^{\theta_k} \to x^0 \qquad \text{且} \qquad p^k \cdot x^{\theta_k} - \beta(p^k) \leqslant 0$$

从而,$x^{\theta_k} \in B'(p^k, \beta(p^k))$。 □

4.1.2 偏好与效用函数

每种商品都具有满足人们某种需要的一些属性,如食能果腹,衣能御寒。在特定的环境内,不同消费者对同一商品的需要程度可以不一样;同一个消费者对于不同的商品的需要程度也不相同。这些事实表明,需要程度是消费者对商品的主观评价,它不能用商品的价值来取代。另外,消费者应该能够判别对各种商品的需要程度,但一般来说,这种需要程度难以用某种"尺度"(如重量或者长度)来衡量。经过长期的争论和探讨之后,人们认为,通常每个消费者都能够给商品束排出顺序,用来表现他的喜欢程度。

定义 4.5 定义在商品空间 $\mathbb{R}^N$ 上的二元关系 $\succsim$ 称为偏好关系 (preference relation),如果它满足如下条件。

(1) 反身性:对任意 $x \in \mathbb{R}^N$,$x \succsim x$。
(2) 完全性:对任意 $x^1 \in \mathbb{R}^N$ 与 $x^2 \in \mathbb{R}^N$,则 $x^1 \succsim x^2$ 或者 $x^2 \succsim x^1$。
(3) 传递性:若 $x^1 \succsim x^2$,$x^2 \succsim x^3$,则 $x^1 \succsim x^3$。

这里 "$x^1 \succsim x^2$" 读作 "x^1 至少同 x^2 一样好"。如果 $x^1 \succsim x^2$ 且 $x^2 \succsim x^1$,则读作 "x^1 与 x^2 无差别",并记作 $x^1 \sim x^2$。如果 $x^1 \succsim x^2$,但 $x^1 \sim x^2$ 不成立,则读作 "x^1 比 x^2 好",并记作 $x^1 \succ x^2$。一般来说,不同的消费者的偏好是不同的,所以,把消费者 i 的偏好记作 $\succsim_i$。

定义中的三个条件有明显的直观解释,特别是完全性表明,偏好关系确定了商品空间 $\mathbb{R}^N$ 的全序关系,即对任何商品束,下列情形必须而且只能有一种成立:

$$x^1 \succ x^2, \qquad x^1 \sim x^2, \qquad x^2 \succ x^1$$

采用集合论惯用的手法,对每个 $\bar{x} \in \mathbb{R}^N$ 可以定义等价类

$$\mathbb{E}_{\bar{x}} = \{x \in \mathbb{R}^N \mid x \sim \bar{x}\}$$

则 $\mathbb{R}^N$ 可被划分成互不相交的等价类。

偏好关系是一种序关系,难以参与复杂的数学推理。为了有效地使用数学工具,人们引进了刻画偏好关系的函数。

4.1 消费者的选择

定义 4.6 设 $\succsim$ 是定义在空间 $\mathbb{R}^N$ 上的偏好关系,称函数 $u:\mathbb{R}^N \to \mathbb{R}$ 是表现偏好关系 $\succsim$ 的效用函数 (utility function),如果 $x^1 \succsim x^2$ 当且仅当 $u(x^1) \geqslant u(x^2)$。

显然,$x^1 \sim x^2$ 当且仅当 $u(x^1) = u(x^2)$;$x^1 \succ x^2$ 则等价于 $u(x^1) > u(x^2)$。

对于某确定的偏好 $\succsim$,表现它的效用函数并不是唯一的。设函数 $g:\mathbb{R} \to \mathbb{R}$ 是严格递增的,如果 u 是表现偏好 $\succsim$ 的效用函数,则 $g \circ u$ 亦然。

对效用函数 u 可引进等值面

$$\mathbb{F}_q = \{x \in \mathbb{R}^N \mid u(x) = q\}$$

称它为无差别曲面 (indifference curve)。当取 $q = u(\bar{x})$ 时,无差别曲面 $\mathbb{F}_q$ 就是前面所述的等价类 $\mathbb{E}_{\bar{x}}$。

为了考察效用函数的连续性,引进如下定义。

定义 4.7 (连续性) 定义在空间 $\mathbb{R}^N$ 上的偏好关系 $\succsim$ 称为连续的,如果对任何 $x \in \mathbb{R}^N$,集合

$$\mathbb{U}_+(x) = \{y \in \mathbb{R}^N \mid y \succsim x\} \quad \text{和} \quad \mathbb{U}_-(x) = \{y \in \mathbb{R}^N \mid x \succsim y\}$$

是 $\mathbb{R}^N$ 中的闭集。

下面的重要定理深刻地揭示了前面所述各概念之间的关系。

定理 4.4 (德布鲁[①]) 假设定义在空间 $\mathbb{R}^N$ 上的偏好关系是连续的,则存在表现偏好关系 $\succsim$ 的效用函数 $u:\mathbb{R}^N \to \mathbb{R}$,而且 u 是连续函数。

证明 全部证明可分为四步进行。

(1) 设 $\mathbb{Q}^N \subseteq \mathbb{R}^N$ 是分量皆为有理数的向量全体。如果 $\bar{x} \in \mathbb{Q}^N$,$\underline{x} \in \mathbb{Q}^N$ 且 $\bar{x} \succ \underline{x}$,则必存在 $x \in \mathbb{Q}^N$,使得

$$\bar{x} \succ x \succ \underline{x} \tag{4.4}$$

事实上,若不存在满足式 (4.4) 的 x,则对任何 $x \in \mathbb{Q}^N$,或者 $x \succsim \bar{x}$,或者 $\underline{x} \succsim x$。从而,$x \in \mathbb{U}_+(\bar{x}) \cup \mathbb{U}_-(\underline{x})$,可见,$\mathbb{Q}^N \subseteq \mathbb{U}_+(\bar{x}) \cup \mathbb{U}_-(\underline{x})$。由连续性和传递性易见 $\mathbb{U}_+(\bar{x})$ 与 $\mathbb{U}_-(\underline{x})$ 是不相交的闭集,所以[②]

$$\mathbb{R}^N = \overline{\mathbb{Q}^N} \subseteq \overline{\mathbb{U}_+(\bar{x}) \cup \mathbb{U}_-(\underline{x})} = \overline{\mathbb{U}_+(\bar{x})} \cup \overline{\mathbb{U}_-(\underline{x})} = \mathbb{U}_+(\bar{x}) \cup \mathbb{U}_-(\underline{x}) \subseteq \mathbb{R}^N$$

于是,$\mathbb{U}_+(\bar{x}) \cup \mathbb{U}_-(\underline{x}) = \mathbb{R}^N$,这是不可能的,因为闭集的余集不可能是闭集。至此式 (4.4) 得证。

[①] 德布鲁 G (1921–2004),美籍法国数理经济学家,概括了帕累托最优理论,创立了经济社会均衡存在定理,1983 年获诺贝尔经济学奖。

[②] 这里的符号 "——" 表示集合取闭包。

(2) 在偏好关系 $\succsim$ 的顺序之下，如果 $\mathbb{Q}^N$ 中有最小元 x_0(即对一切 $x \in \mathbb{Q}^N$, $x \succsim x_0$)，则令 $u(x_0) = 0$；如果 $\mathbb{Q}^N$ 中有最大元 x^0(即对一切 $x \in \mathbb{Q}^N$, $x^0 \succsim x$)，则令 $u(x^0) = 1$。集合[①]

$$\mathbb{K} = \mathbb{Q}^N \setminus (\mathbb{E}_{x_0} \cup \mathbb{E}_{x^0})$$

便既无最小元又无最大元，其中 $\mathbb{E}_x$ 表示 x 的等价类。如果原来的 $\mathbb{Q}^N$ 是无最小元和最大元，则可直接考虑 $\mathbb{K} = \mathbb{Q}^N$。因为 $\mathbb{K}$ 可划分成可数的不相交的等价类，故可排成集合列

$$\mathbb{E}^1, \mathbb{E}^2, \cdots, \mathbb{E}^K, \cdots \tag{4.5}$$

规定

$$\mathbb{E}^{k_1} \succ \mathbb{E}^{k_2} \quad \text{当且仅当} \quad x^{k_1} \in \mathbb{E}^{k_1} \text{ 且 } x^{k_2} \in \mathbb{E}^{k_2} \text{ 有 } x^{k_1} \succ x^{k_2} \tag{4.6}$$

由偏好关系的完全性可知，当 $k_1 \neq k_2$ 时，或者 $\mathbb{E}^{k_1} \succ \mathbb{E}^{k_2}$，或者 $\mathbb{E}^{k_2} \succ \mathbb{E}^{k_1}$。易证在式 (4.6) 的定义下，集合列 $\{\mathbb{E}^k; k = 1, 2, \cdots\}$ 既无最大元也无最小元，而且对任意的 $\mathbb{E}^{k_1}$ 和 $\mathbb{E}^{k_2}$，必有 $\mathbb{E}^k$ 介于其间 [由式 (4.4) 推出]。

(3) 依归纳法构造二进位分数列 $\{u^k; k = 1, 2, \cdots\}$：取定 $u^1 = \dfrac{1}{2}$，假定 $u^1, u^2, \cdots, u^k$ 已取定，再来规定 u^{k+1}。根据式 (4.6)，将 $\mathbb{E}^1, \mathbb{E}^2, \cdots, \mathbb{E}^k$ 重排成

$$\mathbb{E}^{r_1} \succ \mathbb{E}^{r_2} \succ \cdots \succ \mathbb{E}^{r_k}$$

其中，$\{r_1, r_2, \cdots, r_k\}$ 是 $\{1, 2, \cdots, k\}$ 的一个重排。

如果 $\mathbb{E}^{k+1} \succ \mathbb{E}^{r_1}$，则令 $u^{k+1} = \dfrac{1}{2}[1 + u^{r_1}]$；

如果 $\mathbb{E}^{r_k} \succ \mathbb{E}^{k+1}$，则令 $u^{k+1} = \dfrac{1}{2} u^{r_k}$；

如果 $\mathbb{E}^{r_\sigma} \succ \mathbb{E}^{k+1} \succ \mathbb{E}^{r_{\sigma+1}}$，则令 $u^{k+1} = \dfrac{1}{2}[u^{r_\sigma} + u^{r_{\sigma+1}}]$。

不难看出，序列 $\{u^k; k = 1, 2, \cdots\}$ 取遍 $(0, 1)$ 内全部二进分数，定义函数 $u: \mathbb{K} \to \mathbb{R}$

$$u(x) = u^k, \quad x \in \mathbb{E}^k \tag{4.7}$$

显然，对于 $x^1 \in \mathbb{K}$ 与 $x^2 \in \mathbb{K}$，$x^1 \succsim x^2$ 当且仅当 $u(x^1) \geqslant u(x^2)$。

下面扩充函数 u 的定义。对 $x \in \mathbb{R}^N$，定义

$$u(x) = \inf\{u(y) \mid y \in \mathbb{Q}^N, y \succsim x\} = \sup\{u(y) \mid y \in \mathbb{Q}^N, x \succsim y\}$$

[①] 这里的符号 "$\setminus$" 表示取差集。

不难证明 u 是表现偏好关系的效用函数。

(4) 再证函数 u 是连续的,对任意 $t_1 \in [0,1]$, $t_2 \in [0,1]$, $t_1 < t_2$,易见

$$\{x \in \mathbb{R}^N \mid u(x) \in [t_1, t_2]\} = \bigcap_{d_1 \leqslant t_1} \bigcap_{t_2 \leqslant d_2} \{x \in \mathbb{R}^N \mid u(x) \in [d_1, d_2]\} \qquad (4.8)$$

其中,d_1 与 d_2 是 $[0,1]$ 上的二进分数。根据 u 的定义,存在 $x^1 \in \mathbb{Q}^N$ 和 $x^2 \in \mathbb{Q}^N$,使得 $u(x^1) = d_1$ 和 $u(x^2) = d_2$,于是

$$\{x \in \mathbb{R}^N \mid u(x) \in [d_1, d_2]\} = \{x \in \mathbb{R}^N \mid u(x^1) \leqslant u(x) \leqslant u(x^2)\}$$
$$= \{x \in \mathbb{R}^N \mid x^2 \succsim x \succsim x^1\} \qquad (4.9)$$

依连续假设可知式 (4.9) 表示的集合是闭集。从而式 (4.8) 表示的集合也是闭集。由此可推出,对于函数 u 而言,闭集的原象是闭集。所以,函数 u 是连续的。□

这个定理的理论价值,就在于明确了利用效用函数表现偏好关系的可能性,但没有给出寻求效用函数的有效方法。可以想见,这是一件很困难的事情。效用函数主要是用来定性地刻画消费行为和分析经济规律,为运用函数分析工具研究经济学打开了通道。

本书假定所论的偏好关系是连续的,从而相应的效用函数也是连续的。

定义 4.8 设 $\succsim$ 是定义在空间 $\mathbb{R}^N$ 上的偏好关系。

(1) 称偏好关系 $\succsim$ 是单调的 (monotonic),如果当 $x^1 \geqslant x^2$ 且 $x^1 \neq x^2$ 时,总有 $x^1 \succ x^2$;

(2) 称偏好关系 $\succsim$ 是凸的 (convex),如果对任意 $x \in \mathbb{R}^N$,集合 $\{y \in \mathbb{R}^N \mid y \succsim x\}$ 是凸集;

(3) 称偏好关系 $\succsim$ 是严格凸的 (strictly convex),如果对任意 $x^1 \in \mathbb{R}^N$, $x^2 \in \mathbb{R}^N$, $x^1 \neq x^2$, $x^1 \succsim x^2$,则有 $\lambda x^1 + (1-\lambda) x^2 \succ x^2$,其中 $0 < \lambda < 1$。

相应地,关于效用函数有如下结论。

命题 4.3 设 u 是表现偏好关系 $\succsim$ 的效用函数,则有

(1) 偏好关系 $\succsim$ 是单调的当且仅当 u 是严格递增函数,即当 $x^1 > x^2$ 时,有 $u(x^1) > u(x^2)$;

(2) 偏好关系 $\succsim$ 是凸的当且仅当 u 是拟凹的函数;

(3) 偏好关系 $\succsim$ 是严格凸的当且仅当 u 是严格拟凹的函数。

这个命题的证明是显而易见的,留给读者去完成。

特别地,偏好关系的严格凸性与相应的无差异曲面的凸性是等价的 (定理 2.28)。在平面上一族严格凸向原点的无差异曲线确定的偏好关系必是严格凸的 (图 4.1)。

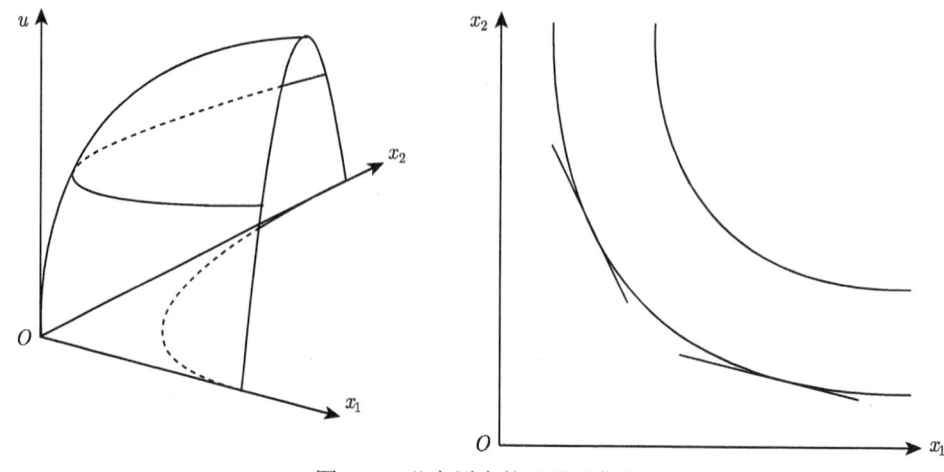

图 4.1 凸向原点的无差异曲线

效用函数的偏导数在数理经济学中有下面的经济解释。

假设效用函数 $u:\mathbb{R}^N \to \mathbb{R}$ 是可微的，则有

$$\frac{\partial u(x)}{\partial x_n} \approx \frac{u(x+te^n)-u(x)}{t} \approx \frac{u(x)-u(x-te^n)}{t}$$

此处 e^n 是第 n 个标准坐标向量。在经济学中常作如下解释：若取 t 为一充分小单位，则

$$u(x+te^n)-u(x) \approx \frac{\partial u(x)}{\partial x_n} \approx u(x)-u(x-te^n)$$

这表明，当商品束 x 中的第 n 种商品增加 (或者减少) 一个 (充分小) 单位时，效用函数 u 的增 (减) 量可视为偏导数 $\dfrac{\partial u(x)}{\partial x_n}$ 的近似值。并称向量 $\left(\dfrac{\partial u(x)}{\partial x_1}, \dfrac{\partial u(x)}{\partial x_2}, \cdots, \dfrac{\partial u(x)}{\partial x_N}\right)$ 为边际效用 (marginal utility)。

当效用函数 u 是可微的凹函数时，偏导函数 $\dfrac{\partial u}{\partial x_n}$ 是单调递减的。在经济学中，称此性质为边际效用递减 (marginal utility diminishing)。它反映了一种普遍规律：当商品数量逐次追加时，效用增量便逐次减少，可见数理经济学中对偏好关系所作的凸性假设并不算是过分苛刻的限制。

以后还要遇到"边际"这个概念，它总是指某函数对自变量的偏导数而言。届时，关于它们的解释均可仿照上述作出。"边际"是瓦尔拉斯[①]等最先提出的，使得微积分学得以介入经济分析，成为数理经济学的有力工具。

---

① 瓦尔拉斯在 1874 年发表了边际理论，并出版了《纯粹政治经济学原理》，标志着洛桑学派的创立。

4.1.3 需求映射

众所周知，消费者的消费行为取决于两方面的考虑，一是希望通过交易获得最大的效用；二是这种交易要受到自身财力的约束。假设他的初始占有是 $\omega \in \mathbb{R}_+^N$，在价格 $p \in \mathbb{R}_+^N$ 是外生指定的情况下，他的财富是 $\xi = p \cdot \omega$。他将在预算集合 $B(p,\omega)$ 中选择使偏好达到最大的商品束，即求解规划：

$$\max \quad u(x) \tag{4.10}$$
$$\text{s.t.} \quad p \cdot x \leqslant p \cdot \omega, \quad x \in X$$

最优解集合为

$$\varphi(p,\omega) = \{x \in B(p,\omega) \mid u(x) \geqslant u(x'), \ x' \in B(p,\omega)\} \tag{4.11}$$

简便地记

$$\varphi(p,\omega) = \text{Argmax}\{u(x) \mid x \in B(p,\omega)\}$$

称 φ 为消费者的需求集合 (demand set)，称 $\varphi : \mathbb{R}_+^N \rightrightarrows X$ 为需求映射 (demand mapping)。特别地，当式 (4.11) 中右端是单点集时，将 Arg 改记成 arg。

命题 4.4 对于任意给定的 $p \gg 0$，则
(1) 需求集合 $\varphi(p,\omega)$ 是非空紧集；
(2) 对于实数 $\lambda > 0$，$\varphi(\lambda p, \omega) = \varphi(p,\omega)$；
(3) 当 $\min\{p \cdot x \mid x \in X\} < p \cdot \omega$ 时，需求映射 φ 在点 p 处是上半连续的。

证明 (1) 因为 $p \gg 0$，从而，$\underline{p} = \min\{p_1, p_2, \cdots, p_N\} > 0$，任取 $x \in B(p,\omega)$，有

$$0 \leqslant p_n x_n \leqslant \sum_{n=1}^N p_n x_n \leqslant p \cdot \omega$$

所以

$$0 \leqslant x_n \leqslant \frac{p \cdot \omega}{\underline{p}}, \qquad n = 1, 2, \cdots, N$$

可见，$B(p,\omega)$ 是有界闭集。从而，连续函数 u 在预算集合 $B(p,\omega)$ 必达到最大，于是 $\varphi(p,\omega)$ 是非空集合，显然它是 $B(p,\omega)$ 中的闭集，因此 $\varphi(p,\omega)$ 是紧集。

(2) 因为 $B(\lambda p, \omega) = \{x \in X \mid \lambda p \cdot x \leqslant \lambda p \cdot \omega\} = \{x \in X \mid p \cdot x \leqslant p \cdot \omega\} = B(p,\omega)$，所以

$$\varphi(\lambda p, \omega) = \text{Argmax}\{u(x) \mid x \in B(\lambda p, \omega)\} = \text{Argmax}\{u(x) \mid x \in B(p,\omega)\} = \varphi(p,\omega)$$

(3) 由定理 4.2 可知，预算映射 $B : \mathbb{R}_+^N \rightrightarrows X$ 是连续的，再由定理 4.1 便知，需求映射 $\varphi : \mathbb{R}_{++}^N \rightrightarrows X$ 是上半连续的。 □

命题 4.5
(1) 如果效用函数 u 是拟凹的,则需求集合 $\varphi(p,\omega)$ 是凸集;
(2) 如果效用函数 u 是严格拟凹的,则需求集合 $\varphi(p,\omega)$ 是单点集。

证明 (1) 对任意 $x' \in B(p,\omega)$,集合 $\{x \in B(p,\omega) \mid u(x) \geqslant u(x')\}$ 是凸集。所有如此的凸集之交恰好是集合 $\varphi(p,\omega)$,故它也是凸集。

(2) 若存在 $x^1 \in \varphi(p,\omega)$ 和 $x^2 \in \varphi(p,\omega)$ 使得 $x^1 \neq x^2$。由于 $x^1 \sim x^2$,函数 u 的严格拟凹性推出 $u\left(\frac{1}{2}x^1 + \frac{1}{2}x^2\right) > u(x^1)$。又 $\frac{1}{2}x^1 + \frac{1}{2}x^2 \in B(p,\omega)$,这表明在预算集 B 中找到了比 x^1 "更好"的商品束 $\frac{1}{2}x^1 + \frac{1}{2}x^2$,这与 $x^1 \in \varphi(p,\omega)$ 相矛盾。 □

命题 4.5 告诉我们,当效用函数 $u(x)$ 是严格拟凹的时,需求映射 $\varphi:\mathbb{R}_{++}^N \rightrightarrows X$ 便是普通的映射。

命题 4.6 假设偏好关系是单调的 [即当 $x^1 \leqslant x^2$ 且 $x^1 \neq x^2$ 时,有 $u(x^1) < u(x^2)$] 且消费集 $X = \mathbb{R}_+^N$,则对任何 $x \in \varphi(p,\omega)$,有 $p \cdot x = p \cdot \omega$。

证明 否则,即 $x \in \varphi(p,\omega)$,$p \cdot x < p \cdot \omega$。显然,可找到 $\hat{x} \in X$,使得 $x \leqslant \hat{x}$,$x \neq \hat{x}$,且 $p \cdot \hat{x} \leqslant p \cdot \omega$,从而 $\hat{x} \in B(p,\omega)$。由偏好关系的单调性,则有 $u(x) < u(\hat{x})$。这与 $x \in \varphi(p,\omega)$ 相矛盾。 □

通常称集合 $\{x \in X \mid p \cdot x = p \cdot \omega\}$ 为预算平面 (budget plane) (图 4.2)。这个命题是说,当偏好关系是单调的时,需求集合位于预算平面上。

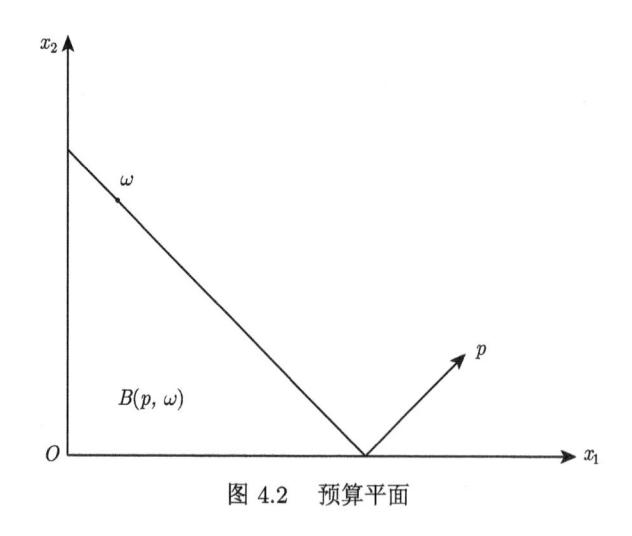

图 4.2 预算平面

定理 4.5 假设消费集 $X = \mathbb{R}_+^N$,偏好关系是单调且严格凸的,$p^k \in \mathbb{R}_{++}^N$,$p^k \to \bar{p}$,则

4.1 消费者的选择

(1) 如果 $\bar{p}_n > 0$，则 $\{\varphi_n(p^k, \omega)\}$ 是有界序列；

(2) 如果 $\bar{p} \in \partial \mathbb{R}_+^N$ 且 $\bar{p} \cdot \omega > 0$，则①

$$\lim_{k \to \infty} \|\varphi(p^k, \omega)\|_1 = \lim_{k \to \infty} \sum_{n=1}^{N} \varphi_n(p^k, \omega) = +\infty$$

证明 (1) 因为 $\{p^k; k = 1, 2, \cdots\}$ 是有界的，即存在 $M > 0$，使得 $p_n^k \leqslant M$ ($n = 1, 2, \cdots, N; k = 1, 2, \cdots$)。又因 $\bar{p}_n > 0$，故存在 $\delta > 0$，使得 $p_n^k > \delta$（对充分大的 k），于是有

$$p_n^k \varphi_n(p^k, \omega) \leqslant p^k \cdot \varphi(p^k, \omega) = p^k \cdot \omega \leqslant M \|\omega\|_1$$

从而，

$$\varphi_n(p^k, \omega) \leqslant \frac{M \|\omega\|_1}{\delta}$$

由此可推出结论 (1)。

(2) 用反证法。若结论不真，则 $\{\varphi(p^k, \omega); k = 1, 2, \cdots\}$ 必有有界子列，从而有收敛子列，不妨设 $\varphi(p^k, \omega) \to x \in B(\bar{p}, \omega)$。这将导致 $x = \varphi(\bar{p}, \omega)$。事实上，对任何 $x' \in B(\bar{p}, \omega)$，有 $\bar{p} \cdot x' \leqslant \bar{p} \cdot \omega$，从而对 $0 < \lambda < 1$，必有 $\bar{p} \cdot (\lambda x') \leqslant \bar{p} \cdot \omega$（因为 $\bar{p} \cdot \omega > 0$）。因此，对充分大的 k，有 $p^k \cdot (\lambda x') < p^k \cdot \omega$，于是，$\lambda x' \in B(p^k, \omega)$。由此推出 $u(\lambda x') \leqslant u(\varphi(p^k, \omega))$，再由函数 u 的连续性，便得 $u(\lambda x') \leqslant u(x)$，$u(x') \leqslant u(x)$，可见 $x = \varphi(\bar{p}, \omega)$。另外，由于 $\bar{p} \in \partial \mathbb{R}_+^N$，即有某 $\bar{p}_n = 0$，从而

$$\bar{p} \cdot (x + e^n) = \bar{p} \cdot x = \bar{p} \cdot \omega$$

故 $x + e^n \in B(\bar{p}, \omega)$，由偏好的单调性推出 $u(x + e^n) > u(x)$，这与 $x = \varphi(\bar{p}, \omega)$ 相矛盾。 □

例 4.1 考察柯布-道格拉斯效用函数 $u : \mathbb{R}_+^3 \to \mathbb{R}$，

$$u(x_1, x_2, x_3) = x_1^{\alpha_1} x_2^{\alpha_2} x_3^{\alpha_3}, \qquad 0 < \alpha_n < 1, \quad \sum_{n=1}^{3} \alpha_n < 1$$

所对应的需求函数 $\varphi(p, \omega)$。

解 应用 2.4 节的理论，可以验证函数 u 是严格凹的。

为求需求函数 $\varphi(p, \omega)$，须解约束极值问题

$$\max \ u(x)$$

---

① 此处范数 $\|x\|_1 = \sum_{n=1}^{N} |x_n|$。

$$\text{s.t.} \ p \cdot x = p \cdot \omega, \quad x \geqslant 0$$

由定理 2.34 存在常数 λ，使得最优解 $x = \begin{pmatrix} x_1 \\ x_2 \\ x_3 \end{pmatrix}$ 满足

$$\begin{cases} \dfrac{\partial u}{\partial x_n} = \lambda p_n, & n = 1, 2, 3 \\ p \cdot x = p \cdot \omega \end{cases}$$

由此可解出

$$x = \varphi(p, \omega) = \frac{p \cdot \omega}{\alpha_1 + \alpha_2 + \alpha_3} \begin{pmatrix} \dfrac{\alpha_1}{p_1} \\ \dfrac{\alpha_2}{p_2} \\ \dfrac{\alpha_3}{p_3} \end{pmatrix}$$

这便是需求函数，容易用此例验证定理 4.5。

4.2　消费行为分析

本节假设消费者的消费集合是 $\mathbb{R}_+^N$，效用函数 $u : \mathbb{R}_+^N \to \mathbb{R}$ 满足如下条件：

(1) u 是二次连续可微的严格拟凹函数；

(2) 对于任意 $x \in \mathbb{R}_+^N$，$Du(x) = \begin{pmatrix} \dfrac{\partial u(x)}{\partial x_1} \\ \dfrac{\partial u(x)}{\partial x_2} \\ \vdots \\ \dfrac{\partial u(x)}{\partial x_N} \end{pmatrix} \in \mathbb{R}_{++}^N$，于是，效用函数 u 满

足严格递增性条件。

假设消费者的初始占有 $\omega \in \mathbb{R}_+^N$，$\omega \neq 0$。对于价格 $p \in \mathbb{R}_{++}^N$，他的财富 $\xi = p \cdot \omega$。那么，他的最优消费选择就是如下问题的解：

$$\begin{aligned} &\max \quad u(x) \\ &\text{s.t.} \quad p \cdot x = \xi, \quad x \in \mathbb{R}_+^N \end{aligned} \tag{4.12}$$

4.2 消费行为分析

由 4.1 节的讨论,问题 (4.12) 的解确定了函数 $x = f(p,\xi) = \mathrm{argmax}\{u(x) \mid p \cdot x = \xi, x \in \mathbb{R}_+^N\}$; $f: \mathbb{R}_{++}^N \times \mathbb{R}_+ \to \mathbb{R}_+^N$ 称为消费者的需求函数 (demand function)。

4.2.1 需求函数的可微性

命题 4.7 需求函数 $f(p,\xi)$ 关于 (p,ξ) 是 0 阶齐次的,即对任意 $\mu > 0$,有 $f(p,\xi) = f(\mu p, \mu \xi)$。

这表明,价格 p 和收入 ξ 会同时增大或者减小 μ 倍,需求不会改变,在经济学中,称此为无货币幻觉 (no money illusion)。

根据拉格朗日定理,存在常数 $\lambda = \lambda(p,\xi)$,构作范式 $L(x,\lambda,p,\xi) = u(x) - \lambda(p \cdot x - \xi)$,则需求函数 $x = f(p,\xi)$ 满足方程

$$\begin{cases} 0 = \dfrac{\partial L}{\partial x_n} = \dfrac{\partial u(x)}{\partial x_n} - \lambda p_n, \qquad n = 1, 2, \cdots, N \\ 0 = \dfrac{\partial L}{\partial \lambda} = \xi - p \cdot x \end{cases} \qquad (4.13)$$

由式 (4.13) 推出

$$\frac{u_1'}{p_1} = \frac{u_2'}{p_2} = \cdots = \frac{u_N'}{p_N} = \lambda$$

此处 $u_n' = \dfrac{\partial u(f(p,\xi))}{\partial x_n}$。这表明边际效用 u_n' 与 p_n 之比总等于常值 λ,从而边际效用大的商品对应的价格要高。由于

$$\frac{u_n'}{u_{n'}'} = \frac{p_n}{p_{n'}}$$

可见,为使效用达到最大,应使消费品的边际效用之比等于它们的价格之比。

如上所述,在点 $x = f(p,\xi)$ 处,效用函数 u 的梯度向量 $\nabla u = \begin{pmatrix} u_1' \\ u_2' \\ \vdots \\ u_N' \end{pmatrix}$ 与价格向量 $p = \begin{pmatrix} p_1 \\ p_2 \\ \vdots \\ p_N \end{pmatrix}$ 是平行的。由微分学的知识可知,函数 u 的过点 $x = f(p,\xi)$

的无差别曲面的切平面与梯度向量 ∇u 相垂直，从而，该切平面也与价格向量 p 相垂直。另外，点 $x = f(p, \xi)$ 位于预算平面 $p \cdot x = \xi$ 上，而且预算平面也与价格向量 p 相垂直。所以，函数 u 过点 $x = f(p, \xi)$ 的无差别曲面与预算平面相切 (图 4.3)。于是，我们证明了下面的命题。

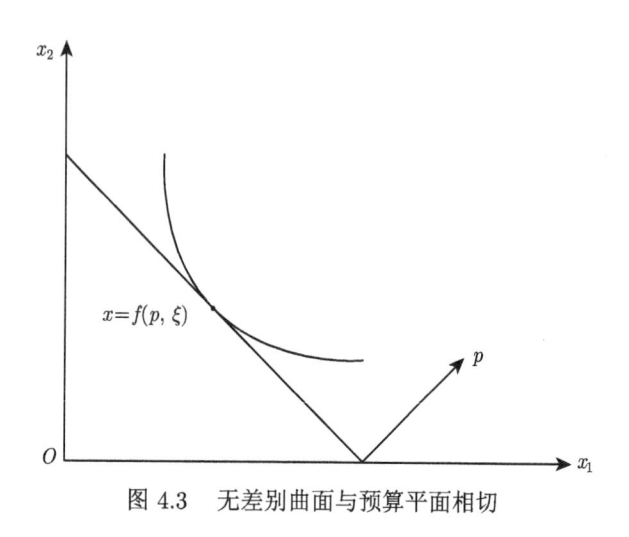

图 4.3　无差别曲面与预算平面相切

命题 4.8　商品束 $\bar{x}$ 是最优的当且仅当效用函数 u 的过点 $\bar{x}$ 的无差别曲面与预算平面 $p \cdot x = \xi$ 在点 $\bar{x}$ 处相切。

式 (4.13) 右端是一个含 (x, λ, p, ξ) 的函数，它对于变量 (x, λ) 的偏导数矩阵为

$$\begin{pmatrix} D^2 u(x) & p \\ p^{\mathrm{T}} & 0 \end{pmatrix} = \begin{pmatrix} \dfrac{\partial^2 u(x)}{\partial x_1^2} & \cdots & \dfrac{\partial^2 u(x)}{\partial x_1 \partial x_N} & p_1 \\ \vdots & & \vdots & \vdots \\ \dfrac{\partial^2 u(x)}{\partial x_N \partial x_1} & \cdots & \dfrac{\partial^2 u(x)}{\partial x_N^2} & p_N \\ p_1 & \cdots & p_N & 0 \end{pmatrix} \quad (4.14)$$

如果矩阵 (4.14) 是满秩的 (秩为 $N + 1$)，则由隐函数定理可知，函数 $f(p, \xi)$ 是可微的，于是便有以下定理。

定理 4.6　如果矩阵

$$\begin{pmatrix} D^2 u(x) & p \\ p^{\mathrm{T}} & 0 \end{pmatrix}$$

在 $x=f(p,\xi)$ 处是满秩的,则需求函数 $f(p,\xi)$ 是可微的。

进一步,考察实现矩阵 (4.14) 满秩的条件。

引理 4.1 设 A 是 $N\times N$ 矩阵,$q\in\mathbb{R}^N$,$q\neq 0$,则扩展矩阵

$$M=\begin{pmatrix} A & q \\ q^T & 0 \end{pmatrix}$$

是满秩的充要条件是对任何 $z\in\{z\in\mathbb{R}^N\mid z\neq 0, q^T z=0\}$,总有 $z^T A z\neq 0$。

证明 先证充分性。考察方程

$$\begin{pmatrix} A & q \\ q^T & 0 \end{pmatrix}\begin{pmatrix} z \\ r \end{pmatrix}=0 \quad \text{即} \quad \begin{cases} Az+rq=0 \\ q^T z=0 \end{cases} \tag{4.15}$$

如果 $z\neq 0$,则有 $z^T A z=-rz^T q=0$,此与假设矛盾。如果 $z=0$,$r\neq 0$,则 $q=0$,这不可能。可见,方程 (4.15) 仅有零解,故矩阵 M 是满秩的。

再证必要性。矩阵 M 是满秩的,方程 (4.15) 仅有零解。对任何 $z\neq 0$ 满足 $q^T z=0$ 必有 $Az+rq\neq 0$,因此 $z^T A z\neq -rz^T q=0$。 $\square$

定理 4.7 如果效用函数 $u:\mathbb{R}_+^N\to\mathbb{R}$ 满足条件:

(1) u 是二次连续可微函数;

(2) 对任何 $x\in\mathbb{R}_+^N$,$Du(x)\in\mathbb{R}_{++}^N$;

(3) 对任何 $x\in\mathbb{R}_+^N$ 与 $z\in\{z\in\mathbb{R}_+^N\mid z\neq 0, [Du(x)]^T z=0\}$,$z^T D^2 u(x)z<0$。

则需求函数 $f(p,\xi)$ 在 $\mathbb{R}_{++}^N\times\mathbb{R}_+$ 上是可微函数。

证明 由式 (4.13) 可知

$$\lambda p=Du(f(p,\xi))$$

为验证矩阵 (4.14) 是满秩的,等价于验证矩阵

$$\begin{pmatrix} D^2 u(x) & Du(x) \\ (Du(x))^T & 0 \end{pmatrix} \tag{4.16}$$

在 $x=f(p,\xi)$ 处是满秩的。视 $q=Du(x)$,则矩阵 (4.16) 满足引理 4.1,因此矩阵 (4.16) 是满秩的,于是由定理 4.6 便可证明本定理。 $\square$

这个定理将在第 6、第 7 章经常引用,定理中的条件可以被许多严格拟凹函数实现 (定理 2.29)。本节总假设定理 4.7 的条件成立。

4.2.2 需求基本方程

现在要研究的问题是：当赋予 (p,ξ) 以增量 $(\mathrm{d}p,\mathrm{d}\xi)$ 时，需求函数 $x=f(p,\xi)$ 的变化情况。也就是说，要对两种状况进行比较，所以称此为消费者的静态比较分析。

设 (p,ξ) 有增量 $(\mathrm{d}p,\mathrm{d}\xi)$，由式 (4.13)，则有

$$\sum_{n=1}^{N}\frac{\partial^{2}u(f(p,\xi))}{\partial x_{n}\partial x_{n'}}\mathrm{d}f_{n}-\lambda\mathrm{d}p_{n'}-p_{n'}\mathrm{d}\lambda=0,\qquad n'=1,2,\cdots,N \quad (4.17\mathrm{a})$$

$$\mathrm{d}\xi-\sum_{n=1}^{N}p_{n}\mathrm{d}f_{n}-\sum_{n=1}^{N}f_{n}\mathrm{d}p_{n}=0 \quad (4.17\mathrm{b})$$

把式 (4.17) 写成矩阵形式，便得到需求的基本矩阵方程：

$$\begin{pmatrix} D^{2}u(x) & p \\ p^{\mathrm{T}} & 0 \end{pmatrix}\begin{pmatrix} \mathrm{d}f \\ -\mathrm{d}\lambda \end{pmatrix}=\begin{pmatrix} \lambda I_{N} & 0 \\ -f^{\mathrm{T}} & 1 \end{pmatrix}\begin{pmatrix} \mathrm{d}p \\ \mathrm{d}\xi \end{pmatrix} \quad (4.18)$$

其中，$D^{2}u(x)$ 是效用函数 u 在 $x=f(p,\xi)$ 处的黑塞矩阵，I_{N} 是 $N\times N$ 单位矩阵，$f=\begin{pmatrix} f_{1} \\ f_{2} \\ \vdots \\ f_{N} \end{pmatrix}$ 是需求函数 $f(p,\xi)$ 的转置向量，式 (4.18) 由 $N+1$ 个方程组成。

对函数 $f(p,\xi)$ 及 $\lambda(p,\xi)$ 求微分，得到

$$\mathrm{d}f_{n}=\sum_{n'=1}^{N}\frac{\partial f_{n}}{\partial p_{n'}}\mathrm{d}p_{n'}+\frac{\partial f_{n}}{\partial \xi}\mathrm{d}\xi,\qquad n=1,2,\cdots,N \quad (4.19\mathrm{a})$$

$$\mathrm{d}\lambda=\sum_{n'=1}^{N}\frac{\partial\lambda}{\partial p_{n'}}\mathrm{d}p_{n'}+\frac{\partial\lambda}{\partial \xi}\mathrm{d}\xi \quad (4.19\mathrm{b})$$

写成矩阵形式

$$\begin{pmatrix} \mathrm{d}f \\ \mathrm{d}\lambda \end{pmatrix}=\begin{pmatrix} J_{p} & f_{\xi} \\ \lambda_{p}^{\mathrm{T}} & \lambda_{\xi} \end{pmatrix}\begin{pmatrix} \mathrm{d}p \\ \mathrm{d}\xi \end{pmatrix} \quad (4.20)$$

4.2 消费行为分析

其中

$$J_p = \left(\frac{\partial f_n}{\partial p_{n'}}\right)_{n,n'}, \quad f_\xi = \begin{pmatrix} \frac{\partial f_1}{\partial \xi} \\ \frac{\partial f_2}{\partial \xi} \\ \vdots \\ \frac{\partial f_N}{\partial \xi} \end{pmatrix}, \quad \lambda_p = \begin{pmatrix} \frac{\partial \lambda}{\partial p_1} \\ \frac{\partial \lambda}{\partial p_2} \\ \vdots \\ \frac{\partial \lambda}{\partial p_N} \end{pmatrix}, \quad \lambda_\xi = \frac{\partial \lambda}{\partial \xi}$$

把式 (4.20) 代入式 (4.18)，再根据微分表达的唯一性，便有

$$\begin{pmatrix} D^2 u(x) & p \\ p^{\mathrm{T}} & 0 \end{pmatrix} \begin{pmatrix} J_p & f_\xi \\ -\lambda_p^{\mathrm{T}} & -\lambda_\xi \end{pmatrix} = \begin{pmatrix} \lambda I_N & 0 \\ -f^{\mathrm{T}} & 1 \end{pmatrix} \quad (4.21)$$

由引理 4.1 可知，左端矩阵是满秩的，而且是对称的。故存在对称逆矩阵

$$\begin{pmatrix} D^2 u(x) & p \\ p^{\mathrm{T}} & 0 \end{pmatrix}^{-1} = \begin{pmatrix} X & \eta \\ \eta^{\mathrm{T}} & \zeta \end{pmatrix}$$

再依式 (4.21) 便推出

$$\begin{pmatrix} J_p & f_\xi \\ -\lambda_p^{\mathrm{T}} & -\lambda_\xi \end{pmatrix} = \begin{pmatrix} X & \eta \\ \eta^{\mathrm{T}} & \zeta \end{pmatrix} \begin{pmatrix} \lambda I_N & 0 \\ -f^{\mathrm{T}} & 1 \end{pmatrix} = \begin{pmatrix} \lambda X - \eta f^{\mathrm{T}} & \eta \\ \lambda \eta^{\mathrm{T}} - \zeta f^{\mathrm{T}} & \zeta \end{pmatrix}$$

所以

$$\eta = f_\xi = \begin{pmatrix} \frac{\partial f_1}{\partial \xi} \\ \frac{\partial f_2}{\partial \xi} \\ \vdots \\ \frac{\partial f_N}{\partial \xi} \end{pmatrix} \quad (4.22\mathrm{a})$$

$$\zeta = -\lambda_\xi = -\frac{\partial \lambda}{\partial \xi} \tag{4.22b}$$

$$J_p = \lambda X - f_\xi f^{\mathrm{T}} \tag{4.22c}$$

注意，这里的 $f_\xi f^{\mathrm{T}}$ 是列向量 f_ξ 与行向量 f^{T} 相乘所得的 $N \times N$ 矩阵，J_p 是需求函数 f 关于价格 p 的雅可比 (Jacobi) 矩阵。

现在，把式 (4.22) 中的结果代入逆矩阵便得到

$$\begin{pmatrix} D^2 u(x) & p \\ p^{\mathrm{T}} & 0 \end{pmatrix} \begin{pmatrix} X & f_\xi \\ f_\xi^{\mathrm{T}} & -\lambda_\xi \end{pmatrix} = \begin{pmatrix} I_N & 0 \\ 0 & 1 \end{pmatrix}$$

于是

$$D^2 u(x) X + p f_\xi^{\mathrm{T}} = I_N \tag{4.23a}$$

$$p^{\mathrm{T}} X = 0 \tag{4.23b}$$

$$D^2 u(x) f_\xi - p \lambda_\xi = 0 \tag{4.23c}$$

$$p^{\mathrm{T}} f_\xi = 1 \tag{4.23d}$$

由此，得到下面的定理。

定理 4.8 在定理 4.7 的假设下，则有

(1) $\sum\limits_{n=1}^{N} p_n \dfrac{\partial f_n}{\partial \xi} = 1$；

(2) $\sum\limits_{n=1}^{N} p_n \dfrac{\partial f_n}{\partial p_{n'}} = -f_{n'}, \quad n' = 1, 2, \cdots, N$。

定理中的结论 (1) 是说，当价格 p 不变时，只是收入 (如工资) ξ 改变了 $\mathrm{d}\xi$，相应地引出需求的改变 $\mathrm{d}f = \begin{pmatrix} \mathrm{d}f_1 \\ \mathrm{d}f_2 \\ \vdots \\ \mathrm{d}f_N \end{pmatrix}$，则有 $p \cdot \mathrm{d}f = \mathrm{d}\xi$，即需求费用的改变量等于收入的改变量。

结论 (2) 是说，仅是第 n' 种商品调价，其余商品价格及收入都保持不变，这也要引起其余每种商品需求量改变，这时

$$\sum_{n \ne n'} p_n \mathrm{d}f_n = -\mathrm{d}(p_{n'} f_{n'})$$

4.2 消费行为分析

表明第 n' 种商品费用的改变量恰好与其余商品费用改变量之和相抵消。

结论 (1) 与 (2) 分别称为恩格尔 (Engel) 总量条件与古诺总量条件。诚然，人们凭借经验也可以识别这些事实，无须如此复杂的数学推导。但是，这里毕竟明晰地给出了需求函数应该满足的条件，这将成为建立需求经济模型的重要依据。而且，与经验相容的理论能够发现事物的更深刻的规律，这些规律单凭经验却是难以识别的。下面的研讨就是例证。

定理 4.9 在定理 4.7 的假设下，令矩阵 $K = J_p + f_\xi f^\mathrm{T}$，则

(1) K 是对称矩阵；

(2) $Kp = 0$；

(3) 当 $y \in \{y \in \mathbb{R}^N \mid y \neq 0, y \neq \alpha p\}$ 时，$y^\mathrm{T} K y < 0$；

(4) 矩阵 K 的秩数 $\mathrm{rank} K = N - 1$。

证明 (1) 由式 (4.22c) 可知，$K = \lambda X$，由于 $\lambda > 0$ 且矩阵 X 是对称的。所以，矩阵 K 也是对称的。

(2) 由式 (4.23b) 可知 $p^\mathrm{T} X = 0$ 且 X 是对称矩阵，故 $Kp = \lambda X p = 0$。

(3) 只须对矩阵 X 验证。由式 (4.23a) 及 $p^\mathrm{T} X = 0$ 可推出

$$X D^2 u(x) X = X - X p f_\xi^\mathrm{T} = X$$

对于 $y \in \mathbb{R}^N$，$y \neq 0$，$y \neq \alpha p$，令 $z = Xy$。因为 $Du(x) = \lambda p$，由式 (4.23b) 便有

$$[Du(x)]^\mathrm{T} z = \lambda p^\mathrm{T} X y = 0$$

而且 $z = Xy \neq 0$。事实上，由结论 (4) 可知，矩阵 X 的秩数 $\mathrm{rank} X = N - 1$，所以方程 $Xy = 0$ 仅有形如 $y = \alpha p$ 的解。换言之，当 $y \neq 0$，$y \neq \alpha p$ 时，有 $z = Xy \neq 0$。由定理 4.7 的假设推出

$$y^\mathrm{T} X y = y^\mathrm{T} X D^2 u(x) X y = z^\mathrm{T} D^2 u(x) z < 0$$

(4) 因为 $Kp = 0$，从而矩阵 K 的秩数 $\mathrm{rank} K \leqslant N - 1$。由式 (4.23a) 可得 $D^2 u(x) X = I_N - p f_\xi^\mathrm{T}$，右端矩阵的秩为 $N - 1$(见本章习题 7)。熟知，$\min\{\mathrm{rank}(D^2 u(x)), \mathrm{rank} X\} \geqslant \mathrm{rank}(D^2 u(x) X) = N - 1$，可见，秩 $\mathrm{rank} K = \mathrm{rank} X \geqslant N - 1$。总之，矩阵 K 的秩 $\mathrm{rank} K = N - 1$。 □

定理中的矩阵 $K = J_p + f_\xi f^\mathrm{T}$ 称为 Slutsky 矩阵，它是俄国经济学家 Slutsky[①]在研究消费理论时首先提出的。这个定理所述结论将在第 6、第 7 章中有重要应用。

---

① Slutsky E (1880–1948)，俄国经济学家。

4.2.3 替代效应和收入效应

由式 (4.20) 可得

$$\mathrm{d}f = (K - f_\xi f^\mathrm{T})\mathrm{d}p + f_\xi \mathrm{d}\xi = K\mathrm{d}p + f_\xi(\mathrm{d}\xi - f^\mathrm{T}\mathrm{d}p) \tag{4.24}$$

其中, $\mathrm{d}\rho \equiv \mathrm{d}\xi - f^\mathrm{T}\mathrm{d}p$ 表示收入增量扣除需求 $f(p,\xi)$ 的费用增量 (因价格改变而引起的)。于是, 想到下面的结论是很自然的。

命题 4.9 $\mathrm{d}\rho = 0$ 当且仅当效用水平不变, 即 $u(f + \mathrm{d}f) = u(f)$。

证明 事实上, 由式 (4.17) 可知, $\mathrm{d}\xi - f^\mathrm{T}\mathrm{d}p = p^\mathrm{T}\mathrm{d}f$。所以 $\mathrm{d}\rho = 0$ 等价于 $p^\mathrm{T}\mathrm{d}f = 0$。再由式 (4.13), 有 $\dfrac{\partial u(f(p,\xi))}{\partial x_n} = \lambda p_n$, 于是,

$$\mathrm{d}u = \sum_{n=1}^{N} \frac{\partial u(f(p,\xi))}{\partial x_n}\mathrm{d}f_n = \sum_{n=1}^{N} \lambda p_n \mathrm{d}f_n = 0$$

可见, $u(f + \mathrm{d}f) = u(f)$, 即效用水平不变。 □

式 (4.24) 右端第一项和第二项分别称为替代效应 (substitution effect) 和收入效应 (income effect), 也就是说, 需求的改变量是替代效应与收入效应合成的结果。为了弄清这些效应的实际含义, 有必要进一步考察矩阵 K。令 p 的增量 $\mathrm{d}p$ 取作 $\mathrm{d}p_n \neq 0$, $\mathrm{d}p_{n'} = 0$ ($n' \neq n$), 且取 $\mathrm{d}\xi = f_n(p,\xi)\mathrm{d}p_n$, 从而 $\mathrm{d}\rho = 0$。由于价格和收入的改变必然引起需求由 f 变到 $f + \mathrm{d}f$, 但是效用水平不变。这时增量比 $\dfrac{\mathrm{d}f_{n'}}{\mathrm{d}p_n}$ 便是矩阵 K 的元 $k_{n'n}$。注意, $k_{n'n}$ 不是通常的偏导数 $\dfrac{\partial f_{n'}}{\partial p_n}$。特别地, 记 $k_{n'n} = \left(\dfrac{\partial f_{n'}}{\partial p_n}\right)_{u\text{不变}}$, 于是, 由 K 的定义有

$$\left(\frac{\partial f_{n'}}{\partial p_n}\right)_{u\text{不变}} = \frac{\partial f_{n'}}{\partial p_n} + f_n \frac{\partial f_{n'}}{\partial \xi} \quad n, n' = 1, 2, \cdots, N$$

称此为 Slutsky 方程。

考察二维情形 ($N = 2$), 在价格及收入为 (p, ξ) 时, 预算线为 $\varGamma$ (图 4.4), 需求商品束为 T。若价格有增量 $\mathrm{d}p_1 > 0$, 则 $\mathrm{d}p_2 = 0$, 而收入不变, 即 $\mathrm{d}\xi = 0$。预算线为 $\varGamma'$, 需求商品束为 N。这表明, 仅是价格上涨, 将导致效用水平下降。如果收入也发生变化, 使得增量 $\mathrm{d}\xi = f^\mathrm{T}\mathrm{d}p$, 则收入的增量 $\mathrm{d}\xi$ 冲消了因价格上涨引起的费用增量 $f^\mathrm{T}\mathrm{d}p$, 使得需求商品束 $f + \mathrm{d}f$ 维持在原效用水平上, 即需求商品束移到 Q。这正说明, 在调整物价上涨的同时, 必须给消费者以补贴, 才能保证他们的效用水平不至于下降。

4.2 消费行为分析

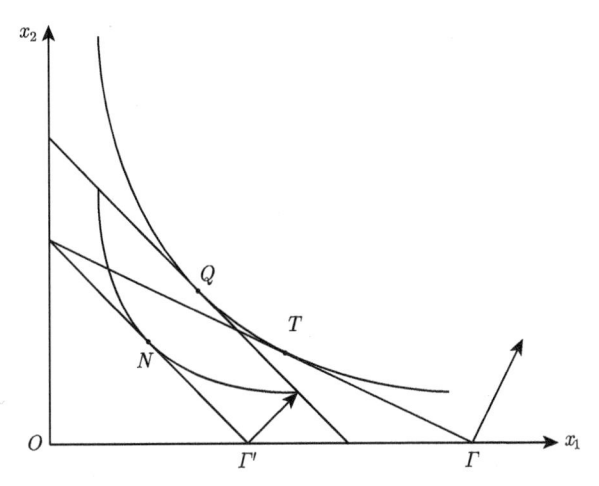

图 4.4 价格变动与收入变动产生的效用水平变动

命题 4.10 在定理 4.7 的假设下，有

(1) $\left(\dfrac{\partial f_n}{\partial p_n}\right)_{u\text{不变}} < 0, n = 1, 2, \cdots, N$；

(2) $\dfrac{\partial f_n}{\partial p_{n'}} + f_{n'}\dfrac{\partial f_n}{\partial \xi} = \dfrac{\partial f_{n'}}{\partial p_n} + f_n\dfrac{\partial f_{n'}}{\partial \xi}, n, n' = 1, 2, \cdots, N$。

证明 这是定理 4.9 的结论 (1) 及结论 (3) 的推论。 □

由此命题即知

$$\dfrac{\partial f_n}{\partial p_n} + f_n\dfrac{\partial f_n}{\partial \xi} < 0, \qquad n = 1, 2, \cdots, N \tag{4.25}$$

下面考察其中各项的符号。

(1) 如果 $\dfrac{\partial f_n}{\partial \xi} > 0$，且 $f_n > 0$，则称第 n 种商品为优质品 (superior product)。对于优质品，仅是收入增加时，对它的需求量也增加。由式 (4.25) 可知，此时必有 $\dfrac{\partial f_n}{\partial p_n} < 0$。这表明，优质品的价格上涨 (或者下跌)，它的需求量必然下降 (或者上升)。

(2) 如果 $\dfrac{\partial f_n}{\partial \xi} < 0$，且 $f_n > 0$，则称第 n 种商品为劣质品 (inferior product)。对于劣质品，仅是收入增加时，对它的需求量却减少。由式 (4.25) 可知，$\dfrac{\partial f_n}{\partial p_n}$ 可正可负。有趣的是 $\dfrac{\partial f_n}{\partial p_n} > 0$ 的情形。这种劣质品的价格上涨时，它的需求量也上升。这就是吉芬 (Giffen) 在研究爱尔兰的马铃薯销售情况 (19 世纪) 发现的怪现

象，后人称为吉芬效应。那时，马铃薯是劣质品，但多数人都食用它。当它的价格上涨时，使多数人的支付增加，收入减少，没有可能消费优质食品，不得不更多消费马铃薯这种劣质品。

由定理 4.8(1) 可知，至少有第 n 种商品使得 $\dfrac{\partial f_n}{\partial \xi} > 0$，从而它是优质品。换言之，对任何消费者来说，不可能每种商品都是劣质品。

4.3 生产者的选择

4.3.1 生产函数

生产活动是经济活动的重要环节。关于生产活动的数学描述，经历了由简到繁的发展过程。本节将从生产函数入手获得生产活动的某些知识，进而研究一般的生产活动所应具有的性质。

生产者的决策变量可分为两大类：一类是投入变量，其中包括设备、原料和劳务等；另一类是产出变量，是指通过生产或者加工所提供的商品。加工可以包括运输、保管和服务等。联系投入和产出的是工艺技术过程，用数学语言来表述，就是说在投入和产出之间存在着一个变换。最简单的就是单一产出的情形。

现有某个单一产品的工艺技术过程，需要 M 种物品作为投入。给定投入 $x \in \mathbb{R}_+^M$，产出的最大量为 y，则 y 与 x 之间确定了一种函数关系，称为生产函数 (production function)，记作 $y = f(x) = f(x_1, x_2, \cdots, x_M)$。

引进集合

$$\mathbb{T} = \{(y, x) \mid 0 \leqslant y \leqslant f(x), x \in D\} \tag{4.26}$$

其中，$D \subseteq \mathbb{R}^M$ 是闭凸集，表示所有可能的投入方案所构成的集合，而 (y, x) 表示一种可能的生产计划或者称作生产活动 (production activity)。当投入是 $x = \begin{pmatrix} x_1 \\ x_2 \\ \vdots \\ x_M \end{pmatrix} \in D$ 时，产出量 y 可能达到 $f(x)$，也可能小于 $f(x)$(如由于浪费而引起的产量减少)，称集合 $\mathbb{T}$ 为生产可能集 (production possible set)，或者简称生产集 (production set)。

类似于效用函数的无差别曲面，下面引进等产量曲面

$$\Gamma_y = \{x \in D \mid f(x) = y\} \tag{4.27}$$

4.3 生产者的选择

这表明，Γ_y 中的两种不同的投入方案，其产出最大量都是 y。

例 4.2 里昂惕夫生产函数

$$y = \min\left\{\frac{x_1}{\alpha_1}, \frac{x_2}{\alpha_2}\right\}, \quad \alpha_1 > 0, \quad \alpha_2 > 0 \tag{4.28}$$

描述了一个工艺技术过程。只有当投入 x_1 和 x_2 按固定的比例 $\alpha_1 : \alpha_2$ 增加时，产出量才会增加，单独地只增加其中一种投入，并不会使产出量改变，这个生产函数的等产量曲面呈 L 形状 (图 4.5)，由此可知，当要求产量保持不变时，增加一种投入的数量并不能使另一种投入量减少，即无"替代性"。

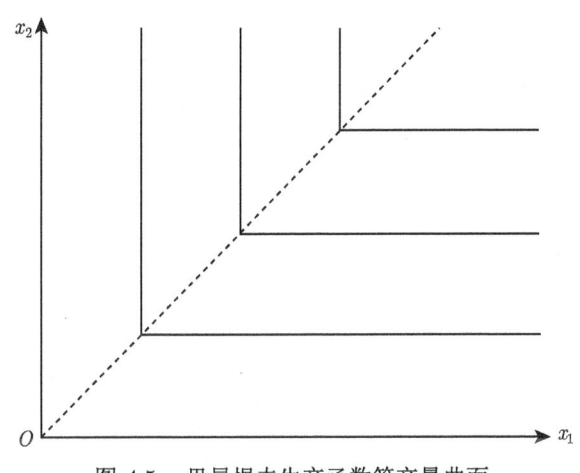

图 4.5 里昂惕夫生产函数等产量曲面

如果生产函数 $y = f(x)$ 是充分光滑的，具有连续的二阶偏导数，类似于边际效用的考虑，生产函数 $y = f(x)$ 的偏导数

$$\frac{\partial f}{\partial x_m}(x) \approx \frac{f(x + te^m) - f(x)}{t}$$

定义为第 m 种投入的边际产量 (marginal production)。它表示仅仅是第 m 种投入增加 (充分小) 1 单位数量使产量获得的改变量。

当产量保持不变时，生产函数的微分 $\mathrm{d}y = 0$(相当于沿等产量曲面的微分)，即

$$0 = \mathrm{d}y = \sum_{m=1}^{M} f'_m(x)\mathrm{d}x_m$$

其中，$f'_m(x) = \dfrac{\partial f(x)}{\partial x_m}$。特别地，当 $\mathrm{d}x_k = 0$，$k \ne m, m'$，$\mathrm{d}x_{m'} \ne 0$ 时，有

$$-\frac{\mathrm{d}x_m}{\mathrm{d}x_{m'}} = \frac{f'_{m'}}{f'_m} \tag{4.29}$$

称 $-\dfrac{\mathrm{d}x_m}{\mathrm{d}x_{m'}}$ 为第 m' 种投入替代第 m 种投入的边际替代率 (marginal rate of substitution)。它的近似值可以这样计算：当第 m' 种投入减少 (充分小) 1 单位数量时，为保持原产量不变应该增加第 m 种投入的数量。

例 4.3 著名的柯布-道格拉斯生产函数[①]

$$y = AK^\alpha L^{1-\alpha}, \qquad 0 < \alpha < 1$$

其中，y 表示产值，K 表示资本，L 表示劳动力，这个函数具有如下性质：

(1) 一阶齐次的；
(2) 边际产量递减；
(3) 边际替代率递减。

证明 (1) 显然。

(2) 边际产量

$$\frac{\partial y}{\partial K} = \alpha A K^{\alpha-1} L^{1-\alpha}, \qquad \frac{\partial y}{\partial L} = (1-\alpha) A K^\alpha L^{-\alpha}$$

注意 $0 < \alpha < 1$，不难证明边际产量递减。由此可知，随着投入量的增加，单位投入量对产出的贡献逐渐减少。

(3) 边际替代率

$$-\frac{\mathrm{d}K}{\mathrm{d}L} = \frac{\dfrac{\mathrm{d}y}{\mathrm{d}L}}{\dfrac{\mathrm{d}y}{\mathrm{d}K}} = \frac{1-\alpha}{\alpha} \frac{K}{L}$$

再计算边际替代率的导数

$$\frac{\mathrm{d}}{\mathrm{d}L}\left(-\frac{\mathrm{d}K}{\mathrm{d}L}\right) = \frac{1-\alpha}{\alpha} \frac{\mathrm{d}}{\mathrm{d}L}\left(\frac{K}{L}\right) = \frac{1-\alpha}{\alpha} \frac{1}{L}\left(\frac{\mathrm{d}K}{\mathrm{d}L} - \frac{K}{L}\right) = \frac{\alpha-1}{\alpha^2} \frac{K}{L^2} < 0$$

由此可见边际替代率递减。这表明等产量曲线在每点的切线斜率为负值且绝对值是递减的，所以该曲线是凸向原点的 (图 4.6)，这个规律有明显的经济解释：当劳

[①] 1982 年，美国经济学家道格拉斯和数学家柯布联合发表论文，利用这个函数依据美国 1899~1922 年的统计资料对美国经济增长进行了分析。

4.3 生产者的选择

力投入 L 已经很大时，为保持产量不变，再增加 1 单位劳力投入只能替代较少的资本投入 K。 □

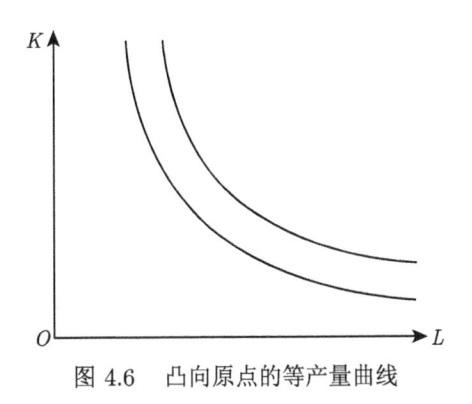

图 4.6　凸向原点的等产量曲线

当生产函数 $y = f(x)$ 具有一阶齐次性时，对任何实数 $\lambda > 0$，都有 $f(\lambda x) = \lambda f(x)$。这表明，各种投入都扩大 λ 倍，则产出也扩大 λ 倍。经济学中，称这样的生产活动是规模效益不变 (constant returns to scale)。例 4.3 中的生产函数 $y = AK^\alpha L^{1-\alpha}$ 所描述的生产活动就是规模效益不变。

一阶齐次的生产函数所确定的生产集合呈锥形 (图 4.7)，集合的边界面都由直线编织而成。与这种情形形成对照的是，如果对任意实数 $\lambda > 1$，总有 $f(\lambda x) < \lambda f(x)$ [或者 $f(\lambda x) > \lambda f(x)$]。则称这样的生产活动是规模效益递减 (decreasing returns to scale) [或者规模效益递增 (increasing returns to scale)]。

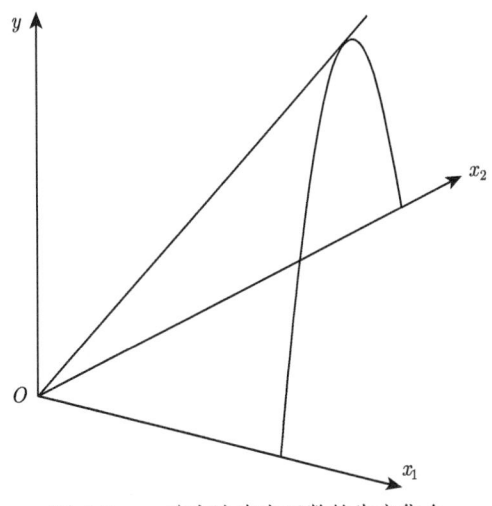

图 4.7　一阶齐次生产函数的生产集合

例 4.4 对于广义柯布-道格拉斯生产函数

$$y = f(K, L) = AK^\alpha L^\beta \qquad \alpha > 0, \quad \beta > 0$$

则有 $f(\lambda K, \lambda L) = \lambda^{\alpha+\beta} f(K, L)$。可见，当 $\alpha + \beta < 1$(或者 > 1) 时，生产函数 $f(K, L)$ 是规模效益递减 (或者递增)，即劳动力和资本投入扩大 λ 倍，则产量扩大的倍数 $\lambda^{\alpha+\beta}$ 小 (大) 于 λ。此时，生产集合 $\mathbb{T}$ 的剖面 (沿 $L = K$) 形状可参见图 4.8。特别地，当 $\alpha + \beta \leqslant 1$ 时，即规模效益不变或者递减情形。这是一种相当普遍的生产活动的典型，考察一下它的生产集合 $\mathbb{T}$ 对以后的研究是有启发性的。首先，集合 $\mathbb{T}$ 是闭凸集，其次如果 $(y; K, L) \in \mathbb{T}$，且 $(K', L') \geqslant (K, L)$，则 $(y; K', L') \in \mathbb{T}$，此即"自由处置"(free disposal) 性质，即增加投入可以不影响原来的生产活动，只须把投入中新增加的部分"自由处置"即可。

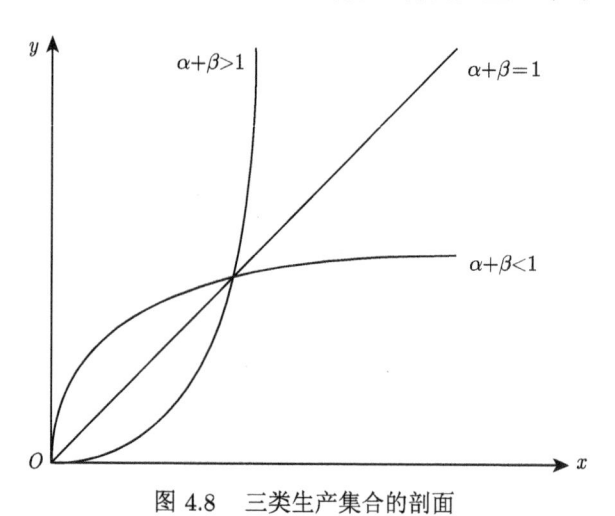

图 4.8 三类生产集合的剖面

4.3.2 最优生产计划的确定

下面考察生产者的决策。为简单起见，设产出是单一产品，投入有 N 种商品。产出和投入的数量用 $(y; x) = (y; x_1, x_2, \cdots, x_N)$ 来表示，价格用 $(p; q) = (p; q_1, q_2, \cdots, q_N)$ 来表示。工艺技术过程用生产函数 $y = f(x_1, x_2, \cdots, x_N)$ 来刻画，生产集合为 $\mathbb{T} = \{(y, x) \mid 0 \leqslant y \leqslant f(x), x \geqslant 0\}$。于是，生产者的产值和成本分别为

$$R = py, \qquad C = q \cdot x$$

生产者的利润为 $R - C$。他的最优生产决策就是在生产技术允许的条件下，选择适当的投入以使利润达到最大。这归结为如下的极大值问题：

$$\max \quad (py - q \cdot x) \tag{4.30}$$

4.3 生产者的选择

$$\text{s.t.} \quad 0 \leqslant y \leqslant f(x), \quad x \geqslant 0$$

这个问题的解 $(\bar{y},\bar{x}) \in \mathbb{R}_+ \times \mathbb{R}_+^N$, 就称为最优生产计划 (optimal production plan)。如果生产函数 $y=f(x)$ 是单调增加且严格拟凹的光滑函数，则问题 (4.30) 的解是唯一的，由库恩-塔克条件可知，存在 $\bar{\lambda} \neq 0$, 使得

$$\nabla(py - q \cdot x) + \bar{\lambda}\nabla(f(x) - y) = 0 \tag{4.31a}$$

$$\bar{y} = f(\bar{x}) \tag{4.31b}$$

此处 ∇ 表示函数关于变量 (x,y) 的梯度在 $(\bar{x},\bar{y})$ 处的计算值。于是可得

$$p = \bar{\lambda}, \quad q_n = \bar{\lambda}f'_n = \bar{\lambda}\frac{\partial f(\bar{x})}{\partial x_n}, \quad n = 1, 2, \cdots, N$$

因此，

$$p\frac{\partial f(\bar{x})}{\partial x_n} = q_n, \quad n = 1, 2\cdots, N \tag{4.32}$$

这表明，生产者为获得最大利润，应使每种投入的边际产值等于该投入的价格。

显然，上述的最优生产计划 $(\bar{y},\bar{x})$ 与价格 (p,q) 有关，确定了函数

$$\bar{y} = \xi(p,q), \quad \bar{x} = \eta(p,q)$$

分别称为产出供给函数 (output supply function) 和投入需求函数 (input demand function)。由式 (4.31) 和式 (4.32) 可知，它们满足如下的恒等式：

$$p\frac{\partial f(\eta(p,q))}{\partial x_n} \equiv q_n, \quad \xi(p,q) \equiv f(\eta(p,q)) \tag{4.33}$$

由于函数 $\xi(p,q)$ 及 $\eta(p,q)$ 构成问题 (4.30) 的解，当价格 (p,q) 替换成 $(\lambda p, \lambda q)$ 时 $(\lambda > 0)$, 问题 (4.30) 的解不改变，推出下面的命题。

命题 4.11 产出供给函数 $\xi(p,q)$ 和投入需求函数 $\eta(p,q)$ 都是零阶齐次函数，即对任意 $\lambda > 0$, 有

$$\eta(\lambda p, \lambda q) = \eta(p,q), \quad \xi(\lambda p, \lambda q) = \xi(p,q)$$

特别地，

$$\eta(p,q) = \eta\left(1, \frac{q}{p}\right), \quad \xi(p,q) = \xi\left(1, \frac{q}{p}\right)$$

这个命题指出，最优生产计划的确定仅依赖投入价格与产出价格之比。

下面进一步考察，当价格 (p,q) 发生变动时，最优生产计划的变化情况，即生产者的静态比较分析。对式 (4.33) 求导可得

$$\frac{\partial \xi}{\partial p} = \sum_{n=1}^{N} \frac{\partial f}{\partial x_n} \frac{\partial \eta_n}{\partial p} \tag{4.34a}$$

$$\frac{\partial \xi}{\partial q_{n'}} = \sum_{n=1}^{N} \frac{\partial f}{\partial x_n} \frac{\partial \eta_n}{\partial q_{n'}} \tag{4.34b}$$

$$-\frac{\partial f}{\partial x_n} = p \sum_{n'=1}^{N} \frac{\partial^2 f}{\partial x_{n'} \partial x_n} \frac{\partial \eta_{n'}}{\partial p} \tag{4.34c}$$

$$\delta_{nn'} = p \sum_{n'=1}^{N} \frac{\partial^2 f}{\partial x_{n'} \partial x_n} \frac{\partial \eta_{n'}}{\partial q_{n'}} \tag{4.34d}$$

其中，$\delta_{nn'} = 0$(当 $n \neq n'$ 时)，$\delta_{nn} = 1$。将式 (4.34) 写成矩阵形式如下：

$$\begin{pmatrix} -1 & \left(\frac{\partial f}{\partial x}\right)^{\mathrm{T}} \\ 0 & pH \end{pmatrix} \begin{pmatrix} \frac{\partial \xi}{\partial p} & \left(\frac{\partial \xi}{\partial q}\right)^{\mathrm{T}} \\ \frac{\partial \eta}{\partial p} & \frac{\partial \eta}{\partial q} \end{pmatrix} = \begin{pmatrix} 0 & 0^{\mathrm{T}} \\ -\frac{\partial f}{\partial x} & I_N \end{pmatrix} \tag{4.35}$$

其中

$$\frac{\partial f}{\partial x} = \begin{pmatrix} \frac{\partial f}{\partial x_1} \\ \frac{\partial f}{\partial x_2} \\ \vdots \\ \frac{\partial f}{\partial x_N} \end{pmatrix}, \quad \frac{\partial \xi}{\partial q} = \begin{pmatrix} \frac{\partial \xi}{\partial q_1} \\ \frac{\partial \xi}{\partial q_2} \\ \vdots \\ \frac{\partial \xi}{\partial q_N} \end{pmatrix}$$

$$\frac{\partial \eta}{\partial p} = \begin{pmatrix} \frac{\partial \eta_1}{\partial p} \\ \frac{\partial \eta_2}{\partial p} \\ \vdots \\ \frac{\partial \eta_N}{\partial p} \end{pmatrix}, \quad \frac{\partial \eta}{\partial q} = \left(\frac{\partial \eta_n}{\partial q_{n'}}\right)_{N \times N}$$

4.3 生产者的选择

$$H = \left(\frac{\partial^2 f}{\partial x_n \partial x_{n'}}\right)_{N\times N}, \quad I_N \text{是}N\text{阶单位矩阵}$$

称方程 (4.35) 为生产的基本矩阵方程，它概括了当价格变动时生产的变化情况。假设函数 $f(x)$ 的黑塞矩阵 H 是非奇异的，则式 (4.35) 左端第一矩阵也是非奇异的。通过简单的计算可求出它的逆矩阵，并且使方程 (4.35) 改写成

$$\begin{pmatrix} \dfrac{\partial \xi}{\partial p} & \left(\dfrac{\partial \xi}{\partial q}\right)^{\mathrm{T}} \\ \dfrac{\partial \eta}{\partial p} & \dfrac{\partial \eta}{\partial q} \end{pmatrix} = \begin{pmatrix} -1 & \left(\dfrac{\partial f}{\partial x}\right)^{\mathrm{T}} (pH)^{-1} \\ 0 & (pH)^{-1} \end{pmatrix} \begin{pmatrix} 0 & 0^{\mathrm{T}} \\ -\dfrac{\partial f}{\partial x} & I_N \end{pmatrix}$$

$$= \begin{pmatrix} -\left(\dfrac{\partial f}{\partial x}\right)^{\mathrm{T}} (pH)^{-1} \dfrac{\partial f}{\partial x} & \left(\dfrac{\partial f}{\partial x}\right)^{\mathrm{T}} (pH)^{-1} \\ -(pH)^{-1} \dfrac{\partial f}{\partial x} & (pH)^{-1} \end{pmatrix} \quad (4.36)$$

比较两端便得

$$\left(\frac{\partial \xi}{\partial q}\right)^{\mathrm{T}} = \left(\frac{\partial f}{\partial x}\right)^{\mathrm{T}} (pH)^{-1} = -\left(\frac{\partial \eta}{\partial p}\right)^{\mathrm{T}}$$

和

$$\frac{\partial \xi}{\partial p} = -\left(\frac{\partial f}{\partial x}\right)^{\mathrm{T}} (pH)^{-1} \frac{\partial f}{\partial x}, \qquad \frac{\partial \eta}{\partial q} = (pH)^{-1}$$

因为生产函数是严格凹的，所以矩阵 H 是对称的半负定的 (推论 2.10)，$(pH)^{-1}$ 亦然。于是，矩阵 $\left(\dfrac{\partial \eta}{\partial q}\right)_{N\times N}$ 是对称的半负定的。从而

$$\frac{\partial \eta_n}{\partial q_{n'}} = \frac{\partial \eta_{n'}}{\partial q_n}, \qquad n, n' = 1, 2, \cdots, N$$

现在可以得到下面的命题。

命题 4.12 需求函数 $\eta(p, q)$ 与供给函数 $\xi(p, q)$ 具有如下性质：

(1) $\dfrac{\partial \xi}{\partial q_n} = -\dfrac{\partial \eta_n}{\partial p}, \quad n = 1, 2, \cdots, N;$

(2) $\dfrac{\partial \eta_n}{\partial q_{n'}} = \dfrac{\partial \eta_{n'}}{\partial q_n}, \quad n, n' = 1, 2, \cdots, N; \qquad \dfrac{\partial \eta_n}{\partial q_n} < 0, \quad n = 1, 2, \cdots, N;$

(3) $\dfrac{\partial \xi}{\partial p} \geqslant 0$。

这个命题揭示了生产活动中的一些普遍规律，当 $\frac{\partial \eta_n}{\partial p} < 0$ 时，称第 n 种投入为劣质品，即当产出价格上涨时，这种投入却减少了。与此相反，当 $\frac{\partial \eta_n}{\partial p} > 0$ 时，称第 n 种投入是优质品。如果优质品的价格下跌，由性质 (1) 可知，产出供给量便会上升。性质 (2) 指出，第 n' 种投入的价格 $q_{n'}$ 变动对第 n 种投入需求的影响与第 n 种投入的价格 q_n 变动对第 n' 种投入需求的影响是等同的，而且当价格 q_n 上涨时，投入 n 的需求量必然减少。性质 (3) 表明，产出价格上涨时，产出供给量也增加。

4.3.3 生产集合和供给映射

利用生产函数刻画生产活动有某些局限性，当投入 x 固定时，$y = f(x)$ 仅能表示单一产出的最大量，相应地 (y, x) 表示一个生产活动。其实，(y', x) 也可能是一个生产活动 (这里 $0 \leqslant y' < y$)，但却没有被考虑到。再者，对于多种投入且有多种产出的情形，寻求联系投入和产出的生产函数将会遇到麻烦，基于生产函数与生产集合有密切的关系，下面转用生产集合来刻画生产活动。

假设在某个特定的工艺技术过程中，有 M 种投入和 N 种产出。在一次生产活动中，非负的投入 $t = \begin{pmatrix} t_1 \\ t_2 \\ \vdots \\ t_M \end{pmatrix}$ 转换成非负的产出 $y = \begin{pmatrix} y_1 \\ y_2 \\ \vdots \\ y_N \end{pmatrix}$，如此的 $(y; t)$ 就是这样一次生产活动的数量刻画。在实际问题中，一种物品可能既是投入又是产出 (如农业生产中的小麦)，对于某个生产者是投入的物品，对另一个生产者可能会是产出 (如工业生产中的钢材)。所以，在数理经济学中，通常规定：对生产者而言，用正量表示产出，用负量表示投入，如 -5kg 粮食表示在生产中投入了 5kg 粮食。现在，用数学描述一次生产活动，就要用 $(y; x)$ 表示，其中投入 $x = \begin{pmatrix} x_1 \\ x_2 \\ \vdots \\ x_M \end{pmatrix}$ 是非正的，而产出 $y = \begin{pmatrix} y_1 \\ y_2 \\ \vdots \\ y_N \end{pmatrix}$ 是非负的，并称 $(y; x)$ 为一个生产计划，一个生产者可能进行的生产活动的全体就构成了这个生产者的生产集合 $\mathbb{T}$。集合 $\mathbb{T}$ 中的一个元 $(y; x)$ 就表示一次生产活动。通常假设生产集合 $\mathbb{T}$ 具有如下性质：

(1) $\mathbb{T}$ 是闭凸集；

(2) $(0,0) \in \mathbb{T}$；当 $(y; 0) \in \mathbb{T}$ 时，必有 $y = 0$；

4.3 生产者的选择

(3) 设 $(y;x) \in \mathbb{T}$，如果 $x' \leqslant x$，则 $(y;x') \in \mathbb{T}$；如果 $0 \leqslant y' \leqslant y$，则 $(y';x) \in \mathbb{T}$；

(4) 任意给定投入 $x \leqslant 0$，则集合 $\{y \mid (y;x) \in \mathbb{T}\}$ 是上方有界的。

回顾单一产出的情形，会发现这些假设是很自然的，性质 (1) 反映了生产活动是规模效益不变或者递减的普遍规律。性质 (2) 表明，如果没有投入，肯定不会有产出，即 "没有免费的午餐"。性质 (3) 是自由处置假设 (多余的投入可以自由处置)。性质 (4) 表明，限定投入之后，不可能生产无限多的产品。用生产集合来描述生产过程只是从数量关系这一侧面来考察，因而，两个相等的生产集合就应该认为表现了等同的工艺技术过程，尽管它们的非数量关系可能有差别。

按着前面引进的关于投入和产出的规定，一次生产活动的利润 (等于收益减成本) 为

$$\sum_{n=1}^{N} p_n y_n + \sum_{m=1}^{M} p_{N+m} x_m$$

其中，$(p_1, p_2, \cdots, p_N)$ 与 $(p_{N+1}, p_{N+2}, \cdots, p_{N+M})$ 分别是产出和投入的价格，把生产计划 $(y;x)$ 表示成 $L = N + M$ 维向量 y，其中负分量代表投入，正分量代表产出。于是，一次生产活动的利润为

$$p \cdot y = \sum_{l=1}^{L} p_l y_l$$

下面假设生产者的生产集合 $\mathbb{T} \subseteq \mathbb{R}^L$ 具有如下性质：

(1) $\mathbb{T}$ 是闭凸集；

(2) $\mathbb{R}_+^L \cap \mathbb{T} = \{0\}$；

(3) $-\mathbb{R}_+^L \subseteq \mathbb{T}$；

(4) $\mathbb{T}$ 是上方有界的，即存在 $b \subseteq \mathbb{R}_+^L$，使得对任何 $y \in \mathbb{T}$，总有 $y \leqslant b$。

这些假设与前面所述的生产集合的假设基本是一致的。这里的性质 (2) 说的是，没有投入就没有产出。性质 (3) 表明，允许只有投入没有产出，投入被 "自由处置" 了。性质 (4) 是个较强的假设，这是出于数学推理的需要，生产集的形状可参见图 4.9。本节假设生产者的生产集合具有如上所述的性质。

对于外生指定的价格，生产者的优化行为就是选择适当的生产活动使得利润达到最大。

定义 4.9 设生产者的生产集合为 $\mathbb{T}$，对于价格 $p \in \mathbb{R}_{++}^L$，定义生产者的利润函数 (profit function) 为

$$\pi(p) = \max\{p \cdot y \mid y \in \mathbb{T}\}$$

生产者的供给映射 (supply mapping) 为

$$S(p) = \{y \in \mathbb{T} \mid p \cdot y = \pi(p)\}$$

这里的供给映射

$$S(p) = \text{Argmax}\{p \cdot y \mid y \in \mathbb{T}\}$$

一般来说，它是一个集值映射。由生产集合的假设，易证 $0 \leqslant \pi(p) < +\infty$。

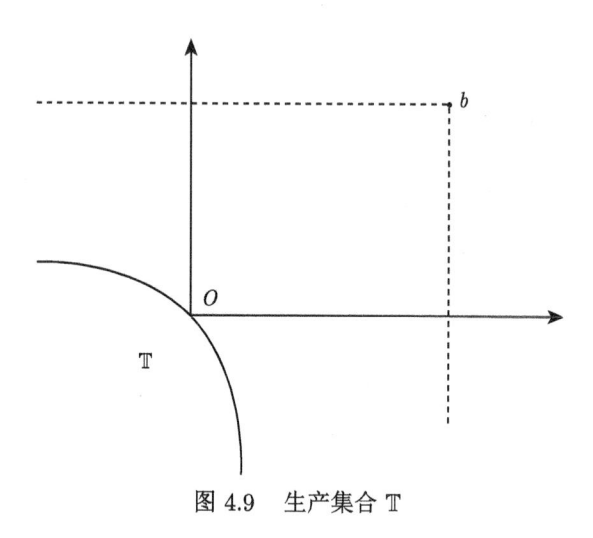

图 4.9　生产集合 $\mathbb{T}$

命题 4.13　设 $\mathbb{T}$ 是生产集合，对任意给定的价格 $\bar{p} \gg 0$，必存在 $\bar{y} \in \mathbb{T}$，使得对任意 $y \in \mathbb{T}$，有 $\bar{p} \cdot y \leqslant \bar{p} \cdot \bar{y}$，即 $\bar{y} \in S(\bar{p})$。

证明　令集合 $\mathbb{A} = \{y \in \mathbb{T} \mid \bar{p} \cdot y \geqslant 0\}$，易见

$$\max\{\bar{p} \cdot y \mid y \in \mathbb{T}\} = \max\{\bar{p} \cdot y \mid y \in \mathbb{A}\}$$

可以证明集合 $\mathbb{A}$ 是紧集 (图 4.10)。请读者完成命题的证明。

为了供给集合 $S(p)$ 成为单点集，即 $S(p)$ 成为 p 的函数，引进如下概念。

定义 4.10　凸集 $\mathbb{T} \subseteq \mathbb{R}^L$ 称为严格凸的，如果对任何 $y^1 \in \mathbb{T}$ 与 $y^2 \in \mathbb{T}$ 且 $y^1 \neq y^2$，$0 < \alpha < 1$，则点 $y = \alpha y^1 + (1-\alpha) y^2 \in \mathbb{T}$ 是集合 $\mathbb{T}$ 的内点。

这个定义表明，一个严格凸的集合 $\mathbb{T}$ 的边界不能包含直线段，例如，图 4.11(a) 所示是严格凸的凸集，而图 4.11(b) 所示凸集不是严格凸的。

命题 4.14　设生产集合 $\mathbb{T}$ 是严格凸的，则

(1) 供给映射 $S(p)$ 是 $\mathbb{R}_{++}^L$ 上的零阶齐次函数；

(2) 供给映射 $S(p)$ 是 $\mathbb{R}_{++}^L$ 上的连续函数，且上方有界。

4.3 生产者的选择

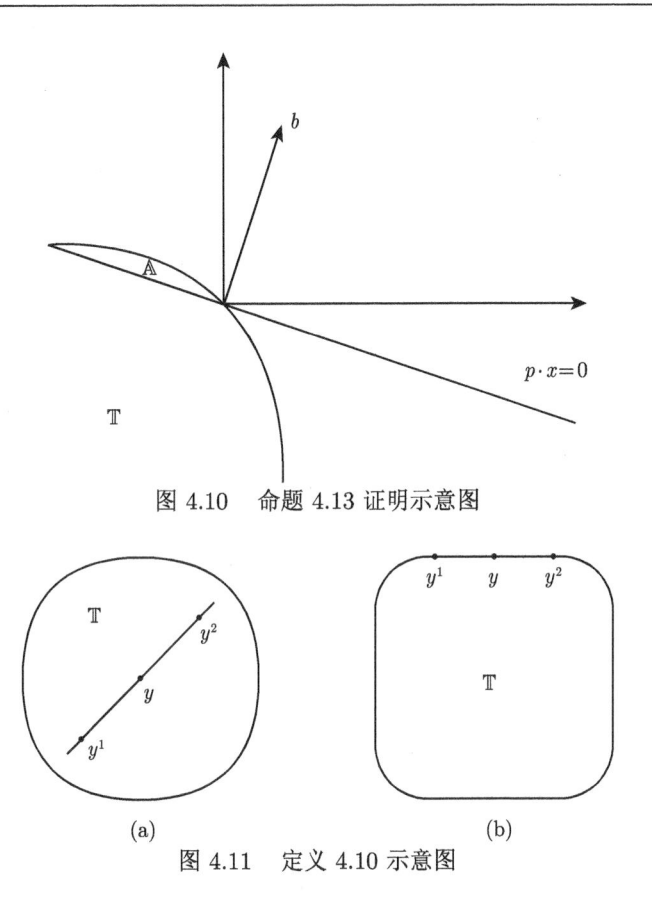

图 4.10 命题 4.13 证明示意图

图 4.11 定义 4.10 示意图

证明 (1) 任意给定 $p \gg 0$, 设 $y^1 \in S(p)$ 与 $y^2 \in S(p)$ 且 $y^1 \neq y^2$, 易证 $y^\alpha = \alpha y^1 + (1-\alpha)y^2 \in S(p)$, 此处 $0 < \alpha < 1$, 由于生产集 $\mathbb{T}$ 是严格凸的, 则 y^α 是集合 $\mathbb{T}$ 的内点。因此, 存在 $\bar{y} \in \mathbb{T}$, 使得 $\bar{y} \gg y^\alpha$。由于 $p \gg 0$, 便可推出 $p \cdot \bar{y} > p \cdot y^\alpha = \pi(p)$。这是一个矛盾。可见, $S(p)$ 是单点集。从而, $S(p)$ 是 $\mathbb{R}_{++}^L$ 上的函数。$S(p)$ 是零阶齐次函数的证明如下:

$$\pi(\lambda p) = \max\{\lambda p \cdot y \mid y \in \mathbb{T}\} = \lambda \max\{p \cdot y \mid y \in \mathbb{T}\} = \lambda \pi(p)$$

$$S(\lambda p) = \{y \in \mathbb{T} \mid \lambda p \cdot y = \pi(\lambda p)\} = S(p)$$

(2) 再证函数 $S(p)$ 的连续性。设 $p^0 \gg 0, p^k \to p^0, y^k = S(p^k)$。可以证明序列 $\{y^k; k=1,2,\cdots\}$ 是有界的。故只须再证明序列 $\{y^k; k=1,2,\cdots\}$ 有唯一的聚点且为 $S(p^0)$。假设序列 $\{y^k; k=1,2,\cdots\}$ 有聚点 $y^0 \in \mathbb{T}$, 因为 $p^k \cdot S(p^k) \leqslant p^k \cdot y^k$, 通过极限手续, 推出 $p^0 \cdot S(p^0) \leqslant p^0 \cdot y^0$, 所以, $p^0 \cdot y^0 = \pi(p^0)$。又因为 $S(p^0)$ 是单点集, 故必有 $y^0 = S(p^0)$。由于生产集 $\mathbb{T}$ 是上方有界的, 故函数 $S(p)$ 亦然。 $\square$

下面进一步考察利润函数与供给函数的关系。

定理 4.10 设生产集合是严格凸的，则利润函数 $\pi(p)$ 是可微的，且

$$\nabla_p \pi(p) = S(p)$$

此处 ∇_p 表示对函数求梯度。

证明 对于 $p \gg 0$，给予充分小的增量 h，依据供给函数的定义，则有

$$\pi(p+h) = (p+h)\cdot S(p+h) \geqslant (p+h)\cdot S(p) = p\cdot S(p) + h\cdot S(p) = \pi(p) + h\cdot S(p)$$

$$\pi(p) = p\cdot S(p) \geqslant p\cdot S(p+h) = (p+h)\cdot S(p+h) - h\cdot S(p+h) = \pi(p+h) - h\cdot S(p+h)$$

于是

$$0 \leqslant \frac{1}{\|h\|}(\pi(p+h) - \pi(p) - h\cdot S(p)) \leqslant \frac{h}{\|h\|}\cdot(S(p+h) - S(p))$$

由命题 4.14，当 $h \to 0$ 时，有 $S(p+h) - S(p) \to 0$，从而，

$$\frac{1}{\|h\|}(\pi(p+h) - \pi(p) - h\cdot S(p)) \to 0$$

这表明函数 $\pi(p)$ 是可微的，特别地，取 $h = te^n$（此处 e^n 是第 n 个单位坐标向量），令 $t \to 0$，便得 $\dfrac{\partial \pi}{\partial p_n} = S_n(p)$。 □

如果利润函数 $\pi(p)$ 是二次连续可微的，由于函数 $\pi(p)$ 是凸函数（见本章习题 8），熟知黑塞矩阵 $H = \left[\dfrac{\partial^2 \pi}{\partial p_n \partial p_{n'}}\right]$ 是对称且半正定的，于是，可得如下结论。

命题 4.15 设生产集合 $\mathbb{T}$ 是严格凸的，利润函数是二次连续可微的，则供给函数 $S(p)$ 具有如下性质：

(1) $\dfrac{\partial S_n}{\partial p_{n'}} = \dfrac{\partial S_{n'}}{\partial p_n}, n, n' = 1, 2, \cdots, N$；

(2) $\dfrac{\partial S_n}{\partial p_n} \geqslant 0, n = 1, 2, \cdots, N$。

这与单一产出情形的命题 4.12 是一致的。

4.4 对偶方法

回顾本章前述的内容，可以这样来概括：消费者的优化经济行为是追求效用最大化；生产者的优化经济行为是追求利润最大化。在这样的前提下所作的理论分析将成为对市场活动的微观分析的理论基础。只就个体的经济行为而言，前述

4.4 对偶方法

的分析明显地缺乏"可操作性"。例如，对于消费者而言，面对繁多的商品来给出偏好排序实非易事，更何况还要再给出效用函数；要对生产者给出生产函数或者生产集合同样是极为困难的，似乎出现了理论被置于"空中楼阁"的危机。科学发展的历史告诉我们：暂时没有可行的办法，并不意味着永远找不到办法，只要已经建立的理论是符合客观规律的。至于解决这里所遇到的难题，可以作两种预期：一是实验统计学提供有效的方法，二是寻求"替代品"。这就是本节要介绍的对偶方法。

4.4.1 间接效用函数和支付函数

4.1 节假设消费者的消费集合为 $\mathbb{R}_+^N$，效用函数 u 是二次连续可微的、单调的且严格拟凹的，收入为 $\xi > 0$。在价格 $p \gg 0$ 之下，需求函数为

$$f(p,\xi) = \operatorname{argmax}\{u(x) \mid p \cdot x = \xi\} \tag{4.37}$$

引进函数

$$g(p,\xi) = u(f(p,\xi)) \tag{4.38}$$

称函数 $g: \mathbb{R}_{++}^N \times \mathbb{R}_{++} \to \mathbb{R}$ 为消费者的间接效用函数 (indirect utility function)，它表示消费者 (在价格为 p 的情况下) 的最大效用值。

假设需求函数 $f(p,\xi)$ 是可微的，则

$$\frac{\partial g}{\partial \xi} = \sum_{n=1}^{N} \frac{\partial u}{\partial x_n}\frac{\partial f_n}{\partial \xi} = \lambda \sum_{n=1}^{N} p_n \frac{\partial f_n}{\partial \xi} = \lambda \tag{4.39}$$

这里用到了 4.2 节中式 (4.13) 和式 (4.23d) 两个结果。再由 4.2 节式 (4.23b)，可得

$$\frac{\partial g}{\partial p_{n'}} = \sum_{n=1}^{N} \frac{\partial u}{\partial x_n}\frac{\partial f_n}{\partial p_{n'}} = \sum_{n=1}^{N} \lambda p_n \frac{\partial f_n}{\partial p_{n'}} = -\lambda f_{n'}, \qquad n' = 1, 2, \cdots, N \tag{4.40}$$

比较式 (4.39) 和式 (4.40) 可得

$$\frac{\partial g}{\partial p_{n'}} = -f_{n'}\frac{\partial g}{\partial \xi}, \qquad n' = 1, 2, \cdots, N \tag{4.41}$$

于是得到下面的结论。

命题 4.16 (Roy, 1942) 如果需求函数 $f(p,\xi)$ 是可微的，则有

$$f(p,\xi) = -\left[\frac{\partial g}{\partial \xi}\right]^{-1} \nabla_p g(p,\xi) \tag{4.42}$$

称式 (4.42) 为 Roy 等式。一般说来，测定间接效用函数要比测定效用函数容易些。Roy 等式给出了一种确定需求函数的办法。

在价格 $p \gg 0$ 之下，消费者能够获得的最大效用为 $U = u(f(p, \xi))$。引进函数

$$E(p, U) = \min\{p \cdot z \mid u(z) \geqslant U\} \tag{4.43}$$

称函数 $E: \mathbb{R}_{++}^N \times \mathbb{R} \to \mathbb{R}_+$ 为消费者的支付函数 (expenditure function)。它表示在保证消费者的效用不低于 U 的情况下，需要支付的最小费用。

对于任意指定的价格 $p \gg 0$，不难证明存在唯一的 $z = h(p, U)$[①]，使得

$$p \cdot h(p, U) = E(p, U) \tag{4.44}$$

称函数 $h(p, U)$ 为消费者的补偿需求函数 (compensated demand function)。有时，还给函数 $f(p, \xi)$ 和 $h(p, U)$ 分别冠以马歇尔 (Marshall)[②]和希克斯 (Hicks)[③]的名字。

命题 4.17 $E(p, u(f(p, \xi))) = \xi$。

证明 记 $U = u(f(p, \xi))$，依定义，效用不低于 U 的最小支付费用为 $E(p, U)$。而需求 $f(p, \xi)$ 的效用为 U，它的支付费用为 ξ，所以必有 $E(p, U) \leqslant \xi$。往证 $E(p, U) = \xi$，否则，即

$$p \cdot h(p, U) = E(p, U) < \xi$$

由于 $p \gg 0$，必存在 $x' \in \mathbb{R}_{++}^N$，使得

$$p \cdot h(p, U) < p \cdot x' < \xi \quad \text{且} \quad h(p, U) < x'$$

从而，由 u 的严格单调性可得

$$u(x') > u(h(p, U)) \geqslant U = u(f(p, \xi))$$

这与需求 $f(p, \xi) = \operatorname{argmax}\{u(x) \mid p \cdot x \leqslant \xi\}$ 的极大性相矛盾。$\square$

由上述推理可得，$h(p, g(p, \xi))$ 位于预算平面 $p \cdot x = \xi$ 上，且

$$u(h(p, g(p, \xi))) \geqslant u(f(p, \xi))$$

所以

$$h(p, g(p, \xi)) = f(p, \xi)$$

[①] 反证法。假设存在 $z' \in h(p, U)$，$z' \neq z$，可得 $p \cdot z' = p \cdot z$，同时 $u(z') \geqslant U$，$u(z) \geqslant U$。对任意 $\alpha \in (0, 1)$，$u(\alpha z + (1-\alpha) z') > \min\{u(z'), u(z)\} \geqslant U$，且 $p \cdot (\alpha z + (1-\alpha) z') = p \cdot z' = p \cdot z$。存在 $\epsilon > 0$，使得 $u(\alpha z + (1-\alpha) z' - \epsilon d) > \min\{u(z'), u(z)\} \geqslant U$。显然 $p \cdot (\alpha z + (1-\alpha) z' - \epsilon d) < p \cdot z' = p \cdot z$，与 $z = h(p, U)$ 矛盾。

[②] 马歇尔 A (1842–1924)，近现代英国著名经济学家，剑桥学派创始人。

[③] 希克斯 J R (1904–1989)，英国经济学家，1972 年获诺贝尔经济学奖。

4.4 对偶方法

取 $U = u(f(p,\xi)) = g(p,\xi)$, 由于 $\xi = E(p, g(p,\xi))$, 则上式转换成

$$f(p, E(p, U)) = h(p, U)$$

这些关系式揭示了效用最大的需求与支付最小的需求之间的对偶关系。

下面考察支付函数 $E(p, U)$ 的一般性质。

定理 4.11 (1) 函数 $E(p, U)$ 关于价格 p 是一阶齐次的, 即对任意 $\lambda > 0$, 有 $E(\lambda p, U) = \lambda E(p, U)$;

(2) 函数 $E(p, U)$ 关于效用水平 U 是不减的, 即当 $U_1 < U_2$ 时, $E(p, U_1) \leqslant E(p, U_2)$;

(3) 函数 $E(p, U)$ 关于价格 p 是连续的凹函数。

证明 (1) 的证明是平凡的。

(2) 设 $U_1 < U_2$, 则 $\{y \in \mathbb{R}_+^L \mid u(y) \geqslant U_1\} \supseteq \{y \in \mathbb{R}_+^L \mid u(y) \geqslant U_2\}$,

$$E(p, U_1) = \min\{p \cdot y \mid u(y) \geqslant U_1\} \leqslant \min\{p \cdot y \mid u(y) \geqslant U_2\} = E(p, U_2)$$

(3) 设 $p^1 \gg 0$, $p^2 \gg 0$, 且 $0 < \lambda < 1$, $h(p, U)$ 是补偿需求函数, 则

$$E(\lambda p^1 + (1-\lambda)p^2, U)$$
$$= (\lambda p^1 + (1-\lambda)p^2) \cdot h(\lambda p^1 + (1-\lambda)p^2, U)$$
$$= \lambda p^1 \cdot h(\lambda p^1 + (1-\lambda)p^2, U) + (1-\lambda)p^2 \cdot h(\lambda p^1 + (1-\lambda)p^2, U)$$

注意上式右端

$$p^1 \cdot h(\lambda p^1 + (1-\lambda)p^2, U) \geqslant E(p^1, U) = p^1 \cdot h(p^1, U)$$
$$p^2 \cdot h(\lambda p^1 + (1-\lambda)p^2, U) \geqslant E(p^2, U) = p^2 \cdot h(p^2, U)$$

所以

$$E(\lambda p^1 + (1-\lambda)p^2, U) \geqslant \lambda E(p^1, U) + (1-\lambda)E(p^2, U)$$

再证 $E(p, U)$ 的连续性。设 $p^k \to p^0$, $p^0 \gg 0$, 并设 $E(p^k, U) = p^k \cdot y^k$, 对于任意指定的 $y \in \mathbb{R}_+^N$, 且 $u(y) \geqslant U$, 总有

$$p^k \cdot y^k \leqslant p^k \cdot y, \qquad k = 1, 2, \cdots$$

显然序列 $\{p^k; k = 1, 2, \cdots\}$ 有界, 且存在 $\mu > 0$, 使得

$$p_{k'}^k \geqslant \mu, \qquad k = 1, 2, \cdots; \quad k' = 1, 2, \cdots$$

由此不难证明，序列 $\{p^k; k=1,2,\cdots\}$ 是有界的。不妨设 $y^k \to y^0$，于是，$p^0 \cdot y^0 \leqslant p^0 \cdot y$。由于 y 的任意性，便知 $p^0 \cdot y^0 = E(p^0, U)$，进一步，有

$$\|p^k \cdot y^k - p^0 \cdot y^0\| \leqslant \|p^k\| \|y^k - y^0\| + \|p^k - p^0\| \|y^0\|$$

可见，$p^k \cdot y^k \to p^0 \cdot y^0 \ (k \to \infty)$。 □

4.4.2 补偿需求函数的确定

定理 4.12 (Shephard, 1953) 支付函数 $E(p, U)$ 关于 p 是可微的，而且

$$\nabla_p E(p, U) = h(p, U) \tag{4.45}$$

证明 对价格 p 赋予改变量 Δp，则有

$$E(p + \Delta p, U) = (p + \Delta p) \cdot h(p + \Delta p, U) \leqslant (p + \Delta p) \cdot h(p, U)$$
$$= E(p, U) + \Delta p \cdot h(p, U)$$

$$E(p, U) = p \cdot h(p, U) \leqslant p \cdot h(p + \Delta p, U) = E(p + \Delta p, U) - \Delta p \cdot h(p + \Delta p, U)$$

于是，

$$\Delta p \cdot h(p + \Delta p, U) \leqslant E(p + \Delta p, U) - E(p, U) \leqslant \Delta p \cdot h(p, U)$$

注意 $\left\{\dfrac{\Delta p}{\|\Delta p\|}\right\}$ 是有界变量，且函数 $h(p, U)$ 关于 p 是连续的，所以

$$\lim_{\Delta p \to 0} \frac{1}{\|\Delta p\|}[E(p + \Delta p, U) - E(p, U) - \Delta p \cdot h(p, U)]$$
$$= \lim_{\Delta p \to 0} \frac{\Delta p}{\|\Delta p\|}[h(p + \Delta p, U) - h(p, U)] = 0$$

可见函数 $E(p, U)$ 是可微的。特别地，取 $\Delta p = t e^n$，此处 e^n 是第 n 个坐标单位向量，则得

$$\frac{\partial E(p, U)}{\partial p_n} = h_n(p, U) \qquad \square$$

这个定理给出了利用支付函数确定补偿需求函数的办法。

对支付函数取对数得 $\ln E(p, U)$，由式 (4.45) 得

$$\frac{\partial \ln E(p, U)}{\partial \ln p_n} = \frac{p_n}{E(p, U)} \frac{\partial E(p, U)}{\partial p_n} = \frac{p_n h_n(p, U)}{E(p, U)} \tag{4.46}$$

右端表示第 n 种商品的支付费用在总支付费用中所占比例。

4.4 对偶方法

绕过效用函数, 可以通过支付函数 $E(p,U)$ 来确定消费者的补偿需求函数 $h(p,U)$。具体地说, 想定支付函数具有某种形式 (当然要满足诸如定理 4.11 所述的一些性质), 利用原始数据和统计方法, 对函数 $E(p,U)$ 的参数加以识别, 近似地给出函数 $E(p,U)$, 再通过式 (4.45) 便可得到函数 $h(p,U)$。

例 4.5 想定支付函数 $E(p,U)$ 具有如下形式

$$\ln E(p,U) = \alpha_0 + \sum_{n=1}^{N} \alpha_n \ln p_n + \sum_{n=1}^{N}\sum_{n'=1}^{N} \beta_{nn'} \ln p_{n'} \ln p_n + \ln U$$

其中, α_n 和 $\beta_{nn'}$ 是待定参数, 由式 (4.46) 可得

$$\frac{p_n h_n(p,U)}{E(p,U)} = \alpha_n + \sum_{n'=1}^{N} \beta_{nn'} \ln p_{n'}$$

从而,

$$h_n(p,U) = \frac{E(p,U)}{p_n}\left(\alpha_n + \sum_{n'=1}^{N} \beta_{nn'} \ln p_{n'}\right), \qquad n = 1, 2, \cdots, N$$

因为 $\ln E(p,U)$ 是待定参数 α_n 和 $\beta_{nn'}$ 的线性函数, 故在给定价格 p 和效用水平 U 的情况下, 通过支付函数的实测数据, 采用线性回归方法, 便可把参数确定下来, 补偿需求函数随之确定。

4.4.3 成本函数

不难把前述处理消费问题的办法移植到生产问题上来。考虑单一产出的情形, 假设生产者的生产集合 $\mathbb{T}$ 是严格凸的, 令集合

$$L(y) = \{x \in \mathbb{R}_+^N \mid (y,-x) \in \mathbb{T}\}$$

表示产出达到 y 水平的各种投入 x 的集合。

在给定价格 $p \gg 0$ 的情况下, 定义成本函数

$$C(y,p) = \min\{p \cdot x \mid x \in L(y)\}$$

表示使产出达到 y 所要消耗的最小费用。不难证明, 存在 $x^* \in L(y)$, 使得

$$C(y,p) = p \cdot x^*$$

称 $x^* = x^*(p,y)$ 为最小成本投入 (minimum cost input)。

如果已知生产者的生产函数 $y = f(x)$, $x \in \mathbb{R}_+^N$, 则集合

$$L(y) = \{x \in \mathbb{R}_+^N \mid y \leqslant f(x)\}$$

确定最小成本收入问题就是求解如下极值问题:

$$\min \quad p \cdot x \tag{4.47}$$
$$\text{s.t.} \quad f(x) \geqslant y, \quad x \geqslant 0$$

在通常的情况下 (如函数 $f(x)$ 是严格拟凹的), 最小成本投入 x^* 满足 $f(x^*) = y$, 所以问题 (4.47) 中的不等式可改成等式。

例 4.6 考察广义柯布-道格拉斯生产函数 $f(x_1, x_2) = Ax_1^\alpha x_2^\beta$, 其中 $\alpha > 0$, $\beta > 0$, $\alpha + \beta \leqslant 1$, 确定最小成本投入问题等价于求解如下极值问题:

$$\min \quad p_1 x_1 + p_2 x_2 \tag{4.48}$$
$$\text{s.t.} \quad Ax_1^\alpha x_2^\beta = y$$

由定理 2.34 可知, 只须求解

$$p_1 - \lambda(\alpha A x_1^{\alpha-1} x_2^\beta) = 0 \tag{4.49a}$$
$$p_2 - \lambda(\beta A x_1^\alpha x_2^{\beta-1}) = 0 \tag{4.49b}$$
$$Ax_1^\alpha x_2^\beta = y \tag{4.49c}$$

其中, λ 是拉格朗日常数。这导致求解方程

$$\beta p_1 x_1 = \alpha p_2 x_2 \tag{4.50a}$$
$$y = Ax_1^\alpha x_2^\beta \tag{4.50b}$$

由此可求得最小成本投入:

$$x_1(y, p) = A^{-\frac{1}{\alpha+\beta}} \left(\frac{\alpha p_2}{\beta p_1}\right)^{\frac{\beta}{\alpha+\beta}} y^{\frac{1}{\alpha+\beta}} \tag{4.51a}$$

$$x_2(y, p) = A^{-\frac{1}{\alpha+\beta}} \left(\frac{\alpha p_2}{\beta p_1}\right)^{-\frac{\alpha}{\alpha+\beta}} y^{\frac{1}{\alpha+\beta}} \tag{4.51b}$$

相应地得到成本函数:

$$C(y, p) = p_1 x_1 + p_2 x_2 = A^{-\frac{1}{\alpha+\beta}} y^{\frac{1}{\alpha+\beta}} p_1^{\frac{\alpha}{\alpha+\beta}} p_2^{\frac{\beta}{\alpha+\beta}} \left(\left(\frac{\alpha}{\beta}\right)^{\frac{\beta}{\alpha+\beta}} + \left(\frac{\alpha}{\beta}\right)^{-\frac{\alpha}{\alpha+\beta}}\right)$$

4.4 对偶方法

特别地,当 $\alpha + \beta = 1$ 且 $A = 1$ 时,成本函数简化为

$$C(y,p) = y p_1^\alpha p_2^{1-\alpha} \left(\left(\frac{\alpha}{1-\alpha}\right)^{1-\alpha} + \left(\frac{\alpha}{1-\alpha}\right)^{-\alpha} \right)$$

$$= y p_1^\alpha p_2^{1-\alpha} \left(\alpha^{-\alpha}(1-\alpha)^{\alpha-1} \right) = K y p_1^\alpha p_2^{1-\alpha} \tag{4.52}$$

其中,常数 $K = \alpha^{-\alpha}(1-\alpha)^{\alpha-1}$。

参照定理 4.11,有如下结论。

定理 4.13 成本函数 $C(y,p)$ 具有如下性质:

(1) $C(y,p) \geqslant 0$,且 $C(y,kp) = kC(y,p)$,其中 $k > 0$;
(2) 如果 $p^1 \geqslant p^0$,则 $C(y,p^1) \geqslant C(y,p^0)$;
(3) $C(y,p)$ 关于 p 是凹函数;
(4) $C(y,p)$ 关于 $p \gg 0$ 是连续函数;
(5) 对固定的 $p \gg 0$,当 $y^0 \ll y^1$ 时,有 $C(y^0,p) \leqslant C(y^1,p)$。

证明 (1) $C(y,kp) = \min\{kp \cdot x \mid x \in L(y)\} = k\min\{p \cdot x \mid x \in L(y)\} = kC(y,p)$。

(2) $C(y,p^1) = \min\{p^1 \cdot x \mid x \in L(y)\} \geqslant \min\{p^0 \cdot x \mid x \in L(y)\} = C(y,p^0)$。

(3) 设 $p^1 \gg 0$, $p^2 \gg 0$,且 $0 < \lambda < 1$,则

$$C(y, \lambda p^1 + (1-\lambda)p^2) = (\lambda p^1 + (1-\lambda)p^2) \cdot x^* = \lambda p^1 \cdot x^* + (1-\lambda)p^2 \cdot x^*$$

注意上式右端

$$p^1 \cdot x^* \geqslant p^1 \cdot x^1, \qquad p^2 \cdot x^* \geqslant p^2 \cdot x^2$$

所以

$$C(y, \lambda p^1 + (1-\lambda)p^2) \geqslant \lambda C(y,p^1) + (1-\lambda)C(y,p^2)$$

(4) 设 $p^k \to p^0$, $p^0 \gg 0$,并设 $C(y,p^k) = p^k \cdot x^k$,对于任意指定的 $x \in L(y)$,总有

$$p^k \cdot x^k \leqslant p^k \cdot x, \qquad k = 1, 2, \cdots$$

显然序列 $\{p^k; k = 1, 2, \cdots\}$ 有界,且存在 $\mu > 0$,使得

$$p_{k'}^k \geqslant \mu \qquad k = 1, 2, \cdots; k' = 1, 2, \cdots$$

由此不难证明,序列 $\{x^k; k = 1, 2, \cdots\}$ 是有界的。不妨设 $x^k \to x^0$,于是,$p^0 \cdot x^0 \leqslant p^0 \cdot x$。由于 x 的任意性,便知 $p^0 \cdot x^0 = C(y,p^0)$,进一步,有

$$\|p^k \cdot x^k - p^0 \cdot x^0\| = \|p^k \cdot x^k - p^k \cdot x^0 + p^k \cdot x^0 - p^0 \cdot x^0\|$$

$$\leqslant \|p^k\| \|x^k - x^0\| + \|p^k - p^0\| \|x^0\|$$

可见，$p^k \cdot x^k \to p^0 \cdot x^0 \ (k \to \infty)$。

(5) 不妨设

$$C(y^0, p) = \min\{p \cdot x \mid x \in L(y^0)\} = p \cdot x^0 \quad C(y^1, p) = \min\{p \cdot x \mid x \in L(y^1)\} = p \cdot x^1$$

则有生产函数

$$f(x^0) = y^0, \quad f(x^1) = y^1$$

成立。由于 $y^0 \ll y^1$，因此 $x^0 \leqslant x^1$，故 $C(y^0, p) = p \cdot x^0 \leqslant p \cdot x^1 = C(y^1, p)$。 □

定理 4.14 成本函数关于 $p \gg 0$ 是可微的，且

$$\nabla_p C(y, p) = x^*(p, y) \tag{4.53}$$

此处 $x^*(p, y)$ 是产出为 y 的最小成本投入。

证明 仿照定理 4.12 可得。 □

成本函数可以用来模拟工艺过程。设 $\mathbb{T}$ 是一个生产集合，$L(y) = \{x \in \mathbb{R}_+^N \mid (y, -x) \in \mathbb{T}\}$ 表示产出为 y 的各种投入的集合，设 $C(y, p)$ 是成本函数，对于价格 $p \gg 0$ 及投入 $x \in L(y)$，则有 $p \cdot x \geqslant C(y, p)$，从而，

$$L(y) \subseteq \bigcap_{p \gg 0} \{x \in \mathbb{R}_+^N \mid p \cdot x \geqslant C(y, p)\} \equiv L^*(y)$$

如此的投入集合 $L^*(y)$ 可以确定某"生产集合" $\mathbb{T}^*$。定义它的成本函数

$$C^*(y, p) = \min\{p \cdot x \mid x \in L^*(y)\}$$

由于 $L(y) \subseteq L^*(y)$，所以 $C^*(y, p) \geqslant C(y, p)$。另外，任给 $x \in L^*(y)$，有 $p \cdot x \geqslant C(y, p)$，从而

$$C^*(y, p) = \min\{p \cdot x \mid x \in L^*(y)\} \geqslant C(y, p)$$

可见，$C^*(y, p) = C(y, p)$，即生产集合 $\mathbb{T}$ 与集合 $\mathbb{T}^*$ 的成本函数相等 (但这两个集合未必相同)，而且最小成本投入也相同。当然，要想使集合 $\mathbb{T}^*$ 真正成为一个生产集合，必须要使函数 $C(y, p)$ 满足定理 4.13 所述的必要条件。

按照这种思路，人们想定了若干形式的成本函数，运用生产过程的原始数据，通过统计学的方法，识别成本函数中的未定参数，然后再由成本函数确定最小成本投入。

4.4 对偶方法

例 4.7 Diewert(1971) 给出了成本函数

$$C(y,p) = y \sum_{n=1}^{N} \sum_{n'=1}^{N} b_{nn'} p_n^{\frac{1}{2}} p_{n'}^{\frac{1}{2}}, \qquad b_{nn'} = b_{n'n} \geqslant 0 \tag{4.54}$$

不难验证，函数 $C(y,p)$ 满足定理 4.13 所述性质。根据定理 4.14，可求出最小成本投入为

$$x_n(y,p) = \frac{\partial C(y,p)}{\partial p_n} = y \sum_{n'=1}^{N} b_{nn'} \left(\frac{p_{n'}}{p_n}\right)^{\frac{1}{2}}, \quad n = 1, 2, \cdots, N \tag{4.55}$$

特别地，当 $N=2$ 时，有

$$x_1(y,p) = \left(b_{11} + b_{12} p_2^{\frac{1}{2}} p_1^{-\frac{1}{2}}\right) y$$
$$x_2(y,p) = \left(b_{22} + b_{12} p_1^{\frac{1}{2}} p_2^{-\frac{1}{2}}\right) y$$

从而

$$(x_1 - b_{11}y)(x_2 - b_{22}y) = b_{12}^2 y^2$$

当 $b_{12} > 0$ 时，上式表明，产出水平为 y 的等产量曲线是双曲线 (图 4.12)。如果 $b_{12} > 0$，那么等产量曲线的渐近线为

$$L_1: \quad x_1 = b_{11}y, \quad x_2 \geqslant b_{22}y$$
$$L_2: \quad x_2 = b_{22}y, \quad x_1 \geqslant b_{11}y$$

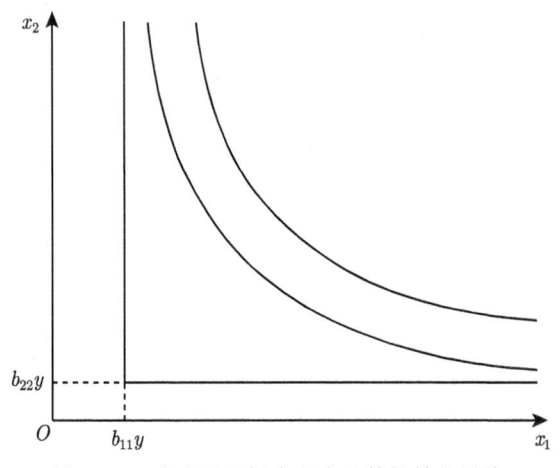

图 4.12　广义里昂惕夫成本函数的等产量线

直线段 L_1 和 L_2 构成函数

$$y = \min\left\{\frac{x_1}{b_{11}}, \frac{x_2}{b_{22}}\right\}$$

的等值线，而这函数正是里昂惕夫生产函数。因此，人们给形如式 (4.54) 的函数命名为广义里昂惕夫成本函数。

习 题

1. 考察下面集值映射的连续性

$$\varphi(x) = \begin{cases} [0,2], & 0 \leqslant x \leqslant 1 \\ [0,1], & 1 < x \leqslant 2 \end{cases}$$

$$\psi(x) = \begin{cases} [0,2], & 0 \leqslant x < 1 \\ [0,1], & 1 \leqslant x \leqslant 2 \end{cases}$$

2. 设 $X \subseteq \mathbb{R}^M$，$Y \subseteq \mathbb{R}^N$ 是紧集，则函数 $f: X \to Y$ 是连续的充要条件是：函数 f 的图形是 $X \times Y$ 中的闭集。

3. 设函数 $f: X \to \mathbb{R}$ 是连续可微函数 (其中 $X \subseteq \mathbb{R}^M$ 是开集)，而且是 k 阶齐次的，即对于任意 $t > 0$，有 $f(tx_1, tx_2, \cdots, tx_M) = t^k f(x_1, x_2, \cdots, x_M)$。试证

$$kf(x_1, x_2, \cdots, x_M) = \sum_{m=1}^{M} x_m \frac{\partial f}{\partial x_m}(x_1, x_2, \cdots, x_M)$$

4. 假设消费集合为 $\mathbb{R}_+^N$，效用函数 $u: \mathbb{R}_+^N \to \mathbb{R}$ 是单调的且严格拟凹的，初始占有 $\omega \in \mathbb{R}_+^N$，试证需求函数 $\varphi(p, \omega)$ 在 $\operatorname{int}(\mathbb{R}_+^N)$ 内是连续的。

5. 假设消费集合为 $\mathbb{R}_+^2$，效用函数 $u(x_1, x_2) = \sqrt{x_1} + \sqrt{x_2}$，初始占有 $\omega \in \mathbb{R}_{++}^2$，试求需求函数 $\varphi(p, \omega)$。

6. 假设消费集合为 $\mathbb{R}_+^N$，效用函数 u 是严格拟凹的，并且 $Du(x) \in \mathbb{R}_{++}^N$，$x \in \mathbb{R}_+^N$。设函数 $g: \mathbb{R} \to \mathbb{R}$ 可微且 $Dg(y) \in \mathbb{R}_{++}$，$y \in \mathbb{R}$。试证效用函数 $U(x) = g(u(x))$ 生成的需求函数与效用函数 $u(x)$ 生成的需求函数是相同的。

7. 设向量 $p \in \mathbb{R}^N$，$a \in \mathbb{R}^N$，考察 N 阶方阵 $I_N - pa^{\mathrm{T}}$，此处 I_N 为 N 阶单位阵。试证
   (1) 行列式 $|I_N - pa^{\mathrm{T}}| = 1 - p^{\mathrm{T}}a$；
   (2) 如果 $p^{\mathrm{T}}a = 1$，则该矩阵的秩 $\operatorname{rank}[I_N - pa^{\mathrm{T}}] = N - 1$。

8. 设 $\mathbb{T}$ 是生产集合，价格 $p \gg 0$，则
   (1) 供给映射 $S(p)$ 取值非空凸集；
   (2) 利润函数 $\pi(p)$ 是连续的凸函数。

9. 设生产集合 $\mathbb{T}$ 是严格凸的，价格 $p^k \in \mathbb{R}_{++}^N$，$p^k \to p^0$，如果 $p_n^0 > 0$，则序列 $\{S_n(p^k); k = 1, 2, \cdots\}$ 是有界的 (此处 $S_n(\cdot)$ 是表示供给函数 $S(\cdot)$ 的第 n 个分量)。提示：利用关系式 $p \cdot S(p) \geqslant 0$。

习　题

10. 设生产集合 $\mathbb{T}$ 是严格凸的，供给函数为 $S(p)$，证明对任何价格 $p^1 \in \mathbb{R}^N$，$p^2 \in \mathbb{R}^N$，总有
$$(p^1 - p^2) \cdot [S(p^1) - S(p^2)] \geqslant 0$$

并解释经济含义。

11. 完成命题 4.13 的证明。

12. 假设生产函数 $y = aLK$，试证该工艺过程的成本函数及最小成本投入分别为
$$C(y,p) = 2\left(\frac{yp_L p_K}{a}\right)^{\frac{1}{2}}$$
$$L = \left(\frac{yp_K}{ap_L}\right)^{\frac{1}{2}}$$
$$K = \left(\frac{yp_L}{ap_K}\right)^{\frac{1}{2}}$$

第 5 章 一般经济均衡理论

经济学是研究人类社会中支配物质生活资料的生产和交换的规律的科学。其中包括了如下三个方面的问题：生产什么商品？如何生产这些商品？如何分配这些商品？解决这些问题可以采用两种模式：其一，计划经济是政府决定资源的分配，经济人 (企业或者个人) 按政府下达的计划指令进行生产和分配商品；其二，市场经济是通过市场来决定经济人的生产和分配。现实社会往往采用这两种模式的结合。本书只考察市场经济模式的基本原理。

通常所说的市场是指交易商品的场所，现在这个概念已经被延伸。市场活动是买卖双方决定商品的交易价格和数量的活动，市场的运行机制是怎样的呢？经济学家亚当·斯密就在他所著的《国富论》(1776) 中有过这样的描述：

"每个人都在力图应用他的资本，来使其生产品能得到最大的价值。一般地说，他并不企图增进公共福利，也不知道他所增进的公共福利为多少。他所追求的仅仅是他个人的安乐，仅仅是他个人的利益。在这样做时，有一只看不见的手引导他去促进一种目标，而这种目标决不是他所追求的东西，由于追逐他自己的利益，他经常促进了社会利益，其效果要比他真正想促进社会利益时所得到的效果更大。"

这里指出，表面上看来是错综纷杂的市场被"一只看不见的手"引导成为有序，这样的近乎散文诗般的描述并不能代替科学的理论分析。1874 年，瓦尔拉斯在其所著的《纯粹政治经济学原理》中创立了一般经济均衡理论，建立了描写市场经济的数学模型。他提出的理论框架被人们认同，但是，他的论证是不充分的有争议的，这关系到经济均衡理论的成败。

著名的德国数学家希尔伯特于 1915 年说过，凡是遵从科学思维并准备发展成为一门理论的研究，能够也必须运用数学表达处理。经济均衡理论召唤数学家投入工作，冯·诺伊曼于 1928 年创立"对策论"学科并与莫根施特恩 (Morgenstern) 合作于 1944 年出版名著《对策论与经济行为》，澄清了经济均衡理论中许多含糊其词的概念，为解决理论中的疑点开辟了道路。其间，涌现了许多与经济均衡理论密切相关的数学成果。为数理经济学的形成奠定了基础。阿罗[1]和德布鲁于 1954 年最后完成一般经济均衡理论的数学论证，分别于 1972 年和 1983 年获得诺贝尔经济学奖。

任何一门学科处理复杂问题的基本手段总是要把问题加以简化，找出起关键作用的要素，把困难加以分解，逐个攻克，在此基础上才有可能解决那些更为现

---

[1] 阿罗 K J (1921–2017)，美国数理经济学家，1972 年与英国经济学家希克斯共同获得诺贝尔经济学奖。

实的复杂问题。在经济学中,把市场经济模式进一步粗分为竞争和垄断两种类型。本章主要考察竞争市场,对垄断市场只作简单的介绍。

5.1 竞争分析及二人对策

自然科学中的大多数学科都是研究人们如何改变或者运用客观事物来达到某种目的,一方是主动的人,另一方是被动的物。而对策论主要研究的是人与人之间的关系。一般说来,无"主动"和"被动"可言。因此,我们面临着思维方式的转变,这正是初学者感到困难的。对策论作为一门行为科学,它的任务就是要把人们之间的某些关系给出数量的刻画,进一步作出人们的行为决策。

为了使转变思维方式与解决经济问题这两重困难不至于交织在一起,有必要先对对策论作简单的研讨,而后,再把经济问题纳入对策论的框架之中,以期获得解决问题的线索。

5.1.1 非合作二人对策模型

理解竞争原理是研究市场经济规律的关键所在,而对策论为竞争活动提供了精辟的分析。本节以非合作二人有限常和对策为模型,循序渐进地介绍竞争活动的分析方法。

对策论属于应用数学范畴,在此没有必要过分地追求严格的公理化体系,从一些典型的实例入手,逐步归纳出具有普遍意义的规律,是掌握这门学科的一种有效途径。

例 5.1 中国的战国时期,齐威王和大将田忌赛马,双方约定各出上、中、下三个等级的马各一匹,分三次比赛,每次败者付给胜者一千金。分析马的实力,在同等级的马中,齐威王的马均要略胜过大将田忌的马,试问齐威王和大将田忌各自应该采取怎样的办法参赛对自己才有利?

例 5.2 某国的石油供应被 A 和 B 两个公司所垄断,该国每年的石油总需求价值为 10 亿元,供应总量的多少决定了油价的降升,自家产量的多少决定了成本的高低。假设 A 公司有 2 种生产方案,B 公司有 3 种生产方案,不同的方案组合决定了各公司的利润,试问各公司选择怎样的方案是有利的?兹将获利情况列表如下 (其中 α_m 和 β_n,分别代表 A 公司和 B 公司的生产方案):

A

	β_1	β_2	β_3
α_1	7	2	4
α_2	4	3	5

B

	β_1	β_2	β_3
α_1	3	8	6
α_2	6	7	5

从上述两个对策问题可以引出对策模型的三要素。

(1) 局中人 (player)：对策活动的参加者被称为局中人，他们能够对自己的行动方案作出选择，局中人可以是单个的人 (如齐威王和大将田忌)，也可以是集团 (如公司或者国家)。通常用自然数表示局中人，用字母 $\mathcal{N}$ 表示局中人集合，如在二人对策的情形，$\mathcal{N} = \{1, 2\}$。

(2) 策略 (strategy)：在对策活动中，局中人能够采取的一个行动方案称为该局中人的一个策略。策略还必须贯穿对策活动的始终，而不仅仅是其中的某一步，如齐威王以下、中、上马的顺序进行三次参赛，构成他的一个策略，单是知道他第一次出下马，并不认为是知道了他的一个策略。显然，局中人必须有两个以上的策略，参加对策才有意义。

通常把一个策略简记成一个字母，局中人 n 的全部策略所构成的集合记作 S_n，如齐威王的全部策略如下：

$$\alpha_1(上中下) \quad \alpha_2(上下中) \quad \alpha_3(中上下)$$
$$\alpha_4(中下上) \quad \alpha_5(下上中) \quad \alpha_6(下中上)$$

策略集合 $S = \{\alpha_1, \alpha_2, \cdots, \alpha_6\}$。类似地，大将田忌也有如前所述的 6 个策略，他的策略集合 $S = \{\beta_1, \beta_2, \cdots, \beta_6\}$。

每个局中人从自己的策略集合中选择一个策略，这样一组策略就构成了一个局势。例如，齐威王采取策略 α_1(上中下)，大将田忌采取策略 β_2(上下中)，就构成局势 (α_1, β_2)。因此，一次对策活动完成，总可以用某个局势来描述它。

关键的问题在于每个局中人应该采取怎样的策略，这就涉及每个局中人参加对策活动的动机或者利益，它是通过下面的第三个要素来体现的。

(3) 报酬函数 (payoff function)：这是定义在全部局势集合上的实值函数，用来描写每个局势完结之后局中人所得的报酬数值。例如，齐威王的报酬函数 φ_1 和大将田忌的报酬函数 φ_2 的取值如下：

$$\varphi_1(\alpha_1, \beta_1) = 3, \varphi_1(\alpha_1, \beta_2) = 1, \cdots, \varphi_1(\alpha_1, \beta_5) = -1, \cdots$$
$$\varphi_2(\alpha_1, \beta_1) = -3, \varphi_2(\alpha_1, \beta_2) = -1, \cdots, \varphi_2(\alpha_1, \beta_5) = 1, \cdots$$

为简单易懂，本节将讨论一种简单的也是典型的对策模型——非合作二人有限常和对策，它具有如下特点 (对策的定语与此有关)：

(1) 局中人只有 2 个，即 $\mathcal{N} = \{1, 2\}$；
(2) 每个局中人的策略集合是有限的，设

$$S_1 = \{\alpha_1, \alpha_2, \cdots, \alpha_M\}, \quad S_2 = \{\beta_1, \beta_1, \cdots, \beta_N\}$$

(3) 局中人的报酬函数 φ_1 和 φ_2 之和在每个局势上取值保持常值，即有常和数 C，使得

$$\varphi_1(\alpha_m,\beta_n) + \varphi_2(\alpha_m,\beta_n) = C, \quad 1\leqslant m\leqslant M, \quad 1\leqslant n\leqslant N$$

通常，把这样的对策记作 $\varGamma = \{S_1,S_2,\varphi_1,\varphi_2\}$。

显然，前述的两个例子都属于这类对策，例 5.1 和例 5.2 对应的常数 C 分别为 0 和 10。当局中人 1 的报酬给定时，局中人 2 的报酬也就随之确定。因此在研究二人常和对策中，只须考察局中人 1 的报酬即可。

在讨论非合作对策时，必须确认以下基本准则。

(1) 每个局中人都知道对策活动可能出现的全部局势，以及各个局中人在每种局势中的报酬函数的数值。

(2) 局中人采取的策略，总是为了自身获得最大的报酬，通俗地说，他是聪明的；局中人必须意识到其他局中人所采取的策略，总是不利于自己的，通俗的说，他是理智的。

(3) 局中人之间不能够或者不愿意进行协商，而是完全自主地决定各自的策略。

5.1.2 非合作对策分析

下面分析二人常和对策 $\varGamma = \{S_1,S_2,\varphi_1,\varphi_2\}$。

局中人 1 采取策略 $\alpha \in S_1$ 时，他的报酬是 $\{\varphi_1(\alpha,\beta),\beta \in S_2\}$ 中的某个数值，但他不能一厢情愿地想获得其中的最大值而应该有充分的思想准备：可能得到的是其中的最小值 $\min\{\varphi_1(\alpha,\beta),\beta \in S_2\}$。这就是通常所说的"从坏处着想"。但是，在

$$A(\alpha) = \min\{\varphi_1(\alpha,\beta),\beta \in S_2\}, \quad \alpha \in S_1$$

之中，他有权选择最大者，通俗地说，就是"争取最好的结果"。因此，他至少可以得到报酬

$$A(\bar\alpha) = \max_{\alpha} A(\alpha) = \max_{\alpha}\min_{\beta}\varphi_1(\alpha,\beta)$$

局中人 2 采取策略 $\beta \in S_2$ 时，必须考虑到局中人 1 可能获得 $\{\varphi_1(\alpha,\beta),\alpha \in S_1\}$ 中的最大值 $\max\{\varphi_1(\alpha,\beta),\alpha \in S_1\}$。但是，基于得失的考虑，局中人 2 将比较数值

$$B(\beta) = \max\{\varphi_1(\alpha,\beta),\alpha \in S_1\}, \quad \beta \in S_2$$

然后，选择适当的策略 $\bar\beta \in S_2$，使得局中人 1 至多得到报酬

$$B(\bar\beta) = \min_{\beta} B(\beta) = \min_{\beta}\max_{\alpha}\varphi_1(\alpha,\beta)$$

显然，$A(\bar{\alpha}) \leqslant \varphi_1(\bar{\alpha}, \bar{\beta})$，$B(\bar{\beta}) \geqslant \varphi_1(\bar{\alpha}, \bar{\beta})$。从而

$$\max_{\alpha} \min_{\beta} \varphi_1(\alpha, \beta) \leqslant \min_{\beta} \max_{\alpha} \varphi_1(\alpha, \beta) \tag{5.1}$$

当 $A(\bar{\alpha}) = B(\bar{\beta})$ 时，式 (5.1) 中等号成立。这表明，两个局中人的愿望是"不谋而合"，可视为最理想的结局。此时，$\varphi_1(\bar{\alpha}, \bar{\beta}) = A(\bar{\alpha})$，$\varphi_1(\bar{\alpha}, \bar{\beta}) = B(\bar{\beta})$，于是

$$\varphi_1(\alpha, \bar{\beta}) \leqslant \varphi_1(\bar{\alpha}, \bar{\beta}) \leqslant \varphi_1(\bar{\alpha}, \beta), \qquad \alpha \in S_1, \beta \in S_2 \tag{5.2}$$

在二人常和对策中，$\varphi_2 = -\varphi_1 + C$。由式 (5.2) 导出

$$\varphi_2(\bar{\alpha}, \bar{\beta}) \geqslant \varphi_2(\bar{\alpha}, \beta), \quad \beta \in S_2$$
$$\varphi_1(\bar{\alpha}, \bar{\beta}) \geqslant \varphi_1(\alpha, \bar{\beta}), \quad \alpha \in S_1$$

由此可见，在局势 $(\bar{\alpha}, \bar{\beta})$ 中，任何局中人试图单独地改变策略都不会给他带来好处，这便引出了如下的定义。

定义 5.1 在非合作二人常和对策 $\Gamma = \{S_1, S_2, \varphi_1, \varphi_2\}$ 中，称局势 $(\bar{\alpha}, \bar{\beta})$ 是均衡的 (equilibrium)，如果

$$\varphi_1(\bar{\alpha}, \bar{\beta}) \geqslant \varphi_1(\alpha, \bar{\beta}), \quad \alpha \in S_1 \tag{5.3a}$$
$$\varphi_2(\bar{\alpha}, \bar{\beta}) \geqslant \varphi_2(\bar{\alpha}, \beta), \quad \beta \in S_2 \tag{5.3b}$$

由前面的理论分析会发现，对于非合作二人常和对策而言，局势 $(\bar{\alpha}, \bar{\beta})$ 是均衡的充要条件是式 (5.1) 中等式成立，即 $A(\bar{\alpha}) = B(\bar{\beta})$。

还可以按前面的推理给出确定均衡局势的简便方法。把局中人 1 在各种局势中所得的报酬置于一个矩阵

$$\begin{array}{c} \\ \alpha_1 \\ \alpha_2 \\ \vdots \\ \alpha_M \\ \\ \end{array} \begin{array}{c} \beta_1 \quad \beta_2 \quad \cdots \quad \beta_N \\ \begin{pmatrix} c_{11} & c_{12} & \cdots & c_{1N} \\ c_{21} & c_{22} & \cdots & c_{2N} \\ \vdots & \vdots & & \vdots \\ c_{M1} & c_{M2} & \cdots & c_{MN} \end{pmatrix} \\ B_1 \quad B_2 \quad \cdots \quad B_N \end{array} \begin{array}{c} \\ A_1 \\ A_2 \\ \vdots \\ A_M \\ \\ \end{array} \tag{5.4}$$

其中，$c_{mn} = \varphi_1(\alpha_m, \beta_n)$，$A_m = \min\{\varphi_1(\alpha_m, \beta), \beta \in S_2\}$，$B_n = \max\{\varphi_1(\alpha, \beta_n), \alpha \in S_1\}$。上述对策可用矩阵 (5.4) 来概括，因此，也称为矩阵对策 (matrix strategy)。可以找到

$$A_{m_0} = \max\{A_1, A_2, \cdots, A_M\}, \qquad B_{n_0} = \min\{B_1, B_2, \cdots, B_N\}$$

如果 $A_{m_0} = B_{n_0}$，则 $(\alpha_{m_0}, \beta_{n_0})$ 就是均衡局势。用于前面的例 5.2，可写出矩阵

$$\begin{array}{c c} & \begin{array}{c c c} \beta_1 & \beta_2 & \beta_3 \end{array} \\ \begin{array}{c} \alpha_1 \\ \alpha_2 \end{array} & \left[\begin{array}{c c c} 7 & 2 & 4 \\ 4 & 3^* & 5 \end{array} \right] \begin{array}{c} 2 \\ 3 \end{array} \\ & \begin{array}{c c c} 7 & 3 & 5 \end{array} \end{array}$$

易见 $A_2 = \max\{2,3\} = 3$，$B_2 = \min\{7,3,5\} = 3$，于是，(α_2, β_2) 是均衡局势。

如果 $A_{m_0} < B_{n_0}$，则没有均衡局势。对例 5.1 所述对策，可写出矩阵

$$\begin{array}{c c} & \begin{array}{c c c c c c} \beta_1 & \beta_2 & \beta_3 & \beta_4 & \beta_5 & \beta_6 \end{array} \\ \begin{array}{c} \alpha_1 \\ \alpha_2 \\ \alpha_3 \\ \alpha_4 \\ \alpha_5 \\ \alpha_6 \end{array} & \left[\begin{array}{c c c c c c} 3 & 1 & 1 & 1 & -1 & 1 \\ 1 & 3 & 1 & 1 & 1 & -1 \\ 1 & -1 & 3 & 1 & 1 & 1 \\ -1 & 1 & 1 & 3 & 1 & 1 \\ 1 & 1 & 1 & -1 & 3 & 1 \\ 1 & 1 & -1 & 1 & 1 & 3 \end{array} \right] \begin{array}{c} -1 \\ -1 \\ -1 \\ -1 \\ -1 \\ -1 \end{array} \\ & \begin{array}{c c c c c c} 3 & 3 & 3 & 3 & 3 & 3 \end{array} \end{array}$$

可见 $A_{m_0} = -1 \leqslant 3 = B_{n_0}$，因此，这个对策没有均衡局势。

均衡是一个极为重要的概念，它在一般的非合作对策及许多经济问题中将再次出现。在竞争机制起作用的情况下，均衡是受制约的竞争各方的一种理想的共同选择。

由于存在大量的非合作对策问题没有均衡局势，因此，有必要推广定义 5.1，冯·诺伊曼引进了混合策略概念，即按着某种概率分布来选择策略。当然，这只有在对策活动可多次重复的情况下，才可以实现。可以证明，任何二人常和对策必有混合策略意义下的均衡，并且能够通过解对偶线性规划的方法获得均衡局势的数值解。这是一部相当完美而且成熟的理论，在一般的对策论书籍中均有阐述 (Owen, 1983; Werner, 1990)。考虑到有关这方面的知识，离本章的主题远了些，所以不再过多地涉及。

5.1.3 多人对策的均衡局势

前面讨论的对策模型加上了诸多限制，那是为了能够清晰地掌握对策论分析问题的方法，在此基础上，把讨论沿着几个方向加以推广。

首先，局中人有 N 个，即 $\mathcal{N} = \{1, 2, \cdots, N\}$。

其次，每个局中人 n 的一个策略是 L 维向量 x^n，他的策略集合 $X^n \subseteq \mathbb{R}^L$ 可以含无穷多的元素。一个局势可表成 $x = \{x^1, x^2, \cdots, x^N\}$，此处 $x^n \in X^n$。

再次，每个局中人 n 的报酬函数为 $\varphi_n: X \to \mathbb{R}$，此处 $X = \prod_{n=1}^{N} X^n$，并记 $\Phi = \{\varphi_1, \varphi_2, \cdots, \varphi_N\}$。

综上所述，便确定了非合作 N 人对策 $\{\mathcal{N}, X, \Phi\}$。

为叙述简便，引进如下记号：

$$X = \prod_{n=1}^{N} X^n, \qquad X^{-n} = \prod_{n' \neq n} X^{n'}$$

其中，X 就是全部局势所构成的集合。对于局势 $x = \{x^1, x^2, \cdots, x^N\} \in X$，相应地，可以确定

$$x^{-n} \equiv \{x^1, x^2, \cdots, x^{n-1}, x^{n+1}, \cdots, x^N\} \in X^{-n}$$

显然，对任意给定的 $y^n \in X^n$，可以确定新局势

$$\{y^n, x^{-n}\} \equiv \{x^1, \cdots, x^{n-1}, y^n, x^{n+1}, \cdots, x^N\} \in X$$

表示在局势 $x = \{x^1, \cdots, x^{n-1}, x^n, x^{n+1}, \cdots, x^N\}$ 中，只有局中人 n 改变策略 x^n 为 y^n 之后形成的新局势。

下面推广均衡局势如下。

定义 5.2 称局势 $\bar{x} = (\bar{x}^1, \cdots, \bar{x}^{n-1}, \bar{x}^n, \bar{x}^{n+1}, \cdots, \bar{x}^N)$ 是 N 人对策 $\{\mathcal{N}, X, \Phi\}$ 的均衡局势 (equilibrium situation)，如果对每个 $n \in \mathcal{N}$ 及 $y^n \in X^n$，总有

$$\varphi_n(y^n, \bar{x}^{-n}) \leqslant \varphi_n(\bar{x}) \tag{5.5}$$

这个定义表明，一个局势是均衡的，则任何局中人试图改变自己的策略 (其他人策略未变) 都不会使自己所获报酬增加，而且要冒减少报酬的风险。

怎样的局势才能成为均衡局势。以非合作二人对策 $\Gamma = \{X^1, X^2, \varphi_1, \varphi_2\}$ 为例，对于任意指定局势 $a = (a^1, a^2)$，局中人 1 试图改变策略以便增加自己的报酬，如此策略应该在如下的集合中选取：

$$M_1(a^2) = \{x \in X^1 \mid \varphi_1(x, a^2) \geqslant \varphi_1(y, a^2), y \in X^1\}$$

局中人 2 也试图改变策略以便增加自己的报酬，这样的策略应该在如下的集合中选取：

$$M_2(a^1) = \{x \in X^2 \mid \varphi_2(a^1, x) \geqslant \varphi_2(a^1, y), y \in X^2\}$$

如果局势 $(\bar{x}^1, \bar{x}^2) \in X^1 \times X^2$ 是均衡局势，即有

$$\varphi_1(\bar{x}^1, \bar{x}^2) \geqslant \varphi_1(y, \bar{x}^2), \qquad y \in X^1$$

$$\varphi_2(\bar{x}^1, \bar{x}^2) \geqslant \varphi_2(\bar{x}^1, y), \qquad y \in X^2$$

可见，$\bar{x}^1 \in M_1(\bar{x}^2)$，$\bar{x}^2 \in M_2(\bar{x}^1)$，从而，$(\bar{x}^1, \bar{x}^2) \in M_1(\bar{x}^2) \times M_2(\bar{x}^1)$。现定义集值映射:

$$M_1 : X^1 \times X^2 \rightrightarrows X^1, M_1(x^1, x^2) = M_1(x^2)$$
$$M_2 : X^1 \times X^2 \rightrightarrows X^2, M_2(x^1, x^2) = M_2(x^1)$$

则有集值映射

$$M : X^1 \times X^2 \rightrightarrows X^1 \times X^2$$
$$M(x^1, x^2) = M_1(x^1, x^2) \times M_2(x^1, x^2)$$

于是，均衡局势 $(\bar{x}^1, \bar{x}^2)$ 满足

$$(\bar{x}^1, \bar{x}^2) \in M(\bar{x}^1, \bar{x}^2) \tag{5.6}$$

这表明，在集值映射 M 之下，均衡局势 $(\bar{x}^1, \bar{x}^2)$ 属于它的自身映象。换言之，均衡局势的存在性与映射的不动点理论相关联，后面将对此作详细阐述。

5.2 不动点定理

5.2.1 关于不动点定理的概况

很早以前，人们就发现，许多数学问题的解的存在性归结为某映射有无不动点。因此，关于映射的不动点理论，一直是数学科学的主流中的课题。很多重要的数学成果都是借助不动点理论而获得的。

1910 年，Brouwer 不动点定理的诞生是不动点理论研究的一个里程碑，随之而来的有一系列与此定理相联系的精美结果相继问世。1927 年，绍德尔 (Schauder) 把 Brouwer 不动点定理推广到无穷维空间，这可称得上是第二次突破，极大地推动了泛函分析和微分方程的发展。1941 年，Kakutani 给出了集值映射的不动点定理，掀起不动点理论研究及应用的第三次浪潮。饶有兴趣的是，Kakutani 不动点定理这样一个纯数学的结果的背景竟是来自经济对策问题，它的最成功的应用也是在数理经济学方面。如果说，数学家都应该知道 Brouwer 不动点定理，那么，数理经济学家则必须懂得 Kakutani 不动点定理。

定义 5.3 设集值映射 $\varphi : X \rightrightarrows X$，称点 $\bar{x} \in X$ 是 φ 的不动点 (fixed-point)，如果 $\bar{x} \in \varphi(\bar{x})$。特别地，若 $\varphi : X \to X$ 是通常的映射，则有 $\bar{x} = \varphi(\bar{x})$。

各种形式的不动点定理不胜枚举，与之有关的文献当以千计，其中首推 Brouwer 不动点定理。

定理 5.1(Brouwer[①])　设 $X \subseteq \mathbb{R}^N$ 是紧凸集，映射 $f: X \to X$ 是连续的，则映射 f 有不动点，即存在 $\bar{x} \in X$，使得 $f(\bar{x}) = \bar{x}$。

即如果连续映射 f 紧凸集到自身，则必映其中某点 $\bar{x}$ 到自身。

关于定理的证明将在 5.6 节专门讨论。本节是以此定理为基础，引出 Kakutani 不动点定理，作为研究对策论和数理经济学的数学工具。

5.2.2　Kakutani 不动点定理

定义 5.4　设向量 $v^1, v^2, \cdots, v^M \in \mathbb{R}^N$ ($M \leqslant N$)，且 $v^1, v^2, \cdots, v^M$ 是线性无关的，则 $v^1, v^2, \cdots, v^M$ 生成的凸包 S 称为 $M-1$ 维单纯形，并记 $S = \langle v^1, v^2, \cdots, v^M \rangle$。

1 维单纯形是直线段，2 维单纯形是三角形，3 维单纯形是四面体。

由命题 2.2，任给 $x \in S$，总有

$$x = \sum_{m=1}^{M} \alpha_m v^m, \qquad \sum_{m=1}^{M} \alpha_m = 1, \qquad \alpha_m \geqslant 0$$

而且表示法唯一。若表示法不唯一，不失一般性，假设 x 可由前 K 个向量表示，即存在 $K < M$，使得

$$x = \sum_{m=1}^{K} \beta_m v^m, \qquad \sum_{m=1}^{K} \beta_m = 1, \qquad \beta_m \geqslant 0, \beta_m \neq \alpha_m, m = 1, 2, \cdots, K$$

因此 $\sum\limits_{m=1}^{K} \beta_m v^m = \sum\limits_{m=1}^{M} \alpha_m v^m$，则 $\sum\limits_{m=1}^{K} (\alpha_m - \beta_m) v^m + \sum\limits_{m=K+1}^{M} \alpha_m v^m = 0$。由于 $v^1, v^2, \cdots, v^M$ 是线性无关的，则 $\alpha_m = \beta_m$，$m = 1, 2, \cdots, K$ 及 $\alpha_m = 0$，$m = K+1, K+2, \cdots, M$，矛盾。

称 $v^1, v^2, \cdots, v^M$ 是 S 的顶点，称点集

$$S_m = \left\{ x \in S \mid x = \sum_{m'=1}^{M} \alpha_{m'} v^{m'}, \quad \alpha_m = 0, \quad \sum_{m'=1}^{M} \alpha_{m'} = 1, \right.$$
$$\left. \alpha_{m'} \geqslant 0, \quad m' = 1, 2, \cdots, M \right\}$$

为单纯形 S 的一个端面 (与顶点 v^m 相对)，它相当于以 $v^1, v^2, \cdots, v^{m-1}, v^{m+1}, \cdots, v^M$ 为顶点的凸包 (图 5.1)。

[①] Brouwer L E J (1881–1966)，荷兰数学家，荷兰皇家科学院院士，1910 年建立 Brouwer 不动点定理。

5.2 不动点定理

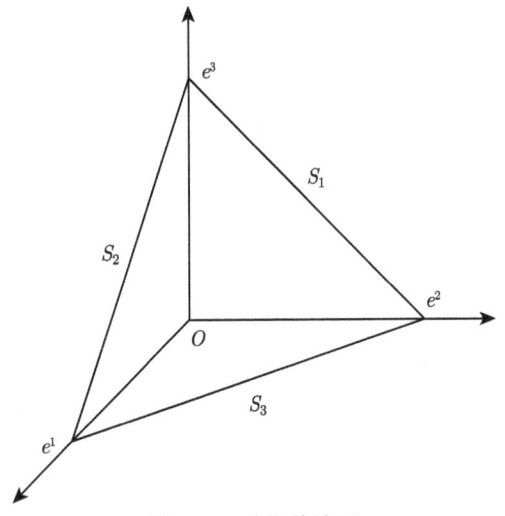

图 5.1 单位单纯形

以 $e^1, e^2, \cdots, e^N$ 为顶点的单纯形 S 称为单位单纯形 (图 5.1)。如果 $x \in S$,则

$$x = \sum_{n=1}^{N} \alpha_n e^n = \begin{pmatrix} \alpha_1 \\ \alpha_2 \\ \vdots \\ \alpha_N \end{pmatrix}$$

其中

$$\alpha_n \geqslant 0, \quad n = 1, 2, \cdots, N \quad \sum_{n=1}^{N} \alpha_n = 1$$

定义 5.5 设 S 是一个单纯形,一族单纯形 $S^1, S^2, \cdots, S^K \subseteq S$ 称为 S 的单纯形剖分,如果满足下列条件:

(1) $S = \bigcup_{k=1}^{K} S^k$;

(2) 若 $k \neq k'$,则 $S^k \cap S^{k'} = \varnothing$,或者 S^k 与 $S^{k'}$ 相交于顶点,或者相交于一个端面。

通常称 S^k 为 S 的单纯形剖分的一个胞腔,并记 S^k 的直径为 $\|S^k\|$。可见,单纯形剖分是把原单纯形分割成一些小单纯形,一个胞腔的端面不能严格地含于另一个胞腔的端面内部 (图 5.2)。

定理 5.2 (Kakutani[①]) 设 $S \subseteq \mathbb{R}^N$ 是单纯形,集值映射 $\varphi: S \rightrightarrows S$ 取值非

---
① Kakutani(1911–2004),日本数学家,耶鲁大学教授,1941 年发表不动点定理。

空闭凸集，而且是上半连续的，则 φ 有不动点，即存在 $\bar{x} \in S$，使得 $\bar{x} \in \varphi(\bar{x})$。

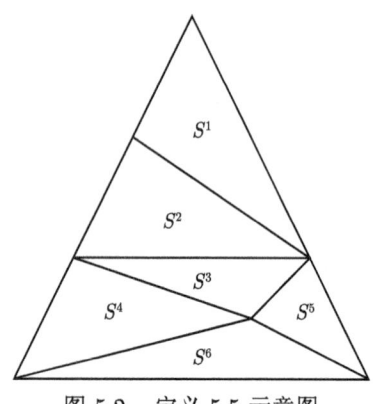

图 5.2 定义 5.5 示意图

证明 对单纯形 S 作一系列细剖分：$\Delta^1, \Delta^2, \cdots$，并要求剖分的胞腔直径趋于零。

对于剖分 Δ^M，定义单值映射 $\varphi^M : S \to S$ 如下：

若 $x \in S$ 是某小胞腔的顶点，则任取 $y \in \varphi(x)$ 作为 φ^M 在 x 点的值，即 $\varphi^M(x) = y$。

若 $x \in S$ 是某小胞腔的内点，则把包含 x 在内的胞腔的 $N+1$ 个顶点的函数值的线性插值作为 φ^M 在 x 点的值，具体地说，如果含 x 的胞腔的顶点是 $x^1, x^2, \cdots, x^N$，于是，$x = \sum_{n=1}^{N} \alpha_n x^n$，其中 $\sum_{n=1}^{N} \alpha_n = 1$，$\alpha_n \geqslant 0$，则 $\varphi^M(x) = \sum_{n=1}^{N} \alpha_n \varphi^M(x^n)$，此处 $\varphi^M(x^n)$ 已如前确定。

注意，当 x 位于两个胞腔的交面上时，依两个胞腔所定义的 φ^M 值是相等的，因为 x 的凸组合表达式是唯一的。

显然，$\varphi^M : S \to S$ 是连续映射，由 Brouwer 不动点定理，存在 $x^M \in S$，使得 $x^M = \varphi^M(x^M)$。

设 x^M 所在的胞腔以 $v^{M1}, v^{M2}, \cdots, v^{MN}$ 为顶点，则

$$x^M = \sum_{n=1}^{N} \alpha_{Mn} v^{Mn}$$

$$x^M = \varphi^M(x^M) = \sum_{n=1}^{N} \alpha_{Mn} y^{Mn}$$

其中，$\alpha_{Mn} \geqslant 0$，$\sum_{n=1}^{N} \alpha_{Mn} = 1$，$y^{Mn} \in \varphi^M(v^{Mn})$，由于 S 是紧凸集，φ 取值也是紧

5.2 不动点定理

凸集，依据魏尔斯特拉斯 (Weierstrass) 聚点原理，可选子序列 $\{M_k; k=1,2,\cdots\}$，不妨设 $M_k = M$，使得

$$x^M \to \bar{x}, \alpha_{Mn} \to \alpha_n, y^{Mn} \to \bar{y}^n, \quad n=1,2,\cdots,N$$

当 $M \to \infty$ 时，剖分加细，因此，x^M 所在的胞腔的顶点都收缩到 $\bar{x}$，即

$$v^{Mn} \to \bar{x}, \qquad n=1,2,\cdots,N$$

又因为 φ 是上半连续的，所以 $\bar{y}^n \in \varphi(\bar{x})$, $n=1,2,\cdots,N$。注意，$\bar{x} = \sum_{n=1}^{N} \alpha_n \bar{y}^n$, $\alpha_n \geqslant 0$, $\sum_{n=1}^{N} \alpha_n = 1$ 而且 $\varphi(\bar{x})$ 是凸集，故必有 $\bar{x} \in \varphi(\bar{x})$。 □

Kakutani 不动点定理的一般形式如下。

定理 5.3 设 $X \subseteq \mathbb{R}^N$ 为紧凸集，集值映射 $\varphi: X \rightrightarrows X$ 取值非空闭凸集，而且是上半连续的，则 φ 有不动点。

证明 因为 X 是有界集合，故可嵌入到某单纯形 S 内，即 $X \subseteq S$。定义映射 $T: S \to X$ 如下：

若 $x \in X$，则 $T(x) = x$。

若 $x \notin X$，但 $x \in S$，则设点 y 是 X 中距离点 x 最近的点 (图 5.3)，即有 $\|y-x\| = \min_{z \in X} \|x-z\|$，由于 X 是紧凸集，故如此的 y 存在而且唯一。令 $T(x) = y$。

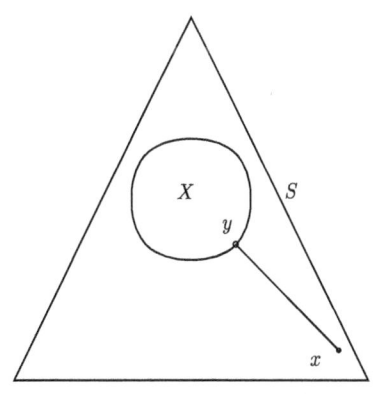

图 5.3 定理 5.3 证明示意图

不难验证，T 是连续映射，再定义集值映射：

$$\phi: S \rightrightarrows S, \qquad \phi(x) = \varphi(T(x))$$

则 ϕ 取值非空闭凸集，且是上半连续的。事实上，如果 $x^k \to x^0$, $y^k \in \phi(x^k)$, $y^k \to y^0$，则由映射 T 的连续性，有 $T(x^k) \to T(x^0)$。于是，再由集值映射 φ 的

上半连续性，$y^0 \in \varphi(T(x^0)) = \phi(x^0)$。根据定理 5.2，必有不动点 $\bar{x} \in S$，使得
$$\bar{x} \in \phi(\bar{x}) = \varphi(T(\bar{x}))$$
注意，φ 的值域含在集合 X 之中，所以 $\bar{x} \in X$，根据 T 的定义，有 $T(\bar{x}) = \bar{x}$，于是，$\bar{x} \in \varphi(\bar{x})$。 □

利用集值映射的不动点定理，可以证明前面所述的多人对策的均衡局势的存在性。

定理 5.4 [纳什 (Nash[①])] 设非合作 N 人对策 $\{\mathcal{N}, X, \Phi\}$ 满足如下条件：

(1) 策略集合 X^n $(1 \leqslant n \leqslant N)$ 都是非空紧凸集；

(2) 报酬函数 φ_n $(1 \leqslant n \leqslant N)$ 皆连续，且关于变元 x^n 是拟凹的。

则对策 $\{\mathcal{N}, X, \Phi\}$ 有均衡局势。

证明 构造 $M_n(x^{-n}) = \{x^n \in X^n \mid \varphi_n(x^n, x^{-n}) \geqslant \varphi_n(\tilde{x}^n, x^{-n}), \tilde{x}^n \in X^N\}$，$X^n$ 是非空紧凸集，则 $M_n(x^{-n})$ 非空闭集，又 φ_n 是拟凹的，则 $M_n(x^{-n})$ 是凸集。

下证 $M_n(x^{-n})$ 是上半连续的。令 $((x^n)^k, (x^{-n})^k) \to (x^n, x^{-n})$，$(x^n)^k \in M_n((x^{-n})^k)$，只需证 $x^n \in M_n(x^{-n})$。根据 $(x^n)^k \in M_n((x^{-n})^k)$ 得 $\varphi_n((x^n)^k, (x^{-n})^k) \geqslant \varphi_n((\tilde{x}^n)^k, (x^{-n})^k)$，$(\tilde{x}^n)^k \in X^n$。由于 φ_n 连续，则 $\varphi_n(x^n, x^{-n}) \geqslant \varphi_n(\tilde{x}^n, x^{-n})$，$\tilde{x}^n \in X^n$，立即得 $x^n \in M_n(x^{-n})$。

令 $M: X \rightrightarrows X$，$M(x) = M_1(x^{-1}) \times M_2(x^{-2}) \times \cdots \times M_N(x^{-N})$，可得 M 非空闭凸且上连续，根据定理 5.3 得存在 $\bar{x} \in M$，使得 $\bar{x} = M(\bar{x})$。因此，对策 $\{\mathcal{N}, X, \Phi\}$ 有均衡局势 $\bar{x}$。 □

5.2.3 社会系统

为了把竞争经济纳入对策论的框架加以研究，还需要把多人对策模型作进一步推广，在对策 $\{\mathcal{N}, X, \Phi\}$ 中，引进可行性的概念，这是因为在某些问题中，局中人 n 在策略集合 X^n 中选择策略时，要受到其余局中人选定的策略所制约 (关于这些，在 5.3 节将会介绍得更具体)。数学表述局中人 n 的可行策略集合是通过集值映射

$$S_n: X^{-n} \rightrightarrows X^n, \quad S_n(x^{-n}) \subseteq X^n$$

来刻画的，即当局中人 $n' \neq n$ 选定了策略 $x^{n'} \in X^{n'}$ 时，n 就不能在 X^n 中自由地选择策略，而只能在集合 $S_n(x^{-n})$ 内选择。由于 x 局势确定了 x^{-n}，索性扩充映射 S_n 的定义域为 X，定义 $S_n(x) \equiv S_n(x^{-n})$。这样定义的三元体 $\mathcal{E} = \{X^n, S_n, \varphi_n\}_{n \in \mathcal{N}}$ 称为社会系统 (social system)。特别地，当 $S_n(x) \equiv X^n$，$x \in X$

[①] 纳什 J F (1928–2015)，美国数学家，1950 年发表 "Equilibrium Points in N-Person Games" 得出著名的纳什均衡，1994 年获诺贝尔经济学奖。

5.2 不动点定理

时，社会系统就是多人对策。许多经济的模型和政治的模型都可以归结为社会系统。为了与经济学的术语相一致，以后称报酬函数 φ_n 为效用函数，而局势 $x = \{x^1, x^2, \cdots, x^N\} \in X$ 称为状态 (situation)。

定义 5.6 称状态 $\bar{x} = \{\bar{x}^1, \bar{x}^2, \cdots, \bar{x}^N\} \in X$ 为社会系统 $\mathcal{E}$ 的均衡态 (equilibrium situation)。如果

(1) $\bar{x}^n \in S_n(\bar{x})$, $n = 1, 2, \cdots, N$;

(2) $\varphi_n(y^n, \bar{x}^{-n}) \leqslant \varphi_n(\bar{x})$, $y^n \in S_n(\bar{x})$, $n = 1, 2, \cdots, N$。

这个均衡态的定义概括了定义 5.2，所不同的是，对社会系统的均衡态增加了可行性限制 (1)。

下面给出重要的均衡态存在定理。

定理 5.5 (Debreu, 1952) 设社会系统 $\mathcal{E} = \{X^n, S_n, \varphi_n\}_{n \in \mathcal{N}}$ 满足下列条件：
(1) 任给 $n \in \mathcal{N}$，集合 $X^n \subseteq \mathbb{R}^n$ 是非空紧凸的；
(2) 集值映射 $S_n : X \to X^n$ 是连续的，取值非空闭凸集；
(3) 效用函数 φ_n 是连续的，且关于变元 x^n 是拟凹的。

则社会系统 $\mathcal{E}$ 有均衡态。

证明 对每个 $n \in \mathcal{N}$，定义集值映射 $M_n : X \rightrightarrows X^n$

$$M_n(a) = \{x \in S_n(a) \mid \varphi_n(x, a^{-n}) \geqslant \varphi_n(y, a^{-n}), y \in S_n(a)\}$$

因为 $S_n(a)$ 是紧集 X^n 中的闭子集，故 $S_n(a)$ 也是紧集，从而 $M_n(a)$ 是非空紧集。

由函数 φ_n 的拟凹性可知，集合

$$\{x \in X^n \mid \varphi_n(x, a^{-n}) \geqslant \varphi_n(y, a^{-n}), y \in S_n(a)\}$$

是凸的，又集合 $S_n(a)$ 是凸的，所以这两个集合之交集 $M_n(a)$ 必然也是凸集。于是，对任何 $a \in X$，集合

$$M(a) = \prod_{n=1}^{N} M_n(a) \subseteq X$$

是非空的紧凸集。

根据定理 4.1，可知集值映射 $M_n(a)$ 是上半连续的，从而，集值映射 $M : X \rightrightarrows X$ 也是上半连续的。由 Kakutani 不动点定理可知，存在不动点

$$\bar{x} \in M(\bar{x}) = \prod_{n=1}^{N} M_n(\bar{x})$$

于是

$$\bar{x}^n \in M_n(\bar{x}), \qquad n = 1, 2, \cdots, N$$

这表明，$\bar{x}^n \in S_n(\bar{x})$，且 $\varphi_n(\bar{x}^n, \bar{x}^{-n}) = \max\{\varphi_n(y, x^{-n}) \mid y \in S_n(\bar{x})\}$。可见，$\bar{x} = \{\bar{x}^1, \bar{x}^2, \cdots, \bar{x}^N\}$ 是社会系统 $\mathcal{E}$ 的均衡态。 □

定理 5.5 是继纳什定理之后，德布鲁作出的。它是解决一般均衡理论的关键。至今，在探讨许多与竞争机制有关的问题时，人们总还是想方设法引用这个定理，它的重要价值是不言而喻的。定理的证明方法具有典型意义，把均衡态归结为某集值映射的不动点，这几乎是解决这类问题的通用技巧。

5.3 经济均衡的存在性 (1)

下面考察完全竞争的市场，其中有大量的买主和卖主，他们都是价格的接受者，任何个体的购销行为对市场价格都不产生影响，不同卖主所持有的同种商品是同质的。

5.3.1 纯交换经济

设有经济人集合为 $\mathcal{I} = \{1, 2, \cdots, I\}$，商品空间为 $\mathbb{R}_+^L$，对于每个经济人 $i \in \mathcal{I}$，他的消费集合为 $X^i \subseteq \mathbb{R}_+^L$，他的偏好为 $\succsim_i$，表现偏好的效用函数为 $u_i : X^i \to \mathbb{R}$。他的初始占有为 $\omega^i \in \mathbb{R}_+^L$。这样便构成了经济系统 $\mathcal{E} = \{X^i, \succsim_i, \omega^i\}_{i \in \mathcal{I}}$。

假设这个经济系统 $\mathcal{E}$ 是在完全竞争的市场机制下运作的，在某价格 $p \in \mathbb{R}_+^L$ 之下，经济人交易商品，实现商品的再分配，第 i 个经济人获得商品束 $x^i \in \mathbb{R}_+^L$。I 元商品束组 $(x^1, x^2, \cdots, x^I) \in \mathbb{R}_+^{IL}$ 称为经济系统 $\mathcal{E}$ 的一个配置 (allocation)。如果

$$x \equiv \sum_{i=1}^{I} x^i = \sum_{i=1}^{I} \omega^i \equiv \omega$$

如此的 I 元组 $(x^1, x^2, \cdots, x^I)$ 称为经济系统 $\mathcal{E}$ 的可达配置 (attainable allocation)。

定义 5.7 经济系统 $\mathcal{E}$ 的一般均衡 (general equilibrium) 是配置和价格组合 $(\bar{x}^1, \bar{x}^2, \cdots, \bar{x}^I, \bar{p}) \in \mathbb{R}_+^{IL} \times \mathbb{R}_+^L$ 满足如下条件：

(1) 对于每个 $i \in \mathcal{I}$，$\bar{x}^i \in B_i(\bar{p}, \omega^i)$；

(2) 对于每个 $i \in \mathcal{I}$，$u_i(x) \leqslant u_i(\bar{x}^i)$，$x \in B_i(\bar{p}, \omega^i)$；

(3) $\sum_{i=1}^{I} \bar{x}^i = \sum_{i=1}^{I} \omega^i$。

其中，$B_i(\bar{p}, \omega^i)$ 是经济人 i 的预算集合，$\bar{p}$ 和 $(\bar{x}^1, \bar{x}^2, \cdots, \bar{x}^I)$ 分别称为经济 $\mathcal{E}$ 的均衡价格 (equilibrium price) 和均衡配置 (equilibrium allocation)。

这个定义表明，在均衡价格 $\bar{p}$ 之下，商品束 $\bar{x}^i$ 是经济人 i 在其自身财力允许的情况下的最满意的选择，同时使市场的供给总量 (ω) 与需求总量 (x) 相等。这

5.3 经济均衡的存在性 (1)

个定义可以认为是亚当·斯密"名言"的确切注释，把"无形的手"理解为价格机制，它引导经济人获得最大的利益，同时使得经济系统实现供需平衡。然而，"名言"只是一种说法，它不能代替均衡是否真实存在的论证。本节的任务就是要回答均衡的存在性问题。

下面引进一个较弱的均衡概念。

定义 5.8 称 $(\bar{x}^1, \bar{x}^2, \cdots, \bar{x}^I, \bar{p}) \in \mathbb{R}_+^{IL} \times \mathbb{R}_+^L$ 为经济系统 $\mathcal{E}$ 的自由处置均衡 (free-disposal equilibrium)，如果它满足定义 5.7 中的条件 (1) 和 (2)，而且还满足条件

$$(3') \sum_{i=1}^I \bar{x}^i \leqslant \sum_{i=1}^I \omega^i \text{ 且 } \bar{p} \cdot \sum_{i=1}^I \bar{x}^i = \bar{p} \cdot \sum_{i=1}^I \omega^i。$$

均衡与自由处置均衡的差别在于，前者要求供需总量相等，而后者只要求需求总量不超过供给总量，且价值总量相等。

可以把上述的经济系统 $\mathcal{E}$ 纳入社会系统的框架内加以考察。我们已对经济人的行为准则有了确切的描写，还需要研究价格机制，供给总量 (ω) 与需求总量 (x) 的关系决定了价格 p 的涨跌，在价格 p 之下，如果需求超过供给，即 $x > \omega$，则价格机制促使价格上调至 $\bar{p} > p$，从而价值 $p \cdot (x - \omega) < \bar{p} \cdot (x - \omega)$，如果需求少于供给，即 $x < \omega$，则价格机制促使价格下调 $\bar{p} < p$，从而 $p \cdot (x - \omega) < \bar{p} \cdot (x - \omega)$。总之，市场机制引导价格 p 使函数 $p \cdot (x - \omega)$ 极大化。

基于经济人的需求关于价格 p 是零阶齐次的，即用 λp 代替 p 不影响预算集合，因此，只须考虑归一化价格 $p \in \Delta^{L-1}$，此处 $\Delta^{L-1} = \left\{ p \in \mathbb{R}_+^L \mid \sum_{l=1}^L p_l = 1 \right\}$。

有了以上的准备，就可以证明下面的重要定理。

定理 5.6 (Arrow and Debreu, 1954)　假设经济系统 $\mathcal{E} = \{X^i, u_i, \omega^i\}_{i \in \mathcal{I}}$ 满足下列条件：

(1) 对于 $i \in \mathcal{I}$，消费集合 $X^i \subseteq \mathbb{R}_+^L$ 是非空紧凸集；

(2) 对于 $i \in \mathcal{I}$ 及 $p \in \Delta^{L-1}$，存在 $\tilde{x}^i \in X^i$，使得 $p \cdot \tilde{x}^i < p \cdot \omega^n$；

(3) 对于 $i \in \mathcal{I}$，效用函数 u_i 是连续的且严格拟凹的；

(4) 对于 $i \in \mathcal{I}$，如果 $p \cdot x^i < p \cdot \omega^i$，则存在 $\tilde{x}^i \in X^i$，使得 $u_i(x^i) < u_i(\tilde{x}^i)$，则经济 $\mathcal{E}$ 存在自由处置均衡 $(\bar{x}^1, \bar{x}^2, \cdots, \bar{x}^I, \bar{p}) \in \mathbb{R}_+^{IL} \times \mathbb{R}_+^L$。

证明　利用定理 5.5，根据 $\mathcal{E}$ 构造社会系统 $\mathcal{E}'$。除去系统中的经济人集合 $\mathcal{I}$，再虚拟第 0 个局中人 (视为市场"经理"，他控制市场的价格系统)，他的策略集合 $X^0 = \Delta^{L-1}$。于是，社会系统 $\mathcal{E}'$ 的局中人集合 $\mathcal{I}' = \{0, 1, \cdots, I\}$，第 i 个局中人的策略集合 $X^i \subseteq \mathbb{R}^L$ 为紧凸集合。

记住记号 $X = \prod_{i=1}^I X^i$，$X^0 = \Delta^{L-1}$。现在，规定各局中人的可行策略集为如

下的集值映射：

$$S_0 : X \times X^0 \rightrightarrows X^0, \quad S_0(x,p) = X^0$$

$$S_i : X \times X^0 \rightrightarrows X^i, \quad S_i(x,p) = B_i(p,\omega^i), \quad i \in \mathcal{I}$$

再定义各局中人的效用函数如下：

$$\varphi_0 : X \times X^0 \to \mathbb{R}, \quad \varphi_0(x,p) = p \cdot \left(\sum_{i=1}^I x^i - \sum_{i=1}^I \omega^i\right)$$

$$\varphi_i : X \times X^0 \to \mathbb{R}, \quad \varphi_i(x,p) = u_i(x^i), \quad i \in \mathcal{I}$$

于是，便构造了社会系统 $\mathcal{E}' = \{X^i, S_i, \varphi_i; i = 0, 1, \cdots, I\}$。显然，集值映射 S_0 是连续的。由定理 4.2 可知，映射 S_i ($i \in \mathcal{I}$) 也是连续的。这就验明了定理 5.5 的条件 (2)，至于条件 (1) 和 (3) 与本定理的假设 (1) 和 (3) 是相重合的。因此，社会系统 $\mathcal{E}'$ 有均衡态 $(\bar{x}, \bar{p}) \in X \times X^0$，即有

$$\bar{p} \in S_0(\bar{x}, \bar{p}) = \Delta^{L-1}$$

$$\bar{x}^i \in S_i(\bar{x}, \bar{p}) = B_i(\bar{p}, \omega^i), \quad i \in \mathcal{I} \tag{5.7}$$

$$p \cdot \left(\sum_{i=1}^I \bar{x}^i - \sum_{i=1}^I \omega^i\right) \leqslant \bar{p} \cdot \left(\sum_{i=1}^I \bar{x}^i - \sum_{i=1}^I \omega^i\right), \quad p \in X^0 \tag{5.8}$$

$$u_i(x^i) \leqslant u_i(\bar{x}^i), \quad x^i \in B_i(\bar{p}, \omega^i), \quad i \in \mathcal{I} \tag{5.9}$$

因为 $\bar{x}^i \in B_i(\bar{p}, \omega^i)$，即 $\bar{p} \cdot \bar{x}^i \leqslant \bar{p} \cdot \omega^i$，所以 $\bar{p} \cdot \sum_{i=1}^I \bar{x}^i \leqslant \bar{p} \cdot \sum_{i=1}^I \omega^i$。于是，由式 (5.8) 可推出

$$p \cdot \left(\sum_{i=1}^I \bar{x}^i - \sum_{i=1}^I \omega^i\right) \leqslant 0, \quad p \in \Delta^{L-1} \tag{5.10}$$

特别地，取 $p = e^l$ (即第 l 个分量取 1，其他分量取 0，称为第 l 坐标向量)，则式 (5.10) 变成

$$\sum_{i=1}^I \bar{x}_l^i - \sum_{i=1}^I \omega_l^i \leqslant 0$$

由此便证明了 $\sum_{i=1}^I \bar{x}^i \leqslant \sum_{i=1}^I \omega^i$。

最后，再来证明 $\bar{p} \cdot \bar{x}^i = \bar{p} \cdot \omega^i$，$i \in \mathcal{I}$。假如 $\bar{p} \cdot \bar{x}^i < \bar{p} \cdot \omega^i$，由假设条件 (4)，存在 $\tilde{x}^i \in X^i$，使得 $u_i(\bar{x}^i) < u_i(\tilde{x}^i)$。对于 $0 < \theta < 1$，$x_\theta = \theta \tilde{x}^i + (1-\theta)\bar{x}^i \in X^i$ (因为 X^i 是凸集)，当 θ 充分小时，有

5.3　经济均衡的存在性 (1)

$$\bar{p} \cdot x_\theta = \theta \bar{p} \cdot \tilde{x}^i + (1-\theta) \bar{p} \cdot \bar{x}^i < \bar{p} \cdot \omega^i$$

所以，$x_\theta \in B_i(\bar{p}, \omega^i)$，因为 u_i 是严格拟凹的，则有

$$u_i(x_\theta) = u_i(\theta \tilde{x}^i + (1-\theta)\bar{x}^i) > u_i(\bar{x}^i)$$

这与式 (5.9) 中的极大性相矛盾，总之，

$$\bar{p} \cdot \sum_{i=1}^{I} \bar{x}^i = \bar{p} \cdot \sum_{i=1}^{I} \omega^i$$

这便证明了供需总价值相等。□

定理中的条件都具有明显的实际意义，条件 (2) 表示，在任何价格下，经济人总可以选购比自己初始占有更便宜的商品。条件 (4) 表示，如果经济人选购的商品束没有用尽自己的财力，他还可以购买更好的商品束，当他的偏好是单调的时，条件 (4) 被满足。边际效用递减率满足条件 (3)。条件 (1) 中的紧性要求消费集是有界的，这似乎有些苛求。

5.3.2　具有生产的经济

消费和生产是两类主要的经济活动，相应地，参与经济活动的经济人分为消费者和生产者，他们分别组成集合 $\mathcal{I} = \{1, 2, \cdots, I\}$ 和集合 $\mathcal{J} = \{1, 2, \cdots, J\}$。

现在，将 $\mathbb{R}^L$ 取作商品空间。

对于消费者 $i \in \mathcal{I}$，他的消费集合为 $X^i \subseteq \mathbb{R}^L$，他的消费束 $x \in X^i$，如果分量 x_l 是正的，则表示他的消费；如果分量 x_l 是负的，则表示他的付出 (如劳务)，他的效用函数为 $u_i: \mathbb{R}^L \to \mathbb{R}$，他的初始占有为 $\omega^i \in \mathbb{R}^L$。

对于生产者 $j \in \mathcal{J}$，他的生产集合为 $Y^j \subseteq \mathbb{R}^L$，他的生产计划 $y \in Y^j$，如果分量 y_l 是负的，则表示生产的投入；如果分量 y_l 是正的，则表示生产的产出。

生产者的特征在于他是生产的决策者，而消费者则不然，虽然他也可能从事生产。当然，这里也不排除生产者兼是消费者的可能。如果消费者 $i \in \mathcal{I}$ 的消费束为 $x^i \in X^i$，生产者 $j \in \mathcal{J}$ 的生产计划为 $y^j \in Y^j$，记 $X = \prod_{i=1}^{I} X^i$，$Y = \prod_{j=1}^{J} Y^j$，则称

$$(x; y) = (x^1, x^2, \cdots, x^I; y^1, y^2, \cdots, y^J) \in X \times Y$$

为一个配置 (allocation)，生产者的投入和产出应该分别视为市场的需求和供给，消费者的消费和付出应该分别视为市场的需求和供给，所以，供需平衡就意味着

$$\sum_{i=1}^{I} x^i = \sum_{j=1}^{J} y^j + \sum_{i=1}^{I} \omega^i$$

为了描述经济的运行机制，还要解释经济人的行为准则，在价格 $p \in \Delta^{L-1}$ 之下，生产者 j 追求最大利润，记他的利润函数为

$$\pi_j(p) = \max\{p \cdot y \mid y \in Y^j\}$$

消费者 i 的初始占有为 $\omega^i \in \mathbb{R}^L$，他在生产者 j 处拥有的股份 (或者工资) 为 θ_{ij}，此处 $0 \leqslant \theta_{ij} \leqslant 1$。在价格 $p \in \Delta^{L-1}$ 之下，消费者 i 的财产价值为

$$\beta_i(p) = p \cdot \omega^i + \sum_{j=1}^{J} \theta_{ij} \pi_j(p)$$

为简便计，不妨设

$$\sum_{i=1}^{I} \theta_{ij} = 1, \qquad j \in \mathcal{J}$$

意思是说，生产者 j 的全部利润被消费者所"瓜分"，消费者 i 的预算集合为

$$B_i(p) = \{x \in X^i \mid p \cdot x \leqslant \beta_i(p)\}$$

综上所述，便构成经济系统

$$\mathcal{E} = \{(X^i, u_i, \omega^i), (\theta_{ij}), Y^j\}_{i \in \mathcal{I}, j \in \mathcal{J}}$$

定义 5.9 在经济体 $\mathcal{E}$ 中，如果配置和价格组合 $(\bar{x}, \bar{y}, \bar{p}) \in X \times Y \times \Delta^{L-1}$ 满足条件：

(1) 对于 $i \in \mathcal{I}$，$\bar{x}^i \in B_i(\bar{p})$，$u_i(\bar{x}^i) = \max\{u_i(z) \mid z \in B_i(\bar{p})\}$；

(2) 对于 $j \in \mathcal{J}$，$\bar{p} \cdot \bar{y}^j = \pi_j(\bar{p}) = \max\{\bar{p} \cdot z \mid z \in Y^j\}$；

(3) $\bar{z} = \sum_{i=1}^{I} \bar{x}^i - \sum_{j=1}^{J} \bar{y}^j - \sum_{i=1}^{I} \omega^i \leqslant 0$ 且 $\bar{p} \cdot \bar{z} = 0$。

则称 $(\bar{x}, \bar{y}, \bar{p})$ 为 $\mathcal{E}$ 的自由处置均衡态。

若还满足条件：

(3′) $\sum_{i=1}^{I} \bar{x}^i - \sum_{j=1}^{J} \bar{y}^j - \sum_{i=1}^{I} \omega^i = 0$；

则称 $(\bar{x}, \bar{y}, \bar{p})$ 为 $\mathcal{E}$ 的均衡，并称 $(\bar{x}, \bar{y})$ 为均衡配置，$\bar{p}$ 为均衡价格。

定理 5.7 (Arrow and Debreu, 1954) 保留定理 5.6 的假设条件 (1)∼ 条件 (4)，再假设满足条件：

(5) 对于 $j \in \mathcal{J}, 0 \in Y^j$，且 $Y^j \subseteq \mathbb{R}^L$ 是紧凸集，则市场 $\mathcal{E} = \{(X^i, u_i, \omega^i), (\theta_{ij}), Y^j\}_{i \in \mathcal{I}, j \in \mathcal{J}}$。有自由处置均衡 $(\bar{x}, \bar{y}, \bar{p})$。

证明 仿定理 5.6 的证明，构造 $I+J+1$ 人的社会系统 $\mathcal{E}'$：

局中人集合：$\mathcal{I} \cup \mathcal{J} \cup \{0\}$。

可行策略集合为集值映射：

$$S_0 : X \times Y \times \Delta^{L-1} \rightrightarrows \Delta^{L-1}, \quad S_0(x,y,p) = \Delta^{L-1}$$

$$S_i : X \times Y \times \Delta^{L-1} \rightrightarrows X^i, \quad S_i(x,y,p) = B_i(p), \quad i \in \mathcal{I}$$

$$S_j : X \times Y \times \Delta^{L-1} \rightrightarrows Y^j, \quad S_j(x,y,p) = Y^j, \quad j \in \mathcal{J}$$

$$u_0(x,y,p) = p \cdot \left(\sum_{i=1}^{I} x^i - \sum_{j=1}^{J} y^j - \sum_{i=1}^{I} \omega^i \right)$$

$$u_i(x,y,p) = u_i(x^i), \quad i \in \mathcal{I}$$

$$u_j(x,y,p) = p \cdot y^j, \quad j \in \mathcal{J}$$

因为 $0 \in Y^j$，于是 $\pi_j(\bar{p}) \geq 0$，由假设条件 (2)，有 $p \cdot \tilde{x} < p \cdot \omega^i$，从而 $\min\{p \cdot x \mid x \in X^i\} < \beta_i(p)$，可以证明，$\beta_i(p)$ 是连续函数 (见第 4 章习题 8)。于是，定理 4.3 条件满足。所以，集值映射 $B_i(p)$ 是连续的，验证定理 5.5 的其余条件是平凡的 (建议读者作为练习)。因此，社会系统 $\mathcal{E}'$ 有均衡态 $(\bar{x}, \bar{y}, \bar{p})$。类似于定理 5.6，可以证明 $(\bar{x}, \bar{y}, \bar{p})$ 是市场 $\mathcal{E}$ 的自由处置均衡态。 □

定理 5.7 是一个精彩的成果，但还不能令人完全满意。首先，我们希望获得均衡态 (而不是自由处置均衡态) 的存在性。其次，集合 X^i 和 Y^j 的紧性条件限制了定理的应用范围，如生产集是规模效益不变的情况就被排除在这种有界性的限制之外。摆在我们面前的任务，一是要进一步减弱定理的条件，二是要加强定理的结论。二者似乎是不相容的。其实，检讨前面的证明会发现，均衡配置 $(\bar{x}, \bar{y}) \in X \times Y$ 可以在 $X \times Y$ 中的子集中选取，因此，关于 X^i 和 Y^j 的有界性限制有可能放宽。

定义 5.10 称 $(x, y) \in X \times Y$ 是经济 $\mathcal{E}$ 的可达配置，如果它满足条件：

(1) $x^i \in X^i$, $i \in \mathcal{I}$；

(2) $y^j \in Y^j$, $j \in \mathcal{J}$；

(3) $\sum_{i=1}^{I} x^i - \sum_{j=1}^{J} y^j - \sum_{i=1}^{I} \omega^i = 0$；

并称 $x^i \in X^i$ 为消费者 i 的可达消费，他的全部可达消费构成的集合为 $\hat{X}^i \subseteq X^i$ 称为可达消费集合 (attainable consumption set)。相应地，$y^j \in Y^j$ 为生产者 j 的可达生产，他的全部可达生产构成的集合为 $\hat{Y}^j \subseteq Y^j$ 称为可达生产集合 (attainable production set)。

显然，经济 $\mathcal{E}$ 的均衡配置是可达配置。

定理 5.8 (Arrow and Debreu, 1954)　假设经济满足如下条件：
对于消费者 $i \in \mathcal{I}$,

(1) 集合 $X^i \subseteq \mathbb{R}^L$ 是闭凸的，而且下方有界；

(2) 对于 $p \in \Delta^{L-1}$, 存在 $\tilde{x}^i \in X^i$, 使得 $p \cdot \tilde{x}^i < p \cdot \omega^i$；

(3) 效用函数 u_i 是连续的且严格拟凹的；

(4) 效用函数 u_i 具有非饱和性，即对任意 $x \in X^i$, 存在 $x' \in X^i$, 使得 $u_i(x) < u_i(x')$；

对于生产者 $j \in \mathcal{J}$,

(1′) $0 \in Y^j$；

(2′) 集合 $V = \sum_{j=1}^{J} Y^j$ 是闭凸的；

(3′) $V \cap (-V) = \{0\}$；

(4′) $(-\mathbb{R}_+^L) \subseteq V$；

则经济 $\mathcal{E}$ 有均衡 $(\bar{x}, \bar{y}, \bar{p}) \in X \times Y \times \Delta^{L-1}$。

与定理 5.7 比较，这里所作的实质性改动是削弱了集合 X^i 和 Y^j 的有界性条件，结论是存在均衡。这就扩大了定理的适用范围。定理中的条件 (1) 的下方有界性是合理的，因为个人实际消费的任何商品都是以零为下界的，他的负消费 (即提供的劳动) 的量按绝对值是有上界的。条件 (2)~(4) 的解释已在定理 5.6 之后给出；至于条件 (1′)，它表明每个生产者都可以不生产商品。条件 (2′) 是一种技术性假设，总体生产活动是规模效益不变或者递减的情况便满足这个条件。条件 (3′) 是不可逆假设，意指若生产了商品束 $y \neq 0$，那么生产商品束 $-y$ 就是不可能的了，即所有投入变成产出又所有产出变成投入是不可能的。条件 (4′) 表明各种商品的投入可以任意多，即所有商品都可以自由处置。

为了证明这个定理，需要下面两个引理，关于它们的证明留在后面给出，这样可以及早地完成基本定理的证明。

引理 5.1　在定理 5.8 的假设下，有 $V = \sum_{j=1}^{J} \overline{\mathrm{conv}} Y^j$, 此处 $\overline{\mathrm{conv}}$ 表示集合取闭凸包手续。

引理 5.2　在定理 5.8 的假设下，可达生产集合 $\hat{Y}^j$ 是有界的 $(j \in \mathcal{J})$；可达消费集合 $\hat{X}^i$ 也是有界的 $(i \in \mathcal{I})$。

定理 5.8 的证明　由引理 5.2 存在紧凸球 $G \subseteq \mathbb{R}^L$, 使 $\hat{X}^i \subseteq G$, $\hat{Y}^j \subseteq G$。引进集合

$$\tilde{X}^i = X^i \cap G, \qquad \tilde{Y}^j = \overline{\mathrm{conv}} Y^j \cap G$$

5.3 经济均衡的存在性 (1)

构造经济 $\tilde{\mathcal{E}} = \{(\tilde{X}^i, u_i, \omega^i), (\theta_{ij}), \tilde{Y}^j\}$。显然经济 $\mathcal{E}$ 和 $\tilde{\mathcal{E}}$ 的可达配置集合是相同的。

不难验证经济 $\tilde{\mathcal{E}}$ 满足定理 5.7 的假设条件 (请读者自己验证)。所以经济 $\tilde{\mathcal{E}}$ 有自由处置均衡态 $(\tilde{x}, \tilde{y}, \tilde{p})$，于是

$$\tilde{z} = \sum_{i=1}^{I} \tilde{x}^i - \sum_{j=1}^{J} \tilde{y}^j - \sum_{i=1}^{I} \omega^i \leqslant 0, \qquad \tilde{p} \cdot \tilde{z} = 0$$

将 $(\tilde{x}, \tilde{y}, \tilde{p})$ 加以修正，使之成为经济 $\mathcal{E}$ 的均衡态。由于 $\tilde{y}^j \in \tilde{Y}^j \subseteq \overline{\text{conv}Y^j}$，依引理 5.1，

$$\tilde{y} \equiv \sum_{j=1}^{J} \tilde{y}^j \in \sum_{j=1}^{J} \overline{\text{conv}Y^j} = V$$

再依条件 (4′)，$(-\mathbb{R}_+^L) \subseteq V$，由于 $\tilde{z} \leqslant 0$，故 $\dfrac{1}{\lambda}\tilde{z} \in V$，此处 $0 < \lambda \leqslant 1$。因为 V 是凸集，则

$$(1-\lambda)\tilde{y} + \tilde{z} = (1-\lambda)\tilde{y} + \lambda\left(\frac{1}{\lambda}\tilde{z}\right) \in V$$

再由 V 是闭集，令 $\lambda \to 0$，即可推知

$$\bar{y} = \tilde{y} + \tilde{z} \in V$$

这表明可找到 $\bar{y}^j \in Y^j$，使得 $\bar{y} = \sum\limits_{j=1}^{J} \bar{y}^j$，再令 $\bar{x}^i = \tilde{x}^i$, $\bar{p} = \tilde{p}$，则有

$$\sum_{i=1}^{I} \bar{x}^i - \sum_{j=1}^{J} \bar{y}^j - \sum_{i=1}^{I} \omega^i = (\tilde{z} + \tilde{y}) - (\tilde{y} + \tilde{z}) = 0$$

可见，$(\bar{x}, \bar{y})$ 是可达配置。

余下的工作是证明 $(\bar{x}, \bar{y}, \bar{p})$ 是经济 $\mathcal{E}$ 的均衡，这只须将 $(\bar{x}, \bar{y}, \bar{p})$ 与经济 $\tilde{\mathcal{E}}$ 的自由处置 $(\tilde{x}, \tilde{y}, \tilde{p})$ 相联系，留给读者去完成。 □

引理 5.1 的证明是容易的，故略。困难的是引理 5.2 的证明。

引理 5.2 的证明 对于任何可达配置 $(x, y) \in X \times Y$，由于

$$\sum_{i=1}^{I} x^i - \sum_{i=1}^{I} \omega^i = \sum_{j=1}^{J} y^j$$

及假设条件 (1)，可推知存在 $b \in \mathbb{R}^L$，对任何可达生产 $y^j \in Y^j$，总有 $\sum_{j=1}^{J} y^j \geqslant b$。

往证，存在常数 C(与 y 无关)，使得 $\sum_{j=1}^{J} \|y^j\| \leqslant C$。

记 $K = \{y \in V \mid \|y\| = 1\}$。分三步证明上述结论。

(1) $0 \notin \text{conv} K$。

假若不然，如果 $0 \in \text{conv} K$，故由定理 2.5，存在 $z^m \in K$ 及实数 $0 < \alpha_m \leqslant 1$ ($m = 1, 2, \cdots, M$)，$\sum_{m=1}^{M} \alpha_m = 1$，使得 $\sum_{m=1}^{M} \alpha_m z^m = 0$，由于 V 是凸集，$0 \in V$，$z^m \in V$，所以

$$-\alpha_1 z^1 = \alpha_1 0 + \sum_{m=2}^{M} \alpha_m z^m \in V$$

另外，$\alpha_1 z^1 = \alpha_1 z^1 + (1-\alpha_1) 0 \in V$，于是，$\alpha_1 z^1 \in V \cap (-V)$，且 $\alpha_1 z^1 \neq 0$，这与定理的假设条件 (3′) 相矛盾。结论得证。

(2) 存在 $q \in \mathbb{R}^L$，$q \gg 0$，使得 $q \cdot y < 0$，$y \in K$。因为 K 是紧集，从而它的凸包 $\text{conv} K$ 也是紧凸集 (由定理 2.6)，且由前面论断 (1)，$0 \notin \text{conv} K$(图 5.4)。利用分离定理 2.8，存在 $q \in \mathbb{R}^L$，使得

$$q \cdot y < 0, \qquad y \in \text{conv} K$$

注意负坐标向量 $-e^m \in Y$(由假设条件 (4′) 可知)，可推知 $-q_m = q \cdot (-e^m) < 0$，从而 $q \gg 0$。

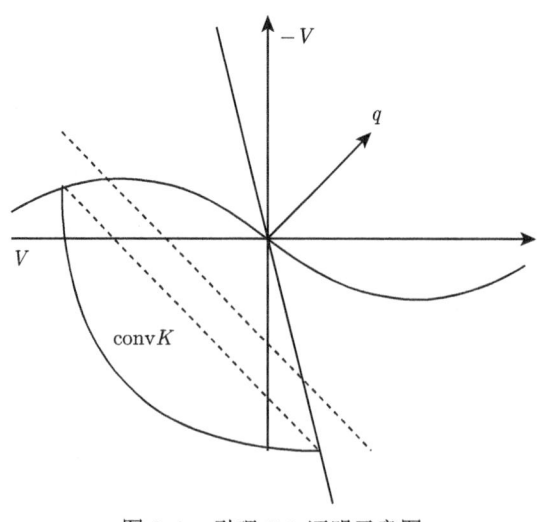

图 5.4 引理 5.2 证明示意图

(3) 令 $-\varepsilon = \max\{q \cdot y \mid y \in K\}$，如果 $y \in V$, $\|y\| > 1$，则

$$\frac{y}{\|y\|} = \frac{1}{\|y\|}y + \left(1 - \frac{1}{\|y\|}\right)0 \in V$$

从而，由 (2) 有

$$q \cdot \frac{y}{\|y\|} \leqslant -\varepsilon \qquad 或者 \qquad q \cdot y \leqslant -\varepsilon \|y\|$$

令 $\beta = \max\{q \cdot y \mid y \in V, \|y\| \leqslant 1\}$，则对任何 $y \in V$，总有

$$q \cdot y \leqslant \beta + \varepsilon - \varepsilon \|y\|$$

从而，

$$q \cdot b \leqslant \sum_{j=1}^{J} q \cdot y^j \leqslant J(\beta + \varepsilon) - \varepsilon \sum_{j=1}^{J} \|y^j\|$$

最后，可得

$$\sum_{j=1}^{J} \|y^j\| \leqslant \frac{1}{\varepsilon}[J(\beta + \varepsilon) - q \cdot b]$$

这便证明了可达生产集是有界的，由此不难推知，可达消费集也是有界的。□

5.4 经济均衡的存在性 (2)

作为 5.3 节的延伸，本节将探讨两个方面的问题：一是运用不同于对策论的方法论证竞争经济均衡的存在性；二是运用对策论方法研究垄断经济机制下的均衡存在性。

5.4.1 供需方程

为了避免某些细节的推导模糊主要思路，作以下较强的限制 (沿用 5.3 节的记号)：

对于消费者 $i \in \mathcal{I}$，他的消费集合是 $\mathbb{R}_+^L$，他的偏好 $\succsim_i$ 是严格凸的且单调的，他的初始占有 $\omega^i > 0$，且总量

$$\omega \equiv \sum_{i=1}^{I} \omega^i \gg 0$$

对于生产者 $j \in \mathcal{J}$, 他的生产集合 $T^j \subseteq \mathbb{R}^L$ 满足 4.3.3 节所述条件, 且是严格凸的。

价格集合

$$S^{L-1} \equiv \left\{ p \in \mathbb{R}_{++}^L \;\Big|\; \sum_{l=1}^L p_l = 1 \right\} = \text{int}\Delta^{L-1}$$

在上述假设下, 依 4.3 节所述, 生产者 $j \in \mathcal{J}$ 的供给函数 $g^j : S^{L-1} \to \mathbb{R}^L$,

$$g^j(p) = \text{argmax}\{p \cdot y \mid y \in T^j\}$$

在集合 S^{L-1} 上连续, 且利润函数 $\pi_j : S^{L-1} \to \mathbb{R}$, $\pi_j(p) = p \cdot g^j(p)$ 也连续, 消费者 $i \in \mathcal{I}$ 的财富为

$$\xi^i(p) = p \cdot \omega^i + \sum_{j=1}^J \theta_{ij} \pi_j(p)$$

他的需求函数 $f^i : S^{L-1} \to \mathbb{R}_+^L$

$$f^i(p) = \text{argmax}\{u_i(x) \mid p \cdot x = \xi^i(p)\}$$

在集合 S^{L-1} 上连续, 且满足

$$p \cdot \sum_{i=1}^I f^i(p) = \sum_{i=1}^I \left[p \cdot \omega^i + \sum_{j=1}^J \theta_{ij} p \cdot g^j(p) \right] = \sum_{i=1}^I p \cdot \omega^i + \sum_{j=1}^J p \cdot g^j(p) \quad (5.11)$$

于是, $(\bar{x}, \bar{y}, \bar{p})$ 是经济 $\mathcal{E}$ 的均衡的充要条件是

$$\bar{x}^i = f^i(\bar{p}), \quad i \in \mathcal{I}; \qquad \bar{y}^j = g^j(\bar{p}), \quad j \in \mathcal{J}$$

并且

$$\sum_{i=1}^I f^i(\bar{p}) - \sum_{j=1}^J g^j(\bar{p}) - \sum_{i=1}^I \omega^i = 0$$

引进超额需求函数 (excess demand function)

$$Z : S^{L-1} \to \mathbb{R}^L, \qquad Z \equiv \sum_{i=1}^I f^i - \sum_{j=1}^J g^j - \sum_{i=1}^I \omega^i$$

5.4 经济均衡的存在性 (2)

则由式 (5.11) 可知，总有

$$p \cdot Z(p) = 0 \tag{5.12}$$

成立，称此关系式为瓦尔拉斯定理。寻求经济 $\mathcal{E}$ 的均衡问题归结为方程

$$Z(p) = 0 \tag{5.13}$$

的求解问题，方程组 (5.13) 中有 L 个未知量且有 L 个方程，由于未知量 $(p_1, p_2, \cdots, p_L) \in S^{L-1}$ 只有 $L-1$ 个是独立的，依关系式 (5.12)，方程组 (5.13) 中只有 $L-1$ 个方程是独立的 (详细阐述可参见 6.2 节)。据此，瓦尔拉斯断言：方程 (5.13) 有解。从而，为他所阐明的经济均衡理论奠定了 "基础"。但是，瓦尔拉斯断言是站不住脚的，即使在瓦尔拉斯所处的年代，人们就指出：方程的个数与未知量个数相同并不能保证方程有解。可见，方程 (5.13) 的解的存在性是悬而未决的问题，直到 Arrow 和 Debreu(1954) 的工作 (定理 5.8) 出现之后，鼓舞了人们使用不同的数学方法去解决上述问题。下面介绍一种较为直接的方法。这要求对超需函数 Z 的性质作透彻的分析。

定理 5.9 在前述的假设之下，超需函数 $Z: S^{L-1} \to \mathbb{R}^L$ 具有如下性质：

(1) Z 是零阶齐次的，即对于任意 $p \in S^{L-1}$，$Z(\lambda p) = Z(p)$；
(2) Z 是下方有界的；
(3) Z 是连续的；
(4) Z 满足瓦尔拉斯定理，即对于任意 $p \in S^{L-1}$，$p \cdot Z(p) = 0$；
(5) 如果 $p^k \in S^{L-1}$，且 $p^k \to p$，当 $p_l > 0$ 时，序列 $\{Z_l(p^k)\}$ 是有界的；
(6) 如果 $p^k \in S^{L-1}$，且 $p^k \to p \in \partial S^{L-1}$，则

$$\lim_{k \to \infty} \left\| Z(p^k) \right\|_1 = +\infty$$

这个定理是第 4 章所得的某些结论的综合，请读者验证。

现在考察方程 (5.13) 的解的存在性。对于 $p \in S^{L-1}$，定义

$$M(p) = \left\{ l_0 \in \{1, 2, \cdots, L\} \mid Z_{l_0}(p) = \max_{1 \leqslant l \leqslant L} Z_l(p) \right\}$$

对于 $p \in \partial S$，定义

$$M(p) = \{ l \in \{1, 2, \cdots, L\} \mid p_l = 0 \}$$

显然，这样定义的集值映射 $M: S \rightrightarrows \{1, 2, \cdots, L\}$ 的取值是非空集合。当 $M(p) \neq \{1, 2, \cdots, L\}$ 时，定义

$$\varphi(p) = \{ p \in \Delta \mid p_l = 0, 若 l \notin M(p) \}$$

当 $M(p) = \{1, 2, \cdots, L\}$ 时，定义 $\varphi(p) = \Delta$。显然，集值映射 $\varphi : \Delta \rightrightarrows \Delta$ 的取值为非空紧凸集。

引理 5.3 $Z(p^*) = 0$ 的充要条件是 $p^* \in \varphi(p^*)$。

证明 如果 $Z(p^*) = 0$，则 $M(p^*) = \{1, 2, \cdots, L\}$，$\varphi(p^*) = \Delta$。从而 $p^* \in \varphi(p^*)$。

反之，假设 $p^* \in \varphi(p^*)$，如果能证明 $M(p^*) = \{1, 2, \cdots, L\}$，则有 $Z_l(p^*) = m$，$l = 1, 2, \cdots, L$。再由瓦尔拉斯定理，有

$$m = \left(\sum_{l=1}^{L} p_l^*\right) m = p^* \cdot Z(p^*) = 0$$

即得 $Z(p^*) = 0$。余下的问题是证明 $M(p^*) = \{1, 2, \cdots, L\}$，假如 $p^* \in \partial S$，即对于任意 $l \in M(p^*)$，有 $p_l^* = 0$。对于 $l \notin M(p^*)$，由 $p^* \in \varphi(p^*)$ 推出 $p_l^* = 0$，这导致 $p^* = 0 \notin \Delta$，这不可能。所以，$p^* \gg 0$。类似地可证 $M(p^*) = \{1, 2, \cdots, L\}$。 □

定理 5.10 在前述假设下，经济 $\mathcal{E}$ 有均衡态。

证明 可以证明集值映射 $\varphi : \Delta \rightrightarrows \Delta$ 是上半连续的 [这里略去，参见 Hildenbrand 和 Kirman(1976) 及 Aliprantis 等 (1989) 的相关研究]，由 Kakutani 不动点定理 5.3，存在 $p^* \in \Delta$，使得 $p^* \in \varphi(p^*)$。依引理 5.3 便知 $Z(p^*) = 0$。 □

5.4.2 垄断市场

将要讨论的垄断市场，假设买方由大量消费者组成，其中任何个体不能影响市场价格，而卖方由少数生产者组成，他们控制价格和产量。因此，买方是完全竞争的，卖方是非完全竞争的。

首先，考察完全垄断市场，这是一种简单情形，某种商品由一个厂商独占，没有别的厂商与之竞争，市场上买方的总需求恰好等于这个垄断者的产量，用 q 表示厂商的产量，p 表示该商品的市场价格，假设需求函数 $q = g(p)$(注意需求和产出是一致的) 是严格递减的可微函数，则需求反函数 $p = f(q)$ 亦然。

厂商的利润为

$$\pi(q) = pq - c(q) = qf(q) - c(q)$$

其中，$c(q)$ 表示成本函数。设产量 $\bar{q}$ 使厂商的利润达到最大，则

$$\pi'(\bar{q}) = 0 \quad \text{或者} \quad f(\bar{q}) + \bar{q}f'(\bar{q}) = c'(\bar{q})$$

于是，厂商的最优产量为 $\bar{q}$，此时的价格为 $\bar{p} = f(\bar{q})$，称为垄断价格。

5.4 经济均衡的存在性 (2)

下面研究较为复杂的寡头垄断市场。它是介于完全竞争和完全垄断之间的一种市场模式。早在 1838 年,古诺在其所著的《财富理论的数学原理研究》中,首次提出二头垄断的均衡概念,这可以作为数理经济学的均衡理论的开端,它可包含在即将研究的寡头垄断模式之中。

假设买方由大量的消费者组成,单个的消费者行为对市场价格没有影响,卖方由少数生产者组成,他们生产的产品是同质的,产品的总产量决定了市场价格。并且假设各生产者都以相同的价格出售,即在价格方面不存在竞争,但各家的产量可以不同,这就存在竞争,通常称这种情形为产量设定模式。

为简单起见,先来考察单一产品被垄断的情形,设生产者集合 $\mathcal{J} = \{1, 2, \cdots, J\}$,厂家 j 的产量用 q_j 来表示,总产量为 $Q = \sum_{j=1}^{J} q_j$,市场价格 $p = f(Q)$ 是严格递减的可微函数,其中 $0 \leqslant Q \leqslant \bar{Q}$,而且当 $Q \geqslant \bar{Q}$ 时, $f(Q) = 0$,这表示当产量充分大时,价格降为零。生产者 j 的利润为

$$\pi_j(q) = q_j f(Q) - c_j(q_j)$$

其中, $q = \begin{pmatrix} q_1 \\ q_2 \\ \vdots \\ q_J \end{pmatrix}$ 表示各生产者的产量, $c_j(q_j)$ 表示生产者 j 的成本函数。当生产者 j 的产量 q_j 增加时,总产量 Q 增加,生产成本也增加,而价格 $p = f(Q)$ 则下降,其利润可增可减,更令生产者捉摸不定的是,即使自身选定了产量计划,他也把握不住所获利润的增减规律 (这与第 3 章讨论过的情形大不相同),因为其他生产者的产量对价格 $p = f(Q)$ 将产生影响。

如何确定各生产者的理想的选择呢?古诺引进了下面的均衡概念。

定义 5.11 称产出向量 $\bar{q} = \begin{pmatrix} \bar{q}_1 \\ \bar{q}_2 \\ \vdots \\ \bar{q}_J \end{pmatrix}$ 是均衡的,如果对每个 $j \in \mathcal{J}$,总有

$$\pi_j(\bar{q}) \geqslant \pi_j(q_j, \bar{q}_{-j}), \qquad q_j \geqslant 0$$

其中, $q_{-j} = (q_1, q_2, \cdots, q_{j-1}, q_{j+1}, \cdots, q_J)$, $q = (q_j, q_{-j})$。

显然，从非合作对策的观点来看，这里定义的均衡产出与 5.1 节定义的非合作对策的均衡态是一致的。经济学的解释是：生产者 j' 猜测其他生产者 j 的产量为 $\bar{q}_j$ $(j \neq j')$，然后，再选定自家的最优生产计划 $\bar{q}_{j'}$。当然，这种猜测可能有偏差，但多次试验考察，调整自家的产量，便能够达到均衡产量。这时，如果单个生产者再调整产量，就不可能提高利润。以上讨论，一直假定生产者之间不存在协商和默契，因此，运用非合作对策理论来处理这种问题是合适的。

引进集合

$$D = \left\{ q \in \mathbb{R}_+^N \mid \sum_{j=1}^{J} q_j \leqslant Q \right\}$$

依前面假设，当产出 $q = \begin{pmatrix} q_1 \\ q_2 \\ \vdots \\ q_J \end{pmatrix} \notin D$ 时，价格

$$p = f\left(\sum_{j=1}^{J} q_j \right) = 0$$

显然，如果市场存在均衡产出 $\bar{q}$，则必有 $\bar{q} \in D$。可见，只须在集合 D 内寻求均衡。不失一般性，还可假设生产者 j 的产出集合 $Y^j = [0, \bar{Q}]$，$j \in \mathcal{J}$。

定义集值映射

$$S_j : D \rightrightarrows Y^j, \qquad S_j(q) = \left\{ z_j \in Y^j \mid z_j + \sum_{j' \neq j} q_{j'} \leqslant \bar{Q} \right\}$$

显然，$S_j(q)$ 是紧凸集，而且，集值映射 $S_j : D \rightrightarrows Y^j$ 是连续的。下面给出相应的证明。

证明 (1) 假设 $q^k \in D$，$q^k \to q^0$。任取 $z_j^k \in S_j(q^k)$，且 $z_j^k \to z_j^0$，从而，$z_j^k + \sum_{j' \neq j} q_{j'}^k \leqslant \bar{Q}$，两端取极限便有 $z_j^0 + \sum_{j' \neq j} q_{j'}^0 \leqslant \bar{Q}$，这表明 $z_j^0 \in S_j(q^0)$，可见映射 S_j 是上半连续的。

(2) 设 $q^k \to q^0$ 及 $z_j^0 \in S_j(q^0)$。为证映射 S_j 在点 q^0 处是下半连续的，只需找出点列 $z_j^k \in S_j(q^k)$，使得 $z_j^k \to z_j^0$。

如果 $z_j^0 + \sum_{j' \neq j} q_{j'}^0 < \bar{Q}$，则对充分大的 k，总有 $z_j^k + \sum_{j' \neq j} q_{j'}^k < \bar{Q}$，因此，只需取序列 $z_j^k = z_j^0$，便有 $z_j^k \in S_j(q^k)$，且 $z_j^k \to z_j^0$。

如果 $z_j^0 + \sum_{j' \neq j} q_{j'}^0 = \bar{Q}$，根据反证法，$q^k \in D$，$q^k \to q^0$，$z_j^0 \in S_j(q^0)$，对于 $z_j^k \in S_j(q^k)$，$z_j^k \to z_j^0$ 不成立。不妨设 $\lim_{k \to \infty} z_j^k = z_j^0 + \delta$，$\delta > 0$。由 $z_j^k \in S_j(q^k)$ 得，

5.4 经济均衡的存在性 (2)

$z_j^k + \sum_{j' \neq j} q_{j'}^k \leqslant \bar{Q}$,取极限得 $\lim_{k \to \infty} z_j^k + \sum_{j' \neq j} q_{j'}^0 \leqslant \bar{Q}$,即 $z_j^0 + \delta + \sum_{j' \neq j} q_{j'}^0 \leqslant \bar{Q}$。由假设可知,$z_j^0 + \sum_{j' \neq j} q_{j'}^0 = \bar{Q}$,矛盾。因此,存在点列 $z_j^k \in S_j(q^k)$,使得 $z_j^k \to z_j^0$。

有了以上的准备,可以构造社会系统 $\mathcal{E} = \{Y^j, S_j, \pi_j\}_{j \in \mathcal{J}}$,并且有下面的定理。

定理 5.11 假设价格函数 $p = f(Q)$ 在区间 $[0, \bar{Q}]$ 上是严格递减二次可微的凹函数,且每个生产者 $j \in \mathcal{J}$ 的成本函数 $c_j(q_j)$ 是二次可微的凸函数,则市场 $\mathcal{E}$ 必存在均衡产出。

证明 为了引用定理 5.5,只须验证函数 $\pi_j(q) = q_j f(Q) - c_j(q_j)$ 是凹函数。事实上

$$\frac{\partial}{\partial q_j}\pi_j(q) = f(Q) + q_j f'(Q) - c_j'(q_j)$$

$$\frac{\partial^2}{\partial q_j^2}\pi_j(q) = 2f'(Q) + q_j f''(Q) - c_j''(q_j)$$

由假设条件可知,对于 $q \in D$, $\frac{\partial^2}{\partial q_j^2}\pi_j(q) \leqslant 0$。从而,函数 $\pi_j(q)$ 关于第 j 个变量是凹的,所以,社会系统 $\mathcal{E}$ 有均衡态 $\bar{q} = (\bar{q}_1, \bar{q}_2, \cdots, \bar{q}_J)$,即对于 $j \in \mathcal{J}$,

$$\pi_j(\bar{q}) \geqslant \pi_j(q_j, \bar{q}_{-j}), \quad \text{其中} \quad q_j + \sum_{j' \neq j} \bar{q}_{j'} \leqslant \bar{Q}$$

因此,$\bar{q}$ 是市场 $\mathcal{E}$ 的均衡产出。 □

在寡头垄断市场中,生产者一味地提高产量,并不是明智之举,因为这将导致价格的下跌和成本的增加,以至于实现不了提高利润的目的。定理 5.11 指出,根据各生产者的生产能力 (由其成本函数体现) 的不同,能够确定一种均衡产出,对于全部生产者来说,这是一种理想的共同选择。设想生产者达成默契,都按均衡产出的配置进行生产,这将对消费者最不利,因此,许多国家的法律规定,生产者不得暗中合谋以达到垄断的目的,这便保护了消费者利益。

把以上的研究推广到多产品情形,原则上是没有多少困难的。设市场上有 L 种同质商品被 J 个生产者垄断。生产者 $j \in \mathcal{J}$ 的产出用 $q^j = \begin{pmatrix} q_1^j \\ q_2^j \\ \vdots \\ q_L^j \end{pmatrix}$ 表示,第

l 种商品的总产量为 $Q_l = \sum_{j=1}^{J} q_l^j$，其价格 $p_l = f_l(Q_1, Q_2, \cdots, Q_L)$，$1 \leqslant l \leqslant L$，生产者 j 的利润，

$$\pi_j(q) = q^j \cdot f - c_j(q^j) = \sum_{l=1}^{L} q_l^j f_l - c_j(q^j), \qquad j = 1, 2, \cdots, J$$

其中，$q = (q^1, q^2, \cdots, q^J)$ 为市场的生产配置，$c_j(q^j)$ 为生产者 j 的成本函数。

仿照定理 5.11 的证明，可得如下定理。

定理 5.12 假设如上所述的市场满足下面条件：

(1) 存在非空紧凸集 $D \subseteq \mathbb{R}_+^L$，使得当 $\begin{pmatrix} Q_1 \\ Q_2 \\ \vdots \\ Q_L \end{pmatrix} \notin D$ 时，$f_l(Q_1, Q_2, \cdots, Q_L) = 0$，$1 \leqslant l \leqslant j$；

(2) 对每个 $j \in \mathcal{J}$，成本函数 $c_j(q^j)$ 是凸的单调增加的连续函数；

(3) 对于 $1 \leqslant l \leqslant L$，价格函数 $p_l = f_l(Q_1, Q_2, \cdots, Q_L)$ 是连续可微的凹函数，且 $(f_1, f_2, \cdots, f_L)$ 关于 $(q_1, q_2, \cdots, q_L)$ 的雅可比矩阵 J 是半负定的。

则市场必有均衡产出 $\bar{q} = (\bar{q}^1, \bar{q}^2, \cdots, \bar{q}^J)$。

关于定理的证明细节无须详述，只须指出验证利润 $\pi_j(q)$ 是凹函数的如下引理。

引理 5.4 设凸集 $G \subseteq \mathbb{R}_+^L$，映射 $f : G \to \mathbb{R}_+^L$ 的各分量是连续的凹函数，且对任何 $q \in G$，f 的雅可比矩阵 J 是半负定的，则函数 $h(q) = q \cdot f(q)$ 是凹函数。

证明 因为映射 f 是凹的 (各分量是凹函数)，依定理 2.26，对任何 $q^1 \in G$，$q^2 \in G$，有

$$f(q^2) - f(q^1) \leqslant J(q^1)(q^2 - q^1) \tag{5.14}$$

由雅可比矩阵 J 是半负定的假设，有

$$(q^2 - q^1)^\mathrm{T} J^\mathrm{T}(q^1)(q^2 - q^1) \leqslant 0 \tag{5.15}$$

于是，由式 (5.14) 和式 (5.15) 可得

$$(q^2)^\mathrm{T}(f(q^2) - f(q^1)) \leqslant (q^2)^\mathrm{T} J(q^1)(q^2 - q^1) = (q^2 - q^1)^\mathrm{T} J^\mathrm{T}(q^1) q^2$$

$$\leqslant (q^2 - q^1)^\mathrm{T} J^\mathrm{T}(q^1) q^1 \tag{5.16}$$

5.4 经济均衡的存在性 (2)

在式 (5.16) 两端同加上 $(q^2 - q^1)^T f(q^1)$，则

$$q^2 \cdot f(q^2) - q^1 \cdot f(q^1) \leqslant (q^2 - q^1)^T(f(q^1) + J^T(q^1)q^1) \tag{5.17}$$

注意，梯度 $\nabla h(q) = f(q) + q^T J(q)$，由式 (5.17) 推得

$$h(q^2) - h(q^1) \leqslant \nabla h(q^1)(q^2 - q^1)$$

再用定理 2.26，可知 $h(q)$ 是凹函数。 □

对于上述的古诺的"产量设定"之说，1883 年 Bertrand 提出了质疑：在寡头垄断市场中，当各生产者不能达成默契时，价格难以确定下来，只要有一个生产者降价，他就会吸收市场的全部需要 (因为消费者总是选择价格最低的生产者)。因此，各生产者可能不采用相同价格。相对于古诺的"产量设定"，Bertrand 采用"价格设定"，这实际上是假设价格作为独立变量，而需求 (恰好等于产量) 作为因变量，今将这种模式的大意作如下描述。

假设生产者集合 $\mathcal{J} = \{1, 2, \cdots, J\}$，单一的产品被垄断，生产者 j 采用的价格为 p_j，构成价格向量 $p = \begin{pmatrix} p_1 \\ p_2 \\ \vdots \\ p_J \end{pmatrix}$，这时生产者 j 的产出不仅与 p_j 有关，还与其他生产者采取价格策略有关，即产出 $q_j = g_j(p)$，从而，他的利润

$$\pi_j(p) = p_j g_j(p) - c_j(g_j(p))$$

其中，$c_j(q_j)$ 是生产者 j 的成本函数。类似于以前的讨论，自然地引入下面的均衡概念。

定义 5.12 称价格向量 $\bar{p} = \begin{pmatrix} \bar{p}_1 \\ \bar{p}_2 \\ \vdots \\ \bar{p}_J \end{pmatrix}$ 是均衡的，如果对每个 $j \in \mathcal{J}$，总有

$$\pi_j(\bar{p}) \geqslant \pi_j(p_j, \bar{p}_{-j}), \qquad p_j \geqslant 0$$

其中，$p = (p_j, p_{-j})$。

显然，这个定义与定义 5.11 没有本质的区别。均衡价格向量的存在性应该是没有太多的困难，关键的问题是给出的保证存在性的条件要符合经济的背景，这里不予赘述了。

5.5 福利经济学命题

市场机制是一种经济手段,在价格的导引下,消费者追求最大效用,生产者追求最大利润,从个体的角度来看,他们各自得到了最大的满足。但从群体的角度来看,整个社会是否处于一种最佳状态呢?这就是本节将要研究的问题,它属于福利经济学的研究课题。

5.5.1 第一命题

沿用 5.3 节的记号,考察经济 $\mathcal{E} = \{(X^i, u_i, \omega^i), (\theta_{ij}), Y^j\}_{i\in\mathcal{I}, j\in\mathcal{J}}$。记 $\omega = \sum_{i=1}^{I} \omega^i \in \mathbb{R}_+^L$,消费者 i 的可达消费集为 $\hat{X}^i$,生产者的可达生产集为 $\hat{Y}^j$,记 $\hat{X} = \prod_{i=1}^{I} \hat{X}^i$,$\hat{Y} = \prod_{j=1}^{J} \hat{Y}^j$,则可达配置 $(x, y) \in \hat{X} \times \hat{Y}$,使得

$$\sum_{i=1}^{I} x^i - \sum_{j=1}^{J} y^j = \omega \tag{5.18}$$

引进向量记号 $U(x) = (u_1(x^1), u_2(x^2), \cdots, u_M(x^M))$,及集合

$$\mathcal{U} = \{U(x) \mid x \in \hat{X}\}$$

其中,$x = (x^1, x^2, \cdots, x^I) \in \hat{X}$ 是可达消费配置,相应的向量 $U(x) = (u_1(x^1), u_2(x^2), \cdots, u_I(x^I))$ 表示各消费者所获得的效用函数值。设有两个可达消费配置 $x, \hat{x} \in \hat{X}$。如果 $U(x) < U(\hat{x})$,即对 $1 \leqslant i \leqslant I$,有 $u_i(x^i) \leqslant u_i(\hat{x}^i)$,且至少有某 i_0,使 $u_{i_0}(x^{i_0}) < u_{i_0}(\hat{x}^{i_0})$,就可以认为配置 $\hat{x}$ 比 x 要好。

定义 5.13 可达配置 $(\bar{x}, \bar{y}) \in \hat{X} \times \hat{Y}$ 称为帕累托最优的,如果不存在可达配置 $(x, y) \in \hat{X} \times \hat{Y}$,使得 $U(\bar{x}) < U(x)$。

帕累托最优配置 $\bar{x} = (\bar{x}^1, \bar{x}^2, \cdots, \bar{x}^I)$ 有明确的经济意义:把按这种配置方案使各消费者所获得的效用作为基准,再也找不到其他可达配置方案,能使某些消费者的效用提高,而其余的消费者的效用又不降低。换言之,要想找到一种可达配置方案使某些消费者的效用有所提高,必须以牺牲其余消费者的效用为代价。

帕累托为判断个体与群体之间的利益协调曾提出了以下原则:"如果每个人都已不能在不损害他人利益的前提下增加自己的利益,那么就认为他们已处于最优状态。"这里所说的最优状态的数学描述就是定义 5.13。或许,有人会提出:最优状态应该是每个人的效用都达到最大,但这种状态经常是不存在的,因为集合 $\mathcal{U}$ 中的每个元都是 I 维向量,在半序关系 $\leqslant$ 之下,集合 $\mathcal{U}$ 未必有最大元。然而,

5.5 福利经济学命题

依引理 5.2 可知，$\hat{X}$ 是紧集，由此可以证明，在半序关系 $\leqslant$ 之下，$\mathcal{U}$ 有极大元，即存在帕累托最优配置 (参见本章习题 6)。当然，帕累托最优配置不一定是唯一的，如在图 5.5 中，点 a 和点 c 都是集合 $\mathcal{U}$ 的极大元，点 b 和点 d 不是极大元，集合 $\mathcal{U}$ 没有最大元。

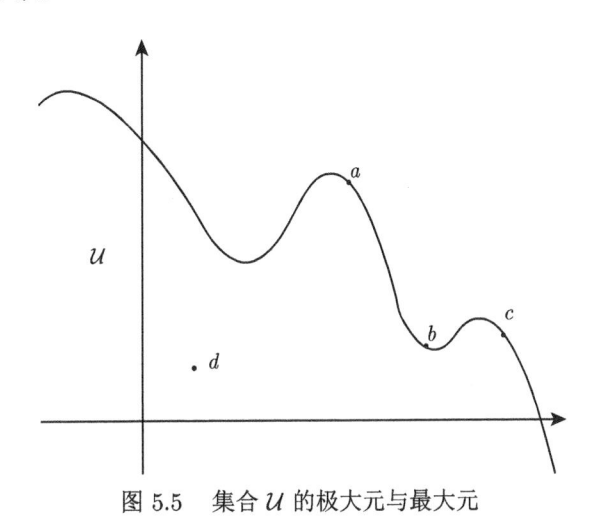

图 5.5 集合 $\mathcal{U}$ 的极大元与最大元

为了直观地理解帕累托最优配置，我们来介绍著名的埃奇沃思 (Edgeworth) 盒形图，这是埃奇沃思在研究两人交易时所设计的。

设纯交换经济由两个消费者和两种商品构成，消费者 $i = 1, 2$，效用函数 u_i 是严格拟凹的，从而无差异曲线是凸向原点的，初始占有 $\omega^i = (\omega_1^i, \omega_2^i) \in \mathbb{R}_+^2$。所以，两种商品的初始占有总量分别为

$$\bar{\omega}_1 = \omega_1^1 + \omega_1^2, \quad \bar{\omega}_2 = \omega_2^1 + \omega_2^2$$

今以 $\bar{\omega}_1$ 和 $\bar{\omega}_2$ 为边长作矩形 (图 5.6)。以左下角 O^1 和右上角 O^2 为坐标原点，矩形的边为坐标轴，建立两个直角坐标系。在第一个坐标系中，标出第 1 人的初始占有 $\omega^1 = (\omega_1^1, \omega_2^1)$。再从第二个坐标系看，该点正好是第 2 人的初始占有 ω^2，因为 $\omega_1^2 = \bar{\omega}_1 - \omega_1^1$，$\omega_2^2 = \bar{\omega}_2 - \omega_2^1$。一般地，对于矩形内的任何一点，称作交易点，它在两个坐标系内的表示分别为 $x^1 = (x_1^1, x_2^1)$ 和 $x^2 = (x_1^2, x_2^2)$，则

$$x^1 + x^2 = (x_1^1 + x_1^2, x_2^1 + x_2^2) = \omega^1 + \omega^2$$

即 (x^1, x^2) 是一个可行配置。换言之，矩形内的每一点都确定了占有总量的一种重新分配。

消费者 1 的无差异曲线逐次向右上方排列，消费者 2 的情况相反。当第 1 人选择交易点 Q，他默许了自己所得的效用，第 2 人可以提议新的交易点 P 取代

点 Q，它能保证第 1 人的效用不降低，而第 2 人的效用却得到改善提高，换言之，点 Q 不能作为交易的最终结果，而点 P 却可作为交易的最终结果，因为第 2 人发现，在第 1 人的无差异曲线 α_1 上，点 P 是他的最优选择 (比较曲线 β_2 和 β_3，第 2 人要选择 β_2)。因此，不存在交易点 P'，使得

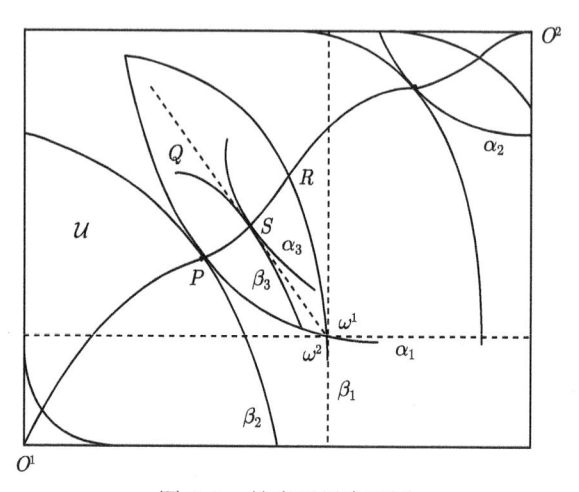

$$u_1(P) \leqslant u_1(P'), \qquad u_2(P) < u_2(P')$$

图 5.6 埃奇沃思盒形图

这表明交易点 P 确定了一个帕累托最优配置。显然，这样的交易点还有很多 (图 5.6 中的曲线 O^1PRO^2)。交易的目的是提高效用，如果交易使得某个消费者的效用低于初始占有的效用，那么他有权拒绝。换言之，能够实现交易的帕累托配置点 S 必须保证

$$u_1(S) \geqslant u_1(\omega^1), \qquad u_2(S) \geqslant u_2(\omega^2)$$

如此的点所构成的集合称为合同曲线 (图 5.6 中的曲线 PR)。设 $\bar{p}$ 是均衡价格，预算直线 $\{x \in \mathbb{R}^2 \mid \bar{p} \cdot x = \bar{p} \cdot \omega^1\}$ 与合同曲线的交点 (图 5.6 中的点 S) 就是均衡配置。

现在回答本节开头所提出的问题，即均衡配置是帕累托最优的吗？为此先引进如下概念。

定义 5.14 设 $\succsim$ 是定义在集合 X 上的偏好关系，如果对任何 $x \in X$ 及 $\varepsilon > 0$，总有 $x' \in X$，使得

$$\|x - x'\| < \varepsilon \quad 且 \quad x' \succ x$$

则称偏好 $\succsim$ 是局部非饱和的 (local non-saturation)。

5.5 福利经济学命题

显然，满足单调性的偏好是局部非饱和的。

定理 5.13 设 $(\bar{x}, \bar{y}, \bar{p}) \in X \times Y \times \Delta^{L-1}$ 是经济 $\mathcal{E}$ 的均衡，如果每个偏好 $\succsim_i$ $(i \in \mathcal{I})$ 都满足局部非饱和条件，则均衡配置 $\bar{x} = (\bar{x}^1, \bar{x}^2, \cdots, \bar{x}^I) \in \hat{X}$ 是帕累托最优的。

证明 由于 $(\bar{x}, \bar{y}, \bar{p})$ 是均衡，所以，对任何 $i \in \mathcal{I}$

$$u_i(x) \leqslant u_i(\bar{x}^i), \quad \text{当} \bar{p} \cdot x \leqslant \beta_i(\bar{p}) = \bar{p} \cdot \omega^i + \sum_{j=1}^{J} \theta_{ij} \bar{p} \cdot \bar{y}^j \text{时} \tag{5.19}$$

若 $\bar{x} = (\bar{x}^1, \bar{x}^2, \cdots, \bar{x}^I)$ 不是帕累托最优的，即存在 $\hat{x} \in \hat{X}$ 和 $\hat{y} \in \hat{Y}$，使得

$$\sum_{i=1}^{I} \hat{x}^i - \sum_{j=1}^{J} \hat{y}^j = \sum_{i=1}^{I} \omega^i \tag{5.20}$$

$$u_i(\bar{x}^i) = u_i(\hat{x}^i), \quad i = 1, 2, \cdots, I_0 \tag{5.21}$$

$$u_i(\bar{x}^i) < u_i(\hat{x}^i), \quad i = I_0 + 1, I_0 + 2, \cdots, I \tag{5.22}$$

必要时，可将 i 重排。显然，$I_0 < I$。

对于 $i > I_0$，由式 (5.22) 和式 (5.19) 可知，$\bar{p} \cdot \hat{x}^i > \beta_i(\bar{p})$。

对于 $i \leqslant I_0$，则必有 $\bar{p} \cdot \hat{x}^i \geqslant \beta_i(\bar{p})$。否则 $\bar{p} \cdot \hat{x}^i < \beta_i(\bar{p})$，由局部非饱和性，可找到 $x^i \in X^i$ 充分接近 $\hat{x}^i$，使得

$$\bar{p} \cdot x^i < \beta_i(\bar{p}) \quad \text{且} \quad u_i(\hat{x}^i) < u_i(x^i)$$

从而，$u_i(\bar{x}^i) = u_i(\hat{x}^i) < u_i(x^i)$，这与 $\bar{x}^i$ 的极大性相矛盾 [见式 (5.19)]。于是

$$\tilde{p} \cdot \left(\sum_{i=1}^{I} \hat{x}^i \right) > \sum_{i=1}^{I} \beta_i(\bar{p}) = \bar{p} \cdot \left(\sum_{i=1}^{I} \omega^i \right) + \bar{p} \cdot \left(\sum_{j=1}^{J} \bar{y}^j \right) \tag{5.23}$$

注意，依均衡定义 5.9,

$$\bar{p} \cdot \bar{y}^j \geqslant \bar{p} \cdot \hat{y}^j, \quad j = 1, 2, \cdots, J$$

所以

$$\bar{p} \cdot \left(\sum_{i=1}^{I} \hat{x}^i - \sum_{j=1}^{J} \hat{y}^j - \sum_{i=1}^{I} \omega^i \right) > 0$$

这与式 (5.20) 相矛盾。□

通常称定理 5.13 为福利经济学的第一命题。

5.5.2 第二命题

考虑定理 5.13 的逆命题。

定理 5.14 假设经济 $\mathcal{E} = \{(X^i, \succsim_i, \omega^i), Y^j\}_{i \in \mathcal{I}, j \in \mathcal{J}}$ 满足如下条件：

(1) 对 $i \in \mathcal{I}$，集合 X^i 是凸的；

(2) 对 $i \in \mathcal{I}$，偏好 $\succsim_i$ 是连续的，且严格凸的，满足非饱和条件，即对于 $x^i \in X^i$，存在 $x' \in X^i$，使 $x' \succ x$；

(3) 对 $j \in \mathcal{J}$，集合 Y^j 是凸的；

如果 $(\bar{x}, \bar{y}) \in \hat{X} \times \hat{Y}$ 是帕累托最优配置，则存在 $\bar{p} \neq 0$，$\bar{p} \in \mathbb{R}^L$，使得

(1) 当 $x \in X^i$，$x \succsim_i \bar{x}^i$ 时，有 $\bar{p} \cdot x \geqslant \bar{p} \cdot \bar{x}^i$，$i \in \mathcal{I}$；

(2) 当 $y \in Y^j$ 时，有 $\bar{p} \cdot \bar{y}^j \geqslant \bar{p} \cdot y$，$j \in \mathcal{J}$。

这个定理是说，在价格 $\bar{p}$ 之下，在保证偏好不低于 $\bar{x}^i$ 的消费选择中，$\bar{x}^i$ 所用的费用最少；而且 $\bar{y}^j$ 使利润达到最大。

证明 引进集合

$$C_i(\bar{x}^i) = \{x \in X^i \mid x \succsim_i \bar{x}^i\}$$

$$\mathring{C}_i(\bar{x}^i) = \{x \in X^i \mid x \succ_i \bar{x}^i\}$$

$$\mathring{G} = \mathring{C}_1(\bar{x}^i) + \sum_{i=2}^{I} C_i(\bar{x}^i)$$

$$V = \sum_{j=1}^{J} Y^j, \quad W = \{w \mid w = y + \omega, y \in V\}$$

由假设条件易知，集合 $\mathring{G}, V, W$ 都是凸集，而且 $\mathring{G} \cap W = \varnothing$。这是因为如果 $z \in \mathring{G}$，即有

$$z = \sum_{i=1}^{I} x^i, \quad x^1 \in \mathring{C}_1(\bar{x}^1), \quad x^i \in C_i(\bar{x}^i), \quad i = 2, 3, \cdots, I$$

从而，有 $x^1 \succ_1 \bar{x}^1$，$x^i \succsim_i \bar{x}^i$ ($i = 2, 3, \cdots, M$)。如果还有 $z \in W$，则

$$\sum_{i=1}^{I} x^i = \sum_{j=1}^{J} y^j + \omega$$

这与 $(\bar{x}, \bar{y})$ 是帕累托最优配置的假设相矛盾。

既然 $\mathring{G}$ 和 W 是不相交的非空凸集，由分离定理可知，存在 $\bar{p} \neq 0$，使得

$$\bar{p} \cdot w \leqslant \alpha, \quad w \in W \tag{5.24}$$

$$\bar{p} \cdot z \geqslant \alpha, \quad z \in \mathring{G} \tag{5.25}$$

5.5 福利经济学命题

注意
$$\sum_{i=1}^{I} \bar{x}^i = \sum_{j=1}^{J} \bar{y}^j + \omega$$

所以
$$\sum_{i=1}^{I} \bar{x}^i \in W$$

从而,有
$$\bar{p} \cdot \sum_{i=1}^{I} \bar{x}^i \leqslant \alpha$$

实际上,这里等式是成立的。为证此,选取 $\hat{x}^1 \in \mathring{C}_1(\bar{x}^1)$, $\hat{x}^i \in C_i(\bar{x}^i)$, 构造直线段
$$x^i(t) = t\hat{x}^i + (1-t)\bar{x}^i, \qquad 0 < t < 1$$

由假设条件 (2) 可证 $\sum_{i=1}^{I} x^i(t) \in \mathring{G}$, 因此, $\bar{p} \cdot \sum_{i=1}^{I} x^i(t) \geqslant \alpha$。令 $t \to 0$, 便得 $\bar{p} \cdot \sum_{i=1}^{I} \bar{x}^i \geqslant \alpha$。总之

$$\bar{p} \cdot \sum_{i=1}^{I} \bar{x}^i = \alpha \tag{5.26}$$

对于 $y^j \in Y^j$, $j = 1, 2, \cdots, J$, 则
$$\sum_{j=1}^{J} y^j + \omega \in W$$

由式 (5.24) 和式 (5.26) 推出
$$\bar{p} \cdot \left(\sum_{j=1}^{J} y^j + \omega\right) \leqslant \bar{p} \cdot \sum_{i=1}^{I} \bar{x}^i = \bar{p} \cdot \left(\sum_{j=1}^{J} \bar{y}^j + \omega\right)$$

从而,
$$\bar{p} \cdot \sum_{j=1}^{J} y^j \leqslant \bar{p} \cdot \sum_{j=1}^{J} \bar{y}^j \tag{5.27}$$

由于 $y^j \in Y^j$ 选取的任意性, 对任意 $j' \in \mathcal{J}$, 选取 $y^{j'} \in Y^{j'}$, 而 $y^j = \bar{y}^j$, $j \neq j'$。代入式 (5.27),则得 $\bar{p} \cdot y^{j'} \leqslant \bar{p} \cdot \bar{y}^{j'}$。这便是定理的结论 (2)。

用类似于上述的方法，可以由式 (5.25) 推出

$$\bar{p} \cdot x \geqslant \bar{p} \cdot \bar{x}^1, \qquad x \in \overset{\circ}{C}_1(\bar{x}^1) \tag{5.28}$$

$$\bar{p} \cdot x \geqslant \bar{p} \cdot \bar{x}^i, \qquad x \in C_i(\bar{x}^i) \tag{5.29}$$

实际上，对任意 $x \in C_1(\bar{x}^1) = \{x \in X^1 \mid x \succsim_1 \bar{x}^1\}$，式 (5.28) 也成立。为证此，只须再考虑 $x \sim_1 \bar{x}^1$ 的情况。由非饱和性，可找到 $\tilde{x} \in X^1$，使得 $\tilde{x} \succ_1 \bar{x}^1$，从而 $\tilde{x} \succ_1 x$。由偏好的严格凸性，有 $x(t) = t\tilde{x} + (1-t)x \succ_1 \bar{x}^1$，即 $x(t) \in \overset{\circ}{C}_1(\bar{x}^1)$。于是由式 (5.28)，有 $\bar{p} \cdot x(t) \geqslant \bar{p} \cdot \bar{x}^1$。令 $t \to 0$，则得 $\bar{p} \cdot x \geqslant \bar{p} \cdot \bar{x}^1$。这便证明定理的结论 (1)。 □

定理 5.15 对于纯交换经济 $\mathcal{E} = \{\mathbb{R}^L_+, u_i, \omega^i\}_{i \in \mathcal{I}}$，假设效用函数是严格拟凹的且满足严格单调性条件，如果 $\bar{x} = (\bar{x}^1, \bar{x}^2, \cdots, \bar{x}^I)$ 是帕累托最优配置，则存在 $\bar{p} \in \mathbb{R}^L_+$，$\bar{p} \neq 0$，使得当 $\bar{p} \cdot x \leqslant \bar{p} \cdot \bar{x}^i$ 时，必有 $u_i(x) \leqslant u_i(\bar{x}^i)$，$i = 1, 2, \cdots, I$。从而，$\{\bar{p}, \bar{x}\}$ 构成经济 $\mathcal{E}$ 的均衡。

证明 由定理 5.14 可知，存在 $\bar{p} \in \mathbb{R}^L$，$\bar{p} \neq 0$，使得当 $u_i(x) \geqslant u_i(\bar{x}^i)$ 时，有 $\bar{p} \cdot x \geqslant \bar{p} \cdot \bar{x}^i$。对于 $\bar{x}^i + e^l \in \mathbb{R}^L_+$，此处 e^l 是 $\mathbb{R}^L_+$ 中第 l 个坐标向量，由 u_i 的单调性，有 $u_i(\bar{x}^i + e^l) > u_i(\bar{x}^i)$，从而 $\bar{p} \cdot (\bar{x}^i + e^l) \geqslant \bar{p} \cdot \bar{x}^i$，可见

$$\bar{p}_l = \bar{p} \cdot e^l \geqslant 0, \qquad l = 1, 2, \cdots, L$$

所以 $p \in \mathbb{R}^L_+$ 且 $p \neq 0$。

再证，当 $\bar{p} \cdot x \leqslant \bar{p} \cdot \bar{x}^i$ 时，必有 $u_i(x) \leqslant u_i(\bar{x}^i)$。否则，存在 $x' \in \mathbb{R}^L_+$，满足 $\bar{p} \cdot x' \leqslant \bar{p} \cdot \bar{x}^i$，但 $u_i(x') > u_i(\bar{x}^i)$。今取 $0 < \lambda < 1$，则 $p \cdot (\lambda x') < p \cdot \bar{x}^i$，当 λ 充分接近 1 时，有 $u_i(\lambda x') > u_i(\bar{x}^i)$ 成立，这与定理 5.14 相矛盾。 □

这个定理表明，对于帕累托最优配置 $\bar{x} = (\bar{x}^1, \bar{x}^2, \cdots, \bar{x}^I)$，存在价格 $\bar{p} \geqslant 0$，使得

$$\bar{x}^i = f^i(\bar{p}, \bar{p} \cdot \bar{x}^i) = \mathrm{argmax}\{u_i(x) \mid \bar{p} \cdot x \leqslant \bar{p} \cdot \bar{x}^i\}$$

通常称这样的价格 $\bar{p}$ 为配置 $\bar{x}$ 的支持价格。值得强调指出，定理 5.15 并不依赖于定理 5.6 或者不动点定理，而仅依赖于分离定理。

5.6 均衡价格的计算

一部完美的理论如果没有行之有效的实施方法作支持，那么，它的重要地位是难以长久地维系下去的。经济均衡的存在性依赖 Brouwer 不动点定理，长期以来，后者的证明 (虽然有多种) 是非构造性的，求解均衡态的问题并未解决。正如

5.6 均衡价格的计算

5.2 节所指出的,不动点定理具有重要的理论价值,不动点的计算一直是数学领域中的一大难题,久攻不克。1967 年,Scarf 带头发起冲击,作出了突破性的贡献,给出了不动点的数值计算方法,随之掀起了不动点理论和应用研究的第四次浪潮 (Scarf, 1982)。

目前,关于不动点计算方法的研究方兴未艾,本节只能作初步介绍。这里还将给出 Brouwer 不动点定理的证明,解决了本章存留的问题,从而使理论体系得以最后完善。

5.6.1 Brouwer 不动点定理的证明

在没有证明 Brouwer 不动点定理之前,先来给出一个关于单纯形剖分的顶点标号的定理,它是本章内容的基础。

回顾定义 5.4,最简单的单纯形是单位单纯形

$$S = \left\{ x \in \mathbb{R}_+^N \mid \sum_{n=1}^N x_n = 1, x_n \geqslant 0 \right\}$$

它有 N 个端面

$$S_n = \{x \in S \mid x_n = 0\} \quad n = 1, 2, \cdots, N$$

单纯形 S 的一个单纯形剖分 (简称剖分)K 是指把 S 分割成若干个小单纯形 (胞腔)$S^1, S^2, \cdots, S^M$。任何两个胞腔没有公共的内点,二者至多交于一点或者一个公共的端面 (图 5.7)。称 $\mu(K) = \max\{\|S^m\| \mid 1 \leqslant m \leqslant M\}$ 为剖分的网径,此处 $\|S^m\|$ 为 S 的直径。

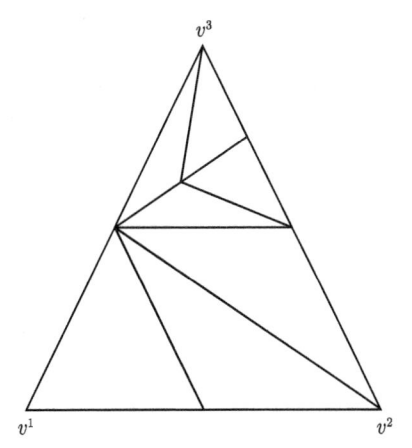

图 5.7 (二维) 单纯形的一个单纯形剖分

定义 5.15 设 $K=\{S^1,S^2,\cdots,S^M\}$ 是单纯形 S 的一个剖分, 如果除去 S 的顶点, 胞腔 S^m $(1\leqslant m\leqslant M)$ 的其余顶点都不在 S 的端面上, 则称剖分 K 是限制的.

限制的剖分是一种特殊的剖分, 它使得原单纯形的任何一个端面都必须是某胞腔的一个端面 (图 5.8).

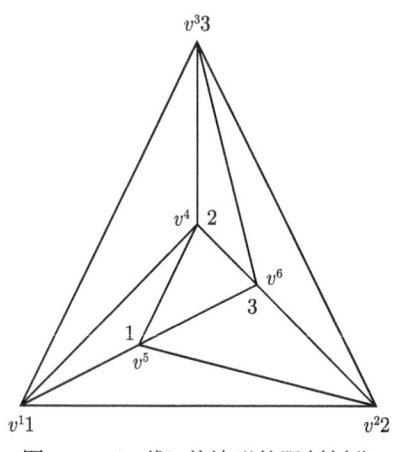

图 5.8 (二维) 单纯形的限制剖分

设 S 是以 $\alpha^1,\alpha^2,\cdots,\alpha^N\in\mathbb{R}^N$ 为顶点 $N-1$ 维单纯形, 即 $S=\langle\alpha^1,\alpha^2,\cdots,\alpha^N\rangle$, 而 $K=\{S^1,S^2,\cdots,S^M\}$ 是单纯形 S 的限制剖分, 剖分 K 的全部顶点为 $v^1,v^2\cdots,v^K$, 其中前 N 个顶点为 $\alpha^1,\alpha^2,\cdots,\alpha^N$ (S 的各顶点), 今对顶点集合 $(v^1,v^2,\cdots,v^K)$ 中的每个顶点, 赋予一个标号 $l(v^n)$: 当 $1\leqslant n\leqslant N$ 时, $l(v^n)=n$; 当 $n>N$ 时, 可在集合 $\mathcal{N}$ 中任意取定一数作为 $l(v^n)$, 此处 $\mathcal{N}=\{1,2,\cdots,N\}$. 换言之, 除去前 N 个顶点保留原标号之外, 其余顶点的标号可在 $\mathcal{N}$ 中任意选定. 如果某胞腔的 N 个顶点的标号恰好是集合 $\mathcal{N}$, 则称此胞腔为全标号单纯形.

引理 5.5 设单纯形 S 的限制剖分的顶点为 $v^1,v^2,\cdots,v^K$, 前面 N 个顶点是 S 的顶点, 赋予标号 $l(v^n)=n$ $(1\leqslant n\leqslant N)$, 其余顶点的标号 $l(v^n)$ $(n>N)$ 在集合 $\mathcal{N}$ 中任意取定, 则剖分中必存在一个全标号单纯形.

证明 可按照如下作法来选取全标号单纯形. 注意剖分是限制的, 所以, 有 N 个胞腔, 其中每个都以 S 的某 $N-1$ 个顶点为顶点 (或者说以 S 的某个端面为端面). 现从含顶点 $(v^2,v^3,\cdots,v^N)$ 的胞腔 σ 开始, 设 σ 的另一个顶点为 v^n, 如果 $l(v^n)=1$, 则 σ 就是全标号单纯形. 如果 $l(v^n)$ 不是 1, 则 σ 的全部标号就是 $\{2,3,\cdots,N\}$, 且顶点 v^n 与 $\{2,3,\cdots,N\}$ 中的某个顶点 v^{n_0} 有相同标号. 用 v^n 替换 v^{n_0}, 得到 σ 的 $N-1$ 个顶点, 生成 σ 的一个端面, 而这个端面是 σ 与另一个胞腔 τ 的结合部 (图 5.8, 这是 $N=3$ 的情形). 于是, τ 的标号集合也包

5.6 均衡价格的计算

含了 $\{2,3,\cdots,N\}$。如果 τ 的另一个顶点是 1, 则引理获证。否则, 可按上述步骤继续进行。

因为剖分是有限个单纯形构成的, 继续上述作法将有两种结局: 其一, 到某一步得到全标号单纯形; 其二, 出现循环, 即重新返回到某个单纯形, 使上述作法不能结束。

下面证明不可能发生第二种结局。若发生, 设 σ_1 是第一个重返的单纯形。如果 σ_1 不是初始的单纯形, 注意, 从 σ_1 第一次转出的端面 S_1 和第一次转进的端面 S_2 的顶点 (各有 $N-1$ 个) 的标号都是 $\{2,3,\cdots,N\}$(图 5.9, 这是 $N=4$ 的情形), 而且 S^1 和 S^2 有 $N-2$ 个公共顶点。于是, S^1 和 S^2 分别面对的顶点的标号必相同, 而且必位于 σ_1 的其余端面上。因此, 重新转进 σ_1 必须通过 S^1 或者 S^2, 于是, 与 σ_1 相邻的某胞腔应该先于 σ_1 被重返, 这与 σ_1 是第一个重返的单纯形相矛盾。如果 σ_1 是初始单纯形, 那么第一次转出和第一次转进都通过一个端面 S_1, 这与 σ_1 是第一个重返单纯形相矛盾。 □

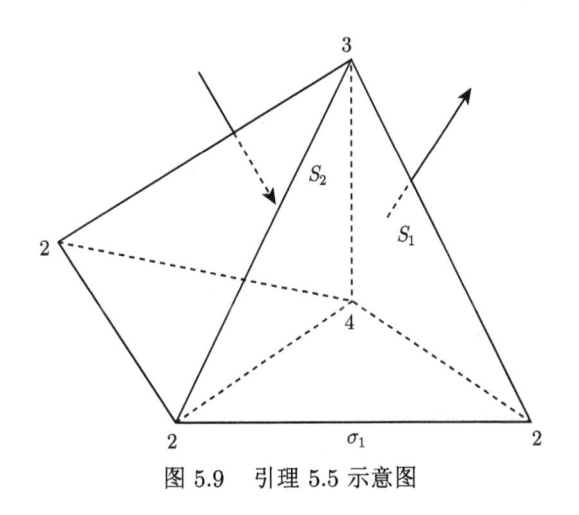

图 5.9 引理 5.5 示意图

由引理证明可见, 只要单纯形 S 的原顶点的标号取遍 $\{1,2,\cdots,N\}$, 引理即可成立, 无须 $l(v^n)=n$ $(1\leqslant n\leqslant N)$。

取消对剖分的限制, 而对标号规则加以约束, 便得到上述引理的变形。

定义 5.16 设 $S \subseteq \mathbb{R}_+^N$ 是单位单纯形, K 是 S 的剖分, 剖分的顶点为 $v^1, v^2, \cdots, v^K$。如果顶点的标号 $l(v)$ 满足条件: 对于 K 的顶点 v, $l(v)=k$, 则 v 的第 k 个分量 $v_k>0$, 那么就称这种标号规则是正常的。

也就是说, 对于正常的标号规则 l, 如果剖分 K 的顶点 v 的编号是 k, 那么 v 的第 k 个分量 v_k 不能是零, 即 v 不能在端面 S_k 上。换言之, 端面 S_k 上的剖分顶点的标号不能取成 k(图 5.10)。这样的标号规则就是正常的。由于单位向量

e^k 的分量除第 k 个之外都是零,因此,对于正常的标号规则 l,必有 $l(e^k) = k$。

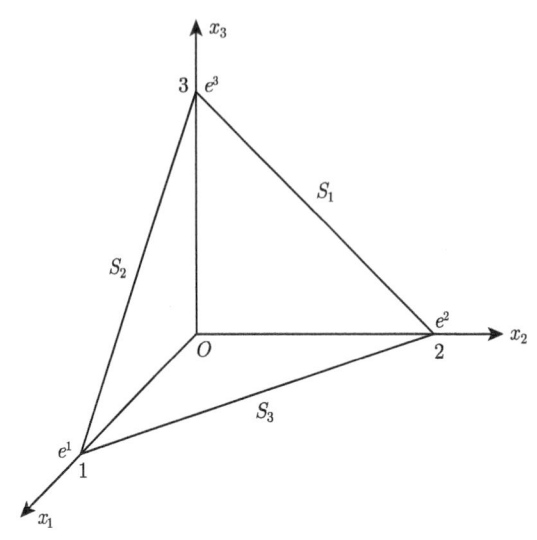

图 5.10 定义 5.16 示意图

定理 5.16 (Sperner,1928) 设单位单纯形 S 的剖分 K 的顶点的标号规则 l 是正常的,则剖分 K 至少有一个全标号单纯形。

证明 将单纯形 S 嵌入到一个大单纯形 S'(图 5.11),把 S 的剖分 K 加以扩充,添加若干单纯形,得到 S' 的限制剖分 K' (依定义 5.15),新剖分 K' 的顶点是由原来剖分的顶点和单纯形 S' 的顶点 $u^1, u^2, \cdots, u^N$ 组成的,而且要求顶点 u^n 与原单纯形 S 的端面 S_n 相对。

再将已给的正常标号规则 l 的定义域加以扩充,令

$$l(u^1) = 2, \quad l(u^2) = 3, \quad \cdots, \quad l(u^{N-1}) = N, \quad l(u^N) = 1$$

对单纯形 S' 应用引理 5.5,由于剖分 K' 是限制的,所以必存在全标号单纯形,余下来只须证明,如此的全标号单纯形只能出现在原来的剖分之中,也就是说它不能以 S' 的顶点为顶点(因为剖分 K' 是限制的)。事实上,以 S' 的顶点为顶点的胞腔仅有两种。

(1) 仅有一个顶点是 S' 的顶点,其余 $N-1$ 个顶点都在 S 的一个端面上的胞腔。例如,以 u^1 为顶点且其余 $N-1$ 个顶点都在端面 S_1 上的胞腔,它的顶点 u^1 的标号 $l(u^1) = 2$,而其余顶点的标号不可能是 1(由于剖分 K 的顶点标号是正常的)。

(2) 有 $N-1$ 个顶点在 S' 的一个端面上,其余一个顶点是 S 的顶点。例如,以 $u^1, u^2, \cdots, u^{N-1}$ 为顶点且另一个顶点是 e^N 的胞腔的顶点的标号为 $l(u^1) =$

5.6 均衡价格的计算

$2, l(u^2) = 3, \cdots, l(u^{N-1}) = N, l(e^N) = N$。

总之，全标号单纯形只能出现在剖分 K 之中。 □

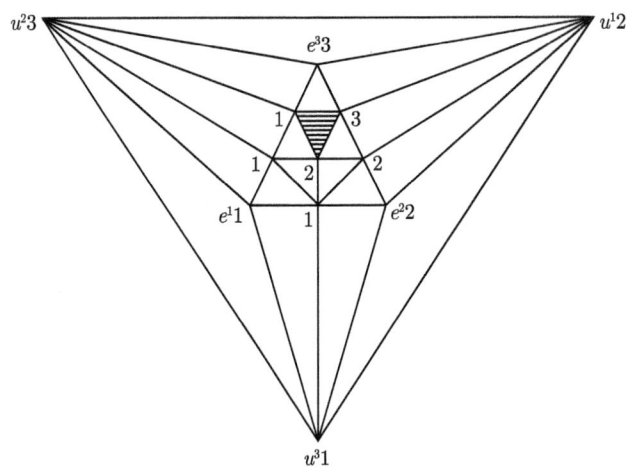

图 5.11 定理 5.16 证明示意图

现在,转到 Brouwer 定理,考虑映射 $f: S \to S$,即对于 $x = (x_1, x_2, \cdots, x_N) \in S$, $f(x) = (f_1(x), f_2(x), \cdots, f_N(x)) \in S$, 从而

$$\sum_{n=1}^{N} x_n = 1 = \sum_{n=1}^{N} f_n(x) \tag{5.30}$$

定理 5.17 (Brouwer) 设 S 是单位单纯形,映射 $f: S \to S$ 是连续的,则 f 必有不动点,即存在 $\bar{x} \in S$, 使得 $f(\bar{x}) = \bar{x}$。

证明 因为 f 在 S 上一致连续,对任意 $\varepsilon > 0$,有 $0 < \delta < \varepsilon$,使得

$$\|f(x) - f(x')\| < \varepsilon, \quad \text{当} \|x - x'\| < \delta \text{时}$$

此处 $\|x\| = \max\{|x_n| \mid 1 \leqslant n \leqslant N\}$, 今对单纯形 S 作剖分 K, 使它的网径 $\mu(K) \leqslant \delta$。

定义剖分 K 的顶点 v 的标号[①]

$$l(v) = \min\{n \mid f_n(v) \leqslant v_n, v_n > 0\}$$

注意,右端集合是非空的,事实上,因为 $\sum_{v_n > 0} v_n = 1$, 如果对每个 $v_n > 0$, 有 $f_n(v) > v_n$, 则 $\sum_{n=1}^{N} f_n(v) > 1$, 这不可能,即总有某个 $v_n > 0$, 使得 $f_n(v) \leqslant v_n$。

[①] 这里取极小手续并没有什么特殊用意,只是为了确定,实际上,在此集合中任意取定一个 n 作为 $l(v)$ 也是可以的。

这种标号规则是正常的，因为对于剖分 K 的顶点 $v = (v_1, v_2, \cdots, v_N) \in S$，如果 $l(v) = n$，必有 $v_n > 0$。

根据定理 5.16，剖分 K 中存在全标号单纯形 $\sigma = \langle v^1, v^2, \cdots, v^N \rangle$，由于 σ 的顶点的标号取遍 $\{1, 2, \cdots, N\}$，不妨设 $l(v^n) = n$ $(1 \leqslant n \leqslant N)$，由 $l(v)$ 的定义，有

$$f_n(v^n) \leqslant v_n^n, \qquad v_n^n > 0, \qquad 1 \leqslant n \leqslant N \tag{5.31}$$

对于任意 $x \in \sigma$，有 $\|x - v^n\| < \delta$，所以 $\|f(x) - f(v^n)\| < \varepsilon$，从而

$$|x_n - v_n^n| < \delta, \qquad |f_n(x) - f_n(v^n)| < \varepsilon, \qquad 1 \leqslant n \leqslant N \tag{5.32}$$

于是，联合式 (5.31) 和式 (5.32)，有

$$f_n(x) - x_n < f_n(v^n) + \varepsilon - v_n^n + \delta \leqslant \varepsilon + \delta < 2\varepsilon \tag{5.33}$$

另外，由式 (5.30) 有 $\sum_{n=1}^{N} (f_n(x) - x_n) = 0$，联合式 (5.33) 便得

$$f_n(x) - x_n = -\sum_{j \neq n} (f_j(x) - x_j) > -2(N-1)\varepsilon$$

可见，对任何 n，有 $|f_n(x) - x_n| < 2(N-1)\varepsilon$，即全标号单纯形中的任何点都可作为近似的不动点。

取 $\varepsilon = \dfrac{1}{k}$，$k = 1, 2, \cdots$，则可找到点列 $\{x^k\}$，使得

$$\|f(x^k) - x^k\| < \frac{2(N-1)}{k}$$

因为 S 是紧集，故 $\{x^k\}$ 有收敛子序列，设其极限为 $\bar{x} \in S$，由于 f 是连续映射，便得 $f(\bar{x}) = \bar{x}$。 $\square$

5.6.2 均衡价格的计算过程

一般均衡理论必须有行之有效的计算方法与其配套。近 20 年来，均衡价格的计算方法的研究取得了很大进展。本节仅就其基础知识予以简单介绍，作为通向计算方法领域的桥梁。

回顾 5.4 节，对于纯交换经济 $\mathcal{E} = \{\mathbb{R}_+^N, u_i, \omega^i\}_{i \in \mathcal{I}}$。假设每个效用函数 u_i 满足适当的条件 (如严格拟凹及单调性等)，那么超额需求映射是单值连续的且满足瓦尔拉斯定理。考虑超额需求函数 $z : S \to \mathbb{R}_+^N$，它满足瓦尔拉斯定理，即

$$p \cdot z(p) = 0, \quad p \in S$$

5.6 均衡价格的计算

为寻求经济 $\mathcal{E}$ 的均衡价格 $\bar{p}$, 只须使得 $z(\bar{p}) \leqslant 0$ 即可.

下面研究均衡价格的近似计算问题, 对单位单纯形 S 进行剖分, 其顶点为 $p^1, p^2, \cdots, p^K$, 对于其中任意顶点 p^k, 至少有一个分量 $p_l^k > 0$ 且 $z_l(p^k) \leqslant 0$. 否则, 对于分量 $p_l^k > 0$ 的 l, 总有 $z_l(p^k) > 0$, 则

$$p^k \cdot z(p^k) = \sum_{l=1}^{L} p_l^k z_l(p^k) > 0$$

这与已指出的瓦尔拉斯定理矛盾, 故可以赋予顶点 p^k 标号

$$l(p^k) = \min \left\{ l \mid p_l^k > 0, z_l(p^k) \leqslant 0 \right\} \tag{5.34}$$

显然, 这种标号规则是正常的, 根据定理 5.16, 剖分中必有全标号单纯形, 如设 $p^1, p^2, \cdots, p^L$ 是此单纯形的顶点, 且标号分别为 $1, 2, \cdots, L$, 则有

$$z_l(p^l) \leqslant 0, \qquad l = 1, 2, \cdots, L$$

(注意, 未必有 $z_l(p^k) \leqslant 0$ $(l \neq k)$), 将剖分逐次加细, 网径趋于零, 则得一串全标号单纯形, 它们的顶点以某 $p^* \in S$ 为聚点, 于是, 由连续性便得

$$z_l(p^*) \leqslant 0 \qquad l = 1, 2, \cdots, L$$

如此的 p^* 就是均衡价格, 当网径充分小时, 全标号单纯形的任意一个顶点都可作为 p^* 的近似值.

至此, 已经阐明了近似计算均衡价格的基本原理, 还需要进一步设计出实现基本原理的具体方案, 这就涉及许多技巧. 下面仅就作法加以说明, 不去过多地论证作法的合理性.

必须采用一种便于数值表达的剖分. 用超平面等分单位单纯形 $S \subseteq \mathbb{R}_+^N$ 的各端面, 剖分的每个胞腔的顶点形如

$$p = \left(\frac{d_1}{D}, \frac{d_2}{D}, \cdots, \frac{d_N}{D} \right) \in S$$

其中, $d_1, d_2, \cdots, d_N$ 是非负整数, 且 $d_1 + d_2 + \cdots + d_N = D$. 以图 5.12 为例, $D = 4$. 考察阴影胞腔各顶点的表达,

$$p^1 = \frac{1}{4}(0, 4, 0)$$

$$p^2 = \frac{1}{4}(0, 3, 1) = \frac{1}{4}(0, 4, 0) + \frac{1}{4}(0, -1, 1)$$

$$p^3 = \frac{1}{4}(1,3,0) = \frac{1}{4}(0,3,1) + \frac{1}{4}(1,0,-1)$$

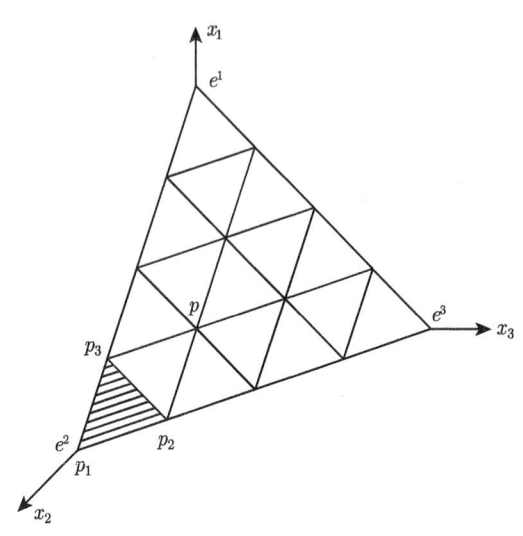

图 5.12 剖分顶点的表达示例

一般地，略去分母 D 不计，只看各顶点数值表达的分子，它们递推规律如下：

$$d^1 = (d_1^1, d_2^1, \cdots, d_N^1)$$
$$d^2 = d^1 + (0, -1, 1, 0, \cdots, 0)$$
$$d^3 = d^2 + (0, 0, -1, 1, \cdots, 0)$$
$$\cdots$$
$$d^N = d^{N-1} + (1, 0, 0, 0, \cdots, -1)$$

不难验证，$p^n = \dfrac{d^n}{D} \in S\ (1 \leqslant n \leqslant N)$，它们可以作为某胞腔的 N 个顶点。这些顶点的分量的分子可排成下面的矩阵

$$\begin{pmatrix} d_1^1 & d_1^2 & \cdots & d_1^N \\ d_2^1 & d_2^2 & \cdots & d_2^N \\ \vdots & \vdots & & \vdots \\ d_N^1 & d_N^2 & \cdots & d_N^N \end{pmatrix} \tag{5.35}$$

5.6 均衡价格的计算

矩阵中一列元素之和等于 D, 而且任意两列的相应分量之差 (绝对值) 为 1 或者 0, 所以该胞腔任何两顶点之距离等于 $\frac{1}{D}$。

为了应用定理 5.16, 需要明确如何从一个胞腔转进到相邻胞腔, 即保留胞腔的 $N-1$ 个顶点, 去掉一个顶点, 换上一个新顶点。这相当于在矩阵 (5.35) 中去掉一列 d^n, 而换上的新向量可表示为

$$d^{n-1} + d^{n+1} - d^n \tag{5.36}$$

即新顶点对应的向量等于与原向量相邻的两个向量之和再减去原向量, 需要注记的是矩阵 (5.36) 中的第 1 列与第 N 列认为是相邻的, 如对前面考察过的图 5.6 中的阴影胞腔, 要去掉顶点 p^1 换上新顶点 p 的作法如下: 在矩阵

$$\begin{pmatrix} 0 & 0 & 1 \\ 4 & 3 & 3 \\ 0 & 1 & 0 \end{pmatrix}$$

去掉第 1 列, 按式 (5.36) 算出新矩阵

$$\begin{pmatrix} 1 & 0 & 1 \\ 2 & 3 & 3 \\ 1 & 1 & 0 \end{pmatrix}$$

于是, 转进的胞腔的新顶点就是 $p = \left(\frac{2}{4}, \frac{1}{4}, \frac{1}{4}\right)$, 转进胞腔的顶点即为 p, p^2, p^3。

至此解决了前述特殊剖分的数值表达及胞腔转换问题。

为了计算近似均衡价格, 还需按式 (5.34) 规则对剖分的每个顶点赋予标号 $l(p)$, 每次转换胞腔的手续就是要视胞腔各顶点标号而定, 一旦发现全标号单纯形, 即告终止。

根据定理 5.16 此剖分必存在全标号单纯形, 把每一个胞腔的标号都计算出来, 固然可以找到全标号, 但毕竟不是上策。采用转换胞腔的办法是可行的, 尚存在一个"从哪个胞腔开始寻找"的问题, 因为现在的剖分不是限制的, 如果初始胞腔选得不好, 就可能出现"转不进去"的现象 (图 5.13)。

为了克服上述困难, 直接的想法是给单纯形补上一层, 人为地给这个外层的顶点赋予一种标号, 使得胞腔转换时不至于转到外层之外, 具体作法如下。

将单纯形 S 沿着它的一个端面扩充得新单纯形 S' 使得 S' 的一个新端面落在超平面 $\pi = \left\{x \in \mathbb{R}^n \mid x_1 = \frac{-1}{D}\right\}$ 上 (图 5.14), 相应地, 原来剖分也扩充为新

剖分，新增加的剖分顶点形如

$$\frac{1}{D}(-1, d_2, d_3, \cdots, d_N), \quad d_2 + d_3 + \cdots + d_N = D + 1$$

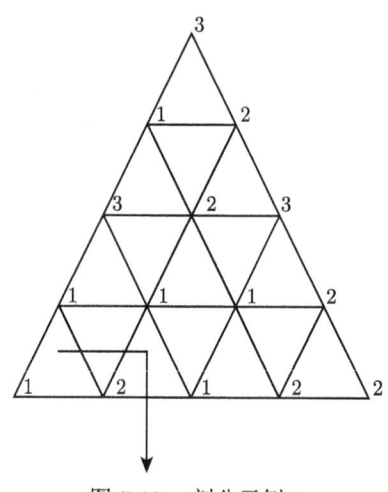

图 5.13　剖分示例 1

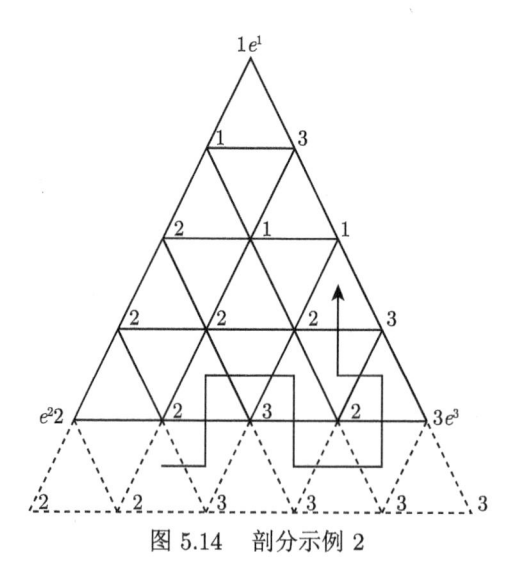

图 5.14　剖分示例 2

在 S 的端面 $S_1 = \{x \in S \mid x_1 = 0\}$ 上，任取一个剖分顶点作为初值，对应向量 $d = (0, d_2, d_3, \cdots, d_N)$。那么，在新剖分中，以此点为顶点而其余 $N-1$ 个顶点位于平面 π 上的胞腔对应矩阵

$$\begin{pmatrix} -1 & \cdots & -1 & -1 & 0 \\ d_2 & \cdots & d_2 & d_2+1 & d_2 \\ d_3 & \cdots & d_3+1 & d_3 & d_3 \\ \vdots & & \vdots & \vdots & \vdots \\ d_N+1 & \cdots & d_N & d_N & d_N \end{pmatrix} \qquad (5.37)$$

对 S 中位于超平面 π 上的 (新增加) 顶点的标号作如下规定：设顶点 $p = \frac{1}{D}(-1, v_2, v_3, \cdots, v_N) \in S'$，赋予标号

$$l(p) = \min\{n \mid v_n > d_n\} \qquad (5.38)$$

由此规则可知，在对应矩阵 (5.37) 的胞腔中，位于平面 π 上的各顶点的标号分别是 $N, N-1, \cdots, 2$，另一位于端面 S_1 上的顶点标号不可能是 1，因此选用这样的胞腔作为初始胞腔。

现在，可以把上述近似计算均衡价格的算法归纳如下：

(1) 取定较大的自然数 D；

(2) 取 $p^1 = \frac{1}{D}(0, d_2, d_3, \cdots, d_N)$，$\sum_{n=2}^{N} d_n = D$，$d_n \geqslant 0$；

(3) 计算矩阵 (5.37)，确定顶点 $p^N, p^{N-1}, \cdots, p^2$；

(4) 分别按规则 (5.38) 和规则 (5.34)，计算标号 $l(p^N), l(p^{N-1}), \cdots, l(p^1)$；

(5) 比较上述标号，去掉与 p^1 有相同标号的顶点 p^l，按规则 (5.36) 计算出矩阵 (5.35)，并产生新顶点 p；

(6) 按规则 (5.34) 计算标号 $l(p)$，如果 $l(p) = 1$，则新顶点为均衡价格近似值。否则，返回步骤 (5)。

这种算法是 Kuhn (1968) 发明的，很富有启发性，成为后来出现的各种算法的先导。这里是针对均衡价格给出的算法，把它推展到近似计算 Brouwer 不动点，原则上没有任何困难，不仅如此，Eaves (1971) 发表了近似计算 Kakutani 不动点的论文，这类文献已经很多。

基于不动点问题在理论上和应用上的重要性，不动点计算的研究已成为当今数学领域的一大热门，其方法在不断更新，更加精益求精，希望有兴趣的读者进一步阅读有关文献。

习 题

1. 设集合 $X \subseteq \mathbb{R}^N$ 和 $Y \subseteq \mathbb{R}^N$ 是紧的，函数 $f: X \times Y \to \mathbb{R}$ 是连续的，则

$$\max_{x \in X} \min_{y \in Y} f(x, y) = \min_{y \in Y} \max_{x \in X} f(x, y)$$

的充分必要条件是存在 $(\bar{x}, \bar{y}) \in X \times Y$，使得

$$f(x, \bar{y}) \leqslant f(\bar{x}, \bar{y}) \leqslant f(\bar{x}, y), \qquad x \in X, \quad y \in Y$$

2. 设集合 $X \subseteq \mathbb{R}^N$ 和 $Y \subseteq \mathbb{R}^N$ 是紧凸集，函数 $f: X \times Y \to \mathbb{R}$ 是连续的，关于 y 是凸的且关于 x 是凹的，则

$$\min_{y \in Y} \max_{x \in X} f(x, y) = \max_{x \in X} \min_{y \in Y} f(x, y)$$

提示：考虑集合 $A_y = \{x \in X \mid f(x, y) = \max_{z \in X} f(z, y)\}$ 和集合 $B_x = \{y \in Y \mid f(x, y) = \min_{z \in Y} f(x, z)\}$，并应用 Kakutani 不动点定理。

3. 设函数 $Z: \Delta^{L-1} \to \mathbb{R}^L$ 是连续的，满足条件

$$p \cdot Z(p) = 0, \qquad p \in \Delta^{L-1}$$

则存在 $\bar{p} \in \Delta^{L-1}$，使得 $Z(\bar{p}) \leqslant 0$，且当 $\bar{p}_l > 0$ 时，$Z_l(\bar{p}) = 0$。

提示：考虑映射 $f: \Delta^{L-1} \to \Delta^{L-1}$

$$f_l(p) = \frac{p_l + \max[0, Z_l(p)]}{1 + \sum_{l=1}^{L} \max[0, Z_l(p)]}$$

4. 完成定理 5.8 的证明。
5. 定理 5.10 引述了集值映射 $\varphi: \Delta \to \Delta$，请读者验证映射 φ 在点 $p \in \text{int}\Delta$ 的上半连续性。
6. 设集合 $M \subseteq \mathbb{R}^M$ 称 $x \in M$ 为集合 M 的最大元，如果对任何 $y \in M$，总有 $y \leqslant x$。称 $x \in M$ 为集合极大元，如果 $x \leqslant y$，则必有 $y = x$。试证上方有界的闭集，必有极大元，一般说来，集合未必有最大元。
7. 设 $\mathcal{E} = \{\mathbb{R}_+^L, u_i, \omega^i\}_{i \in \mathcal{I}}$ 是纯交换经济，且 $\{\bar{x}^1, \bar{x}^2, \cdots, \bar{x}^I, \bar{p}\}$ 是 $\mathcal{E}$ 的均衡，试证不存在子集合 $S \subseteq \mathcal{I}$ 及 $x^i \in \mathbb{R}_+^L$ $(i \in S)$，使得

　(1) $\sum_{i \in S} x^i \leqslant \sum_{i \in S} \omega^i$；

　(2) $u_i(x^i) > u_i(\bar{x}^i)$, $i \in S$。

再解释此命题的经济意义。

8. 设 $\mathcal{E} = \{\mathbb{R}_+^L, u_i, \omega^i\}_{i \in \mathcal{I}}$ 是纯交换经济，且 u_i 是凹函数。如果 $\bar{x} = (\bar{x}^1, \bar{x}^2, \cdots, \bar{x}^I)$ 是帕累托最优配置，则必存在 $\mu = (\mu_1, \mu_2, \cdots, \mu_I) > 0$，使得 $\bar{x}$ 是如下问题的解：

$$\max \quad \sum_{i=1}^{I} \mu_i u_i(x^i)$$

$$\text{s.t.} \quad \sum_{i=1}^{I} x^i \leqslant \sum_{i=1}^{I} \omega^i$$

第 6 章 正则经济理论

第 5 章研究了经济均衡的存在性和最优性，本章还要提出下面的问题：
(1) 均衡价格是否唯一或者局部唯一？如果不唯一，能否是有限个？
(2) 经济人的初始占有变动时，均衡价格会发生怎样的变动？
(3) 价格调整过程是稳定的吗？

在研究这些问题时，会发现古典微积分的应用受到了限制，因此需要引进微分流形理论。为此，有必要对经济框架作一些"正则性"的假设，这样会使理论的适用性受到限制，但换来的是更为深刻的结论。本章所述方法将成为第 7 章展开的现货—金融市场研究的前奏，起到承前启后的作用。

6.1 微分流形

6.1.1 基本概念

古典微积分在数学和其他科学分支中有着重要的应用，但是这种应用有严重的局限性，这就是所论的映射必须是定义在欧氏空间 (或者更一般的线性度量空间) 中的开集上，在开集上能够进行加法运算，或者说开集上具有线性结构。对于一般的集合上定义的映射，很难定义映射的导映射，因此，古典微积分的应用也就无从谈起。

3 维欧氏空间 $\mathbb{R}^3$ 中的球面不是开集，但它的局部可"视为"平面上的开集。2 维欧氏空间 $\mathbb{R}^2$ 中的曲线段可"视为"数轴上的区间。这些事实表明有一类不是开集而可"视为"开集的集合，这就是将要介绍的微分流形。

设集合 $\mathbb{M} \subseteq \mathbb{R}^M$，映射 $f: \mathbb{M} \to \mathbb{R}^N$，如果对任何 $x \in \mathbb{M}$，都存在 x 的邻域 $\mathbb{U} \subseteq \mathbb{R}^M$ 及光滑映射 $h: \mathbb{U} \to \mathbb{R}^N$[①]，使得映射 f 与 h 在集合 $\mathbb{U} \cap \mathbb{M}$ 上相等，则称 $f: \mathbb{M} \to \mathbb{R}^N$ 是光滑映射。

定义 6.1 设集合 $\mathbb{M} \subseteq \mathbb{R}^M$，$\mathbb{N} \subseteq \mathbb{R}^N$，称映射 $f: \mathbb{M} \to \mathbb{N}$ 是微分同胚 (differential homeomorphism 或者 diffeomorphism)，如果满足条件：
(1) f 是单射，即 1 对 1 的映射，而且 f 是满射，即 $f(\mathbb{M}) = \mathbb{N}$；
(2) f 及其逆 f^{-1} 皆为光滑映射。

---

① 这里所说的光滑映射，是指映射 h 存在连续的 1 阶偏导数。

如果集合 M 和 N 之间存在着一个微分同胚，那么就称集合 M 与 N 是微分同胚的。这两个集合必具有许多相同的性质，如前所述，这两个集合可"视为"相同的。

定义 6.2 称集合 $M \subseteq \mathbb{R}^M$ 是一个 m 维微分流形 (differentiable manifold)，如果对任何 $x \in M$ 都存在 x 的邻域 $U \subseteq \mathbb{R}^M$，使得 $U \cap M$ 微分同胚于开集 $U' \subseteq \mathbb{R}^m$，即存在微分同胚映射 $\varphi: U \cap M \to U'$，并记 $m = \dim M$。

定义表明，m 维微分流形 M 的每点附近可"视为"空间 $\mathbb{R}^m$ 中的开集。空间 $\mathbb{R}^m$ 中是有坐标的，称映射 $\varphi: U \cap M \to U'$ 为集合 $U \cap M$ 的一个坐标系，称映射 $\varphi^{-1}: U' \to U \cap M$ 为集合 $U \cap M$ 的一个参数化。本章也将微分流形简称为流形。

在考察流形上定义的映射之前，首先简单地回忆开集上定义的映射的导映射。设 $U \subseteq \mathbb{R}^m$ 为开集，映射 $f: U \to \mathbb{R}^n$ 是光滑的，对任意 $h \in \mathbb{R}^m$, $x \in U$，映射 f 在 x 点沿方向 h 的导数为

$$Df(x)h = \lim_{t \to 0} \frac{1}{t}(f(x+th) - f(x))$$

特别地，取 $h = e^{m'} \in \mathbb{R}^m$ ($e^{m'}$ 为第 m' 个坐标向量)，则有

$$Df(x)e^{m'} = \begin{pmatrix} \dfrac{\partial f_1}{\partial x_{m'}}(x) \\ \dfrac{\partial f_2}{\partial x_{m'}}(x) \\ \vdots \\ \dfrac{\partial f_n}{\partial x_{m'}}(x) \end{pmatrix}$$

对于一般的 $h \in \mathbb{R}^m$，有 $h = \sum_{m'=1}^{m} h_{m'} e^{m'}$，从而

$$Df(x)h = \begin{pmatrix} \dfrac{\partial f_1}{\partial x_1} & \dfrac{\partial f_1}{\partial x_2} & \cdots & \dfrac{\partial f_1}{\partial x_m} \\ \dfrac{\partial f_2}{\partial x_1} & \dfrac{\partial f_2}{\partial x_2} & \cdots & \dfrac{\partial f_2}{\partial x_m} \\ \vdots & \vdots & & \vdots \\ \dfrac{\partial f_n}{\partial x_1} & \dfrac{\partial f_n}{\partial x_2} & \cdots & \dfrac{\partial f_n}{\partial x_m} \end{pmatrix} \begin{pmatrix} h_1 \\ h_2 \\ \vdots \\ h_m \end{pmatrix} \equiv J(f,x)h$$

6.1 微分流形

上式右端矩阵 $J(f,x)$ 是映射 f 在 x 点处的雅可比矩阵，映射 $Df(x): \mathbb{R}^m \to \mathbb{R}^n$ 称为映射 f 在 x 点处的导映射。

下面的定理是众所周知的。

定理 6.1 (1) 设 $f: \mathbb{U} \to \mathbb{V}$ 和 $g: \mathbb{V} \to \mathbb{W}$ 都是光滑映射，此处 $\mathbb{U}$ 和 $\mathbb{V}$ 皆为开集，对于 $y = f(x)$，有

$$D(g \circ f)(x) = Dg(y) \circ Df(x)$$

(2) 设 $f: \mathbb{R}^m \to \mathbb{R}^n$ 是线性映射，则对任意 $x \in \mathbb{R}^m$，有 $Df(x) = f$。

(3) 设 $\mathbb{U} \subseteq \mathbb{R}^M$ 和 $\mathbb{V} \subseteq \mathbb{R}^N$ 都是开集，如果存在微分同胚 $f: \mathbb{U} \to \mathbb{V}$，则 $M = N$，且对任意 $x \in \mathbb{U}$，导映射 $Df(x): \mathbb{R}^M \to \mathbb{R}^N$ 是同构线性映射，从而，雅可比矩阵 $J(f, x)$ 是非奇异的。而且 $[Df(y)]^{-1} = Df^{-1}(y)$，其中 $y = f(x)$。

证明 (1) 定义 $u = \dfrac{1}{t}(f(x+th) - f(x)) - Df(x)h$，则 $f(x+th) = f(x) + t(Df(x)h + u)$。已知

$$Df(x)h = \lim_{t \to 0} \frac{1}{t}(f(x+th) - f(x))$$

则 $\lim\limits_{t \to 0} u = 0$。定义 $v = \dfrac{1}{t}(g(y+tk) - g(y)) - Dg(y)k$，则 $g(y+tk) = g(y) + t(Dg(y)k + v)$。已知

$$Dg(y)k = \lim_{t \to 0} \frac{1}{t}(g(y+tk) - g(y))$$

则 $\lim\limits_{t \to 0} v = 0$。因此

$$\begin{aligned}
g(f(x+th)) - g(f(x)) &= g(f(x) + t(Df(x)h + u)) - g(f(x)) \\
&= t(Dg(f(x))(Df(x)h + u) + v) \\
D(g \circ f)(x)h &= \lim_{t \to 0} \frac{1}{t}((g \circ f)(x+th) - (g \circ f)(x)) \\
&= \lim_{t \to 0} \frac{1}{t}(g(f(x+th)) - g(f(x))) \\
&= \lim_{t \to 0} Dg(f(x))(Df(x)h + u) + v \\
&= Dg(f(x)) \circ Df(x)h
\end{aligned}$$

即得结论 (1)。

(2) 由于

$$Df(x)h = \lim_{t \to 0} \frac{1}{t}(f(x+th) - f(x)) = \lim_{t \to 0} \frac{1}{t}f(th) = f(h)$$

则 $Df(x) = f$。

(3) 设 $f \circ f^{-1} : \mathbb{U} \to \mathbb{U}$, 有转换映射 $Id : \mathbb{R}^M \to \mathbb{R}^M$, 则有 $Df \circ Df^{-1} = Id_{\mathbb{R}^M}$, 同理对 $f^{-1} \circ f : \mathbb{V} \to \mathbb{V}$, 有 $Df^{-1} \circ Df = Id_{\mathbb{R}^N}$, 因此 $M = N$, 且 $Df(x) : \mathbb{R}^M \to \mathbb{R}^N$ 是同构线性映射。 □

定理 6.2 设映射 $f : \mathbb{U} \to \mathbb{V}$ 是光滑的, $\mathbb{U} \subseteq \mathbb{R}^M$, $\mathbb{V} \subseteq \mathbb{R}^M$ 为开集, 如果 $Df(x) : \mathbb{R}^M \to \mathbb{R}^M$ 是同构线性映射, 则映射 f 在 x 点处是一个局部微分同胚, 即存在 x 点的邻域 $\mathbb{W}$, 使 $\mathbb{W}$ 与 $f(\mathbb{W})$ 是微分同胚的。

这个定理也称为反函数定理, 是古典微积分的最重要结果之一, 要验证 $Df(x)$ 是同构线性映射, 只须验证雅可比行列式 (即 $J(f, x)$ 的行列式) 不为零, 或者说矩阵 $J(f, x)$ 的秩为 M。

现设 $\mathbb{M} \subseteq \mathbb{R}^M$ 是 m 维流形, $\mathbb{N} \subseteq \mathbb{R}^N$ 是 n 维流形。$f : \mathbb{M} \to \mathbb{N}$ 是光滑映射。任给 $x \in \mathbb{M}$, $y = f(x) \in \mathbb{N}$, 它们的参数化分别为

$$\phi : \mathbb{U} \subseteq \mathbb{R}^m \to \mathbb{M}, \qquad \psi : \mathbb{V} \subseteq \mathbb{R}^n \to \mathbb{N}$$

且 $x = \phi(u)$, $y = \psi(v)$。由于 $D\phi(u)$ 和 $D\psi(v)$ 分别是同构的, 所以, 象集 $D\phi(u)(\mathbb{R}^m)$ 是 m 维线性空间, $D\psi(v)(\mathbb{R}^n)$ 是 n 维线性空间, 记 $T_x\mathbb{M} = D\phi(u)(\mathbb{R}^m)$, $T_y\mathbb{N} = D\psi(v)(\mathbb{R}^n)$, 分别称为 x 点和 y 点的切空间, 它们分别同构空间 $\mathbb{R}^m$ 和 $\mathbb{R}^n$(图 6.1)。

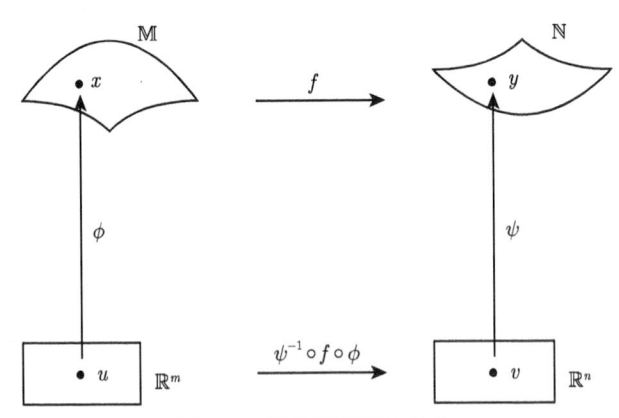

图 6.1 微分流形的参数化

映射 $h = \psi^{-1} \circ f \circ \phi : \mathbb{U} \to \mathbb{R}^n$ 是定义在开集上的光滑映射, 从而, 可以定

义映射 f 在 x 点的导映射为

$$Df(x) = D\psi(v) \circ Dh(u) \circ D\phi^{-1}(x) = D\psi(v) \circ Dh(u) \circ (D\phi(u))^{-1}$$

导映射 $Df(x)$ 是从切空间 $T_x\mathbb{M}$ 到 $T_y\mathbb{N}$ 的线性映射。下面的交换图表更清晰地刻画了这些关系。

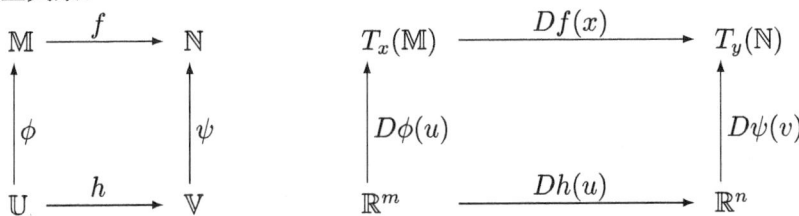

$$\begin{array}{ccc} \mathbb{M} \xrightarrow{f} \mathbb{N} & \quad & T_x(\mathbb{M}) \xrightarrow{Df(x)} T_y(\mathbb{N}) \\ \phi \downarrow \quad \downarrow \psi & & D\phi(u) \uparrow \quad \uparrow D\psi(v) \\ \mathbb{U} \xrightarrow{h} \mathbb{V} & & \mathbb{R}^m \xrightarrow{Dh(u)} \mathbb{R}^n \end{array}$$

显然，秩数 $\mathrm{rank} Df(x) = \mathrm{rank} Dh(u)$。映射 $f : \mathbb{M} \to \mathbb{N}$ 在 x 点的局部性质与导映射 $Df(x) : T_x\mathbb{M} \to T_{f(x)}\mathbb{N}$ 的性质有着密切关系。

定理 6.3 设 $\mathbb{M}$ 和 $\mathbb{N}$ 是微分流形，$f : \mathbb{M} \to \mathbb{N}$ 是光滑映射，如果在点 $x \in \mathbb{M}$ 处导映射 $Df(x) : T_x\mathbb{M} \to T_{f(x)}\mathbb{N}$ 是同构的，则映射 f 在点 x 处是局部微分同胚。

这个定理是定理 6.2 的对于微分流形的翻版 (证明留给读者自己完成)，它是考察微分流形性质的重要工具。基于此，引进如下概念。

定义 6.3 设 $\mathbb{M}$ 和 $\mathbb{N}$ 是微分流形，$f : \mathbb{M} \to \mathbb{N}$ 是光滑映射，称映射 f 是淹没 (submersion)，如果对任意 $x \in \mathbb{M}$，秩 $\mathrm{rank} Df(x) = \dim \mathbb{N}$；称映射 f 是浸没 (immersion)，如果对任意 $x \in \mathbb{M}$，秩 $\mathrm{rank} Df(x) = \dim \mathbb{M}$。

显然，映射 f 在每点是局部微分同胚的充要条件是 f 为浸没且淹没。

6.1.2 正则值定理

设 $\mathbb{M}$ 和 $\mathbb{N}$ 分别是 m 维和 n 维的微分流形，本节总假设 $m \geqslant n$。设 $f : \mathbb{M} \to \mathbb{N}$ 是光滑映射。为了考察映射 f 的局部性质，将流形 $\mathbb{M}$ 和 $\mathbb{N}$ 中的点作如下分类。

定义 6.4 称 $x \in \mathbb{M}$ 是映射 f 的正则点 (regular point)，如果导映射 $Df(x) : T_x\mathbb{M} \to T_y\mathbb{N}$ 是满射[①]。再者，如果 $x \in \mathbb{M}$ 不是映射 f 的正则点，则称 x 为映射 f 的临界点 (critical point)。

由定义可知，$x \in \mathbb{M}$ 是映射 f 的正则点的充要条件是导映射的秩 $\mathrm{rank} Df(x) = n$。

定义 6.5 称 $y \in \mathbb{N}$ 是映射 f 的临界值 (critical value)，如果存在临界点 $x \in \mathbb{M}$，使得 $y = f(x)$。再者，如果 $y \in \mathbb{N}$ 不是映射 f 的临界值，则称 y 是映射 f 的正则值 (regular value)。

全体临界值集合与全体正则值集合是不相交的，这两个集合的并集就是流形 $\mathbb{N}$。注意，如果 $y \in \mathbb{N}$ 是临界值，则原象 $f^{-1}(y)$ 必包含某临界点 $x \in \mathbb{M}$(当然，

---

① 在微分拓扑学中，对这种情形，也称映射 f 在 x 点是淹没。

不排除可能包含正则点)。如果 $y \in \mathrm{N}$ 是正则值，原象 $f^{-1}(y)$ 可能是空集；若 $f^{-1}(y) \neq \varnothing$，则任何 $x \in f^{-1}(y) \subseteq \mathrm{M}$ 都是映射 f 的正则点。于是，有如下命题。

命题 6.1 设 $y \in \mathrm{N}$ 是映射 $f: \mathrm{M} \to \mathrm{N}$ 的正则值，则对任何 $x \in f^{-1}(y)$，导映射的秩数 $\operatorname{rank} Df(x) = n$。

下面的定理说明，映射的正则值是很多的，这里不予证明，参见 Milnor(1965) 的相关研究。

定理 6.4 (Sard 定理) 设映射 $f: \mathrm{M} \to \mathrm{N}$ 具有 r 阶连续的偏导数，且 $r > \max\{0, m-n\}$，则 f 的临界值集合是流形 N 中的零测度集合，从而，映射 f 的正则值集合在 N 中是满测度的稠密集合。①

定理 6.5 设 $\mathrm{U} \subseteq \mathbb{R}^m$ 是开集，$f: \mathrm{U} \to \mathbb{R}^n$ 是光滑映射，任给 $x \in \mathrm{U}$，$y = f(x) \in \mathbb{R}^n$。如果雅可比矩阵的秩数 $\operatorname{rank} J(f, x) = n$，则原象 $f^{-1}(y) \subseteq \mathrm{U}$ 是 $m-n$ 维微分流形。

这是反函数定理的推论，只须定义映射

$$F: \mathrm{U} \to \mathbb{R}^n \times \mathbb{R}^{m-n}, \qquad F(x) = (f_1(x), \cdots, f_n(x), x_{n+1}, \cdots, x_m)$$

容易证明，映射 F 满足反函数定理条件，从而，F 在点 x 处是一个局部微分同胚。F 映 $f^{-1}(y)$ 到超平面 $\{y\} \times \mathbb{R}^{m-n}$ 上，由此便可证明 $f^{-1}(y)$ 是 $m-n$ 维流形。

定理 6.6 (正则值原象定理) 设 M 和 N 分别是 m 维和 n 维微分流形，$f: \mathrm{M} \to \mathrm{N}$ 是光滑映射，且 $y \in \mathrm{N}$ 是映射 f 的正则值，如果 $f^{-1}(y) \neq \varnothing$，则集合 $f^{-1}(y) \subseteq \mathrm{M}$ 是 $m-n$ 维微分流形。

这个定理的证明可从定理 6.5 导出，请读者完成。

例 6.1 设映射 $A: \mathbb{R}^m \to \mathbb{R}^n$ 是线性映射，从而，它的导映射仍然是 A。假设 A 的秩数 $\operatorname{rank} A = n$，显然 0 是 A 的正则值。由定理 6.6 可知，齐次方程 $Ax = 0$ 的解集合是 $m-n$ 维流形。这表明定理 6.6 是线性代数中线性方程组解的结构定理的推广。

例 6.2 考虑函数 $y = f(x_1, x_2, \cdots, x_m) = \sum_{m'=1}^{m} x_{m'}^2$，它的导映射

$$Df(x)h = 2(x_1, x_2, \cdots, x_m) \begin{pmatrix} h_1 \\ h_2 \\ \vdots \\ h_m \end{pmatrix}$$

---

① 定理中所述测度是指勒贝格 (Lebesgue) 测度。集合 $\mathrm{A} \subseteq \mathrm{N}$ 称为 N 中的满测度集合，是指它的余集 $\mathrm{N} \setminus \mathrm{A}$ 是零测度的。

6.1 微分流形

考察 $y=1$ 的原象 $f^{-1}(1) = \left\{ x \in \mathbb{R}^m \mid \sum\limits_{m'=1}^{m} x_{m'}^2 = 1 \right\}$,则对于任何 $x \in f^{-1}(1)$,显然雅可比矩阵的秩数 $\mathrm{rank} J(f,x) = 1$。由定理 6.6 断定 $f^{-1}(1) \subseteq \mathbb{R}^m$ 是 $m-1$ 维微分流形。

定理 6.7 设 $\mathbb{M}$ 是紧的 m 维微分流形,$\mathbb{N}$ 是 m 维微分流形。设 $y \in \mathbb{N}$ 是光滑映射 $f: \mathbb{M} \to \mathbb{N}$ 的正则值。如果 $f^{-1}(y) \neq \varnothing$,则

(1) $f^{-1}(y)$ 是有限集合,即 $f^{-1}(y) = \{x^1, x^2, \cdots, x^K\}$;

(2) 存在含点 y 的开集 $\mathbb{V} \subseteq \mathbb{N}$ 及含点 x 的开集 $\mathbb{U}^k \subseteq \mathbb{M}$,且 $\mathbb{U}^i \cap \mathbb{U}^j = \varnothing$ ($i \neq j$),使得 $f^{-1}(\mathbb{V}) = \bigcup\limits_{k=1}^{K} \mathbb{U}^k$ 且 $f \mid \mathbb{U}^k : \mathbb{U}^k \to \mathbb{V}$ 是微分同胚。

证明 (1) 因为 $\mathbb{M}$ 是紧集,从而闭集 $f^{-1}(y)$ 是紧的。由正则值原象定理可知,$f^{-1}(y)$ 是紧的 0 维流形,从而 $f^{-1}(y)$ 是紧的离散点集,所以 $f^{-1}(y)$ 必为有限点集,即 $f^{-1}(y) = \{x^1, x^2, \cdots, x^K\}$。

(2) 取 x^k 的邻域 $\mathbb{W}^k \subseteq \mathbb{M}$,使得 $\mathbb{W}^1, \mathbb{W}^2, \cdots, \mathbb{W}^K$ 彼此不交,且 $f \mid \mathbb{W}^k$ 是微分同胚。从而,$\mathbb{V}^k = f(\mathbb{W}^k)$ 为含 y 点的邻域,令 $\mathbb{V} = \bigcap\limits_{k=1}^{K} \mathbb{V}^k$,再选取 $\mathbb{U}^k = f^{-1}(\mathbb{V}) \cap \mathbb{W}^k$ 即为所求。 □

这个定理称为唱片堆叠定理。可参见图 6.2。

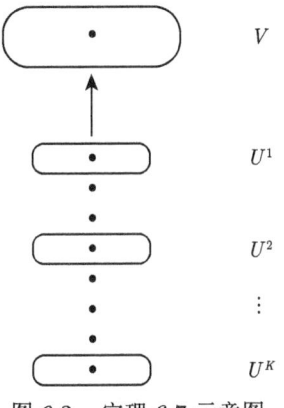

图 6.2 定理 6.7 示意图

通常,把集合 $f^{-1}(y)$ 所含点的个数记成 $\# f^{-1}(y)$。实际上,它就是方程 $f(x) = y$ 的解的个数。定理 6.7 表明,$\# f^{-1}(y)$ 是非负整数,而且还有下面的推论。

推论 6.1 在定理 6.7 的假设下,如果 y 是光滑映射 $f: \mathbb{M} \to \mathbb{N}$ 的正则值,则存在 y 点的邻域 $\mathbb{V} \subseteq \mathbb{N}$,若 $y' \in \mathbb{V}$ 是 f 的正则值,则 $\# f^{-1}(y) = \# f^{-1}(y')$。

下面引进一个重要概念,它的合理性由上述讨论得到保证。

定义 6.6 设 $\mathbb{M}$ 和 $\mathbb{N}$ 是同维数的微分流形，$\mathbb{M}$ 是紧集，y 是光滑映射 $f:\mathbb{M}\to\mathbb{N}$ 的正则值。定义

$$\deg_2(f,y)=\begin{cases} 0, & \text{若}\#f^{-1}(y)\text{ 是偶数} \\ 1, & \text{若}\#f^{-1}(y)\text{ 是奇数} \end{cases}$$

称 $\deg_2(f,y)$ 为映射 f 在正则值 y 处的模 2 度数 (modulo 2 degree)。

显然，当 $\deg_2(f,y)\neq 0$ 时，方程 $f(x)=y$ 必有解。因此，模 2 度数可以用来证明方程解的存在性。

推论 6.1 可推广成如下定理。

定理 6.8 设 $\mathbb{M}$ 和 $\mathbb{N}$ 是同维数的微分流形，$\mathbb{M}$ 是紧集，而且 $\mathbb{N}$ 是道路连通集合 (即对任何 $y\in\mathbb{N}$, $y'\in\mathbb{N}$, 都存在连续映射 $\eta:[0,1]\to\mathbb{N}$, 使得 $\eta(0)=y$, $\eta(1)=y'$)。如果 y 和 y' 都是光滑映射 $f:\mathbb{M}\to\mathbb{N}$ 的正则值，则有

$$\deg_2(f,y)=\deg_2(f,y')$$

定理的证明这里从略，请参见 Milnor (1965) 的相关研究。在应用中，如果能证明对某个 $y'\in\mathbb{N}$, $\deg_2(f,y')\neq 0$, 且满足定理 6.8，则可断定方程 $f(\alpha)=y$ 必有解。

回顾定理 6.7 的证明会发现，流形 $\mathbb{M}$ 的紧性假设可以减弱，只须假设 $f^{-1}(y)$ 是紧集即可，为此引进如下定义。

定义 6.7 设 $\mathbb{M}$ 和 $\mathbb{N}$ 是微分流形，称映射 $f:\mathbb{M}\to\mathbb{N}$ 是固有映射 (proper mapping)，如果对任何紧集 $\mathbb{V}\subseteq\mathbb{N}$, 其原象 $f^{-1}(\mathbb{V})\subseteq\mathbb{M}$ 是紧集。

现在，可将定理 6.8 推广成下面的定理。

定理 6.9 设 $\mathbb{M}$ 和 $\mathbb{N}$ 是同维数的微分流形，且 $\mathbb{N}$ 是道路连通集合，设 $f:\mathbb{M}\to\mathbb{N}$ 光滑的固有映射，则对于映射 f 的任何正则值 $y\in\mathbb{N}$, $y'\in\mathbb{N}$, 总有

$$\deg_2(f,y)=\deg_2(f,y')$$

在应用问题中，经常遇到含参数的映射族。设 $\mathbb{A}$ 是微分流形，它将作为参数集合，设 $\mathbb{M}$ 和 $\mathbb{N}$ 都是微分流形，映射 $f:\mathbb{A}\times\mathbb{M}\to\mathbb{N}$ 是光滑的，如果 $y\in\mathbb{N}$ 是 f 的正则值，且 $\Gamma=f^{-1}(y)\subseteq\mathbb{A}\times\mathbb{M}$ 非空，则由定理 6.6 可知，集合 $\Gamma\subseteq\mathbb{A}\times\mathbb{M}$ 是微分流形。定义映射

$$\pi:\Gamma\to\mathbb{A}, \quad \pi(a,x)=a, \quad (a,x)\in\Gamma$$
$$f_a:\mathbb{M}\to\mathbb{N}, \quad f_a(x)=f(a,x), \quad a\in\mathbb{A}, \quad x\in\mathbb{M}$$

定理 6.10 在上述假设下，$a\in\mathbb{A}$ 是投影映射 $\pi:\Gamma\to\mathbb{A}$ 的正则值的充要条件是 $y\in\mathbb{N}$ 是映射 $f_a:\mathbb{M}\to\mathbb{N}$ 的正则值。

6.1 微分流形

证明 因为 y 是 $f: \mathbb{A} \times \mathbb{M} \to \mathbb{N}$ 的正则值,所以对任何 $(a,x) \in \Gamma$, $Df(a,x): T_{(a,x)}(\mathbb{A} \times \mathbb{M}) \to T_y\mathbb{N}$ 是满射。

假设 $a \in \mathbb{A}$ 是投影映射 $\pi: \Gamma \to \mathbb{A}$ 的正则值。往证 $Df_a(x): T_x\mathbb{M} \to T_y\mathbb{N}$ 是满射,即任取 $q \in T_y\mathbb{N}$,可找到 $u \in T_x\mathbb{M}$,使得 $Df_a(x)u = q$。为此,注意

$$T_{(a,x)}(\mathbb{A} \times \mathbb{M}) = T_a\mathbb{A} \times T_x\mathbb{M}$$

而且 $Df(a,x)$ 是满射,故可找到 $(b,v) \in T_a\mathbb{A} \times T_x\mathbb{M}$ 使得

$$Df(a,x)(b,v) = q$$

由于 $a = \pi(a,x)$ 是正则值,从而 $D\pi(a,x): T_{(a,x)}\Gamma \to T_a\mathbb{A}$ 是满射,又因为 $b \in T_a\mathbb{A}$,故存在 $(b,w) \in T_a\mathbb{A} \times T_x\mathbb{M}$,使得

$$D\pi(a,x)(b,w) = b$$

注意 $f(\Gamma) = \{y\}$,所以 $Df(a,x)T_{(a,x)}\Gamma = \{0\}$,从而

$$q = Df(a,x)(b,v) - Df(a,x)(b,w) = Df(a,x)(0, v-w)$$

令 $u = v - w \in T_x\mathbb{M}$,则有

$$Df_a(x)u = Df(a,x)(0,u) = q$$

再证充分性。如果 y 是映射 $f_a: \mathbb{M} \to \mathbb{N}$ 的正则值,往证对任何 $(a,x) \in \Gamma$, $D\pi(a,x): T_{(a,x)}\Gamma \to T_a\mathbb{A}$ 是满射,即对任何 $b \in T_a\mathbb{A}$,存在 $(b,w) \in T_{(a,x)}\Gamma$,使得 $D\pi(a,x)(b,w) = b$。今任取 $v \in T_x\mathbb{M}$, $q = Df(a,x)(b,v)$。由于 $Df_a(x)$ 是满射,从而存在 $u \in T_x\mathbb{M}$,使得

$$Df(a,x)(0,u) = Df_a(x)u = q$$

于是

$$Df(a,x)(b, v-u) = 0$$

令 $w = v - u$,则有 $(b,w) \in T_{(a,x)}\Gamma$。又因为 π 是投影映射,所以 $D\pi(a,x)(b,w) = b$。 □

由 Sard 定理,投影映射 $\pi: \Gamma \to \mathbb{A}$ 的临界值集合测度为零。立即可推出下面的定理。

定理 6.11 设 $f: \mathbb{A} \times \mathbb{M} \to \mathbb{N}$ 是流形上的光滑映射,如果 $y \in \mathbb{N}$ 是 f 的正则值,则几乎对每个 $a \in \mathbb{A}$, $y \in \mathbb{N}$ 都是映射 $f_a: \mathbb{M} \to \mathbb{N}$ 的正则值,此处 $f_a(x) = f(a,x)$。

6.2 正则经济的特性

下面利用微分流形理论来回答本章开头所提出的问题。

6.2.1 均衡流形

本节仅考察纯交换经济。设经济人集合 $\mathcal{I} = \{1, 2, \cdots, I\}$，$L$ 种商品确定的商品空间为 $\mathbb{R}_+^L$，每个经济人 i 的初始占有为 $\omega^i \in \mathbb{R}_{++}^L$，他的效用函数 $u_i : \mathbb{R}_+^L \to \mathbb{R}$ 满足如下正则性条件：

(1) u_i 是二次连续可微的函数；
(2) $Du_i(x) \in \mathbb{R}_{++}^L$，$x \in \mathbb{R}_{++}^L$；
(3) $h^{\mathrm{T}} D^2 u_i(x) h < 0$，若 $h \neq 0$，$Du_i(x) h = 0$，$x \in \mathbb{R}_{++}^L$；
(4) 令 $U_i(\xi) = \{x \in \mathbb{R}_+^L \mid u_i(x) \geqslant u_i(\xi)\}$，则 $U_i(\xi) \subseteq \mathbb{R}_{++}^L$，$\xi \in \mathbb{R}_{++}^L$。

这里的条件在 4.2 节已见过，条件 (2) 表明偏好是单调的，条件 (3) 是为保证需求函数的光滑性，条件 (4) 是说任何一种商品都不能被其他商品完全替代，这个条件是为保证无差别曲面位于 $\mathbb{R}_+^L$ 内部。

本节总假定经济人的偏好是不变的，即效用函数是固定的。于是，经济 $\mathcal{E}$ 就由经济人的初始占有确定。记

$$\Omega = \mathbb{R}_+^{IL} = \mathbb{R}_+^L \times \cdots \times \mathbb{R}_+^L$$

给定 $\omega = (\omega^1, \omega^2, \cdots, \omega^I) \in \Omega$，就意味着确定了一个纯交换经济 $\mathcal{E}(\omega)$。

记价格向量集合

$$S = \left\{ p \in \mathbb{R}_{++}^L \mid \sum_{l=1}^{L} p_l = 1 \right\}$$

由于需求函数关于价格是零阶齐次函数，所以这样取定价格向量集合，不会影响结论的一般性。设经济人 i 的需求函数为

$$f^i : S \times \mathbb{R}_+ \to \mathbb{R}_+^L, \qquad f^i = f^i(p, p \cdot \omega^i)$$

定义经济 $\mathcal{E}(\omega)$ 的超需函数：

$$Z : S \times \Omega \to \mathbb{R}_+^L, \qquad Z(p, \omega) = \sum_{i=1}^{I} \left(f^i(p, p \cdot \omega^i) - \omega^i \right)$$

由定理 4.5 和定理 4.7，有如下定理。

6.2 正则经济的特性

定理 6.12 超需函数 $Z: S \times \Omega \to \mathbb{R}_+^L$ 具有如下性质：
(1) Z 是连续可微函数；
(2) Z 是下方有界函数；
(3) Z 满足瓦尔拉斯定理，即 $p \cdot Z(p,\omega) = 0$, $p \in S$；
(4) $Z(\alpha p, \omega) = Z(p, \omega)$, $p \in S$, $\alpha \in \mathbb{R}_+$；
(5) $p^n \in S$, $p^n \to p$ 且 $p \in \partial S$, 则 $\|Z(p^n, \omega)\|_1 \to \infty$。

对于经济 $\mathcal{E}(\omega)$ 而言，$p \in S$ 是均衡价格当且仅当

$$Z(p, \omega) = 0$$

基于瓦尔拉斯定理，超需函数 $Z(p,\omega)$ 派生函数 $\hat{Z}$：

$$\hat{Z}: S \times \Omega \to \mathbb{R}^{L-1}, \qquad \hat{Z} = \begin{pmatrix} z_1 \\ z_2 \\ \vdots \\ z_{L-1} \end{pmatrix}$$

即 $\hat{Z}$ 是由截断 Z 的前 $L-1$ 个分量所得。

命题 6.2 $Z(p,\omega) = 0$ 当且仅当 $\hat{Z}(p,\omega) = 0$。

证明 事实上，当 $\hat{Z}(p,\omega) = 0$ 时，由于 Z 满足瓦尔拉斯定理，则有

$$p_L z_L = -\sum_{l=1}^{L-1} p_l z_l = 0$$

因为 $p_L \neq 0$，所以 $z_L = 0$，从而 $Z(p,\omega) = 0$。 □

引进集合

$$\Gamma = \{(p,\omega) \in S \times \Omega \mid Z(p,\omega) = 0\} = \{(p,\omega) \in S \times \Omega \mid \hat{Z}(p,\omega) = 0\}$$

定理 6.13 集合 $\Gamma \subseteq S \times \Omega$ 是 IL 维微分流形。

证明 注意，$\Gamma = \hat{Z}^{-1}(0)$。下面证明 $0 \in \mathbb{R}^{L-1}$ 是映射 $\hat{Z}: S \times \Omega \to \mathbb{R}^{L-1}$ 的正则值。首先来计算映射 $\hat{Z}$ 关于 $\omega^1 = \begin{pmatrix} \omega_1^1 \\ \omega_2^1 \\ \vdots \\ \omega_L^1 \end{pmatrix} \in \mathbb{R}_{++}^L$ 的偏导数，令 $\xi_1 = p \cdot \omega^1$，则有

$$\frac{\partial z_1}{\partial \omega_1^1} = \frac{\partial f_1^1}{\partial \xi_1} p_1 - 1, \quad \frac{\partial z_1}{\partial \omega_2^1} = \frac{\partial f_1^1}{\partial \xi_1} p_2, \quad \cdots, \quad \frac{\partial z_1}{\partial \omega_{L-1}^1} = \frac{\partial f_1^1}{\partial \xi_1} p_{L-1}, \quad \frac{\partial z_1}{\partial \omega_L^1} = \frac{\partial f_1^1}{\partial \xi_1} p_L$$

$$\frac{\partial z_2}{\partial \omega_1^1} = \frac{\partial f_2^1}{\partial \xi_1} p_1, \quad \frac{\partial z_2}{\partial \omega_2^1} = \frac{\partial f_2^1}{\partial \xi_1} p_2 - 1, \quad \cdots, \quad \frac{\partial z_2}{\partial \omega_{L-1}^1} = \frac{\partial f_2^1}{\partial \xi_1} p_{L-1}, \quad \frac{\partial z_2}{\partial \omega_L^1} = \frac{\partial f_2^1}{\partial \xi_1} p_L$$

$$\cdots$$

$$\frac{\partial z_{L-1}}{\partial \omega_1^1} = \frac{\partial f_{L-1}^1}{\partial \xi_1} p_1, \quad \frac{\partial z_{L-1}}{\partial \omega_2^1} = \frac{\partial f_{L-1}^1}{\partial \xi_1} p_2, \quad \cdots, \quad \frac{\partial z_{L-1}}{\partial \omega_{L-1}^1} = \frac{\partial f_{L-1}^1}{\partial \xi_1} p_{L-1} - 1,$$

$$\frac{\partial z_{L-1}}{\partial \omega_L^1} = \frac{\partial f_{L-1}^1}{\partial \xi_1} p_L$$

函数 $\hat{Z}(p, \omega)$ 的雅可比矩阵 $J(\hat{Z})$ 是 $(L-1) \times (L+IL)$ 矩阵，该矩阵含有如下子矩阵：

$$\begin{pmatrix} \frac{\partial f_1^1}{\partial \xi_1} p_1 - 1 & \frac{\partial f_1^1}{\partial \xi_1} p_2 & \cdots & \frac{\partial f_1^1}{\partial \xi_1} p_{L-1} & \frac{\partial f_1^1}{\partial \xi_1} p_L \\ \frac{\partial f_2^1}{\partial \xi_1} p_1 & \frac{\partial f_2^1}{\partial \xi_1} p_2 - 1 & \cdots & \frac{\partial f_2^1}{\partial \xi_1} p_{L-1} & \frac{\partial f_2^1}{\partial \xi_1} p_L \\ \vdots & \vdots & & \vdots & \vdots \\ \frac{\partial f_{L-1}^1}{\partial \xi_1} p_1 & \frac{\partial f_{L-1}^1}{\partial \xi_1} p_2 & \cdots & \frac{\partial f_{L-1}^1}{\partial \xi_1} p_{L-1} - 1 & \frac{\partial f_{L-1}^1}{\partial \xi_1} p_L \end{pmatrix}$$

作列初等变换：第 1 列减去 $\frac{p_1}{p_L}$ 倍的第 L 列，第 2 列减去 $\frac{p_2}{p_L}$ 倍的第 L 列，$\cdots$，第 $L-1$ 列减去 $\frac{p_{L-1}}{p_L}$ 倍的第 L 列，则得矩阵

$$\begin{pmatrix} -1 & 0 & \cdots & 0 & \frac{\partial f_1^1}{\partial \xi_1} p_L \\ 0 & -1 & \cdots & 0 & \frac{\partial f_2^1}{\partial \xi_1} p_L \\ \vdots & \vdots & & \vdots & \vdots \\ 0 & 0 & \cdots & -1 & \frac{\partial f_{L-1}^1}{\partial \xi_1} p_L \end{pmatrix}$$

由此可见，此矩阵的秩为 $L-1$，从而，矩阵 $J(\hat{Z})$ 的秩也为 $L-1$。所以，$0 \in \mathbb{R}^{L-1}$

是映射 $\hat{Z}$ 的正则值。由正则值原象定理 6.6，$\hat{Z}^{-1}(0)$ 是微分流形。

因为 $\dim S = L-1$，$\dim \Omega = IL$，$\dim \mathbb{R}^{L-1} = L-1$，从而

$$\dim \Gamma = \dim \hat{Z}^{-1}(0) = (L-1) + IL - (L-1) = IL$$

即 Γ 是 IL 维微分流形。 □

细心的读者会发现证明中疏漏了验证条件 $Z^{-1}(0) \neq \varnothing$，这是均衡存在定理的直接推论。本节还将提供另外的证明。

定理 6.13 的重要意义在于它为把微分流形理论应用到均衡理论研究提供了可能性。它表明集合 Γ 是可视为 $\mathbb{R}^{IL}$ 的开集，称集合 Γ 为均衡流形 (equilibrium manifold)。

6.2.2 均衡价格的特性

给定经济 $\omega \in \Omega$，则 $p \in S$ 是经济 ω 的均衡价格当且仅当 $(p,\omega) \in \Gamma$。考察投影映射：

$$\pi : \Gamma \to \Omega, \qquad \pi(p,\omega) = \omega$$

命题 6.3 投影映射 $\pi : \Gamma \to \Omega$ 是光滑的。

证明 显然，嵌入映射

$$Q : \Gamma \to S \times \Omega, \qquad Q(p,\omega) = (p,\omega)$$

是光滑的。又投影映射

$$P : S \times \Omega \to \Omega, \qquad P(p,\omega) = \omega$$

也是光滑的，因此，复合映射

$$\pi = P \circ Q : \Gamma \to \Omega$$

是光滑的。 □

命题 6.4 投影映射 $\pi : \Gamma \to \Omega$ 是固有映射。

证明 设 $K \subseteq \Omega$ 是紧集，往证 $\pi^{-1}(K) \subseteq S \times \Omega$ 是紧集。设 $(p^n, \omega^n) \in \pi^{-1}(K)$，注意 $\omega^n \in K$，于是 $\{\omega^n\}$ 有收敛子列，不妨设 $\{\omega^n\}$ 是收敛的。又因为 $\{p^n\} \subseteq S$ 有收敛子列，不妨设 $\{p^n\}$ 是收敛的，记

$$\lim_{n \to \infty} \omega^n = \omega \in K \subseteq \Omega, \qquad \lim_{n \to \infty} p^n = p \in \bar{S}$$

为完成证明，只需再证 $p \in S$。否则，即有 $p \in \bar{S} \setminus S$，有某 l，使得 $p_l = 0$。依定理 6.12，有

$$\|Z(p^n, \omega)\|_1 \to \infty$$

另外，由于 $(p^n, \omega^n) \in \pi^{-1}(K)$，总有 $Z(p^n, \omega^n) = 0$，这是矛盾的。 □

定义 6.8 如果经济 $\omega \in \Omega$ 是投影映射 $\pi : \Gamma \to \Omega$ 的正则值，则称 ω 是正则经济 (regular economy)；如果 $\omega \in \Omega$ 是投影映射 π 的临界值，则称 $\omega \in \Omega$ 是临界经济 (critical economy)。

定理 6.14 临界经济集合是 Ω 中的零测度闭集；正则经济集合是 Ω 中的满测度开集，从而是处处稠密的开集。

证明 首先须证临界经济集合是闭集，即证临界点集合是闭集。设 $K \subseteq \Omega$ 为临界经济集合，往证 $\pi^{-1}(K) \subseteq S \times \Omega$ 是闭集。设 $(p^n, \omega^n) \in \pi^{-1}(K)$，不妨设 $\{\omega^n\}$ 是收敛的，$\{p^n\}$ 是收敛的，记

$$\lim_{n \to \infty} \omega^n = \omega, \qquad \lim_{n \to \infty} p^n = p$$

若 $\omega \notin K$，则 $Z(p, \omega) \neq 0$，但 $(p^n, \omega^n) \in \pi^{-1}(K)$，总有 $Z(p^n, \omega^n) = 0$，Z 连续可微，$Z(p, \omega) = 0$。这是矛盾的。

再利用 Sard 定理即可完成本定理的证明。 □

由命题 6.2 可知，均衡流形

$$\Gamma = \left\{ (p, \omega) \in S \times \Omega \mid \hat{Z}(p, \omega) = 0 \right\} \tag{6.1}$$

由定义 6.8，$\omega \in \Omega$ 是正则经济当且仅当 ω 是投影映射 $\pi : \Gamma \to \Omega$ 的正则值。

再由定理 6.10，ω 是投影映射 $\pi : \Gamma \to \Omega$ 的正则值当且仅当 $0 \in \mathbb{R}^{L-1}$ 是映射 $\hat{Z}_\omega(p) = \hat{Z}(p, \omega) : S \to \mathbb{R}^{L-1}$ 的正则值，即对满足 $\hat{Z}(\bar{p}, \omega) = 0$ 的 $\bar{p} \in S$，导映射

$$D\hat{Z}_\omega(\bar{p}) : \mathbb{R}^{L-1} \to \mathbb{R}^{L-1}$$

的秩数为 $L-1$。这样的价格 $\bar{p}$ 称为正则均衡价格。于是，可归纳成如下的定理。

定理 6.15 $\omega \in \Omega$ 是正则经济当且仅当经济 ω 的均衡价格皆为正则的。

通常，称某种性质在集合 Ω 上是普适地成立 (hold generically)，如果存在满测度开集 $\Omega' \subseteq \Omega$，使该性质在集合 Ω' 上成立，例如，"均衡价格为正则的"这个性质在 Ω 上是普适地成立，这由定理 6.14 和定理 6.15 即可明了。

下面考察正则经济的一些特性。

6.2 正则经济的特性

定理 6.16 设 $\omega \in \Omega$ 是正则经济,则

(1) 经济 ω 的均衡价格集合 $W(\omega) = \left\{p \in S \mid \hat{Z}_\omega(p) = 0\right\}$ 至多是有限点集,即

$$W(\omega) = \left\{p^1, p^2, \cdots, p^K\right\}$$

(2) 存在含 0 的开集 $\mathbb{V} \subseteq \mathbb{R}^{L-1}$,以及分别含 $p^1, p^2, \cdots, p^K$ 的互不相交的开集 $G^1, G^2, \cdots, G^K \subseteq S$,使得

$$\hat{Z}_\omega^{-1}(\mathbb{V}) = \bigcup_{k=1}^K G^k$$

且 $\hat{Z}_\omega \mid G^k : G^k \to \mathbb{V}$ 是微分同胚。

证明 设 $\omega \in \Omega$ 是正则经济,由定理 6.10,$0 \in \mathbb{R}^{L-1}$ 是映射

$$\hat{Z}_\omega : S \to \mathbb{R}^{L-1}, \qquad \hat{Z}_\omega(p) = Z(p, \omega)$$

的正则值。注意,$\dim S = L - 1$,从而,$\hat{Z}_\omega$ 是定义在同维数流形之间的光滑映射,由定理 6.7 可知,$\hat{Z}_\omega$ 在 $W(\omega)$ 中的每一点都是局部微分同胚。又因为 $p \in W(\omega)$ 当且仅当 $(p, \omega) \in \pi^{-1}(\omega)$,而且 π 是固有映射,所以,$W(\omega)$ 是紧集,故 $W(\omega)$ 至多是有限点集。

至于结论 (2) 可由定理 6.7 推出。 □

这个定理表明,对于正则经济来说,均衡价格至多是有限个,而且每个均衡价格是局部唯一的。如图 6.3 所示,经济 ω^1 的均衡价格是唯一的,经济 ω^2 的均衡价格是局部唯一的,经济 ω^4 的均衡价格有无穷多,经济 ω^3 的均衡价格不是局部唯一的。除去 ω^4 和 ω^3 这少量的例外,多数是正则经济的情形,此时,当初始占有作微小改变时,价格随之连续相依地变动。换言之均衡价格的局部唯一性和连续相依性在经济集合 Ω 中是普适地成立。

6.2.3 帕累托最优经济

下面考察一类特殊的经济的正则性。

定义 6.9 称经济 $\omega = (\omega^1, \omega^2, \cdots, \omega^I) \in \Omega$ 是帕累托最优经济 (Pareto optimal economy),如果不存在 $\bar{\omega} = (\bar{\omega}^1, \bar{\omega}^2, \cdots, \bar{\omega}^I) \in \Omega$,使得

(1) $\sum_{i=1}^I \bar{\omega}^i = \sum_{i=1}^I \omega^i$;

(2) 对于 $1 \leqslant i \leqslant I$,有 $u_i(\bar{\omega}^i) \geqslant u_i(\omega^i)$,且至少成立一个严格的不等式。

对于帕累托最优经济 ω 来说,经济人的初始占有 $(\omega^1, \omega^2, \cdots, \omega^I)$ 已经构成帕累托最优配置。

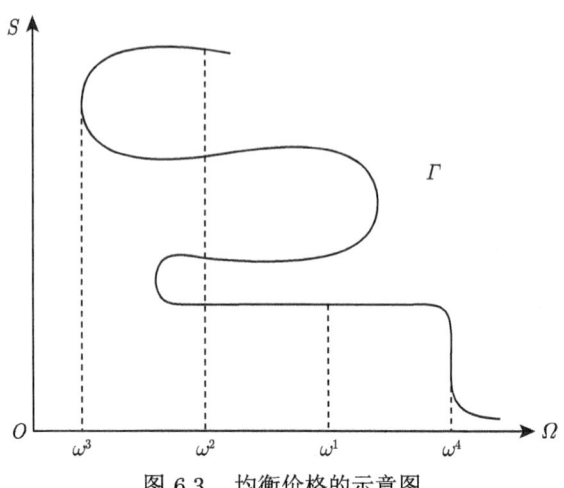

图 6.3　均衡价格的示意图

定理 6.17　如果 $\omega = (\omega^1, \omega^2, \cdots, \omega^I) \in \Omega$ 是帕累托最优经济，则经济 ω 存在唯一的均衡价格 $p \in S$。

证明　由定理 5.15，经济 ω 有支持价格 $\bar{p} \in \mathbb{R}_+^L$，使得

$$f^i(\bar{p}, \bar{p} \cdot \omega^i) = \omega^i, \qquad i = 1, 2, \cdots, I$$

若经济 ω 有均衡价格 $p \neq \bar{p}$，$p \in S$，相应的均衡配置为 $f^i(p, p \cdot \omega^i) \in \mathbb{R}_+^L$，$i = 1, 2, \cdots, I$，则有

$$u_i(f^i(p, p \cdot \omega^i)) \geqslant u_i(\omega^i), \qquad i = 1, 2, \cdots, I$$

并且

$$\sum_{i=1}^I f^i(p, p \cdot \omega^i) = \sum_{i=1}^I \omega^i$$

由于 $\omega = (\omega^1, \omega^2, \cdots, \omega^I)$ 是帕累托经济，则必有

$$u_i(f^i(p, p \cdot \omega^i)) = u_i(\omega^i), \qquad i = 1, 2, \cdots, I$$

于是，由 $f^i(p, p \cdot \omega^i)$ 的定义可知，必有

$$f^i(p, p \cdot \omega^i) = \omega^i = f^i(\bar{p}, \bar{p} \cdot \omega^i), \qquad i = 1, 2, \cdots, I$$

由于

$$Du_i(f^i(p, p \cdot \omega^i)) = Du_i(\omega^i) = \lambda_i p$$

6.2 正则经济的特性

$$Du_i(f^i(\bar{p},\bar{p}\cdot\omega^i)) = Du_i(\omega^i) = \bar{\lambda}_i\bar{p}$$

且 $Du_i(\omega^i) \gg 0$，从而，$p = \mu\bar{p}$。 □

下面转入帕累托最优经济的正则性的讨论。设 $\omega = (\omega^1,\omega^2,\cdots,\omega^I) \in \Omega$ 是帕累托最优经济，它的超需函数为

$$Z: S \times \Omega \to \mathbb{R}^L, \qquad Z(p,\omega) = \sum_{i=1}^{I}\left(f^i(p,p\cdot\omega^i) - \omega^i\right)$$

记 $z(p) = f(p,p\cdot\omega) - \omega$ (这里省略指标 i)，计算偏导数

$$\frac{\partial z_i}{\partial p_l} = \frac{\partial f_i}{\partial p_l} + \frac{\partial f_i}{\partial \xi}\omega_l$$

其中，$\xi = p \cdot \omega$。于是，得到 $z(p)$ 的雅可比矩阵

$$J(z) = \begin{pmatrix} \frac{\partial f_1}{\partial p_1} & \frac{\partial f_1}{\partial p_2} & \cdots & \frac{\partial f_1}{\partial p_L} \\ \frac{\partial f_2}{\partial p_1} & \frac{\partial f_2}{\partial p_2} & \cdots & \frac{\partial f_2}{\partial p_L} \\ \vdots & \vdots & & \vdots \\ \frac{\partial f_L}{\partial p_1} & \frac{\partial f_L}{\partial p_2} & \cdots & \frac{\partial f_L}{\partial p_L} \end{pmatrix} + \begin{pmatrix} \frac{\partial f_1}{\partial \xi} \\ \frac{\partial f_2}{\partial \xi} \\ \vdots \\ \frac{\partial f_L}{\partial \xi} \end{pmatrix}(\omega_1,\omega_2,\cdots,\omega_L) \qquad (6.2)$$

根据定理 4.9，

$$J(f) = K(f) - f_\xi f^{\mathrm{T}} \qquad (6.3)$$

此处 $K(f)$ 为 Slutsky 矩阵。由定理 6.17，当 p 为 ω 的均衡价格时 (即有 $Z(p,\omega) = 0$)，$f^i(p,p\cdot\omega^i) = \omega^i$。从而，

$$J(z^i) = J(f^i) + f_\xi^i(\omega^i)^{\mathrm{T}} = K(f^i) - f_\xi^i(f^i)^{\mathrm{T}} + f_\xi^i(\omega^i)^{\mathrm{T}} = K(f^i)$$

这样，便得到如下引理。

引理 6.1 对于帕累托最优经济 $\omega \in \Omega$，及均衡价格 $p \in S$ (即有 $Z(p,\omega) = 0$)，则 Z 在点 p 处的雅可比矩阵

$$J(Z) = \sum_{i=1}^{I} K(f^i)$$

其中，$K(f^i)$ 是需求函数 f^i 在点 p 处的 Slutsky 矩阵。

定理 6.18　如果 $\omega \in \Omega$ 是帕累托最优经济，则 $\omega \in \Omega$ 必是正则经济。

证明　对于均衡价格 $p \in S$，$Z(p,\omega) = 0$。由引理 6.1，在点 p 处，有

$$J(Z) = \sum_{i=1}^{I} K(f^i)$$

设 $y \neq \alpha p$，$\alpha \in \mathbb{R}$。由定理 4.9，则有

$$y^{\mathrm{T}} J(Z) y = \sum_{i=1}^{I} y^{\mathrm{T}} K(f^i) y < 0$$

可见 $y^{\mathrm{T}} J(Z) \neq 0$，即 $y^{\mathrm{T}} J(Z) = 0$ 仅有形如 αp 的解 (定理 4.9)，从而 $\mathrm{rank} J(Z) = L - 1$。于是，可推知 Z 的截断函数 $\hat{Z} : S \times \Omega \to \mathbb{R}^{L-1}$ 的导映射

$$D\hat{Z}_\omega(\bar{p}) : \mathbb{R}^{L-1} \to \mathbb{R}^{L-1}$$

的秩数为 $L - 1$。由定理 6.15 可知，$\omega \in \Omega$ 是正则经济。　□

现在，将 6.1 节关于映射的模 2 度数理论应用到投影映射

$$\pi : \Gamma \to \Omega, \qquad \pi(p,\omega) = \omega$$

依定理 6.13，Γ 是 IL 维流形，又 ω 也是 IL 维流形，即有 $\dim \Gamma = \dim \Omega$。由命题 6.4，$\Gamma$ 是紧集。如果 $\omega \in \Omega$ 是正则经济，即 ω 是映射 $\pi : \Gamma \to \Omega$ 的正则值，则依定义 6.6，可以定义模 2 度数 $\deg_2(\pi,\omega)$。

定理 6.19　任何正则经济 $\omega \in \Omega$ 都有奇数个均衡价格。从而，正则经济总有均衡价格。

证明　取帕累托最优经济 $\bar{\omega} \in \Omega$，则 $\bar{\omega}$ 是正则经济 (依定理 6.18)，由定理 6.17 可知

$$\deg_2(\pi,\bar{\omega}) = 1$$

注意 $\Omega = \mathbb{R}_{++}^{IL}$ 是道路连通的，根据定理 6.9 可知，对于任何正则经济 $\omega \in \Omega$，有

$$\deg_2(\pi,\omega) = \deg_2(\pi,\bar{\omega}) = 1$$

这表明 $\pi^{-1}(\omega)$ 含有奇数个点。　□

定理 6.20　投影映射 $\pi : \Gamma \to \Omega$ 是满射，即对任何 $\omega \in \Omega$，$\pi^{-1}(\omega) \neq \varnothing$。从而，对任何经济 $\omega \in \Omega$ 总存在均衡价格。

证明 如果 $\omega\in\Omega$ 是正则经济,由定理 6.19 可知,$\pi^{-1}(\omega)\neq\varnothing$。如果 $\omega\in\Omega$ 是临界经济,依映射 π 的临界值定义,$\pi^{-1}(\omega)\neq\varnothing$。 □

这个定理是经济均衡存在定理 5.6 的重述,不过这里不是使用不动点定理,而是借助微分流形的模 2 度数理论。可以说,这里收到了异曲同工之效,从中可以体察到数学理论的精美和奥妙。当然,这绝对不是数学家在故弄玄虚,本章所展示的方法,启发人们去处理更复杂的问题,将在第 7 章再述。

6.3 价格调整过程

前面已经研究了竞争经济的均衡的存在性、最优性、唯一性、连续相依性以及均衡价格的计算方法,这些理论都是非常重要的。它们均属于静态理论。然而,现实的市场往往都是动态的,即刻画市场的某些要素是依赖时间变量的。因此,有必要进一步考察竞争经济的动态特性,特别是要着重考察系统的稳定性。

6.3.1 动态模型的确立

均衡理论说明,价格在竞争经济中起着关键性作用。因此,研究经济的动态特性就要考察价格依时间的变化过程,即通常所说的"价格调整过程"。

遵循用数学处理动态系统的惯常方法,我们将依据价格变化规律来建立价格变量所要满足的动态方程。那么,价格是怎样变化的?在没有外来因素干预的情况下,当某种商品的供给大于需求时,它的价格将下跌;而某种商品的供给小于需求时,它的价格将上涨;只有当供给等于需求时,价格才维持不动,此时市场处于均衡状态。

现在给出上述规律的数学描述,假设纯交换经济 $\mathcal{E}$ 满足 6.2 节所述的条件,市场的超需函数为

$$Z:\mathbb{R}_{++}^L\to\mathbb{R}_+^L,\qquad Z(p)=\sum_{i=1}^I(f^i(p)-\omega^i)$$

其中,$\omega^i\in\mathbb{R}_{++}^L$ 及 $f^i(p)$ 分别为经济人 i 的初始占有和需求函数。现在,价格向量 p 是依赖时间变量 t 的函数,即 $p=p(t)$,$t\geqslant 0$。根据前面指出的供求规律,函数 $p(t)$ 的变化规律可表述如下:

当 $z_l(p(t))>0$ 时,$p_l(t)$ 在时刻 t 附近是上升的,从而,导数 $p_l'(t)>0$。

当 $z_l(p(t))<0$ 时,$p_l(t)$ 在时刻 t 附近是下降的,从而,$p_l'(t)<0$。

当 $z_l(p(t))=0$ 时,$p_l(t)$ 将维持不变,从而,$p_l'(t)=0$。

由此可见,第 l 种商品的价格函数的导数 $p_l'(t)$ 与超需函数 $z_l(p(t))$ 保持有相

同符号。于是，可以写出价格调整过程的动态方程

$$p_l'(t) = h_l(z_l(p(t))), \qquad l = 1, 2, \cdots, L \tag{6.4}$$

其中，$h_l : \mathbb{R} \to \mathbb{R}$ 是连续的保号函数，即函数值的符号与自变量符号是一致的，且 $h_l(0) = 0$。由于函数 h_l 的数量关系不清楚 (这是因为没有得到进一步的经济方面的信息)，所以，对于方程 (6.4) 仅能进行定性分析。

关于动态系统 (6.4) 的定性分析，最重要的是要考察系统的稳定性。在微分方程理论中，有多种稳定性定义，数理经济学最感兴趣的是如下的稳定性。

定义 6.10 称系统 (6.4) 是全局稳定的，如果对任意给定的初始价格 $p(0) \in \mathbb{R}_+^L$，方程 (6.4) 的解是收敛的，即 $p(t) \to \bar{p}$ $(t \to \infty)$。

定理 6.21 如果系统 (6.4) 是全局稳定的 (globally stable)，即系统 (6.4) 的解 $p(t) \to \bar{p}$ $(t \to \infty)$，则 $\bar{p}$ 必为均衡价格，即 $Z(\bar{p}) = 0$。

证明 若对某 l，有 $z_l(\bar{p}) > 0$。从而，$h_l = h_l(z_l(\bar{p})) > 0$。由 h_l 及 z_l 的连续性可知，

$$\lim_{t \to \infty} h_l(z_l(p(t))) = h_l(z_l(\bar{p})) = h_l > 0$$

故可选择 $\delta > 0$ 及 $\bar{t} > 0$，使得当 $t \geq \bar{t}$ 时，有

$$p_l'(t) = h_l(z_l(p(t))) > h_l - \delta > 0$$

于是

$$p_l(t) > p_l(\bar{t}) + (h_l - \delta)(t - \bar{t})$$

这将导致 $\lim_{t \to \infty} p_l(t) = \infty$。此与假设矛盾。 □

瓦尔拉斯称上述的价格调整过程 (6.4) 为摸索过程，这个过程是怎样形成的？设想，有一个市场经理给各种商品叫出价格，然后，各经济人交出自己想要买卖商品的数量清单，把这些清单放到一起撮合，如果供给大于 (或者小于) 需求，经理再重新叫价，使价格下跌 (或者上调)。这样反复进行，直至供求达到平衡，才进行真正的交易。上述定理表示，如果摸索过程是全局稳定的，上述变动的价格最后就可达到均衡价格。但是要论证系统 (6.4) 是全局稳定的却是另一回事，事实上，存在着不是全局稳定的摸索过程。

6.3.2 全局稳定性

下面考察系统 (6.4) 的最简单情形，即研究系统

$$p_l'(t) = z_l(p(t)), \qquad l = 1, 2, \cdots, L$$

6.3 价格调整过程

它的向量形式为

$$p'(t) = Z(p(t)) \tag{6.5}$$

对于任意给定的初始向量 $p(0) \in \mathbb{R}_{++}^L$, 假设方程 (6.5) 存在唯一解 $p(t) = \varphi(t, p(0))$。一般情况下, 解的存在唯一性并不足以保证解是收敛的。所以, 为获得全局稳定性就必须对超需函数 $Z(p)$ 加以限制。

首先, 早已熟知超需函数 $Z(p)$ 满足下面的性质:
(1) (瓦尔拉斯定理) $p \cdot Z(p) = 0$;
(2) (齐次性) $Z(\alpha p) = Z(p)$, $\alpha > 0$。

现在, 函数 $p(t)$ 作为时刻 t 的价格当然也满足上述性质, 于是, 可得如下引理。

引理 6.2 对于任意给定的初始向量 $p(0) \in \mathbb{R}_{++}^L$, 方程 (6.5) 的解 $p(t) = \varphi(t, p(0))$ 满足

$$\|p(t)\| = \|p(0)\|$$

证明 因为 $p(t)$ 满足瓦尔拉斯定理和方程 (6.5), 所以

$$\frac{\mathrm{d}}{\mathrm{d}t} \sum_{l=1}^L (p_l(t))^2 = 2 \sum_{l=1}^L p_l(t) p_l'(t) = 2 \sum_{l=1}^L p_l(t) z_l(p(t)) = 0$$

从而, $\|p(t)\|^2 = $ 常数 $= \|p(0)\|^2$。 □

这表明解 $p(t) = \varphi(t, p(0))$ 是在以原点为中心并以 $\|p(0)\|$ 为半径的球面上变动。

除去上述两个性质, 再假设超需函数 $Z(p)$ 满足下面的性质:
(3) (总体可替代性) 对任何 $p \in \mathbb{R}_{++}^L$, 有

$$\frac{\partial z_l}{\partial p_{l'}} > 0, \qquad l \neq l'$$

这个性质是说, 只是第 l' 种商品的价格上涨, 其余商品价格保持不变, 那么这些商品 (除去第 l' 种商品) 的需求总量都将严格增加。

定理 6.22 假设纯交换 $\mathcal{E}$ 的超需函数满足总体可替代性, 则在不计常数倍的意义下, 均衡价格是唯一的。

证明 否则, 即存在均衡价格 $\hat{p}$ 和 p^*, 且 $p^* \neq \alpha \hat{p}$, 其中 α 为正数。注意 $p^* \gg 0$, $\hat{p} \gg 0$, 设

$$\mu = \min \left\{ \frac{\hat{p}_1}{p_1^*}, \frac{\hat{p}_2}{p_2^*}, \cdots, \frac{\hat{p}_L}{p_L^*} \right\} = \frac{\hat{p}_{l_0}}{p_{l_0}^*}$$

从而，$\dfrac{\hat{p}_l}{p_l^*} \geqslant \mu$，或者 $\hat{p}_l \geqslant \mu p_l^*$，$l=1,2,\cdots,L$。由于 $\hat{p}$ 不能是 p^* 的整数倍，故必存在某 $l \neq l_0$，使得 $\hat{p}_l > \mu p_l^*$。今取 $\tilde{p} = \mu p^*$，则 $\hat{p} > \tilde{p}$，且至少有第 l 个分量成立严格不等式。因为 p^* 是均衡价格，所以

$$z_l(\tilde{p}) = z_l(\mu p^*) = 0, \qquad l=1,2,\cdots,L$$

将价格 $\tilde{p}$ 中第 l 个分量提高到 $\hat{p}_l$，而其余价格保持不变，即取价格 $\bar{p} = (\tilde{p}_1, \tilde{p}_2, \cdots, \tilde{p}_{l-1}, \hat{p}_l, \tilde{p}_{l+1}, \cdots, \tilde{p}_L)$，由总体可替代性，则有

$$z_{l'}(\bar{p}) > z_{l'}(\tilde{p}), \qquad l' \neq l$$

再从价格 $\bar{p}$ 逐次提高价格到 $\hat{p}$，注意 $\hat{p}_{l_0} = \tilde{p}_{l_0}$，与前同理可以推出 $z_{l_0}(\hat{p}) > 0$，这与 $\hat{p}$ 是均衡价格相矛盾。 □

与定理 6.16 相比较，正则经济的均衡价格是有限集合，且局部唯一。定理 6.22 指出，如果经济的超需函数满足总体可替代性，则均衡价格是全局唯一的。

定理 6.23 假设纯交换经济 $\mathcal{E}$ 的超需函数 $Z(p)$ 满足总体可替代性条件，且 $\hat{p} \in S$ 是经济的均衡价格，则对任何 $p \in S$，$p \neq \hat{p}$，总有

$$\hat{p} \cdot Z(p) = \sum_{l=1}^{L} \hat{p}_l z_l(p) > 0 \tag{6.6}$$

此处集合 $S = \left\{ p \in \mathbb{R}_{++}^L \mid \sum\limits_{l=1}^{L} p_l = 1 \right\}$。

证明 根据瓦尔拉斯定理，有

$$\hat{p} \cdot Z(\hat{p}) = \sum_{l=1}^{L} \hat{p}_l z_l(\hat{p}) = 0$$

因此，为证结论 (6.6)，只须证明函数 $\hat{p} \cdot Z(p)$ 在集合 S 上有唯一的极小值点 $\hat{p}$。

由定理 6.12 可知，函数 $\hat{p} \cdot Z(p)$ 于集合 S 内是下方有界的，从而存在点 $p^* \in S$，使得 $\hat{p} \cdot Z(p)$ 于 p^* 点处达到最小值，因此，点 p^* 是 $\hat{p} \cdot Z(p)$ 的驻点，即

$$\sum_{l=1}^{L} \hat{p}_l \dfrac{\partial z_l}{\partial p_{l'}}(p^*) = 0, \qquad l'=1,2,\cdots,L \tag{6.7}$$

另外，由瓦尔拉斯定理 $p \cdot Z(p) = 0$，有

$$0 = \dfrac{\partial}{\partial p_{l'}}(p \cdot Z(p)) = \sum_{l=1}^{L} p_l \dfrac{\partial z_l}{\partial p_{l'}} + z_{l'}(p), \qquad l'=1,2,\cdots,L \tag{6.8}$$

6.3 价格调整过程

由于 $z_l(\hat{p}) = 0$,所以

$$\sum_{l=1}^{L} \hat{p}_l \frac{\partial z_l}{\partial p_{l'}}(\hat{p}) = 0 \tag{6.9}$$

可见,$\hat{p}$ 也是函数 $\hat{p} \cdot Z(p)$ 的驻点,满足关系式 (6.7)。

往证 $p^* = \hat{p}$。否则,即 $p^* \neq \hat{p}$,今设

$$\lambda = \min\left\{\frac{\hat{p}_1}{p_1^*}, \frac{\hat{p}_2}{p_2^*}, \cdots, \frac{\hat{p}_L}{p_L^*}\right\} = \frac{\hat{p}_{l_0}}{p_{l_0}^*}$$

于是,$\lambda\hat{p} \geqslant p^*$,且至少有某 $l \neq l_0$,使 $\lambda\hat{p}_l > p_l^*$,类似定理 6.22 之证,可推出 $z_{l_0}(p^*) < z_{l_0}(\lambda\hat{p}) = 0$。再由式 (6.8) 可得

$$\sum_{l=1}^{L} p_l^* \frac{\partial z_l}{\partial p_{l_0}}(p^*) = -z_{l_0}(p^*) > 0 \tag{6.10}$$

根据总体可替代性假设,有 $\dfrac{\partial z_l}{\partial p_{l_0}}(p^*) > 0$,$l \neq l_0$。所以

$$\sum_{l \neq l_0} \lambda\hat{p}_l \frac{\partial z_l}{\partial p_{l_0}}(p^*) > \sum_{l \neq l_0} p_l^* \frac{\partial z_l}{\partial p_{l_0}}(p^*)$$

从而,由式 (6.10) 导出

$$\sum_{l=1}^{L} \lambda\hat{p}_l \frac{\partial z_l}{\partial p_{l_0}}(p^*) = p_{l_0}^* \frac{\partial z_{l_0}}{\partial p_{l_0}}(p^*) + \sum_{l \neq l_0} \lambda\hat{p}_l \frac{\partial z_l}{\partial p_{l_0}}(p^*) > \sum_{l=1}^{L} p_l^* \frac{\partial z_l}{\partial p_{l_0}}(p^*) > 0$$

这与结论 (6.7) 相矛盾。 □

这个定理为建立下面的全局稳定性定理提供了基础。

定理 6.24 假设纯交换经济 $\mathcal{E}$ 的超需函数 $Z(p)$ 满足总体可替代性条件,则系统 (6.5) 是全局稳定的。

证明 设 $p(0) \in \mathbb{R}_{++}^L$ 为系统 (6.5) 的初始价格,方程 (6.5) 的解为 $p(t) = \varphi(t, p(0))$。设 $\hat{p}$ 是经济 $\mathcal{E}$ 的均衡价格,不妨设 $\|\hat{p}\| = \|p(0)\|$,只须证明

$$E(t) \equiv \|p(t) - \hat{p}\|^2 \to 0, \qquad t \to 0 \tag{6.11}$$

对函数 $E(t)$ 求导数

$$E'(t) = 2\sum_{l=1}^{L}(p_l(t) - \hat{p}_l)p_l'(t) = 2\sum_{l=1}^{L}(p_l(t) - \hat{p}_l)z_l(p(t)) = -2\sum_{l=1}^{L}\hat{p}_l z_l(p(t))$$

最后的等式用到瓦尔拉斯定理。当 $p(t)$ 是 $\hat{p}$ 的常数倍，即 $p(t) = \alpha\hat{p}$，$\alpha > 0$ 时，必有 $p(t) \equiv \hat{p}$，式 (6.11) 得证。当 $p(t) \ne \alpha\hat{p}$，α 为任意正数时，由定理 6.23 推出

$$E'(t) = -2\sum_{l=1}^{L} \hat{p}_l z_l(p(t)) < 0 \tag{6.12}$$

可见 $E(t)$ 是递减函数，于是存在极限 $\lim_{t\to\infty} E(t) = \varepsilon$。往证 $\varepsilon = 0$，否则，即 $\varepsilon > 0$，从而，$p(t)$ 与 $\hat{p}$ 之间距离保持大于正数 ε，依引理 6.2，$p(t)$ 位于球面

$$\mathbb{M} = \{p \in \mathbb{R}^L_+ \mid \|p\| = \|p(0)\|\}$$

上，令 $B_\varepsilon(\hat{p})$ 为以 $\hat{p}$ 为中心且以 ε 为半径的开球体，则

$$p(t) \in \mathbb{M} \setminus B_\varepsilon(\hat{p}), \qquad t \geqslant 0$$

注意集合 $\mathbb{M} \setminus B_\varepsilon(\hat{p})$ 是紧的，从而连续函数 $E'(t)$ 在其上达到最大值 $-\delta < 0$[由式 (6.12)]，即 $E'(t) < -\delta$，$t \geqslant 0$。通过积分手续，便得

$$E(t) \leqslant E(0) - \delta t, \qquad t \geqslant 0$$

这与 $E(t)$ 总是非负的相矛盾。总之，必有 $\lim_{t\to\infty} E(t) = 0$。 □

6.3.3 局部稳定性

系统 (6.5) 能够具有全局稳定性固然很理想，它表明这样的价格调整过程，总是可以达到均衡价格。但是这要求总体可替代性作保证。而后者要求市场上的一种商品提价后，其余商品的需求都要严格的增加，这未免有些苛求，如果只是面粉提价导致大米的需求严格增加，这符合实际情况，但是只是面粉提价还导致食盐的需求严格增加，这就没有什么道理。可见，总体可替代性只能局限在一些特殊的市场才能成立。但是，许多市场具有如下性质。

定义 6.11 称超需函数 $Z(p)$ 具有弱总体可替性，如果对任何 $p \in \mathbb{R}^L_{++}$，

$$\frac{\partial z_l}{\partial p_{l'}} \geqslant 0, \qquad l \ne l'$$

这个性质表明，只是第 l' 种商品价格上涨，其余商品价格保持不变，那么，那些商品 (除第 l' 种商品) 的需求总量都不会减少。

现在再回到稳定性问题上。假设经济 $\mathcal{E}$ 的第 L 种商品是基准商品，即以它的价格作为定价的基准，其余商品的价格是相对基准商品的比价。从而，商品向

6.3 价格调整过程

量的价格向量为 $(q,1) = (q_1, q_2, \cdots, q_{L-1}, 1)$, $q \in \mathbb{R}_+^{L-1}$。设经济 $\mathcal{E}$ 的超需函数为 $Z(q,1)$，并记 $g_l(q) = z_l(q,1)$，此处 z_l 是 Z 的第 l 个分量 ($l = 1, 2, \cdots, L$)。此时，由瓦尔拉斯定理推出

$$\sum_{l=1}^{L-1} q_l g_l(q) + g_L(q) = 0 \tag{6.13}$$

价格 $(q^*, 1)$ 是经济 $\mathcal{E}$ 的均衡价格当且仅当 $g_l(q^*) = 0$, $l = 1, 2, \cdots, L$。

考虑价格调整过程

$$q_l'(t) = g_l(q(t)), \qquad l = 1, 2, \cdots, L-1$$

它的向量形式为

$$q'(t) = G(q(t)) \tag{6.14}$$

其中，$G(q) = (g_1(q), g_2(q), \cdots, g_{L-1}(q))$。

定义 6.12 设 $q^* \gg 0$ 是经济 $\mathcal{E}$ 的均衡价格，如果存在点 q^* 的邻域 $\mathbb{N}$，使得对任何 $q(0) \in \mathbb{N}$，方程 (6.14) 以 $q(0)$ 为初始价格的解 $q(t) = \psi(t, q(0))$ 都收敛于 q^*，则称均衡价格 q^* 是局部稳定的 (locally stable)。

为了考察式 (6.14) 的局部稳定性，将式 (6.14) 的右端作泰勒展开，则有

$$\frac{\mathrm{d}}{\mathrm{d}t}(q - q^*) = \frac{\mathrm{d}}{\mathrm{d}t}q \approx G(q^*) + DG(q^*)(q - q^*) = DG(q^*)(q - q^*) \tag{6.15}$$

其中

$$DG(q) = \left[\frac{\partial g_l}{\partial q_{l'}}\right]_{l, l' = 1, 2, \cdots, L-1}$$

考虑方程

$$\frac{\mathrm{d}y}{\mathrm{d}t} = Cy \tag{6.16}$$

此处 $C = DG(q^*)$，则式 (6.14) 的局部稳定性归结为式 (6.16) 的解趋于零。由常微分方程熟知的结论可知，这只须要求矩阵 C 的全部特征根有负的实部。

定理 6.25 假设超需函数满足弱总体可替代性，且

$$\frac{\partial g_L}{\partial q_l} > 0, \qquad l = 1, 2, \cdots, L-1 \tag{6.17}$$

则均衡价格 q^* 是局部稳定的。

证明 对式 (6.13) 求导数，可得

$$0 = g_l(q^*) + \sum_{l'=1}^{L-1} q_{l'}^* \frac{\partial g_{l'}}{\partial q_l}(q^*) + \frac{\partial g_L}{\partial q_l}(q^*)$$

$$= \sum_{l'=1}^{L-1} q_{l'}^* \frac{\partial g_{l'}}{\partial q_l}(q^*) + \frac{\partial g_L}{\partial q_l}(q^*) = q^* C_l + \frac{\partial g_L}{\partial q_l}(q^*)$$

此处 C_l 是矩阵 C 的第 l 列向量。注意假设 (6.17)，可得

$$q^* C \ll 0 \tag{6.18}$$

由弱总体可替代性可知，矩阵 C 的非对角线上的元素皆为非负数。从而，可选择正数 μ，使得矩阵 $B = C + \mu I$ 为 $L-1$ 阶非负矩阵 (其中 I 是 $L-1$ 阶单位矩阵)。于是，由式 (6.18) 推出

$$q^* B \ll \mu q^*$$

由非负矩阵理论，可知矩阵 B 的最大特征值 $\lambda_0(B) < \mu$，且 B 的所有特征值的实部都小于 μ。从而矩阵 C 的所有特征值的实部都小于零。 □

习 题

1. 证明集合

$$S^2 = \left\{ (x_1, x_2, x_3) \in \mathbb{R}^3 \mid \sum_{n=1}^{3} x_n^2 = 1 \right\}$$

是空间 $\mathbb{R}^3$ 中的 2 维微分流形，并给出它的参数化。

2. 设自然数 $N_1 \leqslant N_2$，$\mathbb{M}$ 是所有 $N_1 \times N_2$ 矩阵所构成的集合，$\mathbb{M}_p$ 为 $\mathbb{M}$ 中秩数为 p 的矩阵所构成的集合，试证 $\mathbb{M}_p$ 是一个 $p(N_1 + N_2 - p)$ 维微分流形。

   提示: 参见 Bazarra 等 (1979) 的相关研究。

3. 设 $Z(p): S \to \mathbb{R}^L$ 是经济 $\omega \in \Omega$ 的连续可微的超需函数，利用 $Z(p)$ 的零阶齐次性，证明 $Z(p)$ 的导算子 $DZ(p)$ 总是奇异的 (即秩数 $\leqslant L-1$)。

4. 设 $\bar{p} \in S$ 是纯交换经济 $\omega \in \Omega$ 的均衡价格 (即 $Z(\bar{p}) = 0$)，则 $\bar{p}$ 是正则均衡价格 (即秩数 $\text{rank} DZ(\bar{p}) = L-1$) 的充要条件是对任何 $q \in \mathbb{R}^L_+$，$q \neq 0$，总有

$$\begin{vmatrix} DZ(\bar{p}) & q \\ q^\mathrm{T} & 0 \end{vmatrix} \neq 0$$

5. 设 $Z(p): S \to \mathbb{R}^L$ 是纯交换经济 $\omega \in \Omega$ 连续可微的超需函数，满足显式偏好公理：对任意 $p \in S$ 与 $p' \in S$，如果 $p \cdot Z(p') \leqslant p \cdot Z(p)$ 且 $Z(p') \neq Z(p)$，则有 $p' \cdot Z(p') < p' \cdot Z(p)$。试证

    (1) 经济 ω 的均衡价格是唯一的；

    (2) 价格调整过程 (6.5) 是全局稳定的。

6. 证明定理 6.14。

第 7 章 不完全市场均衡理论

前两章阐述的阿罗-德布鲁模型较好地概括了自亚当·斯密时代以来的一般经济均衡论的主要结论。随着人们认识的深化，发现这一模型在应用方面的局限性。因为它是一个静态模型，隐含假设：所有经济活动都是在同一时间进行并结束。面对时间和不确定性起着本质作用的现实世界，必须把已有的理论向前推展，而不致使这一人类智慧的结晶束之高阁。

在研究金融市场[①]运行情况时，立即会发现交易不是即期完成的，证券的议价和交割是分期进行的[②]，而且未来存在不确定性。因此，阿罗-德布鲁模型不适用于金融市场。20 世纪 60 年代末期以来出现了不完全市场均衡的概念方法，同时也遇到了前所未有的困难，其中主要的数学障碍是惯用的 Brouwer 不动点定理已不再适用。要解决均衡的存在性问题必须探索新的途径，具有代表性的工作是 Duffie 和 Shafer(1985) 做出的，他们建立了格拉斯曼流形上的子空间不动点定理，这一突破性进展引来了经济均衡理论的又一次飞跃，运用这些成果已成功地解释了金融理论中一些先验的结论。

应该指出，不完全市场均衡理论延续了完全市场均衡理论 (以阿罗-德布鲁模型为代表) 的基本思路和方法，当然也出现许多本质的差别，如均衡的不存在性和不决定性，特别令人吃惊的是几乎所有的均衡不再是帕累托最优，这为政府需要制定恰当的经济政策对市场进行干预提供了理论根据。此外，不完全市场均衡理论涵盖了金融市场理论，它已成为金融经济学的核心理论。

本章主要阐述纯交易不完全市场的均衡概念及普适存在性，介绍读者了解和进入这一研究领域。关于这一理论的发展概况请参见 Geanakoplos(1990) 以及 Magill 和 Shafer (1990) 的综述文献。

7.1 现货—金融市场

现实世界中的市场基本上可分为两大类：一类是交易实物商品的现货市场，包

[①] 金融市场 (financial market)—— 金融资产交易的场所。交易对象不是具有不同使用价值的实物商品，而是具有货币形态的金融商品，股票市场和期货市场都属于金融市场。

[②] 证券交割 (deliver of security)—— 买卖双方协议成交后，买方付款卖方交券的活动称为交割。成交当时或者次日交割称为即期交易 (spot transaction) 也称作现货交易，根据协议在成交后的某一预定时间办理交割称为远期交易 (forward transaction)。

括消费品市场和生产资料市场等；另一类是交易金融资产①的金融市场。金融资产大致可分为三种：第一，实物资产是指厂商发行的股权证或者实物商品的期货合同②；第二，名义资产是指可以上市流通的有价证券，如储蓄和债券③等；第三，衍生资产是指买方期权或者卖方期权，这是一种选择权的交易。

现货市场与金融资产市场在交易对象和交易方式上有着明显的差别。现货市场的交易对象基本上是实物商品，交易方式是买卖双方协议成交后即时付款交货。金融市场的交易对象是具有货币形态的金融商品，如实物票据或者有价证券，包括期货合同、股票、债券和储蓄等。票据或者证券对商品的品种、质量、数量及交割时间等都作了规定。上述两类市场不是分立的，而是交织在一起的，现实世界中的市场是极为复杂的经济系统，与第 5 章所论的市场有着本质上的差别：其一，该系统是含时间的动态系统；其二，在未来时期，系统所处的状态是不确定的。本章将要考察最简单的现货—金融市场模型。

7.1.1 模型的描述

本章将要考察的市场是含不确定性的两期纯交换经济模型，陈述如下。

时间：$t = 0, 1$。如今天和明天。

状态：时期 $t = 0$，仅有一种状态，即是确定性的。时期 $t = 1$，有 K 个可能发生的状态。两个时期总计有 $1+K$ 个可能发生的状态，分别记作 $k = 0, 1, \cdots, K$。

商品空间：实物商品具有物质性、时间性和空间性，即商品除了因其物质特性不同而不同，同一个实物也会因其所处时间不同而不同，因其所处地点不同而不同。假设有 L 种实物商品，那么，一个商品束就应该表示为

$$x = \begin{pmatrix} x_0 \\ x_1 \end{pmatrix} = \begin{pmatrix} x(0) \\ x(1) \\ \vdots \\ x(K) \end{pmatrix} \in \mathbb{R}_+^{L(1+K)} \quad \text{即} \quad x_0 = x(0) \in \mathbb{R}_+^L$$

$$\text{且} \quad x_1 = \begin{pmatrix} x(1) \\ x(2) \\ \vdots \\ x(K) \end{pmatrix} \in \mathbb{R}_+^{LK}$$

---

① 金融资产 (financial asset)— 也称作金融商品。它是各种实物票据和有价证券的总称。包括股票、债券、期货和储蓄等。金融资产仅是一种债权，不具有物质状态，每笔金融资产又是别人的负债，债务人有义务按规定时限以货币或者实物支付给债权人作为报酬。

② 期货合同 (future contract)— 规定交易双方在未来某交割日按现在协议的价格在期货市场交割即定数量的实物商品或者金融商品的契约。合同对商品的数量、质量、交割日期和地点都由交易所作了规定，只是价格由双方协商议定。例如，某粮食期货交易所规定，一份标准化的合同的单位数量是 50 吨，成交量必须是 50 吨的整数倍，合同时限分 6 个月或者 1 年。

③ 债券 (bond)— 政府、金融组织及其他经济主体为筹措资金而发行的有价证券，承诺定期支付利息和偿还本金，在期满前可以在证券市场上出售转让，利息率可能是固定的，也可能是浮动的。

此处 $x(k) = \begin{pmatrix} x_1(k) \\ x_2(k) \\ \vdots \\ x_L(k) \end{pmatrix} \in \mathbb{R}_+^L$, $k = 0, 1, \cdots, K$。以后记 $N = L(1+K)$。

经济人：有 I 个经济人，$i = 1, 2, \cdots, I$。第 i 个经济人的初始占有为

$$\omega^i = \begin{pmatrix} \omega_0^i \\ \omega_1^i \end{pmatrix} = \begin{pmatrix} \omega^i(0) \\ \omega^i(1) \\ \vdots \\ \omega^i(K) \end{pmatrix} \in \mathbb{R}_{++}^{L(1+K)} \quad \text{即} \quad \omega_0^i = \omega^i(0) \in \mathbb{R}_{++}^L$$

且 $\omega_1^i = \begin{pmatrix} \omega^i(1) \\ \omega^i(2) \\ \vdots \\ \omega^i(K) \end{pmatrix} \in \mathbb{R}_{++}^{LK}$

此处 $\omega^i(k) = \begin{pmatrix} \omega_1^i(k) \\ \omega_2^i(k) \\ \vdots \\ \omega_L^i(k) \end{pmatrix} \in \mathbb{R}_{++}^L$, $k = 0, 1, \cdots, K$。他的偏好用效用函数 $u^i : \mathbb{R}_+^N \to \mathbb{R}$ 表示。效用函数 u^i 满足如下条件。

(1) u^i 在 $\mathbb{R}_+^N$ 上连续，在 $\mathbb{R}_{++}^N$ 内充分光滑。
(2) 对任意 $\xi \in \mathbb{R}_{++}^N$，集合 $\{x \in \mathbb{R}_+^N \mid u^i(x) \geqslant u^i(\xi)\} \subseteq \mathbb{R}_{++}^N$。
(3) 对任意 $x \in \mathbb{R}_{++}^N$, $Du^i(x) \in \mathbb{R}_{++}^N$，当 $h \neq 0$，且 $Du^i(x)h = 0$ 时，有 $h^{\mathrm{T}} D^2 u^i(x) h < 0$。

这样就构成了一个经济系统，简记为 $\mathcal{E}(u, \omega)$。

为了刻画经济系统的运作，再来引进市场。

现货市场：在 0 期和 1 期的每个状态都存在现货交易市场，在 k 状态发生的情形，实物商品依价格 $p(k) \in \mathbb{R}_+^L$ 进行交易，相应地有现货市场价格束为

$$p = \begin{pmatrix} p_0 \\ p_1 \end{pmatrix} = \begin{pmatrix} p(0) \\ p(1) \\ \vdots \\ p(K) \end{pmatrix} \in \mathbb{R}_+^{L(1+K)} \quad \text{即} \quad p_0 = p(0) \in \mathbb{R}_+^L$$

7.1 现货—金融市场

且 $p_1 = \begin{pmatrix} p(1) \\ p(2) \\ \vdots \\ p(K) \end{pmatrix} \in \mathbb{R}_+^{LK}$

此处 $p(k) = \begin{pmatrix} p_1(k) \\ p_2(k) \\ \vdots \\ p_L(k) \end{pmatrix} \in \mathbb{R}_+^L$, $k = 0, 1, \cdots, K$。

金融市场：金融资产是买卖双方规避风险转移收益的工具。假设有 J 种资产，在 0 期依价格 q_j 购置 1 交易单位[①]第 j 种资产，在 1 期依不同的状态所得的报酬是 $V^j = \begin{pmatrix} V_1^j \\ V_2^j \\ \vdots \\ V_K^j \end{pmatrix}$，其中 V_k^j 是以货币结算的，于是可写出 1 期的报酬矩阵 (return matrix)

$$V = (V^1\ V^2\ \cdots\ V^J) = \begin{pmatrix} V_1^1 & V_1^2 & \cdots & V_1^J \\ V_2^1 & V_2^2 & & V_2^J \\ \vdots & \vdots & & \vdots \\ V_K^1 & V_K^2 & \cdots & V_K^J \end{pmatrix} \tag{7.1}$$

经济系统 $\mathcal{E}(u,\omega)$ 在上述两类市场的框架内便构成了现货—金融市场。

现在考察市场的运作过程，在 0 期，经济人 i 买进的资产数量为向量 $z^i = \begin{pmatrix} z_1^i \\ z_2^i \\ \vdots \\ z_J^i \end{pmatrix} \in \mathbb{R}^J$，此处取正值时表示买进，取负值时表示卖出。初始时，经济人都不握有资产，$z_j^i < 0$ 则表明允许经济人可以卖空[②]。于是，经济人 i 能够选购的实物商品向量 $x^i(0) \in \mathbb{R}_+^L$ 应该满足：

$$p(0) \cdot x^i(0) + q \cdot z^i \leqslant p(0) \cdot \omega^i(0) \tag{7.2}$$

[①] 交易单位 (units of account)—— 证券交易所规定的每次买卖证券的标准数量，要求交易以这一标准数量的倍数进行。

[②] 卖空交易 (short selling)—— 出售自己不握有证券或者借别人证券进行交割，卖空者以现价卖出证券，在证券价格下跌时再补进，从中赚取差价。

在 1 期，不再买进或者卖出资产，只是实现资产交割和实物商品交易，每种资产都得到回报。在第 k 个状态，经济人 i 能够选购的商品向量 $x^i(k) \in \mathbb{R}_+^L$ 应该满足：

$$p(k) \cdot x^i(k) \leqslant p(k) \cdot \omega^i(k) + \sum_{j=1}^{J} V_k^j z_j^i, \quad k = 1, 2, \cdots, K \quad (7.3)$$

基于效用函数的单调性，使得效用达到极大的商品束 $x^i = \begin{pmatrix} x_0^i \\ x_1^i \end{pmatrix} = \begin{pmatrix} x^i(0) \\ x^i(1) \\ \vdots \\ x^i(K) \end{pmatrix}$

应该使式 (7.2) 和式 (7.3) 中的等式成立。

为了把上述的约束条件式 (7.2) 和式 (7.3) 表达得更简单，引进 $(1+K) \times J$ 矩阵

$$W = \begin{pmatrix} -q^{\mathrm{T}} \\ V \end{pmatrix} = \begin{pmatrix} -q_1 & -q_2 & \cdots & -q_J \\ V_1^1 & V_1^2 & \cdots & V_1^J \\ V_2^1 & V_2^2 & & V_2^J \\ \vdots & \vdots & & \vdots \\ V_K^1 & V_K^2 & \cdots & V_K^J \end{pmatrix} \quad (7.4)$$

对于价格 $p \in \mathbb{R}_+^N$ 和商品束 $x \in \mathbb{R}_+^N$，定义 "盒积" (box product)

$$p \square x = \begin{pmatrix} p(0) \cdot x(0) \\ p(1) \cdot x(1) \\ \vdots \\ p(K) \cdot x(K) \end{pmatrix}$$

这是一个 $1+K$ 维列向量，

$$p_1 \square x_1 = \begin{pmatrix} p(1) \cdot x(1) \\ p(2) \cdot x(2) \\ \vdots \\ p(K) \cdot x(K) \end{pmatrix}$$

这是一个 K 维列向量，在经济人 i 购进了资产向量 $z^i \in \mathbb{R}^J$ 的情况下，其预算集合为

$$\mathcal{B}(p, q, z^i, \omega^i) = \{x \in \mathbb{R}_+^N \mid p \square (x - \omega^i) = W z^i\}$$

7.1 现货—金融市场

于是，经济人 i 的预算集合就是

$$\mathcal{B}\left(p, q, \omega^i\right) = \{x \in \mathbb{R}_+^N \mid p \square \left(x - \omega^i\right) = Wz^i, z^i \in \mathbb{R}^J\} \tag{7.5}$$

在怎样的情况下，现货—金融市场 $\mathcal{E}(u, \omega)$ 的运作被认为是处于最佳状态？这就是要发现一个价格体系，在它的导引之下，决定商品的配置，使得每个经济人的效用达到最大；市场的供给和需求的总量达到平衡，这便引出如下定义。

定义 7.1 经济系统 $\mathcal{E}(u, \omega)$ 的现货—金融市场均衡 (spot-financial market equilibrium, FME) 是一个配置和价格的组合 $((\bar{x}, \bar{z}), (\bar{p}, \bar{q})) = ((\bar{x}^1, \bar{x}^2, \cdots, \bar{x}^I), (\bar{z}^1, \bar{z}^2, \cdots, \bar{z}^I), (\bar{p}, \bar{q})) \in \mathbb{R}_+^{IN} \times \mathbb{R}^{IJ} \times \mathbb{R}_{++}^N \times \mathbb{R}^J$，满足条件：

(1) 效用最大化：$\bar{x}^i = \arg\max \{u^i(x) \mid x \in \mathcal{B}(\bar{p}, \bar{q}, \omega^i)\}, i = 1, 2, \cdots, I$；

(2) 收支平衡：$\bar{p} \square (\bar{x}^i - \omega^i) = W\bar{z}^i, i = 1, 2, \cdots, I$；

(3) 商品交易平衡：$\sum_{i=1}^{I} (\bar{x}^i - \omega^i) = 0$；

(4) 资产买卖平衡：$\sum_{i=1}^{I} \bar{z}^i = 0$。

其中，$(\bar{p}, \bar{q})$ 称为均衡价格，$\bar{x}$ 和 $\bar{z}$ 分别称为商品均衡配置和资产均衡配置。

定义中的条件 (2) 表明，在每种状态下，每个经济人的收入和支出 (按价值) 达到平衡；条件 (3) 要求实物商品市场的总量供给和需求的数量在每种状态下都达到平衡；条件 (4) 表明，在 0 期发行的资产证券恰好全部被认购，也可以解释为借贷平衡。

7.1.2 资产价格的无套利条件

预算约束可写成

$$y(0) \equiv p(0) \cdot (x(0) - \omega(0)) = -q \cdot z$$

$$y(k) \equiv p(k) \cdot (x(k) - \omega(k)) = \sum_{j=1}^{J} V_k^j z, \qquad k = 1, 2, \cdots, K \tag{7.6}$$

方程的左端 (y_0, y_1) 可理解成为经济人在每种状态的净收入，这是一个财务规划。它可以通过转让资产和清算交割来实现。根据定理 2.17，有如下引理。

引理 7.1 对于前述的矩阵 W，下面的结论恰有一个成立：

(1) 存在 $z \in \mathbb{R}^J$，使得 $Wz > 0$；

(2) 存在 $\beta \in \mathbb{R}_{++}^{1+K}$，使得 $\beta W = 0$。

在一个完全竞争的市场中，一般说来，不可能存在财务计划 $y = \begin{pmatrix} y_0 \\ y_1 \end{pmatrix} > 0$，其中每个状态的净收入都是非负的且至少有一个状态的净收入是正值，这便导出如下概念。

定义 7.2 如果不存在资产向量 $z \in \mathbb{R}^J$，使得 $Wz > 0$，则称资产价格 q 关于价格 p 是无套利的 (no arbitrage)。

命题 7.1 如果 $((\bar{x}, \bar{z}), (\bar{p}, \bar{q}))$ 是经济系统 $\mathcal{E}(u, \omega)$ 的均衡态，则资产价格 $\bar{q}$ 关于价格 $\bar{p}$ 是无套利的。

证明 如果 $((\bar{x}, \bar{z}), (\bar{p}, \bar{q}))$ 是经济系统 $\mathcal{E}(u, \omega)$ 的均衡态，则 $\bar{x}^i = \mathrm{argmax}\{u^i(x) \mid x \in \mathcal{B}(\bar{p}, \bar{q}, \bar{z}^i, \omega^i)\}$, $i = 1, 2, \cdots, I$，因此 $p \square (\bar{x}^i - \omega^i) = W\bar{z}^i$。反设资产价格 $\bar{q}$ 关于价格 $\bar{p}$ 是套利的，则存在资产向量 $z \in \mathbb{R}^J$，使得 $Wz > 0$。

$$\{x \in \mathbb{R}_+^N \mid p \square (x - \omega^i) \leqslant W\bar{z}^i\} \subset \{x \in \mathbb{R}_+^N \mid p \square (x - \omega^i) \leqslant W(\bar{z}^i + z)\}$$

记 $\tilde{x}^i = \mathrm{argmax}\{u^i(x) \mid x \in \mathcal{B}(\bar{p}, \bar{q}, \bar{z}^i + z, \omega^i)\}$, $i = 1, 2, \cdots, I$，则 $u^i(\tilde{x}^i) > u^i(\bar{x}^i)$，与 $\bar{x}^i$ 是最优解相矛盾。 □

引理 7.1 和命题 7.1 的一个自然推论：如果经济体 $\mathcal{E}(u, \omega)$ 有均衡态 $((x, z), (p, q))$，必存在向量 $\beta \in \mathbb{R}_{++}^{1+K}$，使得 $\beta W = 0$，由此可推出

$$\beta_0 q_j = \sum_{k=1}^K \beta_k V_k^j \qquad j = 1, 2, \cdots, J$$

于是，0 期的约束方程可写成

$$\beta_0 p(0) \cdot (x(0) - \omega(0)) = -\beta_0 q \cdot z = -\sum_{k=1}^K \beta_k \sum_{j=1}^J V_k^j z_j$$

$$= -\sum_{k=1}^K \beta_k p(k) \cdot (x(k) - \omega(k))$$

引进新价格束 $\tilde{p} = \begin{pmatrix} \beta_0 p(0) \\ \beta_1 p(1) \\ \vdots \\ \beta_K p(K) \end{pmatrix} \in \mathbb{R}_+^N$，则有

$$\tilde{p} \cdot (x - \omega) = \tilde{p}(0) \cdot (x(0) - \omega(0)) + \sum_{k=1}^K \tilde{p}(k) \cdot (x(k) - \omega(k)) = 0 \qquad (7.7)$$

至于 1 期的约束方程，则可写成

$$\tilde{p}_1 \square (x_1 - \omega_1) = \begin{pmatrix} \beta_1 & 0 & \cdots & 0 \\ 0 & \beta_2 & \cdots & 0 \\ \vdots & \vdots & & \vdots \\ 0 & 0 & \cdots & \beta_K \end{pmatrix} \begin{pmatrix} V_1^1 & V_1^2 & \cdots & V_1^J \\ V_2^1 & V_2^2 & & V_2^J \\ \vdots & \vdots & & \vdots \\ V_K^1 & V_K^2 & \cdots & V_K^J \end{pmatrix} \begin{pmatrix} z_1 \\ z_2 \\ \vdots \\ z_J \end{pmatrix}$$

7.1 现货—金融市场

由列向量 $V^1, V^2, \cdots, V^J$ 张成的线性子空间记作

$$\langle V \rangle = \text{span}\{V^1, V^2, \cdots, V^j\}$$

注意，$\langle V \rangle$ 是 $\mathbb{R}^K$ 中的线性子空间，称作收入转移子空间。

定义 7.3 如果收入转移子空间 $\langle V \rangle = \mathbb{R}^K$，则称市场是完全的。如果 $\langle V \rangle \neq \mathbb{R}^K$，则称市场是不完全的。

当市场是完全的时，有

$$\tilde{p}_1 \square (x_1 - \omega_1) \in \langle V \rangle \tag{7.8}$$

预算约束方程等价于 $\tilde{p}(x - \omega) = 0$，预算约束集合 (7.5) 变成

$$\mathcal{B}(\tilde{p}, \omega) = \{x \in \mathbb{R}^N_+ \mid \tilde{p}(x - \omega) = 0\} \tag{7.9}$$

这正是阿罗-德布鲁模型中的预算集合。因此，前两章的结论对于完全市场都适用。

当市场是不完全的时，一般说来，式 (7.8) 不可能总成立。因此经济人的某些财务计划 (y_0, y_1) 未必能通过资产交易实现。于是均衡也可能不存在。

定义 7.4 经济系统 $\mathcal{E}(u, \omega)$ 的未定市场均衡 (contingent market equilibrium, CME) 是一个配置和价格的组合 $(\bar{x}, \bar{p}) = ((\bar{x}^1, \bar{x}^2, \cdots, \bar{x}^I), \bar{p}) \in \mathbb{R}^{IN}_+ \times \mathbb{R}^N_{++}$，满足以下条件。

(1) 效用最大化:

$$\bar{x}^i = \text{argmax}\{u^i(x) \mid x \in B(\bar{p}, \omega^i)\}, \quad i = 1, 2, \cdots, I$$

(2) 交易平衡: $\sum_{i=1}^{I} (\bar{x}^i - \omega^i) = 0$。

依据第 5 和第 6 章所阐明的理论。经济系统 $\mathcal{E}(u, \omega)$ 总存在 CME 均衡态，而且相应的均衡配置是帕累托最优的，几乎对所有的经济 $\omega \in \mathbb{R}^{IN}_+$，经济系统 $\mathcal{E}(u, \omega)$ 都具有如第 6 章所述的正则性质。

当市场是完全的时，FME 均衡与 CME 均衡是一致的。当市场是不完全的时，一般说来，式 (7.8) 不可能总成立，因此，不能用 CME 均衡替代 FME 均衡。

市场是完全的充要条件是矩阵 V 的秩 $\text{rank}V = K$，这要求 $J \geqslant K$。因此，当 $J < K$ 时，即资产的品种数小于 1 期的状态数时，市场必然是不完全的。

正如前述，对于不完全市场来说，均衡可能不存在，Hart 给出不存在均衡的例子 (Geanakoplos, 1990)。进一步的研究证明，这种情形是极少数，均衡是普适地存在，本章将给出这个结论的证明。另外不完全市场均衡普遍地非帕累托最优，这是与完全市场均衡的本质区别。这从一个侧面说明，政府对于不完全市场

必须实行合理干预 (或者调控), 这方面的研究结果过于烦琐, 有兴趣的读者可参考 Geanakoplos 等 (1990) 的文献.

考虑到多数读者对拓扑学的知识比较生疏, 所以后续章节回避了微分拓扑的技术细节, 侧重用微分学和线性代数手段来揭示定理证明的关键.

7.2 名义资产市场

金融资产与实物商品的交易方式是有区别的. 这主要反映在定价和结算方式上, 对于不同的金融资产, 相应的经济理论也不尽相同. 先来考察一种特殊的现货—金融市场, 其中的金融资产仅是债券.

7.2.1 模型的描述

沿用前面陈述过的模型及其假设, 在 0 期进行实物商品和金融资产交易, 在 1 期办理资产交割和实物商品交易.

在 0 期, 1 交易单位的 j 种债券的价格记作 q_j, 在 1 期, 1 交易单位的 j 种债券的报酬为 $h^j = \begin{pmatrix} h_1^j \\ h_2^j \\ \vdots \\ h_K^j \end{pmatrix}$ (它是外生指定的). 于是, 可写出报酬矩阵:

$$H = \begin{pmatrix} h_1^1 & h_1^2 & \cdots & h_1^J \\ h_2^1 & h_2^2 & \cdots & h_2^J \\ \vdots & \vdots & & \vdots \\ h_K^1 & h_K^2 & \cdots & h_K^J \end{pmatrix} = \begin{pmatrix} H(1) \\ H(2) \\ \vdots \\ H(K) \end{pmatrix}$$

定义 7.5 经济 $\mathcal{E}(u, \omega)$ 的现货—金融市场均衡是配置和价格的组合 $((\bar{x}, \bar{z}), (\bar{p}, \bar{q})) = ((\bar{x}^1, \bar{x}^2, \cdots, \bar{x}^I), (\bar{z}^1, \bar{z}^2, \cdots, \bar{z}^I), (\bar{p}, \bar{q})) \in \mathbb{R}_+^{IN} \times \mathbb{R}_+^{IJ} \times \mathbb{R}_{++}^N \times \mathbb{R}^J$ 满足下列条件.

(1) 对于 $i = 1, 2, \cdots, I$, $(\bar{x}^i, \bar{z}^i)$ 是下面问题的解:

$$\max \quad u_i(x) \tag{7.10}$$
$$\text{s.t.} \quad \bar{p}(0) \cdot (x(0) - \omega^i(0)) = -\bar{q}^{\mathrm{T}} \bar{z}$$
$$\bar{p}(k) \cdot (x(k) - \omega^i(k)) = H(k) \bar{z}, \quad k = 1, 2, \cdots, K$$

(2) $\sum_{i=1}^{I} \bar{x}^i(k) = \sum_{i=1}^{I} \omega^i(k)$, $k = 1, 2, \cdots, K$;

(3) $\sum_{i=1}^{I} \bar{z}_j^i = 0$, $j = 1, 2, \cdots, J$。

这与定义 7.1 是一致的,因为要考虑均衡的存在性,所以要求资产价格 q 满足无套利条件:不存在 $z \in \mathbb{R}^J$,使得

$$\begin{pmatrix} -q^{\mathrm{T}} \\ H \end{pmatrix} z > 0$$

如此的价格 $q \in \mathbb{R}^J$ 称为无套利价格。

本节总假设报酬矩阵 H 的秩 $\mathrm{rank} H = J$。于是,矩阵 H 的列向量是线性无关的,还假设 $J < K$,因此该市场是不完全的。

7.2.2 经济人优化行为

市场活动是一种群体活动,但以个体的优化行为为前提。下面对经济人的需求作仔细的分析,其思路基本上是沿用第 4 章的方法,由于所遇到的是多个约束的预算方程,分析推导也就非常烦琐。

对于指定的实物商品价格和债券价格 $(p, q) \in \mathbb{R}_{++}^N \times \mathbb{R}^J$,经济人 (略去编号 i) 的优化选择就是求解如下问题:

$$\begin{aligned} \max \quad & u(x) \quad &(7.11)\\ \text{s.t.} \quad & p(0) \cdot x(0) - \xi(0) = -q^{\mathrm{T}} z \\ & p(k) \cdot x(k) - \xi(k) = H(k) z, \quad k = 1, 2, \cdots, K \end{aligned}$$

其中,$\xi(k) \in \mathbb{R}_{++}$ 表示在状态 k 之下经济人初始占有的价值。不难证明,问题 (7.11) 的解是唯一的。于是,问题 (7.11) 确定了经济人的实物商品需求函数

$$x = f(p, q, \xi) = \begin{pmatrix} f(0) \\ f(1) \\ \vdots \\ f(K) \end{pmatrix} \in \mathbb{R}_+^N$$

和债券需求函数

$$z = g(p, q, \xi) = \begin{pmatrix} g_1 \\ g_2 \\ \vdots \\ g_J \end{pmatrix} \in \mathbb{R}^J$$

根据拉格朗日定理,存在向量 $\lambda = (\lambda_0, \lambda_1, \cdots, \lambda_K)$,构作范式

$$\mathcal{L}(x, z, \lambda) = u(x) - \lambda_0(p(0) \cdot x(0) - \xi(0) + q^{\mathrm{T}}z)$$
$$- \sum_{k=1}^{K} \lambda_k (p(k) \cdot x(k) - \xi(k) - H(k)z)$$

则有

$$D_x \mathcal{L} = 0, \qquad D_z \mathcal{L} = 0, \qquad D_\lambda \mathcal{L} = 0 \tag{7.12}$$

式 (7.12) 中各式的偏导数在 $x = f(p, q, \xi)$,$z = g(p, q, \xi)$ 处计值,详细地写出式 (7.12) 如下:

$$\frac{\partial u}{\partial x(0)} - \lambda_0 p(0) = 0$$

$$\frac{\partial u}{\partial x(1)} - \lambda_1 p(1) = 0$$

$$\vdots$$

$$\frac{\partial u}{\partial x(K)} - \lambda_K p(K) = 0$$

$$\lambda_0 q_1 - \sum_{k=1}^{K} \lambda_k h_k^1 = 0$$

$$\lambda_0 q_2 - \sum_{k=1}^{K} \lambda_k h_k^2 = 0$$

$$\vdots$$

$$\lambda_0 q_J - \sum_{k=1}^{K} \lambda_k h_k^J = 0$$

$$p(0) \cdot x(0) - \xi(0) = -q^{\mathrm{T}} z$$

$$p(1) \cdot x(1) - \xi(1) = H(1)z$$

$$\vdots$$

$$p(K) \cdot x(K) - \xi(K) = H(K)z$$

7.2 名义资产市场

这里为记号简便，记

$$\frac{\partial u}{\partial x(0)} = \begin{pmatrix} \dfrac{\partial u}{\partial x_1(0)} \\ \dfrac{\partial u}{\partial x_2(0)} \\ \vdots \\ \dfrac{\partial u}{\partial x_L(0)} \end{pmatrix}, \quad \frac{\partial u}{\partial x(1)} = \begin{pmatrix} \dfrac{\partial u}{\partial x_1(1)} \\ \dfrac{\partial u}{\partial x_2(1)} \\ \vdots \\ \dfrac{\partial u}{\partial x_L(1)} \end{pmatrix}, \quad \cdots,$$

$$\frac{\partial u}{\partial x(K)} = \begin{pmatrix} \dfrac{\partial u}{\partial x_1(K)} \\ \dfrac{\partial u}{\partial x_2(K)} \\ \vdots \\ \dfrac{\partial u}{\partial x_L(K)} \end{pmatrix}$$

以后雷同，不再声明。

由假设 $Du(x) \in \mathbb{R}_{++}^N$，可推知拉格朗日乘数 $\lambda_k > 0 (k = 0, 1, \cdots, K)$。

引理 7.2 需求函数 $f(p, q, \xi)$ 和 $g(p, q, \xi)$ 是连续可微函数。

这个引理及其后的两个引理的证明都比较冗长烦琐，一并置于 7.4 节给出，它们都是为了应用微分流形理论所作的必要准备。

当 $\xi(k) = p(k) \cdot \omega(k), k = 0, 1, \cdots, K$ 时，需求函数 $f(p, q, p\square\omega)$ 和 $g(p, q, p\square\omega)$ 便是问题 (7.10) 的解。构作超需函数

$$\eta: \mathbb{R}_{++}^N \times \mathbb{R}^J \times \mathbb{R}_{++}^N \to \mathbb{R}^N \times \mathbb{R}^J, \quad \eta(p, q, \omega) = \begin{pmatrix} f(p, q, p\square\omega) - \omega \\ g(p, q, p\square\omega) \end{pmatrix}$$

引理 7.3 如果 (p, q) 满足

$$f(p, q, p\square\omega) - \omega = 0$$
$$g(p, q, p\square\omega) = 0$$

则超需函数 η 关于 (p, q) 的偏导数的矩阵的秩

$$\operatorname{rank} \frac{\partial \eta}{\partial(p, q)} = N + J - (1 + K) \tag{7.13}$$

对于价格束 $p = \begin{pmatrix} p_0 \\ p_1 \end{pmatrix} = \begin{pmatrix} p(0) \\ p(1) \\ \vdots \\ p(K) \end{pmatrix} \in \mathbb{R}_{++}^N$,引进截断记号

$$p^{1-} = \begin{pmatrix} p^{1-}(0) \\ p^{1-}(1) \\ \vdots \\ p^{1-}(K) \end{pmatrix} \in \mathbb{R}_{++}^{N-(1+K)}$$

其中,$p^{1-}(k) = \begin{pmatrix} p_2(k) \\ p_3(k) \\ \vdots \\ p_L(k) \end{pmatrix} \in \mathbb{R}_{++}^{L-1}$ 是向量 $p(k)$ 中去掉第 1 个分量的其余 $L-1$ 个分量构成的。再记

$$p^{1+} = \begin{pmatrix} p_1(0) \\ p_1(1) \\ \vdots \\ p_1(K) \end{pmatrix} \in \mathbb{R}_{++}^{1+K}$$

其中,$p_1(k) \in \mathbb{R}_{++}$ 表示第 k 个状态下的第 1 种实物商品的价格。对于实物商品束 $x = \begin{pmatrix} x_0 \\ x_1 \end{pmatrix} = \begin{pmatrix} x(0) \\ x(1) \\ \vdots \\ x(K) \end{pmatrix} \in \mathbb{R}_{++}^N$,也照此办理,可得截断 $x^{1-} \in \mathbb{R}^{N-(1+K)}$ 和 $x^{1+} \in \mathbb{R}^{1+K}$。于是,可得截断超需函数

$$\hat{\eta}: \mathbb{R}_{++}^N \times \mathbb{R}^J \times \mathbb{R}_{++}^N \to \mathbb{R}^{N-(1+K)} \times \mathbb{R}^J, \quad \hat{\eta}(p,q,\omega) = \begin{pmatrix} f^{1-}(p,q,p\square\omega) - \omega^{1-} \\ g(p,q,p\square\omega) \end{pmatrix}$$

引理 7.4 函数 $\hat{\eta}$ 关于 ω 的偏导数的矩阵的秩数

$$\operatorname{rank} \frac{\partial \hat{\eta}}{\partial \omega} = N + J - (1+K) \tag{7.14}$$

7.2.3 均衡存在定理

前面定义了经济人 i 的超需函数

$$\eta^i(p,q,\omega^i) = \begin{pmatrix} f^i(p,q,p\square\omega^i) - \omega^i \\ g^i(p,q,p\square\omega^i) \end{pmatrix}$$

由此可定义市场超需函数

$$Z: \mathbb{R}_{++}^N \times \mathbb{R}^J \times \Omega \to \mathbb{R}^N \times \mathbb{R}^J, \qquad Z(p,q,\omega) = \sum_{i=1}^{I} \eta^i(p,q,\omega^i)$$

其中，$\Omega = \mathbb{R}_{++}^N \times \cdots \times \mathbb{R}_{++}^N = \mathbb{R}_{++}^{IN}$, $\omega = (\omega^1, \omega^2, \cdots, \omega^i) \in \Omega$。于是寻求市场的均衡价格问题归结为寻求方程

$$Z(p,q,\omega) = 0 \tag{7.15}$$

的解 $(p,q) \in \mathbb{R}_{++}^N \times \mathbb{R}^J$。

引进截断市场超需函数

$$\hat{Z}: \mathbb{R}_{++}^N \times \mathbb{R}^J \times \Omega \to \mathbb{R}^{N-(1+K)} \times \mathbb{R}^J, \qquad \hat{Z}(p,q,\omega) = \sum_{i=1}^{I} \hat{\eta}^i(p,q,\omega^i)$$

容易验证下面的引理。

引理 7.5 $Z(p,q,\omega) = 0$ 当且仅当 $\hat{Z}(p,q,\omega) = 0$。

这个引理是说，第 1 种实物商品的供求可以自动保持平衡，只要其余 $L-1$ 种实物商品以及 J 种债券的供求都实现了平衡。

依照第 6 章的思路，引进集合

$$\Gamma = \{(p,q,\omega) \in \mathbb{R}_{++}^N \times \mathbb{R}^J \times \Omega \mid Z(p,q,\omega) = 0\}$$

由引理 7.5，有

$$\Gamma = Z^{-1}(0) = \hat{Z}^{-1}(0)$$

定理 7.1 如果集合 $\Gamma \neq \varnothing$，则 $\Gamma \subseteq \mathbb{R}_{++}^N \times \mathbb{R}^J \times \Omega$ 是 $(IN+1+K)$ 维微分流形。

证明 函数 $\hat{Z}$ 关于 $\omega = (\omega^1, \omega^2, \cdots, \omega^I) \in \Omega$ 的偏导数的矩阵

$$\frac{\partial \hat{Z}}{\partial \omega} = \sum_{i=1}^{I} \frac{\partial \hat{\eta}^i}{\partial \omega^i}$$

由引理 7.4 可知，秩数

$$\text{rank}\frac{\partial \hat{\eta}^i}{\partial \omega^i} = N + J - (1+K)$$

从而，矩阵 $\dfrac{\partial \eta^i}{\partial \omega^i}$ 的 $N+J-(1+K)$ 个行向量是线性无关的，由此推出，矩阵 $\dfrac{\partial \hat{Z}}{\partial \omega}$ 的 $N+J-(1+K)$ 个行向量是线性无关的。所以，$0 \in \mathbb{R}^{N+J-(1+K)}$ 是函数 $\hat{Z}$ 的正则值。从而，由定理 6.6 可知，$\varGamma \subseteq \mathbb{R}_{++}^N \times \mathbb{R}^J \times \varOmega$ 是微分流形，且

$$\dim \varGamma = (N+J+IN) - (N+J-(1+K)) = IN + 1 + K$$

$\square$

称上述的集合 $\varGamma$ 为均衡流形 (equilibrium manifold)。引进投影映射：

$$\pi : \varGamma \to \mathbb{R}_{++}^{1+K} \times \varOmega, \qquad \pi(p,q,\omega) = (p^{1+},\omega)$$

引理 7.6 π 是光滑的固有映射。

证明 嵌入映射 $Q : \varGamma \to \mathbb{R}_{++}^N \times \mathbb{R}^J \times \varOmega, Q(p,q,\omega) = (p,q,\omega)$ 是光滑的。又投影映射 $P : \mathbb{R}_{++}^N \times \mathbb{R}^J \times \varOmega \to \mathbb{R}_{++}^{1+K} \times \varOmega, P(p,q,\omega) = (p^{1+},\omega)$ 也是光滑的，因此，复合映射 $\pi = P \circ Q : \varGamma \to \mathbb{R}_{++}^{1+K} \times \varOmega$ 是光滑的。

设 $M \subseteq \mathbb{R}_{++}^{1+K} \times \varOmega$ 是紧集，往证 $\pi^{-1}(M) \subseteq \mathbb{R}_{++}^N \times \mathbb{R}^J \times \varOmega$ 是紧集。设 $(p^n, q^n, \omega^n) \in \pi^{-1}(M)$。$M$ 是紧集，则记

$$\lim_{n\to\infty} \omega^n = \omega \in \varOmega, \qquad \lim_{n\to\infty} (p^{1+})^n = p^{1+} \in \mathbb{R}_{++}^{1+K}$$

显然，$\lim\limits_{n\to\infty} q^n = q \in \mathbb{R}^J$。为完成证明，只需再证 $\lim\limits_{n\to\infty} (p^{1+})^n = p^{1+} \in \mathbb{R}_{++}^{1+K}$。否则，即在某状态 k 下，有某 l，使得 $p_l(k) = 0$。依定理 6.12，有 $\|Z(p^n, q, \omega)\|_1 \to \infty$。

另外，由于 $(p^n, q^n, \omega^n) \in \pi^{-1}(M)$，总有 $Z(p^n, q^n, \omega^n) = 0$，这是矛盾的。

$\square$

定理 7.2 存在满测度开集 $\Delta \subseteq \mathbb{R}_{++}^{1+K} \times \varOmega$，使得任何 $(p^{1+}, \omega) \in \Delta$ 都是映射 π 的正则值。

这是引理 7.6 和 Sard 定理的推论。

定理 7.3 $(\bar{p}^{1+}, \bar{\omega})$ 是 π 的正则值当且仅当 0 是映射

$$\hat{Z}\left(\bar{p}^{1+}, \cdot, \cdot, \bar{\omega}\right) : \mathbb{R}_{++}^{N-(1+K)} \times \mathbb{R}^J \to \mathbb{R}_{++}^{N-(1+K)} \times \mathbb{R}^J$$

的正则值，即当 $\hat{Z}(\bar{p}^{1+}, \bar{p}^{1-}, \bar{q}, \bar{\omega}) = 0$ 时，偏导数的矩阵的秩数

$$\text{rank}\frac{\partial \hat{Z}}{\partial (p^{1-}, q)} = N + J - (1+K)$$

7.2 名义资产市场

此处偏导数是在 $(\bar{p}^{1-}, \bar{q}) \in \mathbb{R}^{n-(1+K)} \times \mathbb{R}^J$ 处计值。

证明 由定理 6.10 即得。

设 $\bar{\omega} = (\bar{\omega}^1, \bar{\omega}^2, \cdots, \bar{\omega}^I) \in \Omega$ 是帕累托最优经济,则有支持价格束 $\bar{p} \in \mathbb{R}_{++}^N$,使 $\bar{\omega}^i \in \mathbb{R}_{++}^N$ 是如下问题的解:

$$\max \quad u_i(x)$$
$$\text{s.t.} \quad \sum_{k=0}^{K} p(k)\left(x(k) - \bar{\omega}^i(k)\right) = 0$$

取定债券价格 $\bar{q}_j = \sum_{k=1}^{K} h_k^j$ $(j = 1, 2, \cdots, J)$,则可证明需求函数

$$f^i(\bar{p}, \bar{q}, \bar{\omega}^i) = \bar{\omega}^i, \qquad g^i(\bar{p}, \bar{q}, \bar{\omega}^i) = 0, \qquad i = 1, 2, \cdots, I$$

从而,$((\bar{p}, \bar{q}), (\bar{\omega}^i, 0))$ 是经济 $\mathcal{E}(u, \bar{\omega})$ 的均衡,由于 $\bar{\omega}$ 是帕累托最优经济,则 $(\bar{p}, \bar{q})$ 是唯一确定的。所以

$$\pi^{-1}\left(\bar{p}^{1+}, \bar{\omega}\right) = \{(\bar{p}, \bar{q}, \bar{\omega})\}$$

引理 7.7 设 $\bar{\omega} \in \Omega$ 是帕累托经济,均衡价格 $(\bar{p}, \bar{q})$ 如上确定,则在 $(\bar{p}, \bar{q}, \bar{\omega})$ 处,矩阵秩数

$$\operatorname{rank} \frac{\partial \hat{Z}}{\partial (p^{-1}, q)} = N + J - (1 + K)$$

证明见 7.4 节。根据定理 7.3 及引理 7.7 可得下面的定理。

定理 7.4 设 $\bar{\omega} \in \Omega$ 是帕累托最优经济,其支持价格束为 $\bar{p} \in \mathbb{R}_{++}^N$,则 $(\bar{p}^{1+}, \bar{\omega}) \in \mathbb{R}^{1+K} \times \Omega$ 是射影映射的正则值,且它的原象 $\pi^{-1}(\bar{p}^{1+}, \bar{\omega})$ 仅含一点。

根据引理 7.6,射影

$$\pi : \Gamma \to \mathbb{R}_{++}^{1+K} \times \Omega$$

是固有映射,由定理 7.1

$$\dim \Gamma = IN + 1 + K = \dim(\mathbb{R}_{++}^{1+K} \times \Omega)$$

故可以定义模 2 度数 $\deg_2(\pi, \Gamma, \Omega, (p^{1+}, \omega))$。

定理 7.5 设 $(p^{1+}, \omega) \in \mathbb{R}^{1+K} \times \Omega$ 是映射 π 的正则值,则模 2 度数 $\deg_2(\pi, \Gamma, \Omega, (p^{1+}, \omega)) = 1$。

证明 由定理 7.4,对于帕累托最优经济 $\bar{\omega} \in \Omega$ 及其支持价格下,有

$$\deg_2(\pi, \Gamma, \Omega, (\bar{p}^{1+}, \bar{\omega})) = 1$$

注意 $\mathbb{R}^{1+K}_{++} \times \Omega$ 是道路连通的开集，根据定理 6.9，对于映射 π 的正则值 $(p^{1+}, \omega) \in \mathbb{R}^{1+K} \times \Omega$，有

$$\deg_2(\pi, \Gamma, \Omega, (p^{1+}, \omega)) = \deg_2(\pi, \Gamma, \Omega, (\bar{p}^{1+}, \bar{\omega})) = 1$$

□

定理 7.6 投影映射 $\pi : \Gamma \to \mathbb{R}^{1+K}_{++} \times \Omega$ 是满射的，即对任何 $(p^{1+}, \omega) \in \mathbb{R}^{1+K} \times \Omega$，$\pi^{-1}(p^{1+}, \omega) \neq \varnothing$。

证明 如果 $(p^{1+}, \omega) \in \mathbb{R}^{1+K} \times \Omega$ 是 π 的正则值，依定理 7.5，$\pi^{-1}(p^{1+}, \omega) \neq \varnothing$，如果 $(p^{1+}, \omega) \in \mathbb{R}^{1+K} \times \Omega$ 是 π 的临界值，由临界值定义，即知 $\pi^{-1}(p^{1+}, \omega) \neq \varnothing$。

□

定理 7.6 表明，对于固定的经济 $\bar{\omega} \in \Omega$，任意选取 $p^{1+} \in \mathbb{R}^{1+K}_{++}$，都存在 $p^{1-} \in \mathbb{R}^{N-(1+K)}_{++}$，$q \in \mathbb{R}^J$，使得 $(p^{1+}, p^{1-}, q) \in \mathbb{R}^N_{++} \times \mathbb{R}^J$ 成为经济 $\bar{\omega}$ 的均衡价格。可见，经济 $\bar{\omega}$ 的均衡价格不能决定，它有 $1+K$ 个自由度，也称为不决定性自由度 (degree of indeterminacy)。这与退化的线性代数方程组可能有无穷多解的情形雷同。

为了使现货-债券市场能够获得决定性的均衡价格，有必要再引进一些约束条件。例如，在原模型增加一组货币约束方程 (含有 $1+K$ 个方程)。关于这方面的研究请参见 Magill 和 Shafer (1991) 的文献。

7.3 实物资产市场

与名义资产相比，实物资产更具有典型意义，所要面对的问题也就更为复杂。本节仍沿用 7.1 节的概念和符号。

7.3.1 均衡的基本性质

下面考察 7.1 节的经济系统 $\mathcal{E}(u, \omega)$ 在两期的运作情况。实物现货市场在 0 期和 1 期进行交易，在 1 期存在不确定性，有 K 种状态可能发生。有 L 种实物商品在市场上交易，商品束记作

$$x = \begin{pmatrix} x_0 \\ x_1 \end{pmatrix} = \begin{pmatrix} x(0) \\ x(1) \\ \vdots \\ x(K) \end{pmatrix} \in \mathbb{R}^{L(1+K)}_+ \qquad \text{即} \quad x_0 = x(0) \in \mathbb{R}^L_+$$

$$\text{且} \quad x_1 = \begin{pmatrix} x(1) \\ x(2) \\ \vdots \\ x(K) \end{pmatrix} \in \mathbb{R}^{LK}_+$$

7.3 实物资产市场

其中，$x(k) = \begin{pmatrix} x_1(k) \\ x_2(k) \\ \vdots \\ x_L(k) \end{pmatrix} \in \mathbb{R}_+^L$，$k = 0, 1, \cdots, K$。商品空间为 $\mathbb{R}_+^N$，此处 $N = L(1+K)$。相应的商品价格束记为

$$p = \begin{pmatrix} p_0 \\ p_1 \end{pmatrix} = \begin{pmatrix} p(0) \\ p(1) \\ \vdots \\ p(K) \end{pmatrix} \in \mathbb{R}_{++}^{L(1+K)} \quad \text{即} \quad p_0 = p(0) \in \mathbb{R}_{++}^L$$

且 $p_1 = \begin{pmatrix} p(1) \\ p(2) \\ \vdots \\ p(K) \end{pmatrix} \in \mathbb{R}_{++}^{LK}$

其中，$p(k) = \begin{pmatrix} p_1(k) \\ p_2(k) \\ \vdots \\ p_L(k) \end{pmatrix} \in \mathbb{R}_{++}^L$ 是以货币金额计量的，$k = 0, 1, \cdots, K$。在经济系统 $\mathcal{E}(u, \omega)$ 中，还存在金融资产市场，不失一般性，假设全部的 J 种资产都是实物资产 (real assets)。第 j 种资产是一个标准化合同，在 0 期购买 1 交易单位的第 j 种资产，协议约定，在 1 期的 k 状态交割的商品向量为 $a^j(k) = \begin{pmatrix} a_1^j(k) \\ a_2^j(k) \\ \vdots \\ a_L^j(k) \end{pmatrix} \in \mathbb{R}_+^L$。

于是可写出 $LK \times J$ 资产结构矩阵

$$A = \begin{pmatrix} a^1(1) & a^2(1) & \cdots & a^J(1) \\ a^1(2) & a^2(2) & \cdots & a^J(2) \\ \vdots & \vdots & & \vdots \\ a^1(K) & a^2(K) & \cdots & a^J(K) \end{pmatrix} = \begin{pmatrix} A(1) \\ A(2) \\ \vdots \\ A(K) \end{pmatrix} = (a^1, a^2, \cdots, a^J) \quad (7.16)$$

其中，$a^j \in \mathbb{R}_+^{LK}$，$A(k) = \begin{pmatrix} a^1(k) & a^2(k) & \cdots & a^J(k) \end{pmatrix}$ 是 $L \times J$ 矩阵。

在价格束 $p_1 = \begin{pmatrix} p(1) \\ p(2) \\ \vdots \\ p(K) \end{pmatrix} \in \mathbb{R}_{++}^{LK}$ 之下，在 1 期 1 单位的第 j 种资产交割的商品束 a^j 换算成货币报酬便是

$$V^j = \begin{pmatrix} V_1^j \\ V_2^j \\ \vdots \\ V_K^j \end{pmatrix} = \begin{pmatrix} p(1) \cdot a^j(1) \\ p(2) \cdot a^j(2) \\ \vdots \\ p(K) \cdot a^j(K) \end{pmatrix}$$

相应的报酬矩阵 [参见式 (7.1)]

$$V = V(p_1) = [V^1 V^2 \cdots V^J] = \begin{pmatrix} p(1) \cdot a^1(1) & p(1) \cdot a^2(1) & \cdots & p(1) \cdot a^J(1) \\ p(2) \cdot a^1(2) & p(2) \cdot a^2(2) & & p(2) \cdot a^J(2) \\ \vdots & \vdots & & \vdots \\ p(K) \cdot a^1(K) & p(K) \cdot a^2(K) & \cdots & p(K) \cdot a^J(K) \end{pmatrix}$$

$$= [p_1 \square a^1 \, p_1 \square a^2 \cdots p_1 \square a^J] \equiv p_1 \square A \tag{7.17}$$

此处 $p_1 = \begin{pmatrix} p(1) \\ p(2) \\ \vdots \\ p(K) \end{pmatrix} \in \mathbb{R}_{++}^{LK}$。结合式 (7.16) 还可将矩阵 (7.17) 表示成

$$V(p_1) = \begin{pmatrix} p(1)^{\mathrm{T}} & 0 & \cdots & 0 \\ 0 & p(2)^{\mathrm{T}} & \cdots & 0 \\ \vdots & \vdots & & \vdots \\ 0 & 0 & \cdots & p(K)^{\mathrm{T}} \end{pmatrix} \begin{pmatrix} a^1(1) & a^2(1) & \cdots & a^J(1) \\ a^1(2) & a^2(2) & \cdots & a^J(2) \\ \vdots & \vdots & & \vdots \\ a^1(K) & a^2(K) & \cdots & a^J(K) \end{pmatrix} = \begin{pmatrix} p(1)^{\mathrm{T}} A(1) \\ p(2)^{\mathrm{T}} A(2) \\ \vdots \\ p(K)^{\mathrm{T}} A(K) \end{pmatrix}$$

由此可见，决定实物资产市场特征的是资产结构矩阵 A。

例 7.1 (期货合同)   如果实物商品期货合同规定 1 单位的第 j 种资产在未来某时间仅仅交割 1 交易单位的第 j 种商品，于是资产结构矩阵就是

$$A = \begin{pmatrix} a^1(1) & a^2(1) & \cdots & a^J(1) \\ a^1(2) & a^2(2) & \cdots & a^J(2) \\ \vdots & \vdots & & \vdots \\ a^1(K) & a^2(K) & \cdots & a^J(K) \end{pmatrix}, \quad \text{其中} \, a_l^j(k) = \begin{cases} 1, & l = j \\ 0, & l \neq j \end{cases}$$

7.3 实物资产市场

相应的报酬矩阵

$$V = V(p_1) = \begin{pmatrix} p_1(1) & p_2(1) & \cdots & p_J(1) \\ p_1(2) & p_2(2) & \cdots & p_J(2) \\ \vdots & \vdots & & \vdots \\ p_1(K) & p_2(K) & \cdots & p_J(K) \end{pmatrix}$$

例 7.2 (基准资产) 假设每种资产在 1 期仅仅以指定的第 1 种商品 (如黄金) 进行交割,这种商品称作基准商品。在这种情况下,

$$a^j(k) = \begin{pmatrix} a_1^j(k) \\ 0 \\ \vdots \\ 0 \end{pmatrix} \in \mathbb{R}_+^L$$

相应的报酬矩阵

$$V = V(p_1) = \begin{pmatrix} p_1(1) & 0 & \cdots & 0 \\ 0 & p_1(2) & \cdots & 0 \\ \vdots & \vdots & & \vdots \\ 0 & 0 & \cdots & p_1(K) \end{pmatrix} \begin{pmatrix} a_1^1(1) & a_1^2(1) & \cdots & a_1^J(1) \\ a_1^1(2) & a_1^2(2) & \cdots & a_1^J(2) \\ \vdots & \vdots & & \vdots \\ a_1^1(K) & a_1^2(K) & \cdots & a_1^J(K) \end{pmatrix}$$

如果基准商品的价格总确定为 1,即 $p_1(k) = 1$ $(k = 1, 2, \cdots, K)$,则子空间 $\langle V \rangle$ 是固定不变的。这与例 7.1 形成对照,在例 7.1 中子空间 $\langle V \rangle$ 是随价格 p 而改变的,甚至子空间 $\langle V \rangle$ 的维数也随价格 p 而改变。

下面考察现货—实物资产市场。继续 7.1 节的论述,这里是把报酬矩阵 V 具体化为式 (7.17),它与 1 期的现货价格束 $p_1 = \begin{pmatrix} p(1) \\ p(2) \\ \vdots \\ p(K) \end{pmatrix}$ 有关,随 p_1 的不同,矩阵 $V = V(p_1)$ 也要发生变化。然而在 7.2 节所论的报酬矩阵 $V = H$ 是与 p_1 无关的,二者有着明显的区别。因此,这里面对的问题也就更困难。

假设有 J 种资产,在 0 期资产价格向量为 $q = \begin{pmatrix} q_1 \\ q_2 \\ \vdots \\ q_J \end{pmatrix} \in \mathbb{R}^J$。当经济人 i

选购了资产向量 $z^i = \begin{pmatrix} z_1^i \\ z_2^i \\ \vdots \\ z_J^i \end{pmatrix}$ 之后，其预算集合就是

$$\mathcal{B}\left(p, q, z^i, \omega^i\right) = \left\{ x \in \mathbb{R}_+^N \;\middle|\; \begin{array}{l} p(0) \cdot (x(0) - \omega^i(0)) = -q^\mathrm{T} z^i \\ p_1 \square (x_1 - \omega_1^i) = V(p_1) z^i \end{array} \right\}$$

其中，$p_1 \square x_1 = \begin{pmatrix} p(1) \cdot x(1) \\ p(2) \cdot x(2) \\ \vdots \\ p(K) \cdot x(K) \end{pmatrix} \in \mathbb{R}^K$。于是，经济人 i 的预算集合为

$$\mathcal{B}\left(p, q, \omega^i\right) = \left\{ x \in \mathbb{R}_+^N \;\middle|\; \begin{array}{l} p(0) \cdot (x(0) - \omega^i(0)) = -q^\mathrm{T} z \\ p_1 \square (x_1 - \omega_1^i) = V(p_1) z \end{array} \; z \in \mathbb{R}^J \right\} \tag{7.18}$$

对于这种具有实物资产的市场，定义 7.1 可重述如下。

定义 7.6 经济系统 $\mathcal{E}(u, \omega)$ 的现货—金融市场均衡 (FME) 是一个配置和价格的组合 $((\bar{x}, \bar{z}), (\bar{p}, \bar{q})) = ((\bar{x}^1, \bar{x}^2, \cdots, \bar{x}^I), (\bar{z}^1, \bar{z}^2, \cdots, \bar{z}), (\bar{p}, \bar{q}) \in \mathbb{R}_+^{IN} \times \mathbb{R}^{IJ} \times \mathbb{R}_{++}^N \times \mathbb{R}^J)$，满足条件：

(1) $\bar{x}^i = \mathrm{argmax}\{u^i(x) \mid x \in \mathcal{B}(\bar{p}, \bar{q}, \omega^i)\}$，且 $\bar{x}^i \in \mathcal{B}(\bar{p}, \bar{q}, \bar{z}^i, \omega^i)$，$i = 1, 2, \cdots, I$；

(2) $\sum_{i=1}^I (\bar{x}^i - \omega^i) = 0$；

(3) $\sum_{i=1}^I \bar{z}^i = 0$。

由于预算集合 (7.18) 关于价格 $p_1 = \begin{pmatrix} p(1) \\ p(2) \\ \vdots \\ p(K) \end{pmatrix} \in \mathbb{R}_{++}^{LK}$ 具有零阶齐次性，因此，容易验证如下的命题。

命题 7.2 如果 $((\bar{x}, \bar{z}), (\bar{p}, \bar{q}))$ 是经济系统 $\mathcal{E}(u, \omega)$ 的 FME 均衡，对于任何 $\beta = \begin{pmatrix} 1 \\ \beta_1 \\ \vdots \\ \beta_K \end{pmatrix} \in \mathbb{R}_{++}^{1+K}$，令 $\tilde{p} = \beta \square \bar{p} = \begin{pmatrix} \bar{p}(0) \\ \beta_1 \bar{p}(1) \\ \vdots \\ \beta_K \bar{p}(K) \end{pmatrix}$，则 $((\bar{x}, \bar{z}), (\tilde{p}, \bar{q}))$ 也是经

7.3 实物资产市场

济系统 $\mathcal{E}(u,\omega)$ 的均衡。

这个命题表明, 在仅含实物资产的市场中, 价格水平是不重要的。具体地说, 当均衡价格 $p = \begin{pmatrix} p_0 \\ p_1 \end{pmatrix} = \begin{pmatrix} p(0) \\ p(1) \\ \vdots \\ p(K) \end{pmatrix} \in \mathbb{R}_{++}^{L(1+K)}$ 已经确定, 如果将 1 期的价格调整成 $\tilde{p} = \beta \square p = \begin{pmatrix} p(0) \\ \beta_1 p(1) \\ \vdots \\ \beta_K p(K) \end{pmatrix}$, 此处 β_k 表示第 k 状态各种商品的价格均涨 (或者跌)β_k 倍, 这样做的结果不影响均衡配置, 可见, 这种市场 (如期货市场) 有防止通货膨胀的功能。

依照式 (7.7) 和式 (7.8) 的提示, 引进如下预算集合

$$\mathcal{B}\left(p,\omega^i\right) = \left\{ x \in \mathbb{R}_+^N \mid \begin{array}{l} p \cdot (x - \omega^i) = 0 \\ p_1 \square (x_1 - \omega_1^i) \in \langle V(p_1) \rangle \end{array} \right\} \tag{7.19}$$

其中, 资产数量 z 和价格 q 不再以显式出现。引进如下定义。

定义 7.7 经济系统 $\mathcal{E}(u,\omega)$ 的无套利均衡 (no-arbitrage equilibrium, NAE) 是一个配置和价格的组合 $(\bar{x},\bar{p}) = ((\bar{x}^1, \bar{x}^2, \cdots, \bar{x}^I), \bar{p}) \in \mathbb{R}^{IN} \times \mathbb{R}_{++}^N$, 满足条件:

(1) $\bar{x}^i = \arg\max \{u^i(x) \mid x \in \mathcal{B}(\bar{p}, \omega^i)\}$, $i = 1, 2, \cdots, I$;

(2) $\sum_{i=1}^{I} (\bar{x}^i - \omega^i) = 0$。

命题 7.3 经济系统 $\mathcal{E}(u,\omega)$ 存在 FME 均衡的充要条件是存在 NAE 均衡。

证明 如果存在 FME 均衡 $((\bar{x},\bar{z}),(\bar{p},\bar{q}))$, 由命题 7.1 存在 $\begin{pmatrix} 1 \\ \beta_1 \\ \vdots \\ \beta_K \end{pmatrix} \in \mathbb{R}_{++}^{1+K}$, 使得

$$\bar{q}_j = \sum_{k=1}^{K} \beta_k V_k^j, \qquad j = 1, 2, \cdots, J$$

令 $\tilde{p} = \beta \square \bar{p} = \begin{pmatrix} \bar{p}(0) \\ \beta_1 \bar{p}(1) \\ \vdots \\ \beta_K \bar{p}(K) \end{pmatrix}$,则有

$$\tilde{p} \cdot (x - \omega) = \bar{p}(0) \cdot (x(0) - \omega^i(0)) + \sum_{k=1}^{K} \beta_k \bar{p}(k) \cdot (x(k) - \omega^i(k)) = 0$$

又因为 $\bar{p} \square (\bar{x}^i - \omega^i) = V(\bar{p}_1) \bar{z}^i$,可见

$$\tilde{p}_1 \square (\bar{x}^i - \omega^i) \in \langle V(\tilde{p}_1) \rangle$$

这表明 $(\bar{x}, \tilde{p})$ 是经济系统 $\mathcal{E}(u, \omega)$ 的 NAE 均衡。

设 $(\tilde{x}, \tilde{p})$ 是经济系统 $\mathcal{E}(u, \omega)$ 的 NAE 均衡。由定义可知,对 $i = 2, 3, \cdots, I$,存在 $\tilde{z}^i \in \mathbb{R}^J$,使得

$$V(\tilde{p}_1) \tilde{z}^i = \tilde{p}_1 \square (\tilde{x}_1^i - \omega_1^i)$$

再令

$$\tilde{z}^1 = -\sum_{i=2}^{I} \tilde{z}^i, \qquad \tilde{q} = \sum_{k=1}^{K} \tilde{p}(k)^{\mathrm{T}} A(k)$$

注意对于 $i \geqslant 2$,

$$\tilde{p}(k) \cdot (\tilde{x}(k) - \omega^i(k)) = \tilde{p}(k)^{\mathrm{T}} A(k) \tilde{z}^i, \qquad k = 1, 2, \cdots, K$$

由关系式 $\tilde{p} \cdot (\tilde{x} - \omega^i) = 0$,便推出

$$\tilde{p}(0) \cdot (\tilde{x}(0) - \omega^i(0)) = -\sum_{k=1}^{K} \tilde{p}(k) \cdot (\tilde{x}(k) - \omega^i(k))$$

$$= -\sum_{k=1}^{K} \tilde{p}(k)^{\mathrm{T}} A(k) \tilde{z}^i = -\tilde{q}^{\mathrm{T}} \tilde{z}^i \qquad (7.20)$$

再由 $\sum_{i=1}^{I} (\tilde{x}^i - \omega^i) = 0$ 可推出式 (7.20) 对 $i = 1$ 也成立。于是,$((\tilde{x}, \tilde{z}), (\tilde{p}, \tilde{q}))$ 是一个 FME 均衡。 □

一个经济系统 $\mathcal{E}(u, \omega)$ 的 FME 均衡与采用的资产结构矩阵 A 有关,为此,记经济系统为 $\mathcal{E}(u, \omega, A)$。

7.3 实物资产市场

命题 7.4 设 $((x,z),(p,q))$ 是经济系统 $\mathcal{E}(u,\omega,A)$ 的均衡，如果

$$\mathrm{span}\,[p_1\square A] = \mathrm{span}\,[p_1\square B]$$

则存在 $(\hat{z},\hat{q})$ 使得 $((x,\hat{z}),(p,\hat{q}))$ 是经济系统 $\mathcal{E}(u,\omega,B)$ 的均衡。

证明 $((x,z),(p,q))$ 是经济系统 $\mathcal{E}(u,\omega,A)$ 的均衡，则 $p_1\square(x_1-\omega^i)\in\langle V_A\rangle = \mathrm{span}\,[p_1\square A] = \mathrm{span}\,[p_1\square B] = \langle V_B\rangle$。因此，对 $i=2,3,\cdots,I$，存在 $\hat{z}^i\in\mathbb{R}^J$，使得 $V_B(p_1)\hat{z}^i = p_1\square(x_1^i-\omega_1^i)$。再令

$$\hat{z}^1 = -\sum_{i=2}^{I}\hat{z}^i, \qquad \hat{q} = \sum_{k=1}^{K} p(k)^{\mathrm{T}} B(k)$$

对于 $i\geqslant 2$，$p(k)\cdot(x(k)-\omega^i(k)) = p(k)^{\mathrm{T}}B(k)\hat{z}^i$，$k=1,2,\cdots,K$，由关系式 $p\cdot(x-\omega^i) = 0$，便推出

$$p(0)\cdot\big(x(0)-\omega^i(0)\big) = -\sum_{k=1}^{K} p(k)\cdot\big(x(k)-\omega^i(k)\big) = -\sum_{k=1}^{K} p(k)^{\mathrm{T}}B(k)\hat{z}^i = -\hat{q}^{\mathrm{T}}\hat{z}^i$$

再由 $\sum_{i=1}^{I}(x^i-\omega^i) = 0$ 可推出上式对 $i=1$ 也成立。于是，$((x,\hat{z}),(p,\hat{q}))$ 是经济系统 $\mathcal{E}(u,\omega,B)$ 的均衡。 □

这个命题是说，如果收入转移子空间相同，则经济的商品均衡配置及均衡价格保持不变。

这个定理就是金融经济学中著名的莫迪利亚尼-米勒 (Modigliani-Miller)[①]定理中的部分结论。大意是说，假设 $\tilde{Y}\in\mathbb{R}_+^{LK}$ 是企业资产负债表左端的真实资产，假设分成两部分

$$A^1 + A^2 = \tilde{Y} = B^1 + B^2$$

即资产负债表右端的负债和业主权益。如果

$$\mathrm{span}\,[p_1\square A^1, p_1\square A^2] = \mathrm{span}\,[p_1\square B^1, p_1\square B^2]$$

即在负债和权益之间按不同比例融资，则不影响经济均衡，因此企业的价值不变，即企业价值与融资策略无关。

在完全市场的研讨中考察的预算集合为

$$B(p,\omega^i) = \{x\in\mathbb{R}_+^N \mid p\cdot(x-\omega^i) = 0\} \tag{7.21}$$

[①] 莫迪利亚尼 F (1918—2003)，美籍意大利经济学家，1985 年获诺贝尔经济学奖。米勒 M (1923—2000)，美国经济学家，1990 年获诺贝尔经济学奖。

用式 (7.19) 所确定的预算集合增加了约束条件 $p_1 \square (x_1 - \omega_1^i) \in \langle V(p_1) \rangle$，一般来说，它不能自动满足。当 $((\bar{x}, \bar{z}), (\bar{p}, \bar{q}))$ 是经济系统 $\mathcal{E}(u, \omega)$ 的 FME 均衡时，对经济人 1，$(\bar{x}^1, \bar{z}^1)$ 是定义 7.6 中的约束极大问题的解，依拉格朗日定理，存在

$$\lambda = \begin{pmatrix} \lambda_0 \\ \lambda_1 \\ \vdots \\ \lambda_K \end{pmatrix} \in \mathbb{R}_+^{1+K}, \text{构作范式}$$

$$L(x, z, \lambda) = u^1(x) - \lambda_0 \left(\bar{p}(0) \cdot (x(0) - \omega^1(0)) + \bar{q}^T z^1 \right)$$
$$- \sum_{k=1}^K \lambda_k \left(\bar{p}(k) \cdot (x(k) - \omega^1(k)) - \bar{p}(k)^T A(k) z^1 \right)$$

则 $L(x, z, \lambda)$ 在 $(\bar{x}^1, \bar{z}^1, \lambda)$ 处的偏导数为零。由此可推出 $\lambda_k > 0 (k = 0, 1, \cdots, K)$，并且

$$\lambda_0 \bar{q}^T = \sum_{k=1}^K \lambda_k \bar{p}(k)^T A(k)$$
$$\bar{p}(0) \cdot (\bar{x}^1(0) - \omega^1(0)) = -\bar{q}^T \bar{z}^1$$
$$\bar{p}(k) \cdot (\bar{x}^1(k) - \omega^1(k)) = \bar{p}(k)^T A(k) \bar{z}^1, \qquad k = 1, 2, \cdots, K$$

令 $\beta = \dfrac{1}{\lambda_0} \begin{pmatrix} \lambda_0 \\ \lambda_1 \\ \vdots \\ \lambda_K \end{pmatrix}$，由命题 7.2，可知 $\tilde{p} = \beta \square \bar{p}$ 也是均衡价格。此时，

$$\tilde{p} \cdot (\bar{x}^1 - \omega^1) = \tilde{p}(0) \cdot (\bar{x}^1(0) - \omega^1(0)) + \sum_{k=1}^K \tilde{p}(k) \cdot (\bar{x}^1(k) - \omega^1(k))$$
$$= -\bar{q}^T \bar{z}^1 + \sum_{k=1}^K \tilde{p}(k)^T A(k) \bar{z}^1 = 0$$

可见，

$$\bar{x}^1 \in B(\tilde{p}, \omega^1) = \{ x \in \mathbb{R}_+^N \mid \tilde{p} \cdot (x - \omega^1) = 0 \}$$

并且可以证明

$$\bar{x}^1 = \operatorname{argmax} \{ u^1(x) \mid x \in B(\tilde{p}, \omega^1) \}$$

7.3 实物资产市场

由此引进下面的定义。

定义 7.8 经济系统 $\mathcal{E}(u,\omega)$ 的规范化无套利均衡 (normalized no-arbitrage equilibrium，NNAE) 是一个配置和价格的组合 $(\bar{x},\bar{p}) = ((\bar{x}^1,\bar{x}^2,\cdots,\bar{x}^I),\bar{p}) \in \mathbb{R}_+^N \times \mathbb{R}_{++}^N$。满足如下条件：

(1) $\bar{x}^1 = \text{argmax}\{u^1(x) \mid x \in B(\bar{p},\omega^1)\}$ 且 $\bar{x}^i = \text{argmax}\{u^i(x) \mid x \in \mathcal{B}(\bar{p},\omega^i)\}, i = 2,3,\cdots,I$；

(2) $\sum\limits_{i=1}^{I}(\bar{x}^i - \omega^i) = 0$。

命题 7.5 经济系统 $\mathcal{E}(u,\omega)$ 的规范化无套利均衡态 (NNAE) 必是无套利均衡态 (NAE)。

证明 设 $(\bar{x},\bar{p})$ 是经济系统 $\mathcal{E}(u,\omega)$ 的规范化无套利均衡态。对于 $i=2,3,\cdots,I$，存在 $\bar{z}^i \in \mathbb{R}^J$，使得

$$\bar{p}_1 \square (\bar{x}_1^i - \omega_1^i) = V(\bar{p}_1)\bar{z}^i$$

由于 $\sum\limits_{i=1}^{I}(\bar{x}^i - \omega^i) = 0$，便有

$$\bar{p}_1 \square (\bar{x}_1^1 - \omega_1^1) = -\sum_{i=2}^{I} \bar{p}_1 \square (\bar{x}_1^i - \omega_1^i) = -\sum_{i=2}^{I} V(\bar{p}_1)\bar{z}^i$$

$$= V(\bar{p}_1)\sum_{i=2}^{I}(-\bar{z}^i) \in \langle V(\bar{p}_1) \rangle$$

所以，$\bar{x}^1 \in \mathcal{B}(\bar{p},\omega^1)$，且

$$\bar{x}^1 = \text{argmax}\{u^1(x) \mid x \in \mathcal{B}(\bar{p},\omega^1)\}$$

可见，$(\bar{x},\bar{p})$ 是无套利均衡态。 □

对于现货—金融市场 $\mathcal{E}(u,\omega)$ 而言，现在已经有了关于均衡态的四种定义。有必要对它们之间的关系略作说明。

FME 均衡明确地反映了实物商品配置与金融资产配置之间的关系。经济意义清楚。它是现货—金融市场理论研究的出发点。

CME 均衡不涉及金融资产，当市场是完全的时，CME 均衡与 FME 均衡是一致的 (指价格和实物商品配置)，当市场是不完全的时，彼此不能替代 [见 Geanakoplos 等 (1990) 的文献]。

NAE 均衡等价于 FME 均衡，从形式上看，二者的表述很近似，其差别只是经济人的预算集合不同。

NNAE 均衡等价于 NAE 均衡,其差别只是第 1 个经济人的预算集合不同,前者所决定的市场需求保留了未定市场需要的某些特征,这使沿用第 6 章已有的数学论证方法成为可能。

7.3.2 伪均衡的引进

从形式上来看,NNAE 均衡要比 FME 均衡简化了许多,表面上前者不出现资产价格和数量,但仍然出现捉摸不定的线性子空间 $\langle V(p_1) \rangle$,它是 $\mathbb{R}^K$ 中的子空间,其维数至多是 J。随着 p 的改变,它的维数也要发生变化。这正是解决不完全市场均衡问题的实质性困难。为此,设想用确定的线性子空间 $C \subseteq \mathbb{R}^K$ 来替代 $\langle V(p_1) \rangle$,然后再从这一类"试探"子空间中寻找能够实现均衡的子空间 $\bar{C}$。

下面不加证明地引进微分拓扑学的一个重要定理。

定理 7.7 $\mathbb{R}^K$ 中的全体 J 维线性子空间所构成的集合赋予适当的拓扑后作成一个紧微分流形,记作 $G^J(\mathbb{R}^K)$,它的维数 $\dim G^J(\mathbb{R}^K) = J(K-J)$。称 $G^J(\mathbb{R}^K)$ 为格拉斯曼流形。

$\mathbb{R}^K$ 中的 J 维子空间是 $\mathbb{R}^K$ 中过原点的一个 J 维超平面,这样的子空间有无穷多个,每一个这样的子空间作为一个元素,简直就当作一个点,它们的全体构成了格拉斯曼流形 $G^J(\mathbb{R}^K)$。定理 7.7 表明,流形 $G^J(\mathbb{R}^K)$ 局部结构等同于欧氏空间 $\mathbb{R}^{J(K-J)}$。关于格拉斯曼流形的知识请参见文献 Milnor (1965) 及 Magill 和 Shafer (1991)。

现在再回到 NNAE 均衡态 (定义 7.8)。由于预算集合关于价格具有零阶齐次性,所以价格集合 $\mathbb{R}_{++}^N$ 可以换成归一化价格集合

$$S^{N-1} = \left\{ p \in \mathbb{R}_{++}^N \mid \sum_{n=1}^N p_n = 1 \right\}$$

定义经济人 1 的需求函数 $f^1 : S^{N-1} \times \mathbb{R}_{++}^N \to \mathbb{R}_+^N$,

$$f^1(p, \omega^1) = \operatorname{argmax} \left\{ u^1(x) \mid x \in B(p, \omega^1) \right\} \tag{7.22}$$

这样的需求函数在完全市场理论中已经研究过,它的性质是我们熟知的。

对于经济人 $i = 2, 3, \cdots, I$,引进伪需求函数 $f^i : S_{++}^{N-1} \times G^{KJ} \times \mathbb{R}_{++}^N \to \mathbb{R}_+^N$,

$$f^i(p, C, \omega^i) = \operatorname{argmax} \left\{ u^i(x) \mid x \in B(p, C, \omega^i) \right\} \tag{7.23}$$

其中

$$B(p, C, \omega^i) = \left\{ x \in \mathbb{R}_+^N \mid p \cdot (x - \omega^i) = 0, \ p_1 \square (x_1 - \omega_1^i) \in C \right\} \tag{7.24}$$

7.3 实物资产市场

应该指出，这里的预算集合 $B(p, C, \omega^i)$ 与定义 7.7 的预算集合 $\mathcal{B}(p, \omega^i)$[即式 (7.19)] 是不相同的。后者是要求满足约束条件 $p_1 \square (x_1^i - \omega^i) \in \langle V(p_1) \rangle$。子空间 $\langle V(p_1) \rangle$ 随着 p 变化，甚至可能不是 J 维子空间，而前者则要求，对任意指定的 J 维子空间 $C \in G^J(\mathbb{R}^K)$ 满足约束条件 $p_1 \square (x_1^i - \omega_1^i) \in C$。这种替代完全是数学推理的需要。

引进市场的伪超需函数 $Z: S_{++}^{N-1} \times G^J(\mathbb{R}^K) \times \Omega \to \mathbb{R}^N$，

$$Z(p, C, \omega) = f^1(p, \omega^1) - \omega^1 + \sum_{i=2}^{I} (f^i(p, C, \omega^i) - \omega^i) \tag{7.25}$$

能够证明，函数 Z 保留了完全市场的超需函数所具有的特性 (见定理 6.12)。于是，对任意指定的子空间 $C \in G^J(\mathbb{R}^K)$，方程

$$Z(p, C, \omega) = 0 \tag{7.26}$$

有解 $p = p(C)$。如果能找到子空间 $\bar{C}$，使得

$$V(p_1(\bar{C})) = \bar{C} \tag{7.27}$$

如此的 $p(\bar{C})$ 便是 NNAE 均衡价格，相应的均衡配置为

$$\bar{x}^1 = f^1(p(\bar{C}), \omega^1), \qquad \bar{x}^i = f^i(p(\bar{C}), \bar{C}, \omega^i), \quad i = 2, 3, \cdots, I$$

问题在于满足式 (7.27) 的子空间 $\bar{C}$ 是否存在。不难想象，答案不能肯定。因为式 (7.27) 的右端是一个 J 维空间，而 $V(p_1')$ 可能不是 J 维子空间，退而求其次，把式 (7.27) 中的等式换成包含关系，这便引出下面的重要概念。

定义 7.9 经济系统 $\mathcal{E}(u, \omega)$ 的伪均衡 (pseudo equilibrium，PE) 是一个组合 $(\bar{x}, \bar{p}, \bar{C}) = ((\bar{x}^1, \bar{x}^2, \cdots, \bar{x}^I), (\bar{p}, \bar{C})) \in \mathbb{R}_+^{IN} \times S_{++}^{N-1} \times G^J(\mathbb{R}^K)$，使得

(1) $\bar{x}^1 = \arg\max\{u_1(x), x \in B(\bar{p}, \omega^1)\}$ 且 $\bar{x}^i = \arg\max\{u_i(x), x \in B(\bar{p}, \bar{C}, \omega^i)\}$, $i = 2, 3, \cdots, I$;

(2) $\sum_{i=1}^{I} (\bar{x}^i - \omega^i) = 0$;

(3) $\langle V(\bar{p}_1) \rangle \subseteq \bar{C}$。

如果还满足条件

(3′) $\langle V(\bar{p}_1) \rangle = \bar{C}$,

则称 $(\bar{x}, \bar{p}, \bar{C})$ 为满秩伪均衡态 (full-rank pseudo equilibrium，FPE)。

通过前面的分析可以看出，如果经济系统 $\mathcal{E}(u, \omega)$ 存在 FPE 均衡 (它也是 NNAE 均衡)，则必存在 FME 均衡。PE 均衡与 NNAE 均衡是两件事，NNAE

均衡 (x,p) 要求 $p_1 \square (x_1 - \omega_1^i) \in V(p_1)$；伪均衡 (x,p,C) 使得 $p_1 \square (x_1 - \omega_1^i) \in C$ 和 $\langle V(p_1) \rangle \subseteq C$ 成立，即使这样也未必能保证 $p_1 \square (x_1 - \omega_1^i) \in V(p_1)$。当伪均衡 (x,p,C) 满足条件 $\dim \langle V(p_1) \rangle = J$ 时，它必然是满秩伪均衡。

伪均衡的存在性归结为寻求 $(\bar{p},\bar{C}) \in S_{++}^N \times G^J(\mathbb{R}^K)$ 满足

$$Z(\bar{p},\bar{C},\omega) = 0 \tag{7.28a}$$

$$\langle V(\bar{p}_1) \rangle \subseteq \bar{C} \tag{7.28b}$$

在完全市场情形，均衡问题归结为求超需函数的零点，而现在的问题 (7.28) 是在限制条件下，求超需函数的零点。

7.3.3 伪均衡存在定理

为了考察问题 (7.28)，需要明确子空间 $C \in G^J(\mathbb{R}^K)$ 的表达问题。

设 $C \in G^J(\mathbb{R}^K)$ 是 $\mathbb{R}^K$ 中的 J 维线性子空间 $(J < K)$，则存在 $K-J$ 维的直交补空间 $C^\perp = \{v \in \mathbb{R}^K \mid v \perp C\}$。在子空间 $C^\perp$ 中选取基底 $M^1, M^2, \cdots, M^{K-J} \in \mathbb{R}^K$，构作矩阵

$$M = \begin{pmatrix} M^{1\mathrm{T}} \\ M^{2\mathrm{T}} \\ \vdots \\ M^{(K-J)\mathrm{T}} \end{pmatrix}, \quad M^\mathrm{T} = [M^1\ M^2\ \cdots\ M^{K-J}]$$

则有

$$C^\perp = \{\alpha_1 M^1 + \alpha_2 M^2 + \cdots + \alpha_{K-J} M^{K-J} \mid \alpha_i \in \mathbb{R}\} = \langle M^\mathrm{T} \rangle$$

$$C = (C^\perp)^\perp = \{v \in \mathbb{R}^K \mid v \perp C^\perp\}$$

$$= \{v \in \mathbb{R}^K \mid v \perp M^1, v \perp M^2, \cdots, v \perp M^{K-J}\}$$

$$= \{v \in \mathbb{R}^K \mid v^\mathrm{T} M^\mathrm{T} = 0\}$$

$$= \{v \in \mathbb{R}^K \mid Mv = 0\}$$

于是，可得如下引理。

引理 7.8 对于 $C \in G^J(\mathbb{R}^K)$，必存在 $(K-J) \times K$ 矩阵 M，其秩数 $\mathrm{rank} M = K-J$，使得

$$C = \mathrm{Ker} M = \{v \in \mathbb{R}^K \mid Mv = 0\}$$

引理 7.9 对于 $C \in G^J(\mathbb{R}^K)$，如果矩阵 M 和 $\bar{M}$ 使得 $\mathrm{Ker} M = \mathrm{Ker} \bar{M} = C$，当且仅当存在 $(K-J) \times (K-J)$ 满秩矩阵 D，使得 $M = D\bar{M}$。

7.3 实物资产市场

证明 因为 M^T 的列向量 $\{M^1, M^2, \cdots, M^{K-J}\}$ 及 $\bar{M}^T$ 的列向量 $\{\bar{M}^1, \bar{M}^2, \cdots, \bar{M}^{K-J}\}$ 都构成子空间 $C^\perp$ 的基底，所以存在满秩矩阵 D，使得 $M = D\bar{M}$。

定义等价关系：

$$M \sim \bar{M} \Leftrightarrow 存在(K-J)\times(K-J)的满秩矩阵 D 使得 M = D\bar{M}$$

记 Y 是所有秩数为 $K-J$ 的 $(K-J)\times K$ 的矩阵所构成的集合。按上述的等价关系，每个 $C \in G^J(\mathbb{R}^K)$ 都唯一地对应一个等价类，对此等价类中的任何矩阵 M 有 $C = \text{Ker} M$。于是，可认为 $G^J(\mathbb{R}^K)$ 等同于 $Y/\sim$，在下面的陈述中，一些技术性细节不再详述，可参见文献 Magill 和 Shafer(1991)。 □

今设 $C \in G^J(\mathbb{R}^K)$，由引理 7.8，对应地存在秩数为 $K-J$ 的 $(K-J)\times K$ 矩阵 M，使得 $\text{Ker} M = C$。不妨设 $M = [I^* \mid E]$，其中 I^* 是 $(K-J)\times(K-J)$ 单位阵，E 是 $(K-J)\times J$ 矩阵。于是，式 (7.24) 中

$$p_1 \square (x_1 - \omega_1^i) \in C \Leftrightarrow [I^* \mid E] p_1 \square (x_1 - \omega_1^i) = 0 \qquad (7.29)$$

引理 7.10 伪需求函数 f^i [见式 (7.23)] 具有如下性质：
(1) f^i 是连续可微的，关于 p 是零阶齐次的；
(2) $p \cdot f^i(p, C, \omega^i) = p \cdot \omega^i$；
(3) 如果 $f^i(\bar{p}, \bar{C}, \omega^i) = \omega^i$，则秩数

$$\text{rank} \frac{\partial f^i}{\partial(p, E)}\bigg|_{(\bar{p}, \bar{E})} = N - 1$$

这个引理的证明，基本可沿用引理 7.2 和引理 7.3 的证明方法 (参见 7.4 节)，请读者自己完成。

为证明问题 (7.28) 的解的存在性，运用第 6 章所展示的办法。引进伪均衡流形

$$\varGamma = \left\{ (p, C, \omega, A) \in S_{++}^{N-1} \times G^J(\mathbb{R}^K) \times \Omega \times \mathcal{A} \;\bigg|\; \begin{array}{l} \hat{Z}(p, C, \omega) = 0 \\ \langle V(p, A) \rangle \subseteq C \end{array} \right\} \qquad (7.30)$$

其中，$\Omega = \mathbb{R}_{++}^{IN}$，而 $\mathcal{A} = \mathbb{R}^{LKJ}$ 表示所有 $LK \times J$ 的矩阵所构成的集合，再有

$$\hat{Z} = \begin{pmatrix} Z_1 \\ Z_2 \\ \vdots \\ Z_{N-1} \end{pmatrix}, \qquad V(p_1, A) = p_1 \square A$$

引进投影映射

$$\pi : \Gamma \to \Omega \times \mathcal{A}, \qquad \pi(p, C, \omega, A) = (\omega, A)$$

参照定理 6.13、命题 6.4 和定理 6.19，可以证明以下结论。

定理 7.8 Γ 是 $S_{++}^{N-1} \times G^J(\mathbb{R}^K) \times \Omega \times \mathcal{A}$ 中的微分流形，且维数 $\dim \Gamma = IN + LKJ$。

证明（大意）设 $(\bar{p}, \bar{C}, \bar{\omega}, \bar{A}) \in \Gamma$，不妨设 $\bar{C} \in G^J(\mathbb{R}^K)$ 对应矩阵 $M = [I \mid \bar{E}]$，$\bar{C} = \operatorname{Ker} M$。于是 $(\bar{p}, \bar{C}, \bar{\omega}, \bar{A})$ 满足方程

$$\hat{Z}(p, E, \omega) = 0 \tag{7.31a}$$

$$Q(p, E, A) = 0 \tag{7.31b}$$

此处 $Q(p, E, A) = [I^* \mid E]V(p_1, A)$。引进 $H = \begin{pmatrix} \hat{Z} \\ Q \end{pmatrix}$，则映射 $H : S_{++}^{N-1} \times \mathbb{R}^{(K-J)J} \times \Omega \times \mathbb{R}^{LKJ} \to \mathbb{R}^{N-1} \times \mathbb{R}^{(K-J)J}$，且 $(\bar{p}, \bar{C}, \bar{\omega}, \bar{A})$ 满足

$$H(p, E, \omega, A) = 0 \tag{7.32}$$

计算 H 关于 ω^1 和 A 的偏导数

$$\frac{\partial H}{\partial(\omega^1, A)} = \begin{pmatrix} \dfrac{\partial \hat{Z}}{\partial \omega^1} & \mathbf{0} \\ \mathbf{0} & \dfrac{\partial Q}{\partial \bar{A}} \end{pmatrix} \tag{7.33}$$

类似于定理 6.13 可证，秩数 $\operatorname{rank} \dfrac{\partial \hat{Z}}{\partial \omega^1} = N - 1$。

把矩阵 $Q(p, E, A)$ 表示成

$$Q(p, E, A) = \begin{pmatrix} p(1)^{\mathrm{T}} a^1(1) & \cdots & p(1)^{\mathrm{T}} a^J(1) \\ \vdots & & \vdots \\ p(K-J)^{\mathrm{T}} a^1(K-J) & \cdots & p(K-J)^{\mathrm{T}} a^J(K-J) \end{pmatrix}$$
$$+ E \begin{pmatrix} p(K-J+1)^{\mathrm{T}} a^1(K-J+1) & \cdots & p(K-J+1)^{\mathrm{T}} a^J(K-J+1) \\ \vdots & & \vdots \\ p(K)^{\mathrm{T}} a^1(K) & \cdots & p(K)^{\mathrm{T}} a^J(K) \end{pmatrix} \tag{7.34}$$

7.3 实物资产市场

映射 $Q: \mathbb{R}_+^{LK} \times \mathbb{R}^{(K-J)\times J} \times \mathbb{R}^{LKJ} \to \mathbb{R}^{(K-J)J}$ 关于 A 的偏导数的计算，如 $p(1)^\mathrm{T} a^1(1) = \sum\limits_{l=1}^{L} p_l(1) a_l^1(1)$，则有

$$\nabla p(1)^\mathrm{T} a^1(1) = (p(1)^\mathrm{T}, 0, \cdots, 0, *, \cdots, *)$$

所以可得对角矩阵

$$\frac{\partial Q}{\partial A} = \begin{pmatrix} p(1)^\mathrm{T} & & & & & & & & * & \cdots & * \\ & \ddots & & & & & & & & & \\ & & p(1)^\mathrm{T} & & & & & & & & \\ & & & p(2)^\mathrm{T} & & & & & & & \\ & & & & \ddots & & & & & & \\ & & & & & p(2)^\mathrm{T} & & & & & \\ & & & & & & \ddots & & & & \\ & & & & & & & p(K-J)^\mathrm{T} & & & \\ & & & & & & & & \ddots & * & \cdots & * \\ & & & & & & & & & p(K-J)^\mathrm{T} & & \end{pmatrix}$$
(7.35)

由于 $p(k) \gg 0$，易见上面矩阵的秩数 $\mathrm{rank}\dfrac{\partial Q}{\partial A} = (K-J)J$。总之，秩数

$$\mathrm{rank}\frac{\partial H}{\partial(\omega^1, A)} = (N-1) + (K-J)J$$

根据定理 6.6，便证明 $0 \in \mathbb{R}^{N-1} \times \mathbb{R}^{(K-J)J}$ 是映射 H 的正则值，进一步可证明 $\varGamma$ 是微分流形，其维数

$$\dim \varGamma = (N-1) + (K-J)J + IN + LKJ - (N-1) - (K-J)J = IN + LKJ$$

$\square$

定理 7.9 $\pi: \varGamma \to \varOmega \times \mathcal{A}$ 是固有映射。

请读者自己验证。

定理 7.10 设 (ω, A) 是映射 π 的正则值，则模 2 度数 $\deg_2(\pi, (\omega, A)) = 1$。从而，$\pi^{-1}(\omega, A) \neq \varnothing$。

证明 可仿照定理 6.20 或者定理 7.5 的证法进行。选取帕累托最优经济 $\bar{\omega} = (\bar{\omega}^1, \bar{\omega}^2, \cdots, \bar{\omega}^I) \in \varOmega$，则经济 $\mathcal{E}(u, \bar{\omega})$ 存在未定市场均衡 $(\bar{\omega}, \bar{p}) \in \mathbb{R}_+^{IN} \times S_{++}^{N-1}$，而且均衡价格 $\bar{p}$ 是唯一的。再选择 $K \times J$ 矩阵 $\bar{A} \in \mathcal{A}$，使得 $V(\bar{p}_1, \bar{A})$ 的每个 $J \times J$

子矩阵的秩数均为 J, 从而, 存在唯一的 $\bar{C} \in G^J(\mathbb{R}^K)$, 使得 $\bar{C} = \langle V(\bar{p}, \bar{A}) \rangle$。于是, $\pi^{-1}(\bar{\omega}, \bar{A}) = \{(\bar{p}, \bar{C}, \bar{\omega}, \bar{A})\}$。由引理 7.8 可知, 存在满秩的 $(K-J) \times K$ 矩阵 $M = [I^* | \bar{E}]$, 使得

$$[I^* | \bar{E}] V(\bar{p}, \bar{A}) = \mathbf{0}$$

为证 $(\bar{\omega}, \bar{A})$ 是映射 π 的正则值, 依定理 6.10, 只须证明 $\mathbf{0} \in \mathbb{R}^{N-1} \times \mathbb{R}^{(K-J)J}$ 是映射 $H(p, E, \bar{\omega}, \bar{A})$ 的正则值。为此计算导算子矩阵

$$\frac{\partial H}{\partial (p, E)} = \begin{pmatrix} \dfrac{\partial \hat{Z}}{\partial p} & \mathbf{0} \\ \dfrac{\partial Q}{\partial p} & \dfrac{\partial Q}{\partial E} \end{pmatrix}$$

依式 (7.34) 将有表达式

$$Q(p, E, \bar{A}) = V_1(p_1, \bar{A}) + E V_2(p_1, \bar{A})$$

其中, $V_2(p_1, A)$ 是矩阵 $V(p_1, A)$ 的最后的 J 行所构成的 $J \times J$ 子矩阵, 它的秩数是 J。计算可得

$$\frac{\partial Q}{\partial E} = \begin{pmatrix} V_2(p_1, A)^{\mathrm{T}} & & \mathbf{0} \\ & \ddots & \\ \mathbf{0} & & V_2(p_1, A)^{\mathrm{T}} \end{pmatrix}$$

上式右端是由 $(K-J)$ 个子矩阵所构成的对角矩阵。由于子矩阵的秩数 $\mathrm{rank} V_2(\bar{p}_1, \bar{A}) = J$, 所以,

$$\mathrm{rank} \frac{\partial Q}{\partial E} \bigg|_{(\bar{p}, \bar{E}, \bar{Z})} = (K-J)J$$

类似于引理 7.3 可以证明

$$\mathrm{rank} \frac{\partial \hat{Z}}{\partial p} \bigg|_{(\bar{p}, \bar{E}, \bar{\omega}, \bar{A})} = N - 1$$

总之, 有

$$\mathrm{rank} \frac{\partial H}{\partial (p, E)} \bigg|_{(\bar{p}, \bar{E}, \bar{\omega}, \bar{A})} = (N-1) + (K-J)J$$

7.3 实物资产市场

因此，$(\bar{\omega}, \bar{A})$ 是映射 π 的正则值。因为

$$\dim(\Omega \times \mathcal{A}) = IN + LKJ = \dim \Gamma$$

故可以定义映射 $\pi: \Gamma \to \Omega \times \mathcal{A}$ 的模 2 度数，由定理 6.9 可知，对映射 π 的任何正则值 (ω, A)，有

$$\deg_2(\pi, (\omega, A)) = \deg_2(\pi, (\bar{\omega}, A)) = 1$$

从而，正则经济 (ω, A) 有奇数个伪均衡。证完。 □

如果 $(\omega, A) \in \Omega \times \mathcal{A}$ 不是映射 π 的正则值，即为映射 π 的临界值，依定义 $\pi^{-1}(\omega, A) \neq \varnothing$，所以经济 (ω, A) 也有伪均衡。于是，得到下面的重要定理。

定理 7.11 (Duffie and Shafer, 1985) 对任何 $(\omega, A) \in \Omega \times \mathcal{A}$，经济 (ω, A) 都存在伪均衡。

比较完全市场与不完全市场的均衡存在性问题，二者的本质区别在于后者要求解决式 (7.18) 中出现的问题：

$$\langle V(\bar{p}(\bar{C})) \rangle \subseteq \bar{C}$$

这就是子空间不动点问题，这是数学研究领域的新问题。古典的 Brouwer 不动点定理已经无能为力，下面的定理回答了这个问题。

定理 7.12 设 $\bar{\Psi}: G^J(\mathbb{R}^K) \to \mathbb{R}^{JK}$ 是连续的矩阵值函数，则存在 $\bar{C} \in G^J(\mathbb{R}^K)$ 使得 $\langle \bar{\Psi}(\bar{C}) \rangle \subseteq \bar{C}$。

这个定理实际上是定理 7.11 的一部分。除此之外，还有 Husseini 等 (1990) 和 Hirsch 等 (1990) 分别利用代数拓扑学与微分拓扑学给出了不同的证明，这些都是拓扑学研究在 20 世纪 80 年代的新进展。

7.3.4 均衡普适存在定理

定理 7.11 给出了伪均衡的存在性，还没有回答满秩均衡的存在性问题，下面探讨这个问题，其中某些结果只给出证明大意，细节请读者完成。

定理 7.13 映射 π 的正则值构成满测度开集 $\Delta \subseteq \Omega \times \mathcal{A}$，使得对每个 $(\omega, A) \in \Delta$，总有奇数个伪均衡，而且每个伪均衡都是参量 (ω, A) 的连续可微函数。

证明 由定理 7.11、定理 6.7 及隐函数定理即可推出。 □

引理 7.11 设 N 是所有秩数为 J 的 $K \times J$ 矩阵所构成的集合，则 N 是 $\mathbb{R}^{KJ}$ 中的满测度开集。

证明 对任意的 $A \in N$，则 $\operatorname{rank} A = J$，可设 A 有奇异值 $\{\sigma_1, \sigma_2, \cdots, \sigma_J\}$，且 $\sigma_1 \geqslant \sigma_2 \geqslant \cdots \geqslant \sigma_J$，由 N 以及奇异值的定义可知，$\sigma_j > 0$。取 $\sigma = \dfrac{\sigma_j}{2}$。

设 M 是 $K\times J$ 矩阵中所有秩亏矩阵构成的集合,$B\in M$。那么对于以 A 为中心,σ 为半径的邻域 $O(A,\sigma)$ 中的任意点 C,有

$$d_2(C,M) = \inf_{B\in M}\|C-B\|_2 \geqslant \inf_{B\in M}(\|A-B\|_2 - \|A-C\|_2)$$

$$\geqslant \inf_{B\in M}\left(\|A-B\|_2 - \frac{\sigma_j}{2}\right) = \sigma_j - \frac{\sigma_j}{2} = \frac{\sigma_j}{2} > 0$$

表明,$C\notin M$,即 $C\in N$,因此 N 是开集。

满测度只需证明,对任意 $A\in\mathbb{R}^{KJ}$,存在 N 中的序列 $\{B_n\}_{n=1}^{\infty}$,使得 $B_n\to A(n\to +\infty)$。

若 $A\in N$,结论是显然的。

设 $A\notin N$,即 $A\in M$,设 $\mathrm{rank}A = r < J$,存在正交矩阵 $U\in\mathbb{R}^{KK}, V\in\mathbb{R}^{JJ}$,使得

$$A = U\begin{bmatrix} \Sigma_r & 0_{r\times(J-r)} \\ 0_{(K-r)\times r} & 0_{(K-r)\times(J-r)} \end{bmatrix}V^{\mathrm{T}}$$

其中,$\Sigma_r = \mathrm{diag}(\sigma_1,\sigma_2,\cdots,\sigma_r),\sigma_1\geqslant\sigma_2\geqslant\cdots\geqslant\sigma_r > 0$。取 $J-r$ 个以 0 为极限的正数数列 $\{a_n^1\}_{n=1}^{\infty}, \{a_n^2\}_{n=1}^{\infty}, \cdots, \{a_n^{J-r}\}_{n=1}^{\infty}$,令

$$B_n^* = \begin{bmatrix} \Sigma_r & & & & \\ & a_n^1 & & & \\ & & a_n^2 & & \\ & & & \ddots & \\ & & & & a_n^{J-r} \\ & & 0_{(K-J)\times J} & & \end{bmatrix}$$

则 $B_n^*\in N$,且 $UB_n^*V^{\mathrm{T}}\to A(n\to +\infty)$,因此 $\{B_n\}_{n=1}^{\infty} = \{UB_n^*V^{\mathrm{T}}\}_{n=1}^{\infty}$ 为所需要的数列。可得 N 在 $\mathbb{R}^{KJ}$ 中满测度。 □

引理 7.12 集合 $M_1 = \{(p_1,A)\in\mathbb{R}_{++}^{LK}\times\mathbb{R}^{LKJ}\mid \mathrm{rank}V(p_1,A) = J\}$ 是满测度开集。

证明 视 V 为映射 $V:\mathbb{R}_{++}^N\times\mathbb{R}^{LKJ}\to\mathbb{R}^{KJ}$,仿照式 (7.34) 可计算 V 关于 A 的导算子矩阵的秩数,

$$\mathrm{rank}\frac{\partial V}{\partial A} = KJ$$

可见,映射 V 是淹没。注意 $M_1 = V^{-1}(N)$ 且 N 是满测度开集(引理 7.11),所以 M_1 也是满测度开集。 □

7.3 实物资产市场

记

$$M_2 = \mathbb{R}^L \times M_1, \qquad M = \left(S_{++}^{N-1} \times \mathbb{R}^{LKJ}\right) \cap M_2 \tag{7.36}$$

由引理 7.12 可知，集合 $M \subseteq S_{++}^{N-1} \times \mathbb{R}^{LKJ}$ 是满测度开集。

定理 7.14 (Duffie and Shafer，1985) 存在满测度开集 $\Delta' \subseteq \Omega \times \mathcal{A}$，使得对任何 $(\omega, A) \in \Delta'$，经济 (ω, A) 存在均衡。

证明 由定理 7.13 可知，由映射 π 的所有正则值所构成的集合 $\Delta \subseteq \Omega \times \mathcal{A}$ 是满测度开集合，且对任何 $(\bar\omega, \bar A) \in \Delta$，都存在奇数个伪均衡。不妨设仅存在一个伪均衡，并且存在 $(\bar\omega, \bar A)$ 的邻域 $U \subseteq \Delta$ 及光滑函数

$$\begin{aligned}\varphi_1 : \bar U \to S_{++}^{N-1}, &\qquad p = \varphi_1(\omega, A)\\ \varphi_2 : \bar U \to \mathbb{R}^{(K-J)J}, &\qquad E = \varphi_2(\omega, A)\end{aligned}$$

此处 $\pi^{-1}(\omega, A) = (p, C, \omega, A)$，$(\omega, A) \in \bar U$，$C \in G^J\left(\mathbb{R}^K\right)$ 对应矩阵 $[I^* \mid E]$，使得 $C = \operatorname{Ker}[I^* \mid E]$。

依照式 (7.32)，有

$$H\left(\varphi_1(\omega, A), \varphi_2(\omega, A), \omega, A\right) \equiv 0, \qquad (\omega, A) \in \bar U \tag{7.37}$$

对式 (7.37) 微分，可得

$$\begin{pmatrix}\dfrac{\partial H}{\partial p} & \dfrac{\partial H}{\partial E}\end{pmatrix} \begin{pmatrix}\dfrac{\partial \varphi_1}{\partial \omega} & \dfrac{\partial \varphi_1}{\partial A}\\ \dfrac{\partial \varphi_2}{\partial \omega} & \dfrac{\partial \varphi_2}{\partial A}\end{pmatrix} + \begin{pmatrix}\dfrac{\partial H}{\partial \omega} & \dfrac{\partial H}{\partial A}\end{pmatrix} = 0$$

因为 $(\omega, A) \in \bar U$ 是映射 π 的正则值，所以，秩数

$$\operatorname{rank}\begin{pmatrix}\dfrac{\partial H}{\partial p} & \dfrac{\partial H}{\partial E}\end{pmatrix} \begin{pmatrix}\dfrac{\partial \varphi_1}{\partial \omega} & \dfrac{\partial \varphi_1}{\partial A}\\ \dfrac{\partial \varphi_2}{\partial \omega} & \dfrac{\partial \varphi_2}{\partial A}\end{pmatrix} = \operatorname{rank}\begin{pmatrix}\dfrac{\partial H}{\partial \omega} & \dfrac{\partial H}{\partial A}\end{pmatrix} = (N-1) + (K-J)J$$

由于 $\begin{pmatrix}\dfrac{\partial H}{\partial p} & \dfrac{\partial H}{\partial E}\end{pmatrix}$ 是满秩的，即 $\operatorname{rank}\begin{pmatrix}\dfrac{\partial H}{\partial p} & \dfrac{\partial H}{\partial E}\end{pmatrix} = (N-1) + (K-J)J$ [参见引理 7.3 或者 Magill 和 Shafer(1991) 的相关研究]，从而，秩数

$$\operatorname{rank}\begin{pmatrix}\dfrac{\partial \varphi_1}{\partial \omega} & \dfrac{\partial \varphi_1}{\partial A}\\ \dfrac{\partial \varphi_2}{\partial \omega} & \dfrac{\partial \varphi_2}{\partial A}\end{pmatrix} = (N-1) + (K-J)J$$

由此可推出，秩数
$$\operatorname{rank}\begin{pmatrix}\dfrac{\partial\varphi_1}{\partial\omega}&\dfrac{\partial\varphi_1}{\partial A}\end{pmatrix}=N-1$$

定义映射
$$\Psi:\bar{U}\to S_{++}^{N-1}\times\mathbb{R}^{LKJ},\qquad\Psi(\omega,A)=(\varphi_1(\omega,A),A)$$

则导算子的秩数
$$\operatorname{rank}\dfrac{\partial\Psi}{\partial(\omega,A)}=(N-1)+LKJ$$

从而，映射 ψ 是淹没。

对于式 (7.36) 定义的满测度开集 $M\subseteq S_{++}^{N-1}\times\mathbb{R}^{LKJ}$，集合 $\Psi^{-1}(M)\subseteq\bar{U}$ 也是满测度开集，并且，对于 $(\omega,A)\in\Psi^{-1}(M)$，有 $\operatorname{rank}V(\varphi_1(\omega,A),A)=J$，这表明如此的经济 (ω,A) 的伪均衡是满秩的伪均衡。从而，必存在均衡。

综上所述，对于每个正则值 $(\bar{\omega},\bar{A})\in\Delta$，都可找到相应的邻域 $\bar{U}$ 及 U 内的满测度开集 Q，使得对任何 $(\omega,A)\in Q$，经济 (ω,A) 都存在均衡。所以，存在可数个开集 $\{Q^N\}$，使得 $\Delta'=\bigcup\limits_{n=1}^{\infty}Q^n\subseteq\Delta$ 是满测度开集，且对任何 $(\omega,A)\in\Delta'$，经济 (ω,A) 都有均衡。□

这个定理表明，几乎对所有经济 $(\omega,A)\in\Omega\times\mathcal{A}$ 都存在均衡 (指 FME 均衡)，而且这样的经济均衡具有局部唯一性，至多是有限个，关于参量 (ω,A) 是连续相依的。

至此，不完全市场的经济均衡的普适存在性的证明全部完成。20 世纪初，瓦尔拉斯首倡经济均衡学说。50 年代，Arrow 和 Debreu(1954) 给出了完全市场的均衡存在性及相关结果的论证。80 年代，Duffie 和 Shafer(1986) 完成了不完全市场均衡的普适存在性，可以认为这是数理经济学的又一个里程碑。回顾经济均衡理论创立和发展的过程，古典的一般均衡理论中易被攻击的静态与决定性等局限性的弱点已被克服，现在的不完全市场均衡理论涵盖了实物商品和金融资产的市场，并且引进了动态分析和随机分析，这些进展无疑为均衡理论的实用化奠定了坚实的理论基础。

7.4 第 7 章引理的证明

7.4.1 引理 7.2 的证明

引理 7.2 需求函数 $f(p,q,\xi)$ 和 $g(p,q,\xi)$ 是连续可微函数。

7.4 第 7 章引理的证明

证明 沿用 7.2 节的符号和推理，引进映射

$$F(p,q,\xi;x,z,\lambda) = \begin{pmatrix} D_x\mathcal{L} \\ D_z\mathcal{L} \\ D_\lambda\mathcal{L} \end{pmatrix}$$

其中

$$D_x\mathcal{L} = \begin{pmatrix} \dfrac{\partial u}{\partial x(0)} - \lambda_0 p(0) \\ \dfrac{\partial u}{\partial x(1)} - \lambda_1 p(1) \\ \vdots \\ \dfrac{\partial u}{\partial x(K)} - \lambda_K p(K) \end{pmatrix}$$

$$D_z\mathcal{L} = -\begin{pmatrix} \lambda_0 q_1 - \sum_{k=1}^{K} \lambda_k h_k^1 \\ \lambda_0 q_2 - \sum_{k=1}^{K} \lambda_k h_k^2 \\ \vdots \\ \lambda_0 q_J - \sum_{k=1}^{K} \lambda_k h_k^J \end{pmatrix}$$

$$D_\lambda\mathcal{L} = -\begin{pmatrix} p(0) \cdot x(0) - \xi(0) + q^\mathrm{T} z \\ p(1) \cdot x(1) - \xi(1) - H(1)z \\ \vdots \\ p(K) \cdot x(K) - \xi(K) - H(K)z \end{pmatrix}$$

商品需求 $x = f(p,q,\xi)$ 和资产需求 $z = g(p,q,\xi)$ 满足方程

$$F(p,q,\xi;x,z,\lambda) = \mathbf{0} \tag{7.38}$$

映射 F 关于 (x,z,λ) 的导算子为 $N + J + 1 + K$ 阶方阵：

$$DF = \begin{pmatrix} & & & & 0 & -p(0) & & & \\ & & & & 0 & & -p(1) & & \\ & & D^2u(x) & & \vdots & & & \ddots & \\ & & & & 0 & & & & -p(K) \\ 0 & 0 & \cdots & 0 & 0 & -q & & H^{\mathrm{T}} & \\ -p(0)^{\mathrm{T}} & & & & -q^{\mathrm{T}} & & & & \\ & -p(1)^{\mathrm{T}} & & & & & & & \\ & & \ddots & & & H & & \mathbf{0} & \\ & & & -p(K)^{\mathrm{T}} & & & & & \end{pmatrix}$$

$$\underbrace{\qquad\qquad}_{N}\ \underbrace{\qquad}_{J}\ \underbrace{\qquad}_{1+K}$$

(7.39)

其中，$D^2u(x)$ 表示函数 u 关于变量 $x(k) = \begin{pmatrix} x_1(k) \\ x_2(k) \\ \vdots \\ x_L(k) \end{pmatrix}$，$k = 0, 1, \cdots, K$ 的二阶导数矩阵：

$$D^2u(x) = \left(\frac{\partial^2 u}{\partial x_l(k) \partial x_{l'}(k')} \right) \qquad l, l' = 1, 2, \cdots, L; \quad k, k' = 0, 1, \cdots, K$$

矩阵 DF 通过矩阵的初等变换可变成

$$\begin{pmatrix} & & & & -p(0) & & & & 0 \\ & & & & & -p(1) & & & 0 \\ & & D^2u(x) & & & & \ddots & & \vdots \\ & & & & & & & -p(K) & 0 \\ -p(0)^{\mathrm{T}} & & & & & & & & -q^{\mathrm{T}} \\ & -p(1)^{\mathrm{T}} & & & & & & & \\ & & \ddots & & & & & \mathbf{0} & H \\ & & & -p(K)^{\mathrm{T}} & & & & & \\ 0 & 0 & \cdots & 0 & & -q & & H^{\mathrm{T}} & \end{pmatrix}$$

(7.40)

7.4 第 7 章引理的证明

注意矩阵 H 的 J 个列向量线性无关,所以,为证式 (7.40) 是满秩矩阵,只须证明左上角 $N+1+K$ 方阵是满秩的。为此,考虑方程

$$\begin{pmatrix} & & & -p(0) & & & \\ & & & & -p(1) & & \\ & D^2u(x) & & & & \ddots & \\ & & & & & & -p(K) \\ -p(0)^{\mathrm{T}} & & & & & & \\ & -p(1)^{\mathrm{T}} & & & & \mathbf{0} & \\ & & \ddots & & & & \\ & & & -p(K)^{\mathrm{T}} & & & \end{pmatrix} \begin{pmatrix} h \\ v \end{pmatrix} = \mathbf{0} \tag{7.41}$$

这等价于

$$D^2u(x)h - \begin{pmatrix} v_0 p(0) \\ v_1 p(1) \\ \vdots \\ v_K p(K) \end{pmatrix} = \mathbf{0}$$

$$\begin{pmatrix} p(0)^{\mathrm{T}} h(0) \\ p(1)^{\mathrm{T}} h(1) \\ \vdots \\ p(K)^{\mathrm{T}} h(K) \end{pmatrix} = \mathbf{0} \tag{7.42}$$

如果方程 (7.41) 的解 $h \neq \mathbf{0}$,注意 $\dfrac{\partial u}{\partial x(k)} = \lambda_k p(k)$, $\lambda_k > 0$ 且 $p(k) > \mathbf{0}$,于是,由式 (7.42) 可得

$$Du(x)h = \mathbf{0}$$

而且

$$h^{\mathrm{T}} D^2 u(x) h = \sum_{k=1}^{K} v_k p(k)^{\mathrm{T}} h(k) = \mathbf{0}$$

这与效用函数 $u(x)$ 的负定性假设相矛盾。如果方程 (7.41) 的解 $h = \mathbf{0}$。由式 (7.42) 可推出 $v = \begin{pmatrix} v_0 \\ v_1 \\ \vdots \\ v_K \end{pmatrix} = \mathbf{0}$,这便证明了式 (7.40) 是满秩矩阵 [在 $x = f(p, q, \omega)$ 处

计值]。根据隐函数定理，可推出需求函数 $x = f(p,q,\omega)$ 和 $z = g(p,q,\omega)$ 是连续可微的，这便证明了引理 7.2。 □

7.4.2 引理 7.3 的证明

引理 7.3 如果 (p,q) 满足

$$f(p,q,p\square\omega) - \omega = 0$$

$$g(p,q,p\square\omega) = 0$$

则超需函数 η 关于 (p,q) 的偏导数的矩阵的秩

$$\mathrm{rank}\frac{\partial \eta}{\partial (p,q)} = N + J - (1+K)$$

证明 由式 (7.38) 可得

$$F(p,q,\xi; f(p,q,\xi), g(p,q,\xi), \lambda) = \mathbf{0}$$

赋予变量 (p,q,ξ) 以 $(\mathrm{d}p, \mathrm{d}q, \mathrm{d}\xi)$，由式 (7.38) 有

$$\sum_{k'=0}^{K}\sum_{l'=1}^{L}\frac{\partial^2 u}{\partial x_l(0)\partial x_{l'}(k')}\mathrm{d}f_{l'}(k') - \lambda_0 \mathrm{d}p_l(0) - p_l(0)\mathrm{d}\lambda_0 = 0, \quad l = 1,2,\cdots,L$$

$$\sum_{k'=0}^{K}\sum_{l'=1}^{L}\frac{\partial^2 u}{\partial x_l(1)\partial x_{l'}(k')}\mathrm{d}f_{l'}(k') - \lambda_1 \mathrm{d}p_l(1) - p_l(1)\mathrm{d}\lambda_1 = 0, \quad l = 1,2,\cdots,L$$

$$\cdots$$

$$\sum_{k'=0}^{K}\sum_{l'=1}^{L}\frac{\partial^2 u}{\partial x_l(K)\partial x_{l'}(k')}\mathrm{d}f_{l'}(k') - \lambda_K \mathrm{d}p_l(K) - p_l(K)\mathrm{d}\lambda_K = 0, \quad l = 1,2,\cdots,L$$

$$\lambda_0 \mathrm{d}q_1 + q_1 \mathrm{d}\lambda_0 - \sum_{k=1}^{K}h_k^1 \mathrm{d}\lambda_k = 0$$

$$\lambda_0 \mathrm{d}q_2 + q_2 \mathrm{d}\lambda_0 - \sum_{k=1}^{K}h_k^2 \mathrm{d}\lambda_k = 0$$

$$\cdots$$

$$\lambda_0 \mathrm{d}q_J + q_J \mathrm{d}\lambda_0 - \sum_{k=1}^{K}h_k^J \mathrm{d}\lambda_k = 0$$

$$\mathrm{d}\xi(0) - \sum_{l=1}^{L}p_l(0)\mathrm{d}f_l(0) - \sum_{l=1}^{L}f_l(0)\mathrm{d}p_l(0) - \sum_{j=1}^{J}q_j \mathrm{d}g_j - \sum_{j=1}^{J}g_j \mathrm{d}q_j = 0$$

7.4 第 7 章引理的证明

$$\mathrm{d}\xi(1) - \sum_{l=1}^{L} p_l(1)\mathrm{d}f_l(1) - \sum_{l=1}^{L} f_l(1)\mathrm{d}p_l(1) + \sum_{j=1}^{J} h_1^j \mathrm{d}g_j = 0$$

$$\cdots$$

$$\mathrm{d}\xi(K) - \sum_{l=1}^{L} p_l(K)\mathrm{d}f_l(K) - \sum_{l=1}^{L} f_l(K)\mathrm{d}p_l(K) + \sum_{j=1}^{J} h_K^j \mathrm{d}g_j = 0$$

这些可表示成矩阵形式:

$$\begin{pmatrix} & & & & & 0 & -p(0) & \\ & & & & & 0 & & -p(1) \\ & & D^2 u(x) & & & \vdots & & \ddots \\ & & & & & 0 & & & -p(K) \\ 0 & 0 & \cdots & 0 & 0 & -q & & H^{\mathrm{T}} \\ -p(0)^{\mathrm{T}} & & & & -q^{\mathrm{T}} & & & \\ & -p(1)^{\mathrm{T}} & & & & & & \\ & & \ddots & & H & & \mathbf{0} & \\ & & & -p(K)^{\mathrm{T}} & & & & \end{pmatrix} \begin{pmatrix} \mathrm{d}f(0) \\ \mathrm{d}f(1) \\ \vdots \\ \mathrm{d}f(K) \\ \mathrm{d}g_1 \\ \mathrm{d}g_2 \\ \vdots \\ \mathrm{d}g_J \\ \mathrm{d}\lambda_0 \\ \mathrm{d}\lambda_1 \\ \vdots \\ \mathrm{d}\lambda_K \end{pmatrix}$$

$$= \begin{pmatrix} \lambda_0 I_L & & & & & \\ & \lambda_1 I_L & & & & \\ & & \ddots & & & \mathbf{0} \\ & & & \lambda_K I_L & & \\ & & & & \lambda_0 I_J & \mathbf{0} \\ f(0)^{\mathrm{T}} & & & & g^{\mathrm{T}} & \\ & f(1)^{\mathrm{T}} & & & & \\ & & \ddots & & \mathbf{0} & -I_{1+K} \\ & & & f(K)^{\mathrm{T}} & & \end{pmatrix} \begin{pmatrix} \mathrm{d}p(0) \\ \mathrm{d}p(1) \\ \vdots \\ \mathrm{d}p(K) \\ \mathrm{d}q_1 \\ \mathrm{d}q_2 \\ \vdots \\ \mathrm{d}q_J \\ \mathrm{d}\xi(0) \\ \mathrm{d}\xi(1) \\ \vdots \\ \mathrm{d}\xi(K) \end{pmatrix} \quad (7.43)$$

然后, 把 $\mathrm{d}f, \mathrm{d}g, \mathrm{d}\lambda$ 表示成关于 $\mathrm{d}p, \mathrm{d}q, \mathrm{d}\xi$ 的全微分, 比较之后便得到如下方程:

$$\begin{pmatrix}
 & & & & & 0 & -p(0) & & \\
 & & & & & 0 & & -p(1) & \\
 & D^2u(x) & & & & \vdots & & & \ddots \\
 & & & & & 0 & & & & -p(K) \\
0 & 0 & \cdots & 0 & 0 & -q & & H^T & \\
-p(0)^T & & & & -q^T & & & & \\
 & -p(1)^T & & & & & & & \\
 & & \ddots & & H & & & 0 & \\
 & & & -p(K)^T & & & & & \\
\end{pmatrix}$$

$$\begin{pmatrix}
\dfrac{\partial f_1(0)}{\partial p_1(0)} & \dfrac{\partial f_1(0)}{\partial p_1(1)} & \cdots & \dfrac{\partial f_1(0)}{\partial p_L(K)} & \dfrac{\partial f_1(0)}{\partial q_1} & \cdots & \dfrac{\partial f_1(0)}{\partial q_J} & \dfrac{\partial f_1(0)}{\partial \xi(0)} & \dfrac{\partial f_1(0)}{\partial \xi(1)} & \cdots & \dfrac{\partial f_1(0)}{\partial \xi(K)} \\
\dfrac{\partial f_1(1)}{\partial p_1(0)} & \dfrac{\partial f_1(1)}{\partial p_1(1)} & \cdots & \dfrac{\partial f_1(1)}{\partial p_L(K)} & \dfrac{\partial f_1(1)}{\partial q_1} & \cdots & \dfrac{\partial f_1(1)}{\partial q_J} & \dfrac{\partial f_1(1)}{\partial \xi(0)} & \dfrac{\partial f_1(1)}{\partial \xi(1)} & \cdots & \dfrac{\partial f_1(1)}{\partial \xi(K)} \\
\vdots & \vdots & & \vdots & \vdots & & \vdots & \vdots & \vdots & & \vdots \\
\dfrac{\partial f_L(K)}{\partial p_1(0)} & \dfrac{\partial f_L(K)}{\partial p_1(1)} & \cdots & \dfrac{\partial f_L(K)}{\partial p_L(K)} & \dfrac{\partial f_L(K)}{\partial q_1} & \cdots & \dfrac{\partial f_L(K)}{\partial q_J} & \dfrac{\partial f_L(K)}{\partial \xi(0)} & \dfrac{\partial f_L(K)}{\partial \xi(1)} & \cdots & \dfrac{\partial f_L(K)}{\partial \xi(K)} \\
\dfrac{\partial g_1}{\partial p_1(0)} & \dfrac{\partial g_1}{\partial p_1(1)} & \cdots & \dfrac{\partial g_1}{\partial p_L(K)} & \dfrac{\partial g_1}{\partial q_1} & \cdots & \dfrac{\partial g_1}{\partial q_J} & \dfrac{\partial g_1}{\partial \xi(0)} & \dfrac{\partial g_1}{\partial \xi(1)} & \cdots & \dfrac{\partial g_1}{\partial \xi(K)} \\
\vdots & \vdots & & \vdots & \vdots & & \vdots & \vdots & \vdots & & \vdots \\
\dfrac{\partial g_J}{\partial p_1(0)} & \dfrac{\partial g_J}{\partial p_1(1)} & \cdots & \dfrac{\partial g_J}{\partial p_L(K)} & \dfrac{\partial g_J}{\partial q_1} & \cdots & \dfrac{\partial g_J}{\partial q_J} & \dfrac{\partial g_J}{\partial \xi(0)} & \dfrac{\partial g_J}{\partial \xi(1)} & \cdots & \dfrac{\partial g_J}{\partial \xi(K)} \\
\dfrac{\partial \lambda_0}{\partial p_1(0)} & \dfrac{\partial \lambda_0}{\partial p_1(1)} & \cdots & \dfrac{\partial \lambda_0}{\partial p_L(K)} & \dfrac{\partial \lambda_0}{\partial q_1} & \cdots & \dfrac{\partial \lambda_0}{\partial q_J} & \dfrac{\partial \lambda_0}{\partial \xi(0)} & \dfrac{\partial \lambda_0}{\partial \xi(1)} & \cdots & \dfrac{\partial \lambda_0}{\partial \xi(K)} \\
\dfrac{\partial \lambda_1}{\partial p_1(0)} & \dfrac{\partial \lambda_1}{\partial p_1(1)} & \cdots & \dfrac{\partial \lambda_1}{\partial p_L(K)} & \dfrac{\partial \lambda_1}{\partial q_1} & \cdots & \dfrac{\partial \lambda_1}{\partial q_J} & \dfrac{\partial \lambda_1}{\partial \xi(0)} & \dfrac{\partial \lambda_1}{\partial \xi(1)} & \cdots & \dfrac{\partial \lambda_1}{\partial \xi(K)} \\
\vdots & \vdots & & \vdots & \vdots & & \vdots & \vdots & \vdots & & \vdots \\
\dfrac{\partial \lambda_K}{\partial p_1(0)} & \dfrac{\partial \lambda_K}{\partial p_1(1)} & \cdots & \dfrac{\partial \lambda_K}{\partial p_L(K)} & \dfrac{\partial \lambda_K}{\partial q_1} & \cdots & \dfrac{\partial \lambda_K}{\partial q_J} & \dfrac{\partial \lambda_K}{\partial \xi(0)} & \dfrac{\partial \lambda_K}{\partial \xi(1)} & \cdots & \dfrac{\partial \lambda_K}{\partial \xi(K)} \\
\end{pmatrix}$$

(7.44)

7.4 第 7 章引理的证明

$$= \begin{pmatrix} \lambda_0 I_L & & & & & \\ & \lambda_1 I_L & & & & \\ & & \ddots & & & 0 \\ & & & \lambda_K I_L & & \\ & & & & \lambda_0 I_J & 0 \\ f(0)^{\mathrm{T}} & & & & g^{\mathrm{T}} & \\ & f(1)^{\mathrm{T}} & & & & \\ & & \ddots & & 0 & -I_{1+K} \\ & & & f(K)^{\mathrm{T}} & & \end{pmatrix}$$

注意式 (7.44) 左端第一个矩阵是可逆的对称矩阵。于是，式 (7.44) 可简写成如下形式

$$\begin{pmatrix} \dfrac{\partial f}{\partial p} & \dfrac{\partial f}{\partial q} & \dfrac{\partial f}{\partial \xi} \\ \dfrac{\partial g}{\partial p} & \dfrac{\partial g}{\partial q} & \dfrac{\partial g}{\partial \xi} \\ \dfrac{\partial \lambda}{\partial p} & \dfrac{\partial \lambda}{\partial q} & \dfrac{\partial \lambda}{\partial \xi} \end{pmatrix}$$

$$= \begin{pmatrix} A & B \\ B^{\mathrm{T}} & C \end{pmatrix} \begin{pmatrix} \lambda_0 I_L & & & & & \\ & \lambda_1 I_L & & & & \\ & & \ddots & & & 0 \\ & & & \lambda_K I_L & & \\ & & & & \lambda_0 I_J & 0 \\ f(0)^{\mathrm{T}} & & & & g^{\mathrm{T}} & \\ & f(1)^{\mathrm{T}} & & & & \\ & & \ddots & & 0 & -I_{1+K} \\ & & & f(K)^{\mathrm{T}} & & \end{pmatrix} \quad (7.45)$$

其中，右端第一个矩阵是式 (7.44) 第一个矩阵的逆矩阵，其中 A 是 $N+J$ 阶的对称方阵，C 是 $1+K$ 阶对称方阵。由式 (7.45) 可得

$$\begin{pmatrix} \dfrac{\partial f}{\partial p} & \dfrac{\partial f}{\partial q} \\ \dfrac{\partial g}{\partial p} & \dfrac{\partial g}{\partial q} \end{pmatrix}$$

$$=A\begin{pmatrix}\lambda_0 I_L & & & & \\ & \lambda_1 I_L & & & \\ & & \ddots & & \\ & & & \lambda_K I_L & \\ & & & & \lambda_0 I_J\end{pmatrix}+B\begin{pmatrix}f(0)^{\mathrm{T}} & & & & g^{\mathrm{T}} \\ & f(1)^{\mathrm{T}} & & & \\ & & \ddots & & \mathbf{0} \\ & & & f(K)^{\mathrm{T}} & \end{pmatrix}$$

(7.46a)

$$\begin{pmatrix}\dfrac{\partial f}{\partial \xi} \\ \dfrac{\partial g}{\partial \xi}\end{pmatrix}=-B,\qquad \left(\dfrac{\partial \lambda}{\partial \xi}\right)=-C \tag{7.46b}$$

$$\begin{pmatrix}\dfrac{\partial \lambda}{\partial p} & \dfrac{\partial \lambda}{\partial q}\end{pmatrix}$$

$$=B^{\mathrm{T}}\begin{pmatrix}\lambda_0 I_L & & & & \\ & \lambda_1 I_L & & & \\ & & \ddots & & \\ & & & \lambda_K I_L & \\ & & & & \lambda_0 I_J\end{pmatrix}+C\begin{pmatrix}f(0)^{\mathrm{T}} & & & & g^{\mathrm{T}} \\ & f(1)^{\mathrm{T}} & & & \\ & & \ddots & & \mathbf{0} \\ & & & f(K)^{\mathrm{T}} & \end{pmatrix}$$

(7.46c)

把这些结果代入逆矩阵，则有

$$\begin{pmatrix} & & & & & 0 & -p(0) & & \\ & & & & & 0 & & -p(1) & \\ & & D^2u(x) & & & \vdots & & & \ddots \\ & & & & & 0 & & & -p(K) \\ 0 & 0 & \cdots & 0 & 0 & -q & & H^{\mathrm{T}} & \\ -p(0)^{\mathrm{T}} & & & & -q^{\mathrm{T}} & & & & \\ & -p(1)^{\mathrm{T}} & & & & & & & \\ & & \ddots & & & & H & & \mathbf{0} \\ & & & -p(K)^{\mathrm{T}} & & & & & \end{pmatrix}$$

7.4 第 7 章引理的证明

$$\begin{pmatrix} & A & & -\dfrac{\partial f}{\partial \xi} \\ & & & -\dfrac{\partial g}{\partial \xi} \\ -\dfrac{\partial f^{\mathrm{T}}}{\partial \xi} & -\dfrac{\partial g^{\mathrm{T}}}{\partial \xi} & -\dfrac{\partial \lambda}{\partial \xi} \end{pmatrix} = \begin{pmatrix} I_{N+J} & \mathbf{0} \\ \mathbf{0} & I_{1+K} \end{pmatrix}$$

于是可得

$$\begin{pmatrix} D^2 u(x) & \mathbf{0} \\ \mathbf{0} & \mathbf{0} \end{pmatrix} A - \begin{pmatrix} -p(0) & & & & \\ & -p(1) & & & \\ & & \ddots & & \\ & & & -p(K) & \\ -q & & & & H^{\mathrm{T}} \end{pmatrix} \begin{pmatrix} \dfrac{\partial f^{\mathrm{T}}}{\partial \xi} & \dfrac{\partial g^{\mathrm{T}}}{\partial \xi} \end{pmatrix}$$

$$= I_{N+J} \tag{7.47a}$$

$$\begin{pmatrix} -p(0)^{\mathrm{T}} & & & & -q^{\mathrm{T}} \\ & -p(1)^{\mathrm{T}} & & & \\ & & \ddots & & H \\ & & & -p(K)^{\mathrm{T}} & \end{pmatrix} A = \mathbf{0} \tag{7.47b}$$

$$-\begin{pmatrix} -p(0)^{\mathrm{T}} & & & & -q^{\mathrm{T}} \\ & -p(1)^{\mathrm{T}} & & & \\ & & \ddots & & H \\ & & & -p(K)^{\mathrm{T}} & \end{pmatrix} \begin{pmatrix} \dfrac{\partial f}{\partial \xi} \\ \dfrac{\partial g}{\partial \xi} \end{pmatrix} = I_{1+K} \tag{7.47c}$$

$$\begin{pmatrix} D^2 u(x) & \mathbf{0} \\ \mathbf{0} & \mathbf{0} \end{pmatrix} \begin{pmatrix} \dfrac{\partial f}{\partial \xi} \\ \dfrac{\partial g}{\partial \xi} \end{pmatrix} - \begin{pmatrix} -p(0) & & & & \\ & -p(1) & & & \\ & & \ddots & & \\ & & & -p(K) & \\ -q & & & & H^{\mathrm{T}} \end{pmatrix} \begin{pmatrix} \dfrac{\partial \lambda}{\partial \xi} \end{pmatrix} = \mathbf{0}$$

$$\tag{7.47d}$$

现在，回到 7.2 节的问题 (7.11)，所决定的商品需求函数和债券需求函数分别相当于这里的 $f(p,q,p\cdot\omega)$ 和 $g(p,q,p\cdot\omega)$。注意如下关系

$$\frac{\partial}{\partial p}f(p,q,p\cdot\omega) = \frac{\partial}{\partial p}f(p,q,\xi) + \frac{\partial}{\partial \xi}f(p,q,\xi)\frac{\partial \xi}{\partial p}$$

再应用式 (7.46c), 就可得关于 $f(p,q,p\cdot\omega)$ 和 $g(p,q,p\cdot\omega)$ 的偏导数矩阵

$$\begin{pmatrix} \dfrac{\partial f}{\partial p} & \dfrac{\partial f}{\partial q} \\ \dfrac{\partial g}{\partial p} & \dfrac{\partial g}{\partial q} \end{pmatrix}$$

$$=A\begin{pmatrix} \lambda_0 I_L & & & & \\ & \lambda_1 I_L & & & \\ & & \ddots & & \\ & & & \lambda_K I_L & \\ & & & & \lambda_0 I_J \end{pmatrix}$$

$$+\begin{pmatrix} \dfrac{\partial f}{\partial \xi} \\ \dfrac{\partial g}{\partial \xi} \end{pmatrix} \begin{pmatrix} (\omega(0)-f(0))^{\mathrm{T}} & & & & -g^{\mathrm{T}} \\ & (\omega(1)-f(1))^{\mathrm{T}} & & & \\ & & \ddots & & 0 \\ & & & (\omega(K)-f(K))^{\mathrm{T}} & \end{pmatrix}$$

$$(7.48)$$

特别当 $f(k)=\omega(k)$, $k=0,1,\cdots,K$ 且 $g=\mathbf{0}$ 时, 式 (7.48) 的左端 [即引理 7.3 中式 (7.13) 左端] 矩阵的秩等于矩阵 A 的秩 (因为 $\lambda_k>0$, $k=0,1,\cdots,K$)。

由式 (7.47b) 可见, 方程 $y^{\mathrm{T}}A=\mathbf{0}$ 至少有 $1+K$ 个线性无关解。因此矩阵 A 的秩 $\mathrm{rank}A \leqslant N+J-(1+K)$。由式 (7.47a) 可得

$$\begin{pmatrix} D^2u(x) & \mathbf{0} \\ \mathbf{0} & \mathbf{0} \end{pmatrix} A = I + \begin{pmatrix} -p(0) & & & & \\ & -p(1) & & & \\ & & \ddots & & \\ & & & -p(K) & \\ -q & & & & H^{\mathrm{T}} \end{pmatrix} \begin{pmatrix} \dfrac{\partial f^{\mathrm{T}}}{\partial \xi} & \dfrac{\partial g^{\mathrm{T}}}{\partial \xi} \end{pmatrix}$$

$$(7.49)$$

7.4 第 7 章引理的证明

记式 (7.49) 右端矩阵为 M, 方程 $My = 0$ 的解满足如下方程

$$y = \begin{pmatrix} p(0) & & & & \\ & p(1) & & & \\ & & \ddots & & \\ & & & & p(K) \\ q & & & -H^T & \end{pmatrix} \begin{pmatrix} \dfrac{\partial f^T}{\partial \xi} & \dfrac{\partial g^T}{\partial \xi} \end{pmatrix} y$$

$$= \begin{pmatrix} p(0) & & & & \\ & p(1) & & & \\ & & \ddots & & \\ & & & & p(K) \\ q & & & -H^T & \end{pmatrix} \begin{pmatrix} \alpha_0 \\ \alpha_1 \\ \vdots \\ \alpha_K \end{pmatrix} \quad (7.50)$$

这表明方程 $My = 0$ 的解总可表示为式 (7.50) 右端矩阵的 $(1+K)$ 个线性无关的列向量的线性组合。因此，矩阵 M 的秩 $\mathrm{rank}M = N + J - (1+K)$。于是，式 (7.49) 左端矩阵之积的秩也是 $N + J - (1+K)$。从而，矩阵 A 的秩 $\mathrm{rank}A \geqslant N + J - (1+K)$。总之，上述过程证明了矩阵 A 的秩 $\mathrm{rank}A = N + J - (1+K)$。这样就完成了引理 7.3 的证明。□

7.4.3 引理 7.4 的证明

引理 7.4 函数 $\hat{\eta}$ 关于 ω 的偏导数的矩阵的秩数

$$\mathrm{rank}\frac{\partial \hat{\eta}}{\partial \omega} = N + J - (1+K)$$

证明 对于截断超需函数

$$\hat{\eta}(p, q, p\square\omega) = \begin{pmatrix} f^T(p, q, p\square\omega) - \omega^T \\ g(p, q, p\square\omega) \end{pmatrix}$$

注意关系式

$$\frac{\partial}{\partial \omega}(f(p, q, p\square\omega) - \omega) = \frac{\partial f}{\partial \xi} p^T - I$$

便可得 $(N+J) \times N$ 矩阵

$$\frac{\partial \eta}{\partial \omega} = \begin{pmatrix} \frac{\partial f(0)}{\partial \xi(0)}p(0)^{\mathrm{T}} - I & \frac{\partial f(0)}{\partial \xi(1)}p(1)^{\mathrm{T}} & \cdots & \frac{\partial f(0)}{\partial \xi(K)}p(K)^{\mathrm{T}} \\ \frac{\partial f(1)}{\partial \xi(0)}p(0)^{\mathrm{T}} & \frac{\partial f(1)}{\partial \xi(1)}p(1)^{\mathrm{T}} - I & \cdots & \frac{\partial f(1)}{\partial \xi(K)}p(K)^{\mathrm{T}} \\ \vdots & \vdots & & \vdots \\ \frac{\partial f(K)}{\partial \xi(0)}p(0)^{\mathrm{T}} & \frac{\partial f(K)}{\partial \xi(1)}p(1)^{\mathrm{T}} & \cdots & \frac{\partial f(K)}{\partial \xi(K)}p(K)^{\mathrm{T}} - I \\ \frac{\partial g_1}{\partial \xi(0)}p(0)^{\mathrm{T}} & \frac{\partial g_1}{\partial \xi(1)}p(1)^{\mathrm{T}} & \cdots & \frac{\partial g_1}{\partial \xi(K)}p(K)^{\mathrm{T}} \\ \vdots & \vdots & & \vdots \\ \frac{\partial g_J}{\partial \xi(0)}p(0)^{\mathrm{T}} & \frac{\partial g_J}{\partial \xi(1)}p(1)^{\mathrm{T}} & \cdots & \frac{\partial g_J}{\partial \xi(K)}p(K)^{\mathrm{T}} \end{pmatrix}$$

从这个矩阵删掉第 1 行,第 $L+1$ 行,$\cdots$,第 $KL+1$ 行之后得到的 $(N+J-(1+K)) \times N$ 矩阵即为 $\frac{\partial \hat{\eta}}{\partial \omega}$。由于 $K > J$,所以矩阵 $\frac{\partial \hat{\eta}}{\partial \omega}$ 的行数小于或者等于列数。通过适当矩阵初等变换,可得

$$\frac{\partial \hat{\eta}}{\partial \omega} \sim \begin{pmatrix} & 0 & & I_{N-(1+K)} \\ \frac{\partial g_1}{\partial \xi(0)}p_1(0) & \frac{\partial g_1}{\partial \xi(1)}p_1(1) & \cdots & \frac{\partial g_1}{\partial \xi(K)}p_1(K) \\ \frac{\partial g_2}{\partial \xi(0)}p_1(0) & \frac{\partial g_2}{\partial \xi(1)}p_1(1) & \cdots & \frac{\partial g_2}{\partial \xi(K)}p_1(K) \\ \vdots & \vdots & \vdots & 0 \\ \frac{\partial g_J}{\partial \xi(0)}p_1(0) & \frac{\partial g_J}{\partial \xi(1)}p_1(1) & \cdots & \frac{\partial g_J}{\partial \xi(K)}p_1(K) \end{pmatrix}$$

下面证明右边矩阵中下方 J 个行向量是线性无关的。假设

$$0 = (b_1, b_2, \cdots, b_J) \begin{pmatrix} \frac{\partial g_1}{\partial \xi(0)}p_1(0) & \frac{\partial g_1}{\partial \xi(1)}p_1(1) & \cdots & \frac{\partial g_1}{\partial \xi(K)}p_1(K) \\ \frac{\partial g_2}{\partial \xi(0)}p_1(0) & \frac{\partial g_2}{\partial \xi(1)}p_1(1) & \cdots & \frac{\partial g_2}{\partial \xi(K)}p_1(K) \\ \vdots & \vdots & & \vdots \\ \frac{\partial g_J}{\partial \xi(0)}p_1(0) & \frac{\partial g_J}{\partial \xi(1)}p_1(1) & \cdots & \frac{\partial g_J}{\partial \xi(K)}p_1(K) \end{pmatrix}$$

注意 $p_1(k) > 0$, $k = 0, 1, \cdots, K$。故有

$$\begin{pmatrix} \dfrac{\partial g_1}{\partial \xi(0)} & \dfrac{\partial g_2}{\partial \xi(0)} & \cdots & \dfrac{\partial g_J}{\partial \xi(0)} \\ \dfrac{\partial g_1}{\partial \xi(1)} & \dfrac{\partial g_2}{\partial \xi(1)} & \cdots & \dfrac{\partial g_J}{\partial \xi(1)} \\ \vdots & \vdots & & \vdots \\ \dfrac{\partial g_1}{\partial \xi(K)} & \dfrac{\partial g_2}{\partial \xi(K)} & \cdots & \dfrac{\partial g_J}{\partial \xi(K)} \end{pmatrix} \begin{pmatrix} b_1 \\ b_2 \\ \vdots \\ b_J \end{pmatrix} = \mathbf{0}$$

根据式 (7.47a) 有

$$\begin{bmatrix} -q & H^{\mathrm{T}} \end{bmatrix} \dfrac{\partial g^{\mathrm{T}}}{\partial \xi} = I_J$$

即

$$\begin{bmatrix} -q & H(1) & \cdots & H(K) \end{bmatrix} \begin{pmatrix} \dfrac{\partial g_1}{\partial \xi(0)} & \cdots & \dfrac{\partial g_J}{\partial \xi(0)} \\ \dfrac{\partial g_1}{\partial \xi(1)} & \cdots & \dfrac{\partial g_J}{\partial \xi(1)} \\ \vdots & & \vdots \\ \dfrac{\partial g_1}{\partial \xi(K)} & \cdots & \dfrac{\partial g_J}{\partial \xi(K)} \end{pmatrix} = I_J$$

由此可推出 $b_1 = b_2 = \cdots = b_J = 0$。这样便证明了矩阵 $\dfrac{\partial \hat{\eta}}{\partial \omega}$ 的 $N + J - (1 + K)$ 个行向量是线性无关的。引理证完。 $\square$

7.4.4 引理 7.7 的证明

引理 7.7 设 $\bar{\omega} \in \Omega$ 是帕累托经济，均衡价格 $(\bar{p}, \bar{q})$ 如上确定，则在 $(\bar{p}, \bar{q}, \bar{\omega})$ 处，矩阵秩数

$$\operatorname{rank} \dfrac{\partial \hat{Z}}{\partial (p^{-1}, q)} = N + J - (1 + K)$$

证明 考察

$$\dfrac{\partial Z}{\partial (p, q)} = \sum_{i=1}^{I} \dfrac{\partial \eta^i}{\partial (p, q)}$$

对于帕累托经济 $\bar{\omega}$ 及其均衡价格 $(\bar{p}, \bar{q})$,有

$$f^i(k) = \bar{\omega}^i(k), \qquad g^i = 0, \qquad \lambda_k^i = 1, \qquad k = 0, 1, \cdots, K$$

所以,由式 (7.48) 可得

$$\frac{\partial \eta}{\partial (p,q)} = \begin{bmatrix} \dfrac{\partial f}{\partial p} & \dfrac{\partial f}{\partial q} \\ \dfrac{\partial g}{\partial p} & \dfrac{\partial g}{\partial q} \end{bmatrix} = A$$

(这里省略了指标 i。) 注意矩阵 A 是对称的,由式 (7.47b) 可知方程 $Ax = \mathbf{0}$ 的解空间 $\mathbb{V}$ 是由矩阵

$$\begin{pmatrix} p(0) & & & & \\ & p(1) & & & \\ & & \ddots & & \\ & & & p(K) \\ q & & & -H^{\mathrm{T}} \end{pmatrix}$$

的列向量所张开的 $1 + K$ 维线性子空间。从而,对任何 $v \in \mathbb{V}$,有

$$\frac{\partial Z}{\partial (p,q)} v = \sum_{i=1}^{I} \frac{\partial \eta^i}{\partial (p,q)} v = \mathbf{0} \tag{7.51}$$

往证方程 (7.51) 的解空间恰好是 $\mathbb{V}$。依式 (7.47a) 和式 (7.47b),可得

$$A = A \begin{bmatrix} D^2 u(x) & 0 \\ 0 & 0 \end{bmatrix} A \tag{7.52}$$

对任何 $x \notin \mathbb{V}$,因而 $Ax \neq \mathbf{0}$。将矩阵 A 表示成分块矩阵 $A = \begin{bmatrix} A_N \\ A_J \end{bmatrix}$,其中 A_N 是 $N \times (N+J)$ 子矩阵。于是,由式 (7.12) 和式 (7.47b) 及 $\bar{q}_j = \sum_{k=1}^{K} h_k^j$,可得

$$Du(x)^{\mathrm{T}} A_N x = (1, 1, \cdots, 1) \begin{bmatrix} p(0)^{\mathrm{T}} & & & \\ & p(1)^{\mathrm{T}} & & \\ & & \ddots & \\ & & & p(K)^{\mathrm{T}} \end{bmatrix} A_N x$$

$$= (1,1,\cdots,1) \begin{bmatrix} -\vec{q}^{\mathrm{T}} \\ H \end{bmatrix} A_J x = \mathbf{0}$$

再由式 (7.52) 及关于效用函数 u 的假设推出

$$x^{\mathrm{T}} A x = x^{\mathrm{T}} A \begin{bmatrix} D^2 u(x) & \mathbf{0} \\ \mathbf{0} & 0 \end{bmatrix} A x = (A_N x)^{\mathrm{T}} D^2 u(x) (A_N x) < 0$$

从而

$$x^{\mathrm{T}} \frac{\partial Z}{\partial (p,q)} x = \sum_{i=1}^{I} x^{\mathrm{T}} \frac{\partial \eta^i}{\partial (p,q)} x < 0$$

可见，方程

$$\frac{\partial Z}{\partial (p,q)} x = \mathbf{0}$$

的解空间为 $\mathbb{V}$，所以

$$\operatorname{rank} \frac{\partial Z}{\partial (p,q)} = N + J - (1 + K)$$

$\square$

习　　题

1. 证明引理 7.10。
2. 证明定理 7.12。

参 考 文 献

卢君生, 张顺明, 朱艳阳, 2019. 汽车购置税优惠政策应该常态化吗?——基于 CGE 模型的分析. 系统工程理论与实践, 39(8):1917-1935.

潘吉勋, 1989. 数理经济学原理. 长春: 吉林大学出版社.

史树中, 1984. 谈谈数理经济学. 自然杂志, 5:31-36, 82.

史树中, 1986. 微分包含与经济均衡. 高等学校应用数学学报, 1(1):131.

史树中, 1990. 数学与经济. 长沙: 湖南教育出版社.

王晖, 张顺明, 周睿, 等, 2016. 个人收入税和消费税政策分析——基于 CGE 视角. 系统工程理论与实践, 36(1):27-43.

王毓云, 1995. 数理经济学——数学与经济学的交叉. 中国科学院院刊, 10(3): 207-214.

王则柯, 1986. 单纯不动点算法基础. 广州: 中山大学出版社.

魏文婉, 张顺明, 2015. 中国能源进口政策分析：基于 CGE 视角. 系统工程理论与实践, 35(11):2755-2772.

张顺明, 王彦一, 王晖, 2018. 房产税政策模拟分析——基于 CGE 视角. 管理科学学报, 21(8):1-20.

张顺明, 叶志强, 李江峰, 2013. 我国制造业企业所得税最优统一税率研究——基于 CGE 技术分析. 系统工程理论与实践, 33(4):840-852.

张顺明, 余军, 2009. 内部货币与我国最优关税政策研究. 经济研究, 44(2):18-31.

张顺明, 余军, 2013. 国有企业所得税与绩效目标的福利效应——基于数值模拟的分析. 数量经济技术经济研究, 30(5):3-17.

钟契夫, 陈锡康, 1984. 投入产出分析. 北京: 中国社会科学出版社.

朱艳阳, 卢君生, 张顺明, 2022. 智能化能对冲新能源汽车补贴退坡的影响吗？——基于 CGE 模型的分析. 系统工程理论与实践.

Aliprantis C D, Brown D J, Burkinshaw O, 1989. Existence and Optimality of Competitive Equilibra. Berlin: Springer-Verlag.

Arrow K J, Debreu G, 1954. Existence of an equilibrium for a competitive economy. Econometrica, 22:265-290.

Arrow K J, Hahn F H, 1971. General Competitive Analysis. San Francisco: Holden Day, Inc.

Ashmanow S A, 1984. Introduction to Mathematical Economics. Moscow: Moscow University Press.

Aubin J P, 1979. Mathematical Methods of Game and Economic Theory. Amsterdam: North-Holland.

Aubin J P, 1993. Optima and Equilibria. Berlin: Springer-Verlag.

Balasko Y, 1988. Foundations of the Theory of General Equilibrium. Orlando: Academic Press.

Balasko Y, Cass D, Siconolfi P, 1990. The structure of financial equilibrium with exogenous yields: The case of restricted participation. Journal of Mathematical Economics, 19(1-2):195-216.

Barten A P, Bohm V, 1982. Consumer theory. Edited by Arrow K J and Intriligator M, 1982. Handbook of Mathematical Economics, 2:381-429.

Baumol W J, 1977. Economic theory and operations analysis. Englewood: Prentice-Hall.

Bazarra M S, Sherali H D, Shetty C M, 1979. Nonlinear programming: Theory and Algorithms. New York: John Wiley.

Debreu G. 1952. A social equilibrium existence theorem. Proceedings of the National Academy of Sciences of the U.S.A., 38:886-893.

Debreu G, 1959. Theory of value — An axiomatic analysis of economic equilibrium. New York: Wiley.

Debreu G, 1982. Existence of competitive equilibrium. Edited by Arrow K J and Intriligator M, 1982. Handbook of Mathematical Economics, 2:697-743.

Debreu G, 1983. Mathematical economics: Twenty papers of gerard Debreu. Cambridge: Cambridge University Press.

Diewert E, 1971. An application of the Shephard duality theorem: A generalized Leontief production function. Journal of Political Economy, 79:481-507.

Dierker E, 1974. Topological methods in warlasian economics. Lecture Notes in Economics and Mathematical Systems, No. 92.

Dierker E, 1982. Regular economics. Edited by Arrow K J and Intriligator M, 1982. Handbook of Mathematical Economics, 2:795-830.

Diewert E, 1982. Duality approaches to microeconomic theory. Edited by Arrow K J and Intriligator M, 1982. Handbook of Mathematical Economics, 2:535-599.

Duffie D, 1991. The theory of value in security markets. Edited by Hildenbrand W and Sonnenschein H, 1991. Handbook of Mathematical Economics, 4:1615-1682.

Duffie D, Shafer W J, 1985. Equilibrium in incomplete market: 1, A basic model of generic existence. Journal of Mathematical Economics, 14(3):285-300.

Duffie D, Shafer W J, 1986. Equilibrium in incomplete market: 2, Generic existence in stochastic economies. Journal of Mathematical Economics, 15(3):199-216.

Eaves B C, 1971. Computing Kakutani fixed points. SIAM Journal of Applied Mathematics, 21:236-244.

Friedman J W, 1982. Oligopoly theory. Edited by Arrow K J and Intriligator M, 1982. Handbook of Mathematical Economics, 2:491-534.

Fudenberg D, Tirole J, 1991. Game Theory. Cambridge: The MIT Press.

Gale D, 1960. The Theory of Linear Economic Models. New York: McGraw-Hill.

Geanakoplos J, 1990. An introduction to general equilibrium with incomplete asset markets. Journal of Mathematical Economics, 19(1-2):1-38.

Geanakoplos J, Magill M G P, Quinzii M, et al., 1990. Generic inefficiency of stock market equilibrium when markets are incomplete. Journal of Mathematical Economics, 19(1-2):113-151.

Geanakoplos J, Polemarchakis H M, 1990. Observability and optimality. Journal of Mathematical Economics, 19(1-2):153-165.

Geanakoplos J, Shafer W J, 1990. Solving systems of simultaneous equations in economics. Journal of Mathematical Economics, 19(1-2):69-93.

Hahn F, 1982. Stability. Edited by Arrow KJ and Intriligator M, 1982. Handbook of Mathematical Economics, 2:745-793.

Hildenbrand W, 1974. Core and Equilibria of A Large Economy. Princeton, New Jersey: Princeton University Press.

Hildenbrand W, 1982. Core of an economy. Edited by Arrow K J and Intriligator M, 1982. Handbook of Mathematical Economics, 2:831-877.

Hildenbrand W, Kirman A P, 1976. Introduction to Equilibrium Analysis. Amsterdam: North-Holland.

Hirsch M D, Magill M J P, Mas-Colell A, 1990. A geometric approach to a class of equilibrium existence theorems. Journal of Mathematical Economics, 19(1-2):95-106.

Huang H, Shi X J, Zhang S M, 2012. Constructing examples with 5 equilibria for symmetric 3×2 CES/ LES pure exchange economies. Acta Mathematica Scientia, 32B(6):2411-2430.

Huang H H, Wang H, Wei Z X, et al., 2021. Restrictions of the islamic financial system and counterpart financial support for Xinjiang. Journal of Systems Science and Information, 9(2):105-130.

Huang H, Wang Y M, Whalley J, et al., 2012. A simple trade model with an optimal exchange rate motivated by current discussion of a Chinese Renminbi float. Modern Economy, 3(5):526-533.

Huang H, Whalley J, Zhang S M, 2009. Exploring policy options in joint intertemporal-spatial trade models using an incomplete markets approach. Economic Theory, 41(1): 131-145.

Huang H, Whalley J, Zhang S M, 2013. Multiple Nash equilibria in tariff games. Applied Economics Letters, 20(4):332-342.

Huang H, Zhang S M, 2004. Propositions of five equilibria examples for 3X2 CES / LES pure exchange economies. International Journal of Information Technology and Decision Making, 3(4):583-604.

Husseini S Y, Lasry J M, Magill M J P, 1990. Existence of equilibrium with incomplete markets. Journal of Mathematical Economics, 19(1-2):39-67.

Ichishi I, 1983. Game Theory for Economic Analysis. New York: Academic Press.

Ji J J, Ye Z Q, Zhang S M, 2013. Welfare analysis on optimal enterprise tax rate in China. Economic Modelling, 33(1):149-158.

Kakutani S, 1941. A generalization of Brouwer's fixed point theorem. Duke Mathematical Journal, 8(3): 457-459.

Karllin S, 1959. Mathematical Methods and Theory in Games Programming and Economics, 1. Hoboken, New Jersey: Addison-Wesley.

Kehoe T J, 1991. Computation and multiplicity of equilibria. Edited by Hildenbrand W and Sonnenschein H, 1991. Handbook of Mathematical Economics, 4:2049-2144.

Kuhn H W, 1968. Simplicial approximation of fixed points. Proceedings of the National Academy of Sciences, 61(4): 1238-1242.

Kreps D M, 1991. A Course in Microeconomic Theory. Princeton, New Jersey: Princeton University Press.

Magill M J P, Shafer W J, 1990. Characterisation of generically complete real asset structures. Journal of Mathematical Economics, 19(1-2): 167-194.

Magill M J P, Shafer W J, 1991. Incomplete markets. Edited by Hildenbrand W and Sonnenschein H, 1991. Handbook of Mathematical Economics, 4:1524-1610.

Malinvand E, 1972. Lecture on Microeconomics Theory. Amsterdam: North-Holland.

Mas-Colell A, 1985. The Theory of General Economic Equilibrium - A Differentiable Approach. Cambridge: Cambridge University Press.

Mas-Colell A, Whinston M A, Green J R, 1995. Microeconomic Theory. Oxford: Oxford University Press.

McKenzie L W, 1986. Optimal economic growth, Yurnpike Theorems and Comparative Dynamics. Edited by Arrow KJ and Intriligator M, 1986. Handbook of Mathematical Economics, 3:1281-1355.

Milnor J W, 1965. Topology from the Differentiable Viewpoint. Charlottesville, VA: University of Virginia Press.

Nadiri M I, 1982. Producers theory. Edited by Arrow K J and Intriligator M, 1982. Handbook of Mathematical Economics, 2:431-490.

Nash J F, 1950. Equilibrium points in N-person games. Proceedings of the National Academy of Sciences, 36(1):48-49.

Owen G, 1983. Game Theory. New York: Academic Press.

Polemarchakis H M, Ku B I, 1990. Options and equilibrium. Journal of Mathematical Economics, 19(1-2):107-112.

Riezman R, Whalley J, Zhang S M, 2011. Distance measures between free trade and autarky for the world economy. Economic Modelling, 28(4):2000-2012.

Riezman R, Whalley J, Zhang S M, 2013. Metrics capturing the degree to which individual economies are globalized. Applied Economics, 45(36):5046-5061.

Ropsenmuller J, 1981. The Theory of Games and Markets. Amsterdam: North-Holland.

Roy R, 1942. De l'utilité: Contribution à la théorie des choix. Hermann & cie.

Rubinstein A, 1990. Game Theory in Economics. Edward Elgar Publishing Company.

Scarf H E, 1982. The computation of equilibrium prices: An exposition. Edited by Arrow K J and Intriligator M, 1982. Handbook of Mathematical Economics, 2:1007-1061.

Shafer W J, Sonnenschein H, 1982. Market demand and excess demand functions. Edited by Arrow K J and Intriligator M, 1982. Handbook of Mathematical Economics, 2:671-693.

Shephard R W, 1953. Cost and Production Functions. Princeton, New Jersey: Princeton University Press.

Shi X J, Zhang S M, 2010. Exploring multiple equilibria for symmetric 2×2 CES / LES pure exchange economies. Applied Mathematics -A Journal of Chinese Universities, 25B(2):137-154.

Smale S, 1981. Global analysis and economics. Edited by Arrow K J and Intriligator M, 1981. Handbook of Mathematical Economics, 1:331-370.

Sperner E. 1928. Neuer beweis für die Invarianz der Dimensionszahl und des Gebietes. Abhandlungen aus dem Mathematischen Seminar der Universität Hamburg, 6:265-272.

Takayama A, 1985. Mathematical Economics. Cambridge: Cambridge University Press.

von Neumann J, Morgenstern O, 1944. Theory of Game and Economic Behavior. Princeton, New Jersey: Princeton University Press.

Vorobev N N, 1977. Game Theory. New York: Springer-Verlag.

Wang H, Wang Y Y, Zhang S M, 2019. Numerical simulation on property tax reform: Evidence from China. Applied Economics, 51(20):2172-2194.

Werner J, 1990. Structure of financial markets and real indeterminacy of equilibria. Journal of Mathematical Economics, 19(1-2):217-232.

Whalley J, Yu J, Zhang S M, 2012. Trade retaliation in a monetary-trade model. Global Economy Journal, 12(1):Article 2.

Whalley J, Zhang S M, 2005. VAT base broadening when the location of some consumption is mobile. Economics Letters, 87(2):199-205.

Whalley J, Zhang S M, 2007. A numerical simulation analysis of (Hukou) labour mobility restrictions in China. Journal of Development Economics, 83(2):391-410.

Whalley J, Zhang S M, 2011. Tax induced multiple equilibria. Applied Economics Letters, 18(15):1469-1477.

Whalley J, Zhang S M, 2014. Parametric persistence of multiple equilibria in an economy directly calibrated to 5 equilibria. Economic Modelling, 41(1):356-364.

Yu J, Zhang S M, 2011. Optimal trade policy in tariff games with inside money. Economic Modelling, 28(4):1604-1614.

Zhang S M, 1996. Extension of stiemke's lemma and equilibrium in economies with infinite-dimensional commodity space and incomplete markets. Journal of Mathematical Economics, 26(2):249-268.

Zhang S M, 1997. Existence of general monetary equilibrium with incomplete real asset markets. Mathematica Applicata, 10(3):91-96.

Zhang S M, 1997. Extensions of Farkas-Minkowski's lemma and Stiemke's lemma in the space l^1. Tsinghua Science and Technology, 2(4):856-860.

Zhang S M, 1998. Existence of general equilibrium for stochastic economy with incomplete financial markets. Applied Mathematics - A Journal of Chinese Universities, 13B(1):77-94.

Zhang S M, 1998. Existence of general monetary equilibrium. Asia-Pacific Journal of Operational Research, 15(2):203-224.

Zhang S M, 1999. Existence of general equilibrium for stochastic economy with infinite-dimensional commodity space and incomplete financial markets. Applied Mathematics -A Journal of Chinese Universities, 14B(2):177-190.

Zhang S M, Wang Y Y, 1998. Finite horizon arbitrage-free security markets. Acta Mathematica Scientia, 18(2):203-211.